Modernisierung der Verwaltungsbeziehungen von Bund und Ländern

D1996211

Modernisierung der Verwaltungsbeziehungen von Bund und Ländern

Gutachten

des

Präsidenten des Bundesrechnungshofes
als Bundesbeauftragter für Wirtschaftlichkeit
in der Verwaltung

Alle Rechte vorbehalten

Herausgeber: Der Präsident des Bundesrechnungshofes als
Bundesbeauftragter für Wirtschaftlichkeit in der Verwaltung, 53048 Bonn

Herstellung: SZ Druck, Sankt Augustin

Verlag: W. Kohlhammer GmbH, Stuttgart
Printed in Germany 2007

ISBN 978-3-17-020326-6

Vorwort

Die Reform des Föderalismus ist grundlegend für die Modernisierung der bundesstaatlichen Ordnung und eine verbesserte Handlungsfähigkeit der staatlichen Ebenen in Deutschland. In der Staatspraxis haben sich seit Inkrafttreten des Grundgesetzes zahlreiche Verwerfungen und Verkrustungen herausgebildet, die die Leistungsfähigkeit staatlichen Handelns im bundesdeutschen Föderalismus beeinträchtigen und zu unwirtschaftlichem Handeln führen.

Dieser Befund ist heute unstreitig. Ebenso besteht im Wesentlichen Einigkeit darüber, welche Entwicklungsschritte der vergangenen Jahrzehnte die staatlichen Ebenen von Bund und Ländern in dysfunktionale Verflechtungen geführt haben. Vor diesem Hintergrund besteht die Herausforderung darin, die Bund-Länder-Beziehungen von ihren Verkrustungen zu befreien und das föderative Potenzial wiederzubeleben.

Mit dem vorliegenden Gutachten, das auf Wunsch der Kommission von Bundestag und Bundesrat zur Modernisierung der Bund-Länder-Finanzbeziehungen erstellt worden ist, wird versucht, hierzu einen Beitrag zu leisten. Ganz wesentlich ist das Gutachten auf die Prüfungserkenntnisse des Bundesrechnungshofes gestützt.

Im Vordergrund stehen hierbei die föderalen Verwaltungsbeziehungen, die zu vielfältigen Schnittstellen zwischen Bund und Ländern und zu zahlreichen Einfallstoren intransparenter Verflechtung geführt haben. Diese haben nicht nur unwirtschaftliches Handeln zur Folge, sondern sie beeinträchtigen auch die eigenverantwortliche Entscheidungs- und Handlungsfähigkeit der jeweiligen Staatsebene. Sie verschleiern damit demokratische Legitimation und Verantwortung, setzen falsche Steuerungsanreize und verzögern notwendige Entscheidungen.

Dies legt eine möglichst weitgehende Entflechtung der Verwaltungsbeziehungen von Bund und Ländern nahe. Diese kann - je nach Sachmaterie und den vom Verfassungs- und einfachen Gesetzgeber definierten Zielen - eine Bündelung der Zuständigkeiten und Verantwortlichkeiten bei den Ländern oder beim Bund geboten erscheinen lassen. Das Gutachten unterbreitet entsprechende Vorschläge.

Nicht alle Argumente und Entflechtungsoptionen werden ungeteilte Zustimmung erfahren. Wenn dieses Gutachten allerdings dazu beiträgt, die sachlichen Grundlagen der Beratung und Diskussion zur Modernisierung der Verwaltungsbeziehungen von Bund und Ländern zu verdeutlichen, so hat es seinen Zweck erreicht.

Mein Dank gilt allen, die dieses Gutachten ermöglicht haben:

Dies sind zum einen die Kolleginnen und Kollegen des Bundesrechnungshofes, auf deren Prüfungen und Erhebungen das Gutachten aufbaut. Zum anderen und in besonderem Maße sind es meine Kollegen Dr. Thomas Apelt und Horst Erb, die mit ihrem „Föderalismus-Team" im Bundesrechnungshof die entscheidenden Vorarbeiten geleistet und die Grundlagen für das Gutachten gelegt haben. Dem Team gehörten die Ministerialräte Dr. Matthias Mähring und Dr. Kai Preißmann, Regierungsdirektorin Christine Rabenschlag und die Regierungsdirektoren Dr. Reiner Löwer und Dr. Thomas Weidmann, Oberregierungsrat Armin Maas, Regierungsrätin Annette Mühlenbeck sowie Regierungsoberamtsrätin Christiana Kenn und Oberrechnungsrat Carsten Nottebrock an. Ihnen allen möchte ich für ihr Engagement herzlich danken.

Bonn, im Oktober 2007

Prof. Dr. Dieter Engels
Präsident des Bundesrechnungshofes als
Bundesbeauftragter für Wirtschaftlichkeit
in der Verwaltung

INHALTSVERZEICHNIS

ABKÜRZUNGEN

ABN	Australian Business Number
ABR	Australian Business Register
Abs.	Absatz
a. E.	am Ende
a. F.	alte Fassung
AG	Aktiengesellschaft
ALG	Gesetz über die Alterssicherung der Landwirte
AO	Abgabenordnung
Art.	Artikel
ASFINAG	Autobahnen- und Schnellstraßen-Finanzierungs-Aktiengesellschaft
AtG	Gesetz über die friedliche Verwendung der Kernenergie und den Schutz gegen ihre Gefahren (Atomgesetz)
AUD	Australischer Dollar
Aufl.	Auflage
Az.	Aktenzeichen
BAföG	Bundesgesetz über individuelle Förderung der Ausbildung (Bundesausbildungsförderungsgesetz)
BAnz.	Bundesanzeiger
Bd.	Band
Begr.	Begründer
BGB	Bürgerliches Gesetzbuch
BGBl.	Bundesgesetzblatt
BHO	Bundeshaushaltsordnung
BKGG	Bundeskindergeldgesetz
BMF	Bundesministerium der Finanzen
BMRBS	Bundesministerium für Raumordnung, Bauwesen und Städtebau
BMVBS	Bundesministerium für Verkehr, Bau und Stadtentwicklung
BMVBW	Bundesministerium für Verkehr, Bau- und Wohnungswesen
BR-Drs.	Drucksachen des Bundesrates
BT-Drs.	Drucksachen des Deutschen Bundestages
BVerfG	Bundesverfassungsgericht
BVerfGE	Entscheidungen des Bundesverfassungsgerichts
BVerfSchG	Gesetz über die Zusammenarbeit des Bundes und der Länder in Angelegenheiten des Verfassungsschutzes und über das Bundesamt für Verfassungsschutz (Bundesverfassungsschutzgesetz)
BVerwG	Bundesverwaltungsgericht
BVerwGE	Entscheidungen des Bundesverwaltungsgerichts
bzw.	beziehungsweise
ca.	circa
DBW	Die Betriebswirtschaft (Fachzeitschrift)
DDR	Deutsche Demokratische Republik
ders.	derselbe

d. h.	das heißt
dies.	dieselben
DLSV	Deutsche Landwirtschaftliche Sozialversicherung
DM	Deutsche Mark
DÖV	Die Öffentliche Verwaltung (Zeitschrift)
Drs.	Drucksache
DVBl.	Deutsches Verwaltungsblatt
DVPW	Deutsche Vereinigung für Politische Wissenschaft
EDV	elektronische Datenverarbeitung
EG	Europäische Gemeinschaft
Epl.	Einzelplan
ERP	European Recovery Program
etc.	et cetera
EU	Europäische Union
e. V.	eingetragener Verein
f., ff.	folgende
Fn.	Fußnote
FPR	Familie, Partnerschaft, Recht – Interdisziplinäres Fachjournal für die Anwaltspraxis
FS	Festschrift
FVG	Gesetz über die Finanzverwaltung (Finanzverwaltungsgesetz)
GA	Gemeinschaftsaufgabe
GBl.	Gesetzblatt
GG	Grundgesetz für die Bundesrepublik Deutschland
ggf.	gegebenenfalls
GMBl.	Gemeinsames Ministerialblatt
GRS	Gesellschaft für Anlagen- und Reaktorsicherheit
Hs.	Halbsatz
Hrsg.	Herausgeber
i. d. F.	in der Fassung
IPSAS	International Public Sector Accounting Standards
IT	Informationstechnologie
i. V. m.	in Verbindung mit
K-Drs.	Kommissionsdrucksache
Kfz	Kraftfahrzeug
Kfz-km	Kraftfahrzeugkilometer
KLR	Kosten- und Leistungsrechnung
km	Kilometer
KTA	Kerntechnischer Ausschuss
LAK	Landwirtschaftliche Alterskasse
LBG	Landwirtschaftliche Berufsgenossenschaft
LKK	Landwirtschaftliche Krankenkasse
LKW	Lastkraftwagen
LPK	Landwirtschaftliche Pflegekasse

LSVMG-E	Entwurf eines Gesetzes zur Modernisierung des Rechts der landwirtschaftlichen Sozialversicherung
LSVOrgG	Gesetz zur Organisationsreform in der landwirtschaftlichen Sozialversicherung
m	Meter
Mio.	Millionen
MOU	Memorandum of Understanding
Mrd.	Milliarden
m. w. H.	mit weiteren Hinweisen
NATO	North Atlantic Treaty Organization (Nordatlantisches Verteidigungsbündnis)
NJW	Neue Juristische Wochenschrift
No.	number (Nummer)
NPD	Nationaldemokratische Partei Deutschlands
Nr.	Nummer
NRM	Neues Rechnungsmodell
NS	Nationalsozialismus
NVwZ	Neue Zeitschrift für Verwaltungsrecht
ÖPNV	Öffentlicher Personennahverkehr
o. J.	ohne Jahr
rd.	rund
RegG	Gesetz zur Regionalisierung des öffentlichen Personennahverkehrs (Regionalisierungsgesetz)
RGBl.	Reichsgesetzblatt
Rn.	Randnummer
RSK	Reaktor-Sicherheitskommission
S.	Satz, Sätze; Seite
SGB	Sozialgesetzbuch
SGB I	Sozialgesetzbuch Erstes Buch – Allgemeiner Teil
SGB II	Sozialgesetzbuch Zweites Buch – Grundsicherung für Arbeitsuchende
SGB V	Sozialgesetzbuch Fünftes Buch – Gesetzliche Krankenversicherung
SGB VIII	Sozialgesetzbuch Achtes Buch – Kinder- und Jugendhilfe
SGB X	Zehntes Buch Sozialgesetzbuch – Sozialverwaltungsverfahren und Sozialdatenschutz
sog.	sogenannt (e, er, es)
StVO	Straßenverkehrs-Ordnung
t	Tonne
Tgr.	Titelgruppe
TOP	Tagesordnungspunkt
TÜV	Technischer Überwachungs-Verein
Tz.	Textziffer
u.	und
u. a.	unter anderem; und andere

USA	Vereinigte Staaten von Amerika
USG	Gesetz über die Sicherung des Unterhalts der zum Wehrdienst einberufenen Wehrpflichtigen und ihrer Angehörigen (Unterhaltssicherungsgesetz)
UVG	Gesetz zur Sicherung des Unterhalts von Kindern alleinstehender Mütter und Väter durch Unterhaltsvorschüsse oder -ausfalleistungen (Unterhaltsvorschussgesetz)
vgl.	vergleiche
VwGebG-E	Entwurf eines Verwaltungsgebührengesetzes
VwGO	Verwaltungsgerichtsordnung
WaStrG	Bundeswasserstraßengesetz
WiST	Wirtschaftswissenschaftliches Studium (Zeitschrift für Ausbildung und Hochschulkontakt)
WP	Wahlperiode
z. B.	zum Beispiel
ZfB	Zeitschrift für Betriebswirtschaft
ZSG	Zivilschutzgesetz

0 Zusammenfassung

Auf Bitte der Kommission von Bundestag und Bundesrat zur Modernisierung der Bund-Länder-Finanzbeziehungen (Tz. 1.1) setzt sich der Präsident des Bundesrechnungshofes als Bundesbeauftragter für Wirtschaftlichkeit in der Verwaltung (Bundesbeauftragter) in diesem Gutachten mit Schwachstellen in der Zusammenarbeit von Bund und Ländern auseinander. Er stützt seine Aussagen und Empfehlungen im Wesentlichen auf Befunde, die der Bundesrechnungshof in einem weiten Bereich unterschiedlicher Verwaltungen erhoben hat.

Thematisch geht das Gutachten dabei über jene Aspekte hinaus, die der Bundesbeauftragte und der Bundesrechnungshof bereits im Vor- und Umfeld der ersten Stufe der Föderalismusreform in die Beratungen eingebracht haben. So behandelt das Gutachten neben den exemplarisch bedeutsamen Themenfeldern Steuerverwaltung und Fernstraßen auch den Personennahverkehr (Art. 106a GG), die Verwaltung der Bundeswasserstraßen, Angelegenheiten der sozialen Sicherheit („Hartz IV", Leistungsgesetze des Bundes, landwirtschaftliche Sozialversicherung), den Rechtsgüterschutz (Atomaufsicht, Zivil- und Katastrophenschutz), die Bereiche Kultur, Sport und Jugend sowie Angelegenheiten der Inneren Sicherheit (Bereitschaftspolizeien der Länder und Verfassungsschutz). Erstmals äußert sich der Bundesbeauftragte im Kontext der Föderalismusreform zur Modernisierung des staatlichen Haushalts- und Rechnungswesens, zum Gebührenrecht und zu Fragen der Haftung im Bund-Länder-Verhältnis.

In ihrer Summe zeigen die Prüfungserkenntnisse des Bundesrechnungshofes:

Seit Inkrafttreten des Grundgesetzes besteht eine starke Tendenz zur Verflechtung von Aufgaben, Verantwortlichkeiten und Finanzierungszuständigkeiten zwischen Bund und Ländern (Tz. 2.1 und 2.4). Diese Verflechtungen haben in vielen Fällen zu einer organisierten Nicht-Verantwortung geführt. Sie beeinträchtigen zunehmend die Leistungsfähigkeit staatlichen Handelns. Die in der Verfassung und einfachgesetzlich festgeschriebene Verpflichtung zur Wirtschaftlichkeit entfaltet nicht die beabsichtigte Wirkung.

Der Bundesbeauftragte hält es daher für notwendig, die Verteilung von Verantwortung, Aufgaben und (Finanzierungs-)Kompetenzen zwischen Bund und Ländern neu auszurichten und Bedingungen zu schaffen, unter denen staatliches Handeln erfolgreich und effizient sein kann. Im Kern geht es darum, einen Rahmen bereitzustellen, der nicht den bürokratischen Umweg über eine ebenenübergreifende Kontrolle und Aufsicht unabweislich erscheinen lässt, sondern eine wirksame Selbststeuerung der jeweils verantwortlichen Ebene erzeugt.

Steuerungswirkungen im Sinne von Anreizen zu wirtschaftlichem Handeln lassen sich am Besten erzielen, indem die Eigeninteressen der Handelnden in den Mittelpunkt gerückt und ihre Verantwortung gestärkt werden. Mit Blick auf die staatlichen Gebietskörperschaften bedeutet dies:

Bund und Länder müssen mehr Autonomie und Selbstverantwortung erhalten. Stärker als bisher sind Aufgabe, Kompetenz und finanzielle Verantwortung in einer Hand, das heißt auf einer staatlichen Ebene, zu bündeln. Die Verantwortlichkeiten können so klarer definiert und voneinander abgegrenzt, ebenenübergreifende Verfahren obsolet werden.

0.1 Gebot der Entflechtung

Das Gutachten folgt dem Leitgedanken der Entflechtung (Tz. 3) und damit der im Grundgesetz angelegten bundesstaatlichen Ordnung, die den grundlegenden Prinzipien der Subsidiarität (Tz. 3.3.1), Demokratie (Tz. 3.3.2) und Transparenz (3.3.3) verpflichtet ist.

Der Bundesbeauftragte sieht in diesen Prinzipien eine ergiebige Kraftquelle für die Wirtschaftlichkeit staatlichen Handelns. Wirtschaftlich handelt, wer davon profitiert. Staatliche Strukturen schaffen Anreize für ein (eigen)verantwortliches und wirtschaftliches Verhalten der öffentlichen Institutionen, wenn sie deren Autonomie und Eigeninteressen stärken. Dieser Gedanke ist im deutschen Verbundföderalismus zunehmend in den Hintergrund getreten.

Notwendig ist ein ordnungspolitischer Rahmen, der wirtschaftliches Verhalten belohnt. Dazu ist das Wirtschaftlichkeitsgebot mit den Eigeninteressen der Handelnden so zu verbinden, dass es Steuerungswirkungen im Sinne des Gemeinwohls erzielt. Das leitende Prinzip hierfür lautet: Wirtschaften mit eigenem Geld, in eigener Verantwortung und transparenter Zurechnung. Mit eigenen, das heißt selbst erwirtschafteten und autonom verwalteten Mitteln zu arbeiten, erhöht die Sensibilität aller Gebietskörperschaften für einen sinnvollen Umgang mit dieser Ressource entscheidend. Die Prüfungserkenntnisse und -erfahrungen der externen Finanzkontrolle bestätigen dies.

0.2 Steuern

Steuergesetze des Bundes werden im Wesentlichen durch die Länder vollzogen. Den Ländern fehlt jedoch ein ausreichendes Eigeninteresse, die Steuern vollständig und rechtzeitig zu erheben, da sie die Einnahmen zum großen Teil an den Bund abführen müssen. Zudem bewirkt der Ländervollzug, dass Steuergesetze des Bundes gegenüber Bürgerinnen und Bürgern sowie Unternehmen bundesweit nicht einheitlich angewendet werden. Bürokratische Strukturen zwischen Bund und Ländern erfordern einen unwirtschaftlichen Abstimmungsaufwand. Die Einführung moderner IT-Systeme und die Zusammenarbeit in der Europäischen Union werden hierdurch erschwert.

Der Bundesbeauftragte empfiehlt die Errichtung einer Bundessteuerverwaltung (Tz. 4.1.10). Hierfür sprechen die Strukturprinzipien der Verfassung, Erfahrungen mit dem föderativen System, Gesichtspunkte der Steuergerechtigkeit und finanzielle Vorteile. Reine Landessteuern sollten die Länder selbst erheben.

Sollte die Einrichtung einer Bundessteuerverwaltung nicht durchsetzbar sein, so müssten hilfsweise die Weisungsrechte des Bundes gegenüber den Ländern gestärkt werden. Auf Zustimmungserfordernisse der Länder wäre dabei zu verzichten. Der Bundesbeauftragte spricht sich dafür aus, auch eine solche „kleine Lösung“ durch Änderung des Grundgesetzes verfassungsrechtlich abzusichern.

0.3 Verkehrsinfrastruktur

Die Organisation von Zuständigkeiten für die Verkehrsinfrastruktur sollte stärker dem Subsidiaritätsgedanken Rechnung tragen, indem regionale Aufgaben auch von Rechts wegen regionalisiert, d. h. bei den Ländern angesiedelt werden. Dies hebt Interessengegensätze zwischen Bund und Ländern auf, vermindert den Bedarf an ebenenübergreifender Aufsicht, stärkt die regionale Verantwortung und führt zu mehr Effizienz. Im Einzelnen:

Bundesfernstraßen (Tz. 4.2.1)

Nach geltendem Verfassungsrecht bauen und verwalten die Länder die Bundesfernstraßen (Bundesautobahnen und Bundesstraßen) im Auftrag des Bundes. Nach Ausbau des Autobahnnetzes dienen die Bundesstraßen heute allerdings in erster Linie dem regionalen Verkehr und sind für die Fernverkehrsaufgabe des Bundes kaum noch von Bedeutung.

Insbesondere wegen unterschiedlicher Interessen kommt es bei der Zusammenarbeit von Bund und Ländern in der Verwaltung der Bundesfernstraßen zu unwirtschaftlichen Effekten. Dies gilt besonders für die Planung von Straßenbaumaßnahmen, das Abstufen von Bundesstraßen und den Bau von Ortsumgehungen.

Der Bundesbeauftragte empfiehlt deshalb, die Zuständigkeit für Bundesautobahnen beim Bund zu bündeln (Finanzierung und Verwaltung). Die Länder sollten die bisherigen Bundesstraßen in alleiniger Verantwortung übernehmen (Finanzierung und Verwaltung) und dafür einen angemessenen Finanzausgleich ohne Zweckbindung erhalten. Internationale Erfahrungen zeigen, dass eine Neuordnung der Zuständigkeiten im Sinne föderaler Entflechtung die Transparenz und Effizienz in der Straßenbauverwaltung steigert.

Bundeswasserstraßen (Tz. 4.2.2)

Der Bund ist für Binnenwasserstraßen zuständig, wenn dort nennenswerter Verkehr mit Personen- und Frachtschiffen stattfindet. Auf vielen Binnenwasserstraßen ist der Güterverkehr jedoch deutlich zurückgegangen. Sie werden heute als Freizeitwasserstraßen überwiegend von Sportbooten und zum Teil von Fahrgastschiffen genutzt.

Der Bundesbeauftragte empfiehlt, das Grundgesetz zu ändern und den Bund dadurch in die Lage zu versetzen, Eigentum, Verwaltung und Finanzierung der Binnenwasserstraßen, die nicht mehr dem (überregionalen) Güterverkehr dienen, gegen Zahlung eines nicht zweckgebundenen Ablösebetrages den Ländern zu übertragen.

Öffentlicher Personennahverkehr (Tz. 4.2.3)

Die Länder erhalten seit 1996 Sonderzahlungen des Bundes für den öffentlichen Personennahverkehr, die bis zum Jahre 2014 auf rund 7,3 Mrd. Euro jährlich ansteigen sollen. Der Bund finanziert damit eine originäre Landesaufgabe. Der zweckentsprechende Einsatz der Mittel ist für den Bund kaum zu kontrollieren.

Art. 106a GG sollte gestrichen werden, sodass die Länder die Bereitstellung von Nahverkehrsleistungen ausschließlich selbst zu finanzieren hätten. Aufgaben- und Finanzverantwortung werden so in einer Hand zusammengeführt. Eine aufgabenadäquate Finanzausstattung der Länder ist über eine Neuverteilung der Steuereinnahmen zwischen Bund und Ländern bzw. den Finanzausgleich zwischen den Ländern sicherzustellen.

0.4 Soziale Sicherheit

Aufgaben und Kompetenzen im Bereich der sozialen Sicherheit sollten möglichst eng mit der Finanzierungszuständigkeit verknüpft werden, um die Eigenverantwortlichkeit der Handelnden zu erhöhen und die nicht hinreichend wirksame, aber sehr aufwendige ebenenübergreifende Abstimmungs- und Aufsichtsbürokratie zurückzuführen.

Grundsicherung für Arbeitsuchende (Tz. 4.3.1)

Kommunen und Agenturen für Arbeit haben 356 Arbeitsgemeinschaften errichtet, um die Grundsicherung für Arbeitsuchende zu verwalten. Aufsicht führen die Länder im Benehmen mit dem Bundesministerium für Arbeit und Soziales. Daneben hat der Gesetzgeber eine Experimentierklausel vorgesehen. In deren Rahmen wurde 69 Kommunen gestattet, die Aufgaben der Grundsicherung zu übernehmen. Die alleinige Aufsicht liegt in diesen Fällen bei den Ländern.

Der Bund wird im Jahr 2007 voraussichtlich 35,9 Mrd. Euro für Grundsicherungsleistungen aufwenden und ist damit maßgeblicher Finanzierungsträger. Dennoch hat er bei den 69 zugelassenen kommunalen Trägern keine und bei Arbeitsgemeinschaften nur unzureichende Möglichkeiten, die ordnungsgemäße, wirksame und wirtschaftliche Leistungserbringung zu steuern.

Im Rahmen der Experimentierklausel wird untersucht, wie sich die Arbeitsgemeinschaften und die zugelassenen kommunalen Träger als Organisationsmodelle bewährt haben.

Bei der anschließenden Entscheidung des Gesetzgebers über die Aufgaben- und Finanzierungsträgerschaft sollten Schnittstellen auf der Trägerebene und auf der Ebene der Aufsicht möglichst vermieden werden, um komplizierte und fehleranfällige Abstimmungsverfahren zu beseitigen. Auf beiden Ebenen sollten Aufgaben und Kompetenzen möglichst eng mit der Finanzierungszuständigkeit verknüpft sein, um die Eigenverantwortlichkeit der Handelnden zu erhöhen.

Leistungsgesetze (Tz. 4.3.2)

Die Länder führen Leistungsgesetze des Bundes als eigene Angelegenheiten (z. B. Opferentschädigungsgesetz, Bundesversorgungsgesetz) oder in dessen Auftrag (z. B.

Soldatenversorgungsgesetz) aus. Bund und Länder tragen anteilig die Ausgaben für die Leistungen (Zweckausgaben). Die Länder tragen die mit dem Gesetzesvollzug entstehenden Verwaltungsausgaben.

Der Bundesbeauftragte spricht sich im Bereich der Leistungsgesetze für eine Zusammenführung von Aufgaben- und Finanzierungsverantwortung auf einer staatlichen Ebene aus. Dieser Lösungsansatz würde Interessengegensätze zwischen Bund und Ländern aufheben und entspräche der von den Grundsätzen der Subsidiarität und Transparenz geforderten Entflechtung der Aufgabenverteilung auf unterschiedliche staatliche Ebenen. Die klare eigenverantwortliche Zuordnung von Aufgaben verbessert zudem die demokratische Legitimation hoheitlicher Tätigkeit für die Bürgerinnen und Bürger.

Landwirtschaftliche Sozialversicherung (Tz. 4.3.3)

Der Bund bezuschusst die Träger der landwirtschaftlichen Sozialversicherung jährlich mit rund 3,7 Mrd. Euro. Mit einer im Jahre 2001 eingeleiteten Organisationsreform wollte der Gesetzgeber die landwirtschaftliche Sozialversicherung dem anhaltenden Strukturwandel in der Landwirtschaft anpassen. Zugleich zielte die Reform darauf ab, die Einwirkungsmöglichkeiten des Bundes gegenüber den Sozialversicherungsträgern zu stärken. Nach den Erkenntnissen des Bundesrechnungshofes lässt sich damit die notwendige Neuausrichtung der Organisationsstrukturen nicht bewirken.

Der Bundesbeauftragte empfiehlt, die Verwaltung der landwirtschaftlichen Sozialversicherung vollständig auf den Bund zu übertragen. Die Zusammenführung von Aufgaben- und Finanzierungsverantwortung gibt dem Bund die seinem Finanzierungsanteil entsprechenden Befugnisse. Sie ermöglicht eine klare Zurechnung von Verantwortlichkeiten. Für die Konzentration der Zuständigkeit an zentraler Stelle spricht auch die rückläufige Zahl der beitragspflichtigen Versicherten.

0.5 Inneres und Rechtsgüterschutz

Die Finanzierung der Bereitschaftspolizeien der Länder durch den Bund stellt sich in ihrer derzeitigen Ausgestaltung als systemwidriges Element der Verflechtung dar. Sie sollte zurückgeführt werden. Im Interesse eines effizienten Verwaltungsvollzugs sollten die Aufgaben des Verfassungsschutzes sowie des Zivil- und Katastrophenschutzes zwischen Bund und Ländern neu verteilt werden. Unnötige Schnittstellen und Reibungsverluste lassen sich so beseitigen. Eine Neuordnung der Zuständigkeiten bei der Atomverwaltung sollte dazu verhelfen, dass ein eindeutig verantwortetes sicherheitstechnisches Regelwerk geschaffen werden kann.

Bereitschaftspolizei (Tz. 4.4.1)

Der Bund finanziert die Ausstattung der Bereitschaftspolizeien der Länder mit Führungs- und Einsatzmitteln. Diese Ausstattungshilfe ist nicht erforderlich. Sie widerspricht den Strukturprinzipien der Verfassung und sollte daher beendet werden.

Geeignetes Instrument für eine Entflechtung wäre eine Vereinbarung im Rahmen der Föderalismusreform II. Hier könnten die Grenzen der „ungeschriebenen Finanzierungszuständigkeiten“ des Bundes klarer definiert und diese auf die Strukturprinzipien des Grundgesetzes zurückgeführt werden. Die Vereinbarung sollte sich strikt an den engen Kriterien orientieren, die nach der Rechtsprechung des Bundesverfassungsgerichts eine ungeschriebene Bundeszuständigkeit begründen können.

Verfassungsschutz (Tz. 4.4.2)

Bund und Länder unterhalten jeweils eigene Verfassungsschutzbehörden. Der gegenseitige Informationsaustausch sowie parallele Arbeiten binden zurzeit rund 1000 Arbeitskräfte. Die bisherige Struktur des Verfassungsschutzes ist durch Erfahrungen mit dem zentralistisch organisierten nationalsozialistischen Unrechtsstaat begründet und in einer freiheitlich demokratischen Staatsordnung sachlich nicht mehr geboten.

Der Bundesbeauftragte empfiehlt, die Aufgaben des Verfassungsschutzes beim Bund zu konzentrieren, da extremistische Bestrebungen nicht an Ländergrenzen haltmachen und verfassungsfeindliche Angriffe sich in der Regel gegen den Bund und die freiheitlich demokratische Grundordnung richten.

Die freigesetzten Effizienzreserven könnten für Verbesserungen der Aufgabenerledigung und für Einsparungen genutzt werden.

Zivil- und Katastrophenschutz (Tz. 4.4.3)

Katastrophenschutz als Aufgabe der Länder zielt vor allem auf die Abwehr von Gefahren für die Gesundheit oder das Leben von Menschen. Solche Gefahren resultieren etwa aus extremen Wetterlagen oder großen Unglücksfällen.

Im Verteidigungsfalle ist dagegen der Bund für den Schutz der Zivilbevölkerung (Zivilschutz) zuständig. Die Länder handeln in seinem Auftrag.

Bund und Länder nehmen Aufgaben des Zivil- und Katastrophenschutzes gemeinsam wahr. Unklare Abgrenzungen der Verantwortung führen dabei u. a. zu Informationsdefiziten und Ineffizienz. Der Bundesbeauftragte spricht sich daher für eine Entflechtung und klare Aufgabenverteilung zwischen Bund und Ländern aus. Die Zusammenarbeit sollte (verfassungs-)rechtlich neu geordnet werden.

Atomaufsicht (Tz. 4.4.4)

Die Länder genehmigen kerntechnische Anlagen und führen die Aufsicht über den Betrieb (Atomaufsicht). Dabei handeln sie im Auftrag des Bundes. Der Bund hat die Rechts- und Fachaufsicht über den Landesvollzug.

Seit Jahren können sich Bund und Länder nicht auf ein für die Sicherheit und den Verwaltungsvollzug unerlässliches kerntechnisches Regelwerk verständigen.

Der Bundesbeauftragte spricht sich für eine klare und eindeutige Bestimmung der Verantwortung aus. Der Bund sollte zumindest die Möglichkeit erhalten, das für den Verwaltungsvollzug notwendige und für die Sicherheit der Atomanlagen wichtige kerntechnische Regelwerk gegenüber den Ländern verbindlich und einheitlich festzulegen, ohne dass es einer Zustimmung der Länder bedarf („kleine Entflechtung"). Darüber hinaus könnte auch erwogen werden, die bislang den Ländern obliegende Atomaufsicht auf den Bund zu übertragen (Regelung und Vollzug aus einer Hand) oder umgekehrt die Aufsicht des Bundes im Bereich der Atomverwaltung zurückzunehmen und den Vollzug in die alleinige Verantwortung der Länder zu geben („große Entflechtung").

0.6 Gesellschaft

Bei der Kultur- und Sportförderung sollte die Aufgabenabgrenzung zwischen Bund und Ländern verbessert und den verfassungsrechtlichen Vorgaben entsprechend ausgestaltet werden. Mit Rücksicht auf die engen verfassungsrechtlichen Grenzen und den Vorrang des lokalen Bezuges sollte der Bund auch die Förderung von Familien, Senioren, Frauen und Jugend weitgehend den Ländern und Kommunen überlassen.

Kultur und Sport (Tz. 4.5.1)

Der Bund fördert Kunst, Kultur und Sport in einem Umfang, der sich nicht mit seiner verfassungsrechtlichen Zuständigkeit deckt. Er besetzt damit zum Teil Aufgabenfelder, für die die Länder verantwortlich sind.

Der Bundesbeauftragte hält es für geboten, dass sich der Bund auf seine verfassungsrechtlichen Kompetenzen zurückzieht. Soll der Bund mit der Förderung von Kunst, Kultur und Sport ausnahmsweise weitere gesamtstaatliche Aufgaben außerhalb der Hauptstadt wahrnehmen, so sollte dies im Grundgesetz – ggf. ergänzt durch ein Ausführungsgesetz oder eine verbindliche Bund-Länder-Vereinbarung – klargestellt werden. Ziel sollte dabei sein, jegliche Form der Mischfinanzierung zu vermeiden, indem alle Aufgabenbereiche eindeutig einer Ebene zugeordnet werden. Für die Ebene des Bundes sollten hierfür die engen Vorgaben des Bundesverfassungsgerichts zu ungeschriebenen Zuständigkeiten eine kompetenzrechtliche Leitlinie bilden.

Familie, Senioren, Frauen und Jugend (Tz. 4.5.2)

Der Bund engagiert sich in der Kinder- und Jugendhilfe wie auch bei der Förderung von Familien, Senioren und Frauen und überschreitet dabei seine verfassungsrechtlichen Zuständigkeiten.

Der Bundesbeauftragte sieht eine wesentliche Ursache für die zu extensive Interpretation der Verwaltungs- und Finanzierungskompetenzen des Bundes in der Regelung des § 83 Abs. 1 SGB VIII. Der Gesetzeswortlaut gibt die engen Vorgaben, die das Bundesverfassungsgericht für eine ungeschriebene Zuständigkeit des Bundes aufgestellt hat, nur ansatzweise wieder. Die Regelung ermöglicht daher eine weite, über die engen Vorgaben des Bundesverfassungsgerichts hinausgehende Interpretation und Praxis durch den Bund. Die Kinder- und Jugendhilfe wie auch Fördermaßnahmen in den Bereichen Familie, Senioren und Frauen können aufgrund ihres ganz vorrangig lokalen Bezuges am besten von den Ländern – sei es alleine, sei es in Kooperation miteinander – wahrgenommen werden. Die Bundeskompetenzen sollten daher auf die wenigen Fälle zurückgeführt werden, in denen eine bundesweite Lösung unter Ausschluss anderer Möglichkeiten zwingend erforderlich ist. Hierzu sollte eine verbindliche Klarstellung – sei es durch Gesetz oder durch Vereinbarung – herbeigeführt werden, die sich strikt an den engen verfassungsrechtlichen Vorgaben orientiert.

0.7 Haushalt, Gebühren, Haftung

Im Interesse größerer Transparenz und einer stärkeren Verbindung von Aufgaben und Ressourcen bedarf es einer Reform des staatlichen Haushalts- und Rechnungswesens. Dabei sollten einheitliche Datengrundlagen die nationale und internationale Vergleichbarkeit sicherstellen. Die Zuständigkeit für das Gebührenrecht sollte zwischen Bund und Ländern weiter gelockert und gemeinsam mit dem Verwaltungsvollzug und der Einnahmenhoheit jeweils in die Hand derjenigen Körperschaft gelegt werden, die die Verwaltungsleistungen erbringt. Probleme der Haftung im Bund-Länder-Verhältnis lassen sich minimieren, indem die Schnittstellen zwischen Bund und Ländern durch eine Entflechtung der Verwaltungsaufgaben verringert werden. Für die verbleibenden Haftungsfälle sollte ein klares Haftungsrecht entwickelt werden.

Modernisierung des staatlichen Haushalts- und Rechnungswesens (Tz. 4.6.1)

Das Prinzip der Eigenverantwortung und Autonomie der staatlichen Ebenen bedingt, dass die jeweils handelnde Körperschaft die Höhe der eingesetzten Mittel und ihre wirtschaftliche Verwendung gegenüber dem Souverän zu rechtfertigen hat. Die derzeit überwiegend noch kameral geführten Haushalte von Bund und Ländern lassen die tatsächlichen Kosten politischer Entscheidungen häufig nicht erkennen.

Deshalb sollten die Reformbestrebungen zur Modernisierung des Haushalts- und Rechungswesens unterstützt und fortgesetzt werden. Die unterschiedliche Vorgehensweise der Länder sowie des Bundes löst einen Bedarf nach Harmonisierung aus. Nach Auffassung des Bundesbeauftragten muss ein modernisiertes Haushalts- und Rechnungswesen einheitliche Grundlagen aufweisen, um die öffentlichen Haushalte – trotz unterschiedlicher Modernisierungsansätze der Gebietskörperschaften – ebenenübergreifend transparent und vergleichbar zu halten, damit national und international vergleichbare Datengrundlagen die Ableitung von Haushaltskennzahlen ermöglichen. Aus gesamtstaatlicher Sicht erscheint es dabei wünschenswert, dass Bund und Länder sich entweder auf ein System der erweiterten Kameralistik oder auf ein doppisches System des Haushalts- und Rechnungswesens verständigen.

Gebühren (Tz. 4.6.2)

Das Gebührenrecht ist zwischen Bund und Ländern stark verflochten. Dies führt zu mangelnder Transparenz und unklarer Verantwortung.

Der Bundesbeauftragte hält es deshalb für geboten, die Zuständigkeit für das Gebührenrecht jeweils der Körperschaft zuzuordnen, die die Verwaltungsleistungen erbringt. Ihr sollten auch die Einnahmen zustehen. Bei der Ausführung von Bundesgesetzen – sei es in eigener Angelegenheit oder im Auftrag des Bundes – sollten die Länder gebührenrechtlich autonom sein: Sie sollten die Gebühren für Amtshandlungen ihrer Behörden selbst regeln.

Auf gegenseitige Gebührenbefreiungen der Behörden von Bund, Ländern und Gemeinden sollte im Interesse der Transparenz des Ressourcenverzehrs verzichtet werden. Die Sensibilität für die Kosten der Inanspruchnahme öffentlicher Leistungen wird gefördert, indem die Empfänger der Leistungen damit belastet werden.

Haftung zwischen Bund und Ländern (Tz. 4.6.3)

Die Länder erfüllen viele Verwaltungsaufgaben für den Bund und nehmen dabei Haushaltsinteressen des Bundes wahr. Dies gilt z. B. für die Festsetzung und Erhebung der Steuern. Bund und Länder haften dabei im Verhältnis zueinander für eine ordnungsmäßige Verwaltung (Art. 104a Abs. 5 GG).

Das Haftungsrecht und das Haftungsverfahren im Bund-Länder-Verhältnis sind systembedingt wenig wirksam und kaum praxistauglich.

In den Beziehungen zwischen Bund und Ländern sollten in erster Linie klare Zuständigkeiten und Verantwortlichkeiten angestrebt werden. Dies stärkt die Eigenverantwortung der staatlichen Körperschaften und mindert das Konfliktpotenzial.

Soweit eine vollständige Entflechtung nicht möglich erscheint, sollte ergänzend für diese Bereiche im Rahmen eines Gesamtpaketes angestrebt werden, ein Ausführungsgesetz auf den Weg zu bringen, das die Haftungsmodalitäten im Einzelnen festlegt.

Die öffentlichen Körperschaften sollten in die Lage versetzt werden, möglichen Haftungsfällen systematisch und zuverlässig vorzubeugen und bereits eingetretene Schäden zu erkennen. Hierbei gilt es jedoch, eine ausufernde Kontrollbürokratie des Bundes zur Überwachung der Länder zu vermeiden.

0.8 Schlussbemerkung (Tz. 5)

Die in diesem Gutachten empfohlene Neuverteilung der Aufgaben soll eine Entflechtung der Verwaltungsbeziehungen von Bund und Ländern bewirken. Dies kann – je nach Sachmaterie und den vom Verfassungs- und einfachen Gesetzgeber definierten Zielen – eine Bündelung der Zuständigkeiten und Verantwortlichkeiten bei den Ländern oder beim Bund geboten erscheinen lassen. Die bestehende ebenenübergreifende Verantwortungsteilung, Aufsicht und Finanzierung sollen dabei so weit wie möglich zurückgeführt werden. Bund und Länder sollen je in eigener Zuständigkeit, d. h. in ausschließlicher Aufgabenverantwortung und vollständiger Verantwortung für den Ressourceneinsatz, mit eigenem Geld wirtschaften. Dies bedingt, dass die staatlichen Gebietskörperschaften jeweils mit den für die Aufgabenerledigung erforderlichen Finanzmitteln ausgestattet werden.

1 ANLASS UND GEGENSTAND DES GUTACHTENS

1.1 Gutachtenbitte der Föderalismuskommission

Deutscher Bundestag und Bundesrat haben am 15. Dezember 2006 eine gemeinsame Kommission zur Modernisierung der Bund-Länder-Finanzbeziehungen eingesetzt (Kommission).[1] Sie soll Vorschläge erarbeiten mit dem Ziel, die Beziehungen von Bund und Ländern im Bereich der Finanzen den veränderten Rahmenbedingungen anzupassen. Ihre Vorschläge sollen dazu führen, die Eigenverantwortung der Gebietskörperschaften und ihre aufgabenadäquate Finanzausstattung zu stärken. Darüber hinaus sollen Möglichkeiten der Aufgabenentflechtung und Entbürokratisierung im Bereich der öffentlichen Verwaltung aufgezeigt werden, um deren Leistungsfähigkeit und Effizienz zu steigern.[2]

Die Kommission hat ihre Beratungsfelder in zwei Blöcke – Finanzthemen und Verwaltungsthemen – gegliedert. Zum Block „Finanzthemen" fand am 22. Juni 2007 eine öffentliche Anhörung der Kommission in Berlin statt.[3] Der zweite Block „Verwaltungsthemen" soll am 8. November 2007 in gleicher Weise in einer öffentlichen Anhörung erschlossen werden.

Die beiden Vorsitzenden der Kommission, SPD-Fraktionsvorsitzender Dr. Peter Struck und Ministerpräsident Günther H. Oettinger, haben den Präsidenten des Bundesrechnungshofes um ein Gutachten zur Vorbereitung der Anhörung und für die weiteren Beratungen der Kommission zu den Verwaltungsthemen gebeten.

Der Präsident des Bundesrechnungshofes – in seiner Eigenschaft als Bundesbeauftragter für Wirtschaftlichkeit in der Verwaltung (Bundesbeauftragter) – kommt dieser Bitte mit dem hier vorgelegten Gutachten zur Modernisierung der Verwaltungsbeziehungen von Bund und Ländern nach.

1.2 Konzept, Aufbau und bisherige Einbindung

1.2.1 Bisherige Einbindung der externen Finanzkontrolle

Der Bundesbeauftragte stützt sich bei seinem Gutachten ganz wesentlich auf die - Prüfungserkenntnisse des Bundesrechnungshofes. Schwachstellen in der föderativen Aufgaben- und Finanzverteilung sind nach dessen Feststellungen immer wieder und in

---

1 Vgl. BR-Drs. 913/06 (Beschluss); BT-Drs. 16/3885 u. Plenarprotokoll 16/74, S. 7410 (D). Bundestag und Bundesrat entsenden je 16 Mitglieder in die Kommission.

2 Vgl. die offene Themensammlung, Anlage zu BR-Drs. 913/06 (Beschluss).

3 Zur Anhörung zu den Finanzthemen vgl. K-Drs. 011 (Fragenkatalog) und Stenografischer Bericht der 4. Sitzung der Kommission von Bundestag und Bundesrat zur Modernisierung der Bund-Länder-Finanzbeziehungen (Kommissionsprotokoll Nr. 4).

den verschiedensten Bereichen zutage getreten. Der Bundesrechnungshof hatte deshalb Bundestag und Bundesrat zusammenfassend in seinen Bemerkungen 2005 über ausgewählte föderative Schwachstellen unterrichtet.[4] Der Präsident des Bundesrechnungshofes war in der Folge als Sachverständiger im Rahmen der Föderalismusreform I zur Anhörung für den Themenkomplex „Finanzen, Haushalt und Wirtschaft“ benannt.[5] Er hat in seiner schriftlichen Stellungnahme[6], in seinem mündlichen Eingangsstatement sowie bei der Fragerunde die Position des Bundesrechnungshofes zu den aus Sicht der externen Finanzkontrolle wesentlichen Punkten der Reform dargestellt.[7]

Der Bundesbeauftragte wie auch der Bundesrechnungshof haben als Leitlinie hierbei die Auffassung vertreten, bei den anstehenden Reformen der Bund-Länder-Beziehungen stärker als bisher Aufgabe, Kompetenz und finanzielle Verantwortung in einer Hand, das heißt auf einer staatlichen Ebene zusammenzuführen, um unwirtschaftliches Handeln zu vermeiden und die Eigenverantwortlichkeit der staatlichen Ebenen in Bund und Ländern zu stärken.

Der Bundesbeauftragte hält an dieser Linie für die nunmehr anstehenden weiteren Reformen fest. Nach seiner Auffassung lassen sich durch eine Rückbesinnung auf die das Grundgesetz wesentlich prägenden Prinzipien der Subsidiarität, Demokratie und Transparenz und das daraus abzuleitende Gebot der Entflechtung wertvolle Maßgaben für die Modernisierung der Verwaltungsbeziehungen von Bund und Ländern herleiten. Diesen Grundgedanken folgt auch das jetzt vorgelegte Gutachten in seinem Aufbau.

1.2.2 Konzept und Aufbau

In Kapitel 2 werden zunächst die exekutiven Verflechtungen im Bundesstaat in ihren Rechtsgrundlagen und ihrer Entwicklung in der Staatspraxis skizziert. Die dort vorgenommene Rückbesinnung auf die Herkunft der föderativen Ordnung in Deutschland, ihre spezifische Ausgestaltung als funktionales Trennmodell sowie der kurze

---

4 Vgl. Bemerkungen des Bundesrechnungshofes 2005, BT-Drs. 16/160, Nr. 3: Föderale Aufgaben- und Finanzverteilung neu gestalten; Schwerpunkte waren: Vollzug der Steuergesetze, Mischfinanzierungen, Kommunaler Straßenbau und öffentlicher Personennahverkehr, Fernstraßen. Der Rechnungsprüfungsausschuss des Haushaltsausschusses des Deutschen Bundestages hat die „Föderalismus-Bemerkung“ in seiner 2. Sitzung (16. WP) am 27. Januar 2007 zustimmend zur Kenntnis genommen.

5 Gemeinsame Anhörung des Rechtsausschusses des Deutschen Bundestages und des Innenausschusses des Bundesrates am 31. Mai 2006 in Berlin.

6 Stellungnahme von Prof. Dr. Dieter Engels vom 8. Mai 2006 zur Öffentlichen Anhörung des Rechtsausschusses des Deutschen Bundestages und des Bundesrates zur Föderalismusreform, Themenkomplex „Finanzen, Haushalt und Wirtschaft“. Zusätzlich zu den bereits in der Föderalismus-Bemerkung genannten Schwachstellen (vgl. Fn. 4) nahm die Stellungnahme auch Bezug auf die Bereiche „Nationaler Stabilitätspakt“ und „Haftungsregelung bei Verstößen gegen supranationales Recht und bei EU-Finanzkorrekturen“.

7 Vgl. Stenografischer Bericht der 18. Sitzung (16. WP) des Rechtsausschusses des Deutschen Bundestages vom 31. Mai 2006, 4 B – 5 D (Eingangsstatement) sowie 23 B – 24 A, 27 D – 28 C, 41 B – D und 46 C – 47 A zur Fragerunde.

Blick auf die wesentlichen Entwicklungslinien der Überverflechtung in allen Kernfunktionen staatlichen Handelns (Regelung, Vollzug, Finanzierung) leiten über zu der Frage, in welcher Weise, nach welchen allgemeinen Maßgaben Verwaltung im Verhältnis von Bund und Ländern zu modernisieren ist.

Eine aus Sicht des Bundesbeauftragten mögliche Antwort hierauf versucht Kapitel 3 des Gutachtens. Entflechtung als Grundprinzip wird verstanden als bereinigendes und ordnendes Instrument, das Wege aus der dysfunktionalen Verflechtung in den administrativen Beziehungen von Bund und Ländern aufzeigen kann. Es wird bewusst begründet in übergeordneten Prinzipien, die das Grundgesetz wesentlich prägen und die nach Auffassung des Bundesbeauftragten auch im konkreten Verflechtungsfall Hinweise ermöglichen, wie das Verhältnis von Bund und Ländern, ihre jeweiligen Verantwortlichkeiten und ihre jeweiligen Handlungs- und Autonomieräume zu optimieren oder ggf. auch völlig neu auszutarieren sind. Kapitel 2 und 3 bilden insoweit den „Allgemeinen Teil" des Gutachtens, der die einzelnen Prüfungserkenntnisse und insbesondere die möglichen Entflechtungsoptionen im jeweils geprüften Bereich auf ein gemeinsames Fundament zu stellen versucht.

Kapitel 4 bildet – gleichsam als „Besonderer Teil" – den Schwerpunkt des Gutachtens. Es umfasst die Darstellung der Schwachstellen des Verwaltungsföderalismus, wie sie die externe Finanzkontrolle des Bundes in ihrer Prüfungspraxis vorgefunden hat. Zugleich versucht es, für die jeweilige Schwachstelle Empfehlungen für ihre Behebung zu entwickeln.

Thematisch geht der „Besondere Teil" dabei über die Bereiche hinaus, die der Bundesbeauftragte und der Bundesrechnungshof bereits im Vor- und Umfeld der Föderalismusreform I in die Beratungen eingebracht haben.[8] Neben den bereits eröffneten Themenfeldern Steuerverwaltung und Fernstraßen, die der Bundesbeauftragte aufgrund ihrer herausragenden Bedeutung erneut aufgreift, umfasst der Prüfungsteil des Gutachtens eine Vielzahl weiterer föderativer Schwachstellen der Verwaltung.

So treten im Bereich der Verkehrsinfrastruktur neben den bereits genannten Fernstraßen der Personennahverkehr (Art. 106a GG) und die Bundeswasserstraßen als weitere Elemente hinzu. Erhebliche föderative Schwachstellen bei der Verwaltung finden sich aber auch im Bereich der sozialen Sicherheit („Hartz IV", Leistungsgesetze des Bundes, landwirtschaftliche Sozialversicherung), beim Rechtsgüterschutz (Atomaufsicht, Zivil- und Katastrophenschutz) und im Bereich Kultur, Sport und Jugend. Dysfunktionale Verflechtungen in den Verwaltungsbeziehungen von Bund und Ländern lassen sich zudem im Bereich der Inneren Sicherheit (Bereitschaftspolizeien der Länder und Verfassungsschutz) ausmachen. Vor dem Hintergrund der im „Allgemeinen Teil" des Gutachtens entwickelten Grundsätze der Demokratie und Transparenz weist der Bundesbeauftragte im Übrigen auf die Notwendigkeit einer Modernisierung des staatlichen Haushalts- und Rechnungswesens hin. Abschließend geht das Gutachten auf die nach wie vor bestehende gesetzliche Lücke bei der Haftungsregelung zwischen Bund und Ländern (Art. 104a Abs. 5 GG) ein.

---

[8] Vgl. Tz.1.2.1.

2 Exekutive Verflechtungen im Bundesstaat: Rechtsgrundlagen und Entwicklung

2.1 Bundesstaat und Verflechtung

Die Bundesrepublik Deutschland ist ein demokratischer und sozialer Bundesstaat (Art. 20 Abs. 1 GG). Das Bundesstaatsprinzip steht unter dem besonderen Schutz der „Ewigkeitsklausel" der Verfassung (Art. 79 Abs. 3 GG). Die föderative Verfasstheit bildet damit ein zentrales und auch vom Verfassungsgesetzgeber nicht veränderbares Wesensmerkmal deutscher Staatlichkeit unter der Geltung des Grundgesetzes.

In der Verfassungswirklichkeit und Staatspraxis haben sich seit Inkrafttreten des Grundgesetzes bis heute zahlreiche Verwerfungen und Verkrustungen herausgebildet, die die Leistungsfähigkeit staatlichen Handelns im bundesdeutschen Föderalismus beeinträchtigen und zu unwirtschaftlichem Handeln führen. Dies gilt für alle staatlichen Funktionen, umfasst also nicht nur die Gestaltungskompetenz der Legislative in Bund und Ländern (Rechtsetzung), sondern ebenso die Finanzierung staatlicher Aufgaben und insbesondere auch deren Verwaltung[9] auf der jeweiligen Ebene.

Dieser Befund ist heute unstreitig; ebenso besteht im Wesentlichen Einigkeit darüber, welche Entwicklungsschritte der vergangenen Jahrzehnte die staatlichen Ebenen von Bund und Ländern in die dysfunktionale Verflechtung geführt haben. Gleichwohl ist es hilfreich, sich diese Entwicklungslinien zu vergegenwärtigen; sie können Ansatzpunkte für eine Entflechtung und Modernisierung des deutschen Verwaltungsföderalismus bieten.

2.2 Herkunft der föderativen Ordnung

Die Entscheidung der Schöpfer des Grundgesetzes für das föderative Prinzip entspricht einer langen deutschen Tradition. Bereits das Heilige Römische Reich Deutscher Nation zeigte ausgeprägte föderative Züge.[10] Auch die folgenden staatlichen Bünde (Rheinbund und Deutscher Bund) folgten dem Modell einer Mehrebenenorganisation. Der Norddeutsche Bund und schließlich das Deutsche Reich von 1871 gründeten sich ausdrücklich als Bundesstaat; die Weimarer Republik übernahm die föderative Organisationsform, auch wenn ihre Verfassung den Begriff Bundesstaat nicht mehr enthielt und das Reich über eine erhebliche Kompetenzfülle gegenüber den Ländern verfügte.

---

[9] Die föderativen Schwachstellen bei der Verwaltung – basierend auf den Prüfungserkenntnissen des Bundesrechnungshofes – sind nachfolgend im vierten Teil des Gutachtens dargestellt.

[10] Pufendorf bezeichnet das Reich in seiner Schrift „De statu imperii germanici" von 1667 als irregulären und einem Monstrum ähnelnden Körper („monstro simile"); die Kritik an staatlichen oder staatsähnlichen Mehrebenensystemen ist also so alt wie ihre Erscheinungsformen selbst.

Die Entscheidung des Parlamentarischen Rates 1948/49 für eine *Bundes*republik Deutschland kann als bewusste Weiterentwicklung und Fortführung dieser historischen Vorbilder gesehen werden. Entscheidend geprägt und beeinflusst war sie aber auch durch die negativen Erfahrungen mit dem nationalsozialistischen Einheitsstaat und den Einfluss der Besatzungsmächte auf die staatliche Neuorganisation, die eine föderative Ordnung insbesondere als gewaltenteilendes und zentralmachtbeschränkendes Element des Wiederaufbaus staatlicher Strukturen in Deutschland verlangten. Der Parlamentarische Rat entschied sich deshalb für eine strikte Trennung der staatlichen Aufgaben von Bund und Ländern in den Bereichen der Legislative, Exekutive und Judikative und betonte so die föderative Seite des Bundesstaates.

2.3 Funktionale Trennung

Vor diesem Hintergrund hat das Grundgesetz die staatlichen Kompetenzen zwischen Bund und Ländern von Beginn an klar aufgeteilt:

Die dem Subsidiariätsprinzip entsprechende Verteilungsregel des Art. 30 GG besagt, dass die Ausübung der staatlichen Befugnisse und die Erfüllung der staatlichen Aufgaben grundsätzlich Sache der Länder ist (Regel), soweit das Grundgesetz keine andere Regelung trifft oder zulässt (Ausnahme). Diesem allgemeinen Grundmuster folgen die spezifischen Verteilungsregeln für die Gesetzgebung und Verwaltung. So haben die Länder nach Art. 70 Abs. 1 GG das Recht zur Gesetzgebung (Regel), soweit das Grundgesetz nicht dem Bund die Gesetzgebungsbefugnisse verleiht (Ausnahme). Entsprechendes gilt für die Verwaltung, das heißt für die Ausführung der Gesetze.

Ihre eigenen Gesetze führen die Länder selbst aus.[11] Für die Ausführung von Bundesgesetzen gilt nach Art. 83 Abs. 1 GG, dass auch diese grundsätzlich die Länder als eigene Angelegenheit ausführen (Regel), soweit das Grundgesetz nichts anderes bestimmt oder zulässt (Ausnahme). Die beiden Ausnahmen sind: Die Länder führen die Gesetze nicht als eigene Angelegenheit, sondern *„im Auftrage des Bundes"* durch (Art. 85 GG), oder der Bund führt seine Gesetze durch bundeseigene Verwaltung oder durch bundes-unmittelbare Körperschaften oder Anstalten des öffentlichen Rechts aus (Art. 86 GG). Im erstgenannten Fall (Auftragsverwaltung) handelt es sich gleichwohl um Landesverwaltung, nur im letztgenannten Fall, wenn der Bund über eigene Verwaltungsstrukturen verfügt, handelt es sich um Bundesverwaltung. Damit hat das Grundgesetz für den Vollzug von Bundesgesetzen abschließend drei Typen von Verwaltung vorgegeben:

- Verwaltung durch die Länder als eigene Angelegenheit,
- Verwaltung durch die Länder im Auftrag des Bundes,
- Verwaltung durch den Bund selbst.[12]

---

11 Da die Ausführung von Landesgesetzen durch den Bund grundgesetzlich nicht vorgesehen ist, gilt die Grundregel des Art. 30 GG und es bleibt bei der Alleinzuständigkeit der Länder für den Vollzug ihrer Gesetze.

12 Im *Anhang I* sind die drei Verwaltungstypen des Grundgesetzes im Einzelnen dargestellt.

2.4 Verflechtungslinien in der Verfassungswirklichkeit

Das Prinzip der funktionalen Trennung, wie es im Grundgesetz angelegt war und ist, billigt damit den Ländern (ebenso wie dem Bund) funktionelle Souveränität und Eigenstaatlichkeit zu. Das Grundgesetz geht damit von einer Trennung der Kompetenzräume von Bund und Ländern aus. Jede Seite hat die Eigenständigkeit der anderen zu achten.[13]

Diese vom Verfassungsgesetzgeber in seiner Grundstruktur klar angelegte Kompetenzarchitektur gilt bis heute fort. Hiermit steht allerdings in Widerspruch der angesprochene Befund einer weitgehend dysfunktionalen Bund-Länder-Verflechtung in den drei Funktionsbereichen staatlichen Handelns (Gesetzgebung, Verwaltung und Finanzierung). Dieser – indes nur scheinbare – Widerspruch erklärt sich insbesondere aus drei Entwicklungslinien:

2.4.1 Gesetzgebung

Bei der Gesetzgebung hat sich in der Staatspraxis der Schwerpunkt eindeutig von den Ländern auf den Bund verlagert. Die Ausnahme wurde zur Regel.

Der Bund hat nicht nur seine ihm durch das Grundgesetz ausschließlich zugewiesenen Gesetzgebungskompetenzen, sondern auch seine Kompetenztitel im Bereich der konkurrierenden Gesetzgebung umfassend in Anspruch genommen und damit den Ländern den Weg zur eigenen Gesetzgebung weitgehend verschlossen[14]. In der deutschen Verfassungspraxis seit 1949 wurde die konkurrierende Gesetzgebung damit fast ausschließlich zu einer Angelegenheit des Bundes.[15] Die bei der Verfassungsreform[16] im Jahre 1994 beschlossenen Änderungen am Institut der konkurrierenden Gesetzgebung hatten zwar eine Zurückdrängung der Vormachtstellung des Bundes auf den Gebieten der konkurrierenden Gesetzgebung zum Ziel[17]; in ihren praktischen Auswirkungen blieben sie jedoch hinter den Erwartungen zurück. Die Föderalismusreform 2006 hat Art. 72 GG weiter modifiziert.[18] Ob das damit verfolgte Ziel der Bund-Länder-

[13] Vgl. *Isensee,* in: ders./Kirchhof, HStR IV, 1. Aufl., § 98 Rn. 93 u. 114 ff.

[14] Eine Möglichkeit für die Länder, die Sperrwirkung bundesgesetzlicher Regelungen bei der konkurrierenden Gesetzgebung partiell aufzuweichen, hat der Verfassungsgesetzgeber mit Art. 72 Abs. 3 GG im Rahmen der Föderalismusreform I eingeführt; vgl. Gesetz zur Änderung des Grundgesetzes (Artikel 22, 23, 33, 52, 72, 73, 74, 74a, 75, 84, 85, 87c, 91a, 91b, 93, 98, 104a, 104b, 105, 107, 109, 125a, 125b, 125c, 143c) vom 28.08.2006 (BGBl. I S. 2034).

[15] Vgl. *Helms,* in: Jahrbuch des Föderalismus 2006, S. 121.

[16] Gesetz zur Änderung des Grundgesetzes (Artikel 3, 20a, 28, 29, 72, 74, 75, 76, 77, 80, 87, 93, 118a und 125a) vom 27.10.1994 (BGBl. I S. 3146).

[17] BT-Drs. 12/6000, S. 32.

[18] Gesetz zur Änderung des Grundgesetzes (Artikel 22, 23, 33, 52, 72, 73, 74, 74a, 75, 84, 85, 87c, 91a, 91b, 93, 98, 104a, 104b, 105, 107, 109, 125a, 125b, 125c, 143c) vom 28.08.2006 (BGBl. I S. 2034).

Entflechtung bei der Gesetzgebung durch die vorgenommenen Änderungen in der Staatspraxis eintreten wird, bleibt abzuwarten.[19]

Zum anderen hat der Verfassungsgesetzgeber[20] den Kompetenzkatalog des Bundes im Bereich der Gesetzgebung seit Inkrafttreten des Grundgesetzes immer wieder erweitert. Dies gilt sowohl für die konkurrierende als auch für die ausschließliche Gesetzgebung des Bundes. Mit den Verfassungsreformen von 1994[21] und 2006 (Föderalismusreform I)[22] hat der Verfassungsgesetzgeber hier allerdings eine Trendwende eingeleitet.

Und drittens wurde der Zugriffsbereich des Bundes auf die Gesetzgebung in der Staatspraxis – mit Billigung des Bundesverfassungsgerichts – schon früh mit den Instrumenten der Zuständigkeit des Sachzusammenhangs[23] und aus der Natur der Sache[24] über den geschriebenen Zuständigkeitskatalog des Bundes hinaus punktuell zu dessen Gunsten ausgedehnt.[25]

2.4.2 Verwaltung

Im Bereich der Verwaltung hat sich entsprechend dem insoweit verbliebenen schmalen Bereich eigener Gesetzgebungszuständigkeit die Länderkompetenz auf den Vollzug von Bundesgesetzen konzentriert. Anders als bei der Gesetzgebung ist die grundgesetzliche Regel, nach der die Länder verwalten, auch tatsächlich die Regel ge-

---

19 Art. 72 GG enthält jetzt mehrere Unterarten der konkurrierenden Gesetzgebung, für die jeweils unterschiedliche Voraussetzungen und Rechtsfolgen gelten: Vorrangkompetenz des Bundes (ohne Erforderlichkeitsklausel), Bedarfskompetenz des Bundes (mit Erforderlichkeitsklausel) und Abweichungskompetenz der Länder (in ausgewählten Bereichen der Vorrangkompetenz des Bundes). Machen Länder von ihrer Abweichungskompetenz Gebrauch, geht im Verhältnis von Bundes- und Landesrecht das jeweils spätere Gesetz vor; abweichende Gesetze der Länder kann der Bund damit wieder einfangen. Art. 72 GG umweht insoweit nach wie vor ein Hauch von Verflechtung; vgl. zu den möglichen rechtspraktischen Problemen der Neufassung *Papier*, NJW 2007, 2145 (2147 ff.).

20 Mit Zustimmung der im Bundesrat an der (Verfassungs-)Gesetzgebung mitwirkenden Länder und der hierfür erforderlichen Zwei-Drittel-Mehrheit in Bundestag und Bundesrat.

21 Gesetz zur Änderung des Grundgesetzes (Artikel 3, 20a, 28, 29, 72, 74, 75, 76, 77, 80, 87, 93, 118a und 125a) vom 27.10.1994 (BGBl. I S. 3146).

22 Gesetz zur Änderung des Grundgesetzes (Artikel 22, 23, 33, 52, 72, 73, 74, 74a, 75, 84, 85, 87c, 91a, 91b, 93, 98, 104a, 104b, 105, 107, 109, 125a, 125b, 125c, 143c) vom 28.08.2006 (BGBl. I S. 2034).

23 Grundsätzlich: BVerfGE 3, 407 (421); weitere Aussagen zur Kompetenz kraft Sachzusammenhangs bzw. zur Annexkompetenz in: BVerfGE 8, 143 (149 f.); 12, 205 (237 f.); 22, 180 (210); 26, 281 (300); 61, 149 (202 f.); 97, 228 (251 f.); 98, 265 (299 f.); 106, 62 (115).

24 Grundlegend BVerfGE 11, 89 (98 f.); außerdem BVerfGE 12, 205 (251 f.); 26, 246 (257); 98, 218 (249).

25 Als typischen Anwendungsfall hat das Bundesverfassungsgericht im sog. „Ersten Rundfunkurteil“ [BVerfGE 12, 205 (240 f.)] beispielsweise die Befugnis des Bundes gesehen, Teilaspekte des Rundfunkwesens – das in die ausschließliche Zuständigkeit der Länder fällt – im Zusammenhang mit Fragen des Parteienrechts (Bundeskompetenz nach Art. 21 Abs. 3 GG) für die Vergabe von Sendezeiten oder im Zusammenhang mit dem ebenfalls in die Bundeskompetenz fallenden Urheberrecht (Art. 73 Abs. 1 Nr. 9 GG) zu regeln.

blieben. Ein Großteil der Verwaltungszuständigkeit liegt bei den Ländern (und Gemeinden), die die Gesetze des Bundes als eigene Angelegenheit (Art. 83 Abs. 1 GG) oder im Auftrag des Bundes (Art. 85 Abs. 1 GG) ausführen. Der Bund ist somit – außer in den begrenzten Bereichen, in denen er über eigene Verwaltungsstrukturen verfügt (Art. 87 GG)[26] – auf die Verwaltungstätigkeit der Länder (und Gemeinden) angewiesen. Im Kompetenzbereich der Verwaltung dominieren damit die Länder.

(1) Doch auch hier – beim Gesetzesvollzug durch die Länder – haben sich Verbund- und Beteiligungsstrukturen zwischen den beiden staatlichen Ebenen herausgebildet.[27] Dies rührt daher, dass bei beiden Typen der Verwaltung von Bundesgesetzen durch die Länder – das heißt als eigene Angelegenheit nach Art. 83 f. GG oder im Auftrag des Bundes nach Art. 85 GG – der Bund im Hinblick auf den Vollzug seiner Gesetze Einfluss auf die Länderverwaltung nehmen kann: Bei der Ausführung durch die Länder als eigene Angelegenheiten über die ihm zustehende Rechtsaufsicht (Art. 84 Abs. 3 GG) und die weiteren in Art. 84 GG genannten Instrumente, bei der Ausführung durch die Länder in seinem Auftrag durch die ihm zustehende Bundesaufsicht, die sich auf Gesetzmäßigkeit und Zweckmäßigkeit erstreckt (Art. 85 Abs. 4 GG), und die diesbezüglichen Instrumente des Art. 85 GG (z. B. Weisungsrecht gegenüber den Ländern, Berichtspflichten der Länder, allgemeine Verwaltungsvorschriften).[28]

(2) Der Bund hat von diesen sogenannten Ingerenzrechten – wie auch insbesondere von der Möglichkeit, mit Zustimmung des Bundesrates Vorgaben für das Verwaltungsverfahren der Länder und die Einrichtung ihrer Behörden zu machen – in der Vergangenheit regen Gebrauch gemacht.

Gleichwohl sind die steuernden, auf einen ordnungsgemäßen und wirtschaftlichen sowie gleichmäßigen und bundesweit einheitlichen Vollzug seiner Gesetze abzielenden Wirkungen dieser Einflussnahme des Bundes auf die Verwaltungsarbeit der Länder nach den Feststellungen des Bundesbeauftragten und des Bundesrechnungshofes oftmals nicht eingetreten. Vielmehr hat die Verzahnung des Bundes in die Verwaltungen der Länder hinein in der föderativen Verwaltungspraxis immer wieder zu negativen Effekten (z. B. Bürokratisierung, Intransparenz, Schwerfälligkeit, unwirtschaftlichem Ressourceneinsatz und finanziellen Einbußen für den Bundeshaushalt) geführt. Die im vierten Teil des Gutachtens schwerpunktmäßig dargestellten Schwachstellen, aber auch viele Fälle aus der Prüfungspraxis der vergangenen Jahre belegen dies; drei Einzelfälle seien beispielhaft genannt:[29]

---

[26] Weitere Gegenstände der Bundesverwaltung ergeben sich aus Art. 87a, 87b, 87d, 87e, 87f, 88-90, 108 und 120a GG.

[27] Die Beteiligung der Länder an der Gesetzgebung des Bundes wird über den Bundesrat vermittelt (Art. 50 GG).

[28] Zu den Aufsichtsrechten im Einzelnen vgl. *Anhang I* (Tz. 3.3).

[29] Weitere finden sich in der im *Anhang II* dargestellten Übersicht zu ausgewählten Einzelprüfungserkenntnissen aus den Bemerkungen des Bundesrechnungshofes (2000 - 2006).

- Beim Vollzug des Wohngeldgesetzes des Bundes durch die Länder ermittelten mehrere Länder den vom Bund zur Hälfte zu tragenden Wohngeldanteil[30] vielfach ohne ausreichend begründete Unterlagen und machten Forderungen für Fälle geltend, in denen Wohngeld nicht oder nicht mehr gezahlt wurde. Die Folgen waren nicht nur finanzielle Nachteile für den Bundeshaushalt aus unrechtmäßigen Zahlungen, sondern auch ein uneinheitlicher Vollzug des Gesetzes. Dabei standen dem Bund gegenüber den Ländern, die das Wohngeld im Auftrag des Bundes[31] verwalten, mit den Instrumenten der Auftragsverwaltung die stärksten Kontrollrechte der drei Verwaltungstypen des Grundgesetzes zur Verfügung.[32]
- Bei der Verwaltung der Rentenversicherungsbeiträge haben die Länder Bundeszuschüsse für Beschäftigte in Werkstätten für behinderte Menschen gezahlt, ohne die Abrechnungen der Werkstätten hinreichend zu prüfen. Der Bundesrechnungshof hatte im Jahre 2003 bei seinen Prüfungen festgestellt, dass die weit überwiegende Mehrzahl der Länder (14) die Angaben nur rechnerisch prüften und nicht einmal stichprobenweise kontrollierten, ob diese den Tatsachen entsprachen. Dabei hatte ein Land, das in 88 Werkstätten einen tatsächlichen Abgleich mit den Meldungen gemacht hatte, erhebliche Unstimmigkeiten festgestellt.[33]
- Der Bund hat Zuschüsse an die Kulturstiftung der Länder gewährt, der nach einem Abkommen aus dem Jahre 1987 die Förderung von Kunst- und Kulturvorhaben mit nationaler Bedeutung als eigene Aufgabe obliegt. Obwohl sich der Bund durch das Abkommen auf seine Beteiligung über den Stiftungsrat festgelegt hatte, griff er in die inhaltlich-fachliche Prüfung der Förderung ein, was zu unnötigem Verwaltungsaufwand und unwirtschaftlicher Doppelarbeit führte.[34]

(3) Aus Sicht des Bundesbeauftragten ist damit in der Verwaltungspraxis von Bund und Ländern – trotz der grundsätzlich klaren Trennung ihrer jeweiligen Zuständigkeits- und Verantwortungsbereiche – eine Verflechtung festzustellen, die häufig ihre „Verflechtungsziele" – z. B. einen gleichmäßigen, rechtmäßigen und wirtschaftlichen Vollzug eines Bundesgesetzes in allen Ländern sicherzustellen – nicht erreicht und dabei gleichzeitig zu weiteren negativen Nebenwirkungen führt.

Der Verfassungsgesetzgeber der Föderalismusreform I hat hierauf reagiert, indem er – unter Rückbesinnung auf den Grundsatz der Länderexekutive als Element bundes-

---

30 Nach § 34 Abs. 1 Wohngeldgesetz erstattet der Bund das von einem Land gezahlte Wohngeld diesem zur Hälfte.

31 Da der Bund die Hälfte der Zweckausgaben trägt (vgl. voranstehende Fn.), führen die Länder das Gesetz gemäß Art. 104a Abs. 3 S. 2 GG im Auftrag des Bundes durch.

32 Zu den Einzelheiten des Falles vgl. Bemerkungen des Bundesrechungshofes 2000, BT-Drs. 14/4226, Nr. 51; ein ähnlicher Fall liegt Nr. 61 der Bemerkungen 2000 zugrunde (falsche Abrechnungen der Länder zu Lasten des Bundes bei der Kriegsgräberfürsorge); zu den Verwaltungstypen und den Aufsichtsrechten des Bundes vgl. ausführlich *Anhang I.*

33 Vgl. Bemerkungen des Bundesrechungshofes 2006, BT-Drs. 16/3200, Nr. 17.

34 Vgl. Bemerkungen des Bundesrechungshofes 2000, BT-Drs. 14/4226, Nr. 5.

staatlicher Gewaltenteilung[35] – sowohl bei Art. 84 Abs. 1 GG wie auch, weniger ausgeprägt, bei Art. 85 Abs. 1 GG – die Befugnis des Bundes zur gesetzlichen Regelung der Einrichtung der Landesbehörden und des von ihnen zu beachtenden Verfahrens bei der Verwaltung zugunsten der Organisationshoheit der einzelnen Länder in mehrfacher Hinsicht eingeschränkt hat.[36]

Dieser erste Schritt einer Entflechtung im Verwaltungsbereich sollte nach Auffassung des Bundesbeauftragten konsequent fortgesetzt werden.[37]

2.4.3 Finanzierung

Eine weitere Verflechtungslinie ist auf die mit der Großen Finanzreform im Jahre 1969 geschaffene Aufweichung des Grundsatzes der getrennten Aufgabenwahrnehmung von Bund und Ländern zurückzuführen. Ziel der Reform war es, die vormals bereits außerhalb der Verfassung gemeinsam von Bund und Ländern finanzierten Aufgaben unter Wahrung des bundesstaatlichen Prinzips in die Systematik des Grundgesetzes einzupassen. Die mit der Reform[38] eingeführten Gemeinschaftsaufgaben und Finanzhilfen[39] mit der Möglichkeit, dass sich der Bund an der Wahrnehmung originärer Verwaltungsaufgaben der Länder beteiligt, bedeuteten die – jetzt auch verfassungsrechtlich zulässige – Durchbrechung des Trennprinzips und des in ihm begründeten Verbots der Mischverwaltung und Mischfinanzierung.[40]

---

35 Das Grundgesetz misst dem Gesetzesvollzug durch die Länder (als eigene Angelegenheit) im bundesstaatlichen Kompetenzgefüge und als Gegengewicht zur Dominanz des Bundes in der Gesetzgebung besondere Bedeutung zu, wie der – auch nach der Föderalismusreform I unveränderte – verfassungsrechtliche Regelungsvorbehalt in Art. 83 Hs. 2 GG deutlich macht; vgl. *Dittmann*, in: Sachs, Grundgesetz, Art. 83 Rn. 11.

36 Eines der Hauptziele der Neufassung des Art. 84 Abs. 1 GG war zudem, die Quote der zustimmungspflichtigen (Bundes-)Gesetze von bis zu 60 % auf ca. 35 bis 40 % zu reduzieren, um mehr Handlungsmöglichkeiten auf Bundesebene (bei der Gesetzgebung) zu schaffen und Entscheidungsprozesse zu beschleunigen (vgl. BT-Drs. 16/813, S. 14 f.); die über den Bundesrat vermittelte starke Bund-Länder-Verflechtung bei der Bundesgesetzgebung sollte damit zurückgeführt werden.

37 Vgl. zu den allgemeinen Erwägungen nachfolgend Tz. 3 sowie zu den Einzelempfehlungen Tz. 4.

38 Einundzwanzigstes Gesetz zur Änderung des Grundgesetzes (Finanzreformgesetz) vom 12.05.1969 (BGBl. I S. 359).

39 Die Gemeinschaftsaufgaben wurden in einem neuen Abschnitt VIIIa in das Grundgesetz aufgenommen, der in Art. 91a die im Einzelnen benannten Gemeinschaftsaufgaben und in Art. 91b die Forschungsförderung regelte; die Finanzhilfekompetenz des Bundes wurde in einer gesonderten Vorschrift in Art. 104a Abs. 4 normiert; zudem eröffnete Art. 104a Abs. 3 die „Mitfinanzierung“ des Bundes bei Geldleistungsgesetzen.

40 Zu den Erscheinungsformen der Kooperation von Bund und Ländern bis zur Verfassungsreform vgl. das diese vorbereitende Gutachten über die Finanzreform in der Bundesrepublik Deutschland aus dem Jahre 1966 (sog. Troeger-Gutachten), Tz. 28 ff.

(1) Bund und Länder haben in der Folge umfänglich von diesen Verflechtungsinstrumenten Gebrauch gemacht. In der Staatspraxis führte dies allerdings zu zahlreichen dysfunktionalen Effekten, wie sie der Bundesbeauftragte basierend auf den Prüfungsfeststellungen des Bundesrechnungshofes bereits in seinem Gutachten zu den Finanzbeziehungen zwischen Bund und Ländern bei der Mischfinanzierung nach Art. 91a, 91b und 104a Abs. 4 GG aus dem Jahre 2002 umfänglich beschrieben hat.[41]

Die wesentlichen Schwachstellen hat der Bundesbeauftragte bei der Mischfinanzierung, die durch die gemeinsame Planungs-, Koordinierungs- und Steuerungsarbeit von Bund und Ländern in der Praxis auch zu vielfältigen Formen der Mischverwaltung führte, insbesondere darin gesehen, dass

- sich alle untersuchten Mischfinanzierungen zu verhältnismäßig starren Dauermitfinanzierungen des Bundes für Aufgaben der Länder entwickelt hatten,
- den Verwaltungsverfahren durchweg die Flexibilität fehlte, um auf unterschiedliche und geänderte Bedarfslagen angemessen reagieren zu können,
- die Mittelansätze beim Bund wie die Aufteilung der Mittel auf die Länder starr und nicht zielgenau auf den Förderungszweck ausgerichtet waren und
- dadurch mit erheblichem bürokratischen Aufwand im Ergebnis falsche und unwirtschaftliche Steuerungsanreize gesetzt wurden.

(2) Für die Mischfinanzierung hat der Bundesbeauftragte in seinem Gutachten 2002 sowie daran anknüpfend der Bundesrechnungshof in seinen Bemerkungen 2005[42] deshalb empfohlen, diese Verflechtungsformen grundsätzlich aufzugeben und stattdessen die Aufgabenerfüllung der Länder in den vom Bund mitfinanzierten Sektoren durch eine deren Eigenstaatlichkeit stärkende, aufgabenadäquate Finanzausstattung sicherzustellen.

Der Präsident des Bundesrechnungshofes hat im Zuge der parlamentarischen Beratungen zur Föderalismusreform I als Sachverständiger zur Anhörung „Finanzen, Haushalt und Wirtschaft" diese Position erneut bekräftigt.[43]

Die vom Verfassungsgesetzgeber der Föderalismusreform I beschlossenen Maßnahmen[44] entsprechen in wichtigen Bereichen diesen Empfehlungen. Mit dem Wegfall der Gemeinschaftsaufgaben „Hochschulbau" und „Bildungsplanung" sowie der Beendigung der Finanzhilfen „Verkehrsverhältnisse der Gemeinden" und „Soziale Wohnraumförderung" ist der Einstieg in die Entflechtung gelungen, auch wenn der Verfassungsgesetz-

---

41 Schriftenreihe des Bundesbeauftragten für Wirtschaftlichkeit in der Verwaltung, Bd. 9: Bericht zu den Finanzbeziehungen zwischen Bund und Ländern, Mischfinanzierungen nach Art. 91a, 91b und Art. 104a Abs. 4 Grundgesetz (www.bundesrechnungshof.de).

42 Vgl. Bemerkungen des Bundesrechnungshofes 2005, BT-Drs. 16/160, Nr. 3.2.2.

43 Schriftliche Stellungnahme von Prof. Dr. Dieter Engels vom 8. Mai 2006 zur Öffentlichen Anhörung des Rechtsausschusses des Deutschen Bundestages und des Bundesrates zur Föderalismusreform, Themenkomplex „Finanzen, Haushalt und Wirtschaft" (www.bundestag.de/parlament/gremien/foederalismus).

44 Gesetz zur Änderung des Grundgesetzes (Artikel 22, 23, 33, 52, 72, 73, 74, 74a, 75, 84, 85, 87c, 91a, 91b, 93, 98, 104a, 104b, 105, 107, 109, 125a, 125b, 125c, 143c) vom 28.08.2006 (BGBl. I S. 2034) und Föderalismusreform-Begleitgesetz vom 05.09.2006 (BGBl. I S. 2098).

geber mit dem Fortbestand der Gemeinschaftsaufgaben „Agrar- und Wirtschaftsstruktur" (Art. 91a GG) sowie der „Forschungsförderung" (Art. 91b GG) und der Finanzhilfe „Städtebauförderung" einzelne Felder von der Entflechtung ausgenommen hat.

Der Bundesbeauftragte spricht sich dafür aus, den Weg der Entflechtung in den verbliebenen Bereichen der Mischfinanzierung konsequent fortzuführen. Leitlinie sollte sein, die Aufgaben möglichst einfach, transparent und frei von wenig wirksamen Vorgaben sowie unnötigen Abstimmungs- und Lenkungsverfahren erledigen zu können.[45]

[45] Zu den Einzelheiten verweist der Bundesbeauftragte auf die zitierten Gutachten und Stellungnahmen; im Hinblick auf die Mitfinanzierung des Bundes für den öffentlichen Personennahverkehr der Länder, vgl. unten Tz. 4.2.3.

3 Modernisierung des Verwaltungsföderalismus durch Entflechtung

3.1 Wandel der Herausforderungen

Jedes föderative System, das auf zwei oder mehr Ebenen aufbaut, sieht sich der Grundfrage gegenüber, wie die Zuständigkeiten und Funktionen staatlichen Handelns zu verteilen, abzugrenzen und – wo unvermeidlich – miteinander zu verzahnen sind. Wie für jedes staatliche Gemeinwesen und jede Organisation gilt dabei auch für alle föderativen Systeme, dass sie keine statischen Gebilde sind.

Die Bundesrepublik Deutschland im Jahre 2007 ist nicht mehr die Bundesrepublik Deutschland, wie sie die Gründungsväter und -mütter vor nunmehr fast 60 Jahren geschaffen haben. Zwar haben die wesentlichen Grundentscheidungen des Verfassungsgesetzgebers, also insbesondere die Wertentscheidungen des Grundgesetzes wie Demokratie, Rechtsstaatlichkeit, Menschenwürde und Bundesstaatlichkeit, nach wie vor – und sogar ewigen – Bestand (Art. 79 Abs. 3 GG).

Doch haben sich sowohl die äußeren Einflüsse und Herausforderungen wie auch die gesellschaftlichen Bedingungen, auf die die gelebte föderative Staatspraxis eine Antwort zu finden hat, elementar gewandelt. Die Beweggründe des historischen Verfassungsgesetzgebers des Grundgesetzes waren noch stark davon geprägt, die föderative Kompetenzverteilung auf Bund und Länder an einer die Zentralmacht beschränkenden und den Aufbau einer zu starken übergeordneten staatlichen Ebene vermeidenden dezentralen Macht-Architektur auszurichten. Heute stehen die Anforderungen im Vordergrund, die sich insbesondere aus der europäischen Integration Deutschlands, seiner internationalen Vernetzung in einem globalen Wirtschaftsraum und den neuen Bedrohungslagen für Staat, Wirtschaft und Gesellschaft ergeben. Wo gestern noch die Zuständigkeitsabgrenzung von Bund und Ländern für eine wirtschaftliche und wirksame Aufgabenbewältigung sinnvoll gewesen sein mag, kann dies heute – wie zum Beispiel in den Bereichen Zivil- und Katastrophenschutz – schon nicht mehr gelten.

3.2 Notwendigkeit struktureller Anpassung

Um die Funktionsfähigkeit des Bundesstaats sicherzustellen, ihn zukunftsfähig zu halten und zu bewahren, sind deshalb strukturelle Anpassungen unvermeidlich. Die zahlreichen, im nachfolgenden vierten Teil des Gutachtens beschriebenen föderativen Schwachstellen belegen diesen Befund aus der Prüfungspraxis der externen Finanzkontrolle in anschaulicher Weise.

In vielen Feldern staatlichen Handelns, von der Steuerverwaltung über die Verkehrsinfrastruktur sowie die soziale und innere Sicherheit bis hin zu Kultur, Jugend und Rechtsgüterschutz hat sich gezeigt, dass die überkommene Aufteilung der Kompetenzen auf Bund und Länder, ihre administrativen Interdependenzen und ihre Praxis oftmals nicht mehr den heutigen Anforderungen genügen. Dabei lässt sich vor dem

Hintergrund der Prüfungserfahrungen und -erkenntnisse der externen Finanzkontrolle aus Sicht des Bundesbeauftragten allgemein feststellen:

Je mehr Entscheidungs-, also Verwaltungsträger eingebunden werden, je mehr Abstimmungsprozesse vorgesehen sind und je starrer und detaillierter die zu beachtenden Regelungen ausfallen, desto aufwendiger werden Vorbereitung und Umsetzung der Maßnahmen im jeweiligen Verwaltungsbereich, bis schließlich der – unterstellte – Nutzen einer verstärkten Kooperation und Bund-Länder-Verflechtung durch deren Nachteile aufgehoben oder übertroffen wird. Der ursprüngliche Verflechtungszweck, also etwa die einheitliche Verwaltungspraxis sicherzustellen, wird dabei oftmals nicht mehr erreicht. Dies mag vereinzelt in einer Anwendungsschwäche des zur Verfügung stehenden Instrumentariums liegen; oftmals jedoch erscheinen die Schwachstellen systembedingt.

3.3 Trennung als Grundprinzip

Vor diesem Hintergrund haben der Bundesbeauftragte[46] wie auch der Bundesrechnungshof[47] im Vor- und Umfeld der Föderalismusreform I die Auffassung vertreten, bei den anstehenden Reformen der Bund-Länder-Beziehungen stärker als bisher Aufgabe, Kompetenz und finanzielle Verantwortung in einer Hand, das heißt auf einer staatlichen Ebene zusammenzuführen, um unwirtschaftliches Handeln zu vermeiden und die Eigenverantwortlichkeit der staatlichen Ebenen in Bund und Ländern zu stärken.

Der Bundesbeauftragte hält an dieser Linie für die nunmehr anstehenden weiteren Reformen fest. Nach seiner Auffassung lassen sich durch eine Rückbesinnung auf die das Grundgesetz wesentlich prägenden Prinzipien der

- Subsidiarität,
- Demokratie und
- Transparenz

wertvolle Maßgaben auch für Empfehlungen in den jeweils konkreten Verwaltungsbereichen ableiten.

3.3.1 Grundsatz der Subsidiarität

Subsidiarität weist im Verhältnis der staatlichen Ebenen zueinander dem je kleineren Verband den Kompetenzvorrang vor dem größeren zu und verwehrt der höheren Ebene, der niederen Aufgaben zu entziehen, die sie aus eigener Kraft erfüllen kann.[48] Dementsprechend postuliert Art. 30 GG den Grundsatz der Länderkompetenz und le-

---

[46] Vgl. Schriftliche Stellungnahme von Prof. Dr. Dieter Engels zur Öffentlichen Anhörung des Rechtsausschusses des Deutschen Bundestages und des Bundesrates am 31.05.2006 in Berlin, Tz. 1.3 (www.bundestag.de), sowie Stenografischer Bericht des Rechtsausschusses des Deutschen Bundestages, 18. Sitzung (16. WP), 4 (B) - 5 (D).

[47] Bemerkungen des Bundesrechnungshofes 2005, BT-Drs. 16/160, Nr. 3.

[48] Vgl. *Isensee,* in: ders./Kirchhof, HStR IV, 1. Aufl., § 98 Rn. 242.

gitimiert den Zugriff des Bundes nur in den vom Grundgesetz ausnahmsweise und ausdrücklich zugelassenen Fällen.[49]

(1) Das Subsidiaritätsprinzip spricht damit die Kompetenzfrage und die Frage der Eigenverantwortlichkeit der staatlichen Ebenen[50] an. Es verpflichtet jede höhere Ebene im föderalen Staatsaufbau zu begründen, warum eine (Verwaltungs-)Aufgabe nicht auf der nachgeordneten (dezentralen) Ebene erledigt werden kann. Eine Hochzonung auf die obere Ebene ist nur dann gerechtfertigt, wenn zwei Grundbedingungen erfüllt sind:

- Die Ziele der in Betracht gezogenen Maßnahmen können nicht ausreichend durch Maßnahmen der unteren Ebene erreicht werden *und*
- die Ziele sind daher besser durch Maßnahmen der oberen Ebene zu verwirklichen.[51]

Das Prinzip der Subsidiarität setzt damit der Intervention und Ingerenz der höheren Ebene in die Sphäre der niederen Ebene eine Grenze, deren Überschreitung im Einzelfall zu legitimieren ist. Es sichert umgekehrt dem unteren Verband Eigenverantwortlichkeit zu, indem es ihm Entscheidungs- und Tätigkeitsfelder, das heißt Autonomieräume zur selbstständigen Wahrnehmung überlässt. Zugleich nimmt das Subsidiaritätsprinzip die untere Verbandsebene in die Pflicht, diese Autonomieräume eigenverantwortlich und ohne ebenenübergeordnete Vorgaben und Anleitungen auszufüllen. Subsidiarität und Autonomie bilden insoweit die zwei Seiten derselben Medaille.

(2) Jenseits der konkreten Kompetenzverteilungvorschriften der Art. 30, 70 ff. GG lässt sich daraus allerdings kein allgemeines Prinzip dahingehend ableiten, dass das Grundgesetz Kompetenzräumen (Maßnahmen und Entscheidungen) auf der niedrigeren Ebene durchgängig Vorrang gegenüber Kompetenzräumen auf der höheren Ebene einräumte.[52]

Als staatsrechtliches Ordnungsmerkmal hat der Verfassungsgesetzgeber das Subsidiaritätsprinzip so auch nie verstanden. Dies zeigt schon die Systematik der Kompetenzaufteilung zwischen Bund und Ländern im Grundgesetz.[53] Im Bundesstaat des Grundgesetzes, das einen Staat der zwei Ebenen vorgibt,[54] ist der Bund – als überge-

---

[49] Vgl. oben Tz. 2.3.

[50] Die Frage der Eigenverantwortlichkeit der Bürgerinnen und Bürger (Was ist private Obliegenheit?) in Abgrenzung zur staatlichen Aufgabe (Was ist öffentliche Obliegenheit?) bleibt vorliegend bewusst ausgeklammert. Das Subsidiaritätsprinzip wird lediglich im Hinblick auf die Abgrenzung der staatlichen Ebenen von Bund und Ländern zueinander herangezogen.

[51] Die Europäische Union hat das Subsidiaritätsprinzip als Instrument der rationalen, fallbezogenen Rechtfertigungsschranke bei der Kompetenzausübung durch die höhere Ebene ausdrücklich geregelt (Art. 5 Abs. 2 EG-Vertrag) und in Nr. 5 des Protokolls Nr. 21 zum Vertrag zur Gründung der Europäischen Gemeinschaft über die Anwendung der Grundsätze der Subsidiarität und der Verhältnismäßigkeit im Einzelnen ausformuliert.

[52] Vgl. *Huber*, Klarere Verantwortungsteilung, D 43 f.

[53] Vgl. oben Tz. 2.3.

[54] Vgl. *Isensee,* in: ders./Kirchhof, HStR IV, 1. Aufl., § 98 Rn. 81 ff.

ordnete Ebene – vielmehr zugleich Glied des Ganzen und sein Garant. Die das Ganze betreffenden Aufgaben sind damit grundsätzlich solche des Bundes.

Gleichwohl erfüllt der dem Subsidiaritätsgrundsatz innewohnende Grundgedanke eine Freiheit sichernde Funktion, indem er die Einbeziehung der Betroffenen in die Entscheidungsfindung ermöglicht. Dies ist umso eher machbar, je kleiner die Entscheidungseinheit ist.[55] Das gilt grundsätzlich auch im Verhältnis zwischen Bund und Ländern und ihren exekutiven Verflechtungen. Subsidiarität kann deshalb eine erste Ausrichtung und Leitlinie bei der Frage sein, wie Verwaltungszuständigkeiten in den jeweiligen Sektoren im bundesdeutschen Mehrebenensystem gegebenenfalls neu zu verteilen und unvermeidbare Schnittstellen zwischen den Ebenen autonomieschonend zu organisieren sind.

(3) Der Subsidiaritätsgrundsatz zwingt also darüber nachzudenken, ob eine konkrete Aufgabe nicht genauso gut von der unteren Ebene – und damit autonomieschonender – erfüllt werden kann wie von der übergeordneten. Er bringt die untere Ebene ins Spiel und verpflichtet zur Rationalität bei der Aufgabenzuordnung. Er verbietet und vermeidet Reflexe, die unreflektiert und begründungslos der einen oder anderen Ebene den Vorzug geben. Darüber hinaus stellt er sich autonomiegefährdenden Verflechtungen entgegen, die die einmal getroffene, begründbare und begründete Ebenenzuordnung mittelbar wieder in Frage stellen, indem beispielsweise eine Verwaltungsaufgabe zunächst als Autonomieraum der unteren Ebene zugewiesen, zugleich aber durch ein lückenloses Netz an Steuerung, Kontrolle und Aufsicht durch die übergeordnete Ebene in Frage gestellt wird. Der Subsidiaritätsgrundsatz fördert Vielfalt, ohne Einheit zu verhindern; er kann insoweit als föderative Spielregel par excellence (Einheit in Vielfalt) verstanden werden.

Der Grundsatz der Subsidiarität und das ihm zugehörige Erfordernis von Autonomieräumen mit der Chance (und den Risiken) eigenverantwortlicher Aufgabenwahrnehmung verlangen damit – wo immer und soweit als möglich – die Entflechtung der Ebenen und die klare und getrennte Zuordnung der jeweiligen Aufgaben an diese. Je nach Materie und den von der Politik und dem (Verfassungs-)Gesetzgeber definierten Zielen kann diese nach unten oder nach oben angezeigt sein. Soweit eine Aufgabe der unteren Ebene zugewiesen ist, sollte die Aufgabe von dieser möglichst autonomieschonend wahrgenommen werden können.

(4) Diese Leitlinien der Subsidiarität decken sich auch mit dem tatsächlichen Befund, den der Bundesbeauftragte und der Bundesrechnungshof bei ihren Untersuchungen und Prüfungen in der Vergangenheit feststellen konnten.

Denn nach deren Prüfungserfahrungen und -erkenntnissen führt die Wahrnehmung einer (Verwaltungs-)Aufgabe, die nicht als die eigene verstanden, nicht oder nicht ausschließlich mit eigenem Geld bezahlt und nicht selbst-, sondern fremdbestimmt, das heißt unter Aufsicht, Weisung und Kontrolle wahrgenommen wird, tendenziell zu un-

---

[55] Vgl. *Huber*, Klarere Verantwortungsteilung, D 43.

wirtschaftlichem und von Interessenkollisionen geprägtem Verhalten und Verwalten, kurzum: zu dysfunktionalen Fehlanreizen zwischen den staatlichen Ebenen.

Dies zeigen beispielhaft und anschaulich die großen Bereiche bei der Verwaltung der Steuern und der Verkehrsinfrastruktur (Fernstraßen) wie auch jüngere, aber nicht minder bedeutsame Verflechtungsfelder aus dem Bereich der sozialen Sicherheit (Hartz IV)[56].

Lösungen, die derartige Verflechtungskonstellationen vermeiden, vermögen deshalb aus Sicht des Bundesbeauftragten positive Steuerungsanreize für die jeweils verantwortliche staatliche Ebene zu setzen, was den wirtschaftlichen Umgang mit den öffentlichen Haushaltsmitteln, aber auch die von den eigentlichen gesetzgeberischen Zielen geleitete wirksame Aufgabenerfüllung anbetrifft.

3.3.2 Demokratieprinzip

In engem Zusammenhang mit dem auf Trennung, Klarheit, Selbstverantwortung und Autonomie ausgerichteten Grundsatz der Subsidiarität steht das Demokratieprinzip. Es steht an zentraler Stelle der Verfassung (Art. 20 Abs. 1 und Abs. 2 GG) und ist – wie die Bundesstaatlichkeit – unter den besonderen Schutz der Ewigkeitsklausel (Art. 79 Abs. 3 GG) gestellt.

(1) Dem Demokratieprinzip kommt damit besondere Bedeutung zu, wenn es um die Frage der Modernisierung der bundesstaatlichen Ordnung und ihrer Anpassung an die veränderten Rahmenbedingungen geht.[57] Auch die weiteren Reformziele wie die Stärkung der Eigenverantwortung der Gebietskörperschaften und die klarere Zuordnung politischer Verantwortlichkeiten, die als Katalysatoren für Entbürokratisierung, Effizienzsteigerung und eine insgesamt verbesserte Handlungsfähigkeit der staatlichen Ebenen von Bund und Ländern gelten können[58], sind eng mit den Grundaussagen des Demokratieprinzips und seinen Leitlinien verwoben.

Demokratie bedeutet die „freie Selbstbestimmung aller Bürger“[59]. Alle Staatsgewalt geht vom Volke aus (Art. 20 Abs. 2 S. 1 GG); sie wird vom Volke in Wahlen und Abstimmungen und durch besondere Organe der Gesetzgebung, der vollziehenden Gewalt

---

56 Vgl. zu allen drei genannten Bereichen die Einzelanalysen im vierten Teil des Gutachtens (Tz. 4.1, 4.2.1 und 4.3.1).

57 Dies sind die grundlegenden und übergreifenden Ziele des gesamten Reformprozesses der Bund-Länder-Beziehungen von der Bundesstaatskommission (2003/2004) über die Föderalismusreform I (2005/2006) bis zur aktuellen Föderalismusreform II (2006/2007), wie sie sich aus den jeweiligen Einsetzungsbeschlüssen von Bundestag und Bundesrat [zur Bundesstaatskommission vgl. BT-Drs. 15/1685 u. BR-Drs. 750/03 (Beschluss); zur Föderalismuskommission II vgl. BT-Drs. 16/3885 u. BR-Drs. 913/06 (Beschluss)] bzw. dem Koalitionsvertrag vom 11.11.2005 (zur Föderalismuskommission I) ergeben.

58 Hiervon gehen die Akteure des Reformprozesses inzident aus, wie die Auflistung der Reformziele in den Einsetzungsbeschlüssen deutlich macht (vgl. voranstehende Fn.).

59 BVerfGE 44, 125 (142); 107, 59 (92).

und der Rechtsprechung ausgeübt (Art. 20 Abs. 2 S. 2 GG). Das Volk ist die einzige Legitimationsquelle aller drei Staatsgewalten; nicht nur die Rechtsetzung, auch der Gesetzesvollzug müssen sich demokratisch legitimieren lassen.

(2) Doch darin erschöpft sich Demokratie nicht; sie verlangt nicht nur den formalen Akt der Legitimation durch Wahlen. Das Demokratieprinzip verlangt auch, dass das einmal gewählte Parlament über die notwendigen Kompetenzen verfügt, um die mit der Wahl getroffenen Grundentscheidungen (der Mehrheit) umzusetzen:[60] Umsetzung jedoch nicht nur in formalen Beschlüssen – durch zu Gesetz geronnene Politik – sondern in der Lebenswirklichkeit, durch eigenverantwortlichen Vollzug und Verwaltung des Beschlossenen. Im Wahlakt trifft die Staatsbürgerin und der Staatsbürger nämlich nicht nur die Entscheidung für ein bestimmtes Programm, politisch und personell, sondern auch dafür, dass dieses bei entsprechendem Wahlausgang mit den hierfür notwendigen Maßnahmen (Normsetzung, Vollzug, Finanzierung) in dem vom Volkssouverän der jeweiligen Ebene beherrschten Autonomieraum (Bund oder Land) in die Lebenswirklichkeit umgesetzt werden kann. Entwicklungen und Verflechtungen der staatlichen Ebenen, die diese Umsetzungschancen aber von vorneherein erschweren oder gar unmöglich machen, weil die eine Ebene ohne die andere die Lebenswirklichkeit nicht mehr gestalten und verändern kann, sind deshalb bedenklich. Sie tragen die Gefahr in sich, Wahlen und Abstimmungen zum „inhaltslosen Ritual degenerieren“[61] zu lassen.

(3) Im deutschen, von den eingangs skizzierten Verflechtungslinien geprägten Föderalismus[62] ist die Zurechenbarkeit der Verantwortung jedoch durch vielfältige Verflechtungen zwischen den staatlichen Ebenen erschwert. Dies gilt nicht nur für die Gesetzgebung, sondern in gleicher Weise für die vielfältigen Bereiche administrativer Vollzugsverflechtung.[63] Die Richtungsimpulse demokratischer Wahlen werden in einem schwer durchschaubaren Kompetenzgeflecht gedämpft. Die Wählerin und der Wähler können nur noch schwer nachvollziehen, warum die von ihnen getroffene Wahl – trotz entsprechender Mehrheit in der jeweiligen Volksvertretung – nicht zu der von ihnen unterstützten Veränderung (oder Fortbestand) und der Umsetzung des von ihnen dementsprechend gewählten politischen Programms und seinen Zielen geführt hat. Ein Überdenken ihrer Wahlentscheidung beim nächstanstehenden Legitimationsakt der Staatsgewalten – der Wahl – ist in der Folge rational kaum mehr möglich, weil die Verantwortungszurechnung für den Erfolg oder Misserfolg des von ihnen gewählten politischen Programms und Personals unklar bleibt. Die Wahlentscheidung als demokratischer Legitimationsakt droht damit an Rationalität und Akzeptanz zu verlieren.

---

[60] BVerfGE 89, 155 (171 f. u. 182).
[61] *Huber*, Klarere Verantwortungsteilung, D 34.
[62] Vgl. oben Tz. 2.4.
[63] Zu den Verflechtungslinien im Allgemeinen siehe oben Tz. 2.4, zu den spezifischen Verflechtungsfeldern vgl. den nachfolgenden vierten Teil des Gutachtens.

(4) Aus dem Demokratieprinzip kann damit eine eindeutige Ausrichtung hin auf eine klare Verantwortungsteilung zwischen den staatlichen Ebenen von Bund und Ländern abgeleitet werden. Das Demokratieprinzip verlangt Entflechtung,[64] nicht Verflechtung. Es fordert Zurechenbarkeit und klare Autonomieräume. Es verbietet – jedenfalls was die wesentlichen Bedingungen für die Verwirklichung der Grundrechte und Grundwerte des Grundgesetzes anbetrifft[65] – die Flucht in ebenenverflochtene Konsensgremien[66], deren Output oder Nicht-Output letztendlich keiner Seite klar zugerechnet werden kann. Es widersetzt sich somit einem Sichverstecken der jeweiligen Akteure der Staatsgewalten – nicht nur des Gesetzgebers, sondern auch der Exekutive und ihrer Administrationen – vor der eigenen Entscheidung, die sich letztendlich im wiederkehrenden Wahlakt des Volkssouveräns zu legitimieren hat.

(5) Die Prüfungserkenntnisse des Bundesrechnungshofes zeigen, dass die Verwaltungsverflechtung, wie er sie in der Verwaltungswirklichkeit vorfindet, hiergegen oftmals verstößt. So ist es etwa im Bereich der Atomverwaltung über Jahre bis heute nicht gelungen, ein für den Vollzug des Atomgesetzes dringend erforderliches, verbindliches und aktuelles kerntechnisches Regelwerk zu erlassen. Die Flucht der Bundesexekutive in Konsensgremien mit den Ländern und die gleichzeitige „Verweigerung“ des Konsenses durch diese haben dies verhindert. Die Frage der Verantwortlichkeit für diese sicherheitsrelevante Schwachstelle bleibt dabei in der zwischen Bund und Ländern verflochtenen Atomverwaltung unklar.[67]

3.3.3 Transparenzgebot

Das Gebot der Transparenz und der klaren Verantwortungsräume steht in enger Verbindung zu den vorgenannten Grundsätzen der Subsidiarität und Demokratie. Transparenz und Verantwortung bilden den Schlüssel zu einer sinnvollen Steuerung der Handelnden auf den jeweiligen Verwaltungsebenen. Verantwortung ist als Bedingung und Folge der Entscheidungsfreiheit in eigenen Angelegenheiten zu begreifen.

(1) Nach der auf Prüfungserkenntnissen des Bundesrechnungshofes gründenden Überzeugung des Bundesbeauftragten erzielt eine eindeutig zugeordnete, klar erkennbare und vollständige Verantwortung die besten Steuerungswirkungen. Sie setzt Anreize für ein

---

64 Entschieden und dezidiert: *Huber*, Klarere Verantwortungsteilung, D 40 und D 138.

65 Zum Wesentlichkeitsprinzip vgl. BVerfGE 77, 170 (230 f.); 98, 218 (251); 111, 191 (216 f.).

66 Dies sind ihrem Wesen nach informelle Gremien, in denen Vertreter von Bund und Ländern zusammenkommen, um im Vorfeld oder als Ersatz der eigentlich für die Steuerung des Verwaltungsvollzugs vorgesehenen Instrumente (z. B. Allgemeine Verwaltungsvorschriften, Rechtsverordnungen oder Weisungen) Einvernehmen über die Auslegung von Gesetzen und weitere für die Verwaltungspraxis bedeutsame Anwendungsfragen zu erzielen; vgl. auch die Einzelbeispiele in Tz. 4.1 (Steuerverwaltung) und Tz. 4.4.4 (Atomverwaltung).

67 Ausführlich hierzu unten Tz. 4.4.4.

wirksames, wirtschaftliches, ressourcenschonendes und rechtmäßiges Handeln des Staates.

Grundbedingungen einer transparenten Verantwortung sind aus seiner Sicht:

- Aufgabenwahrnehmung und Verantwortung bilden eine Einheit,
- die Verantwortung ist eindeutig zugeordnet und nicht geteilt und
- die Träger der Verantwortung sind leicht identifizierbar.

Für den Bereich der Verwaltung bedeutet dies, dass die Verwaltungskompetenz der jeweils verantwortlichen Gebietskörperschaft ungeteilt zustehen sollte. Horizontale oder vertikale Einflussnahmen sind soweit als möglich auszuschließen. Verwaltungsaufgaben werden prinzipiell dort wahrgenommen, wo sie anfallen; Schnittstellen werden vermieden.

(2) Von ihrem Typus her widerspricht insbesondere die Auftragsverwaltung[68] diesen Anforderungen in vielen Punkten. Sie sieht weitgehende „Einmischungsrechte"[69] des Bundes gegenüber den Ländern vor. Die Verantwortung für die Sache selbst (Sachkompetenz) und deren Wahrnehmung (Wahrnehmungskompetenz) ist zwischen Bund und Ländern geteilt. Geteilt werden auch die Ausgaben: Der Bund steht ganz oder teilweise für die Zweckausgaben ein, die Länder finanzieren die Verwaltung[70]. Indem die Länder gezwungen sind, Interessen des Bundes wahrzunehmen, die zum Teil mit ihren eigenen Anliegen kollidieren, erweisen sie sich naturgemäß nur als eingeschränkt gute Sachwalter der Bundesinteressen und stark überwachungsbedürftige Treuhänder der Ausgaben und Einnahmen des Bundes.[71] Dies bedingt einen hohen Aufwand an Kontrolle und Steuerung, der seinerseits unwirtschaftliche bürokratische Strukturen schafft. So ist das Bild in vielen Verwaltungsbereichen (z. B. Steuern, Fernstraßen, Atom, Soziales) geprägt von einer nicht mehr über- und durchschaubaren Vielzahl an Bund-Länder-Gremien zur Abstimmung des Verwaltungsvollzugs[72], von Einzelweisungen und zahlreichen Rechtsstreitigkeiten über deren Zulässigkeit sowie von einer Fülle an Richtlinien, Handbüchern und Verwaltungsregeln, die zeitaufwendig und unter hohem Personaleinsatz auf beiden Seiten (Bund und Länder) konsensuell erarbeitet werden.

(3) Gleichwohl führen die Kontroll- und Abstimmungsstrukturen – wie die Prüfungserkenntnisse des Bundesrechnungshofes immer wieder gezeigt haben – oftmals nicht zum gewünschten Ergebnis. Die Vorstellung, der Bund könne über das aufsichtliche Instrumentarium eine auch nur annähernd wirksame Kontrolle über alle Verwaltungsbereiche

---

[68] Vgl. im Einzelnen *Anhang I* (Tz. 3).

[69] Terminus technicus „Ingerenzrechte" vom lat. „ingerere", sich in etwas – eine fremde Sphäre – einmischen.

[70] Noch weitergehend bei der Verwaltung der Grundsicherung für Arbeitsuchende (Hartz IV); dort trägt der Bund auch die Verwaltungskosten, vgl. im Einzelnen unten Tz. 4.3.1.

[71] Zur Begründung dieses Effekts vgl. auch das Erklärungsmodell der Agenturtheorie im *Anhang IV.*

[72] Allein für die Steuerverwaltung geht das Bundesministerium der Finanzen von derzeit rd. 50 Bund-Länder-Gremien aus; ausführlich zu den Prüfungserkenntnissen aus dem Bereich der Steuerverwaltung vgl. im vierten Teil des Gutachtens Tz. 4.1.

der Länder ausüben, die den Vollzug seiner Gesetze betreffen, geht nach den Prüfungserfahrungen der externen Finanzkontrolle fehl. Hierzu mangelt es dem Bund an Ressourcen, aber auch das rechtliche Instrumentarium selbst ist nicht auf eine flächendeckende Kontrolle angelegt. So steht dem Bund bei der Auftragsverwaltung zwar ein Weisungsrecht gegenüber einem Land zu; dies ist jedoch grundsätzlich nur einzelfallbezogen (Art. 85 Abs. 3 S. 1 GG).[73] Allgemeine Verwaltungsvorschriften bedürfen sowohl bei der Auftragsverwaltung als auch bei der Ausführung durch die Länder „als eigene Angelegenheit" der Zustimmung des Bundesrates (Art. 85 Abs. 2 S. 1 und Art. 84 Abs. 2 GG); auch hier ist das Bild damit von einer Verflechtung der Verwaltungsebenen[74] geprägt, die eine eindeutige Zuordnung der Verantwortung in der Praxis zumindest erheblich erschwert, wie das vorgenannte Beispiel (Tz. 3.3.2) aus der Atomaufsicht zeigt.

3.4 Leitlinie

Nach dem Vorgenannten spricht sich der Bundesbeauftragte im Rahmen der anstehenden zweiten Stufe der Föderalismusreform in Fortführung seiner bisherigen Leitlinie dafür aus, stärker als bisher Aufgabe, Kompetenz und finanzielle Verantwortung auf einer Ebene zusammenzuführen und als ordnende Maßgabe für eine Modernisierung der Bund-Länder-Beziehungen im Bereich der Verwaltung zugrunde zu legen.

Nach seinen Prüfungserfahrungen und den Prüfungserkenntnissen des Bundesrechnungshofes ist dies geeignet, unwirtschaftliches Handeln zu vermeiden und die Eigenverantwortlichkeit der staatlichen Ebenen in Bund und Ländern zu stärken.

Das Gebot der Entflechtung durch Trennung wird getragen von den grundlegenden Prinzipien des Grundgesetzes (Subsidiarität, Demokratie und Transparenz) und setzt die richtigen Steuerungsanreize, indem es Effektivität und Effizienz staatlichen Handelns auf den verschiedenen Ebenen fördert.

Der Bundesbeauftragte verkennt dabei nicht, dass der Trennungsgrundsatz in der Verfassungswirklichkeit und Staatspraxis nicht in jedem Fall und nicht immer in Reinform zu verwirklichen ist. Denn letztendlich bleiben bei einem System der funktionalen Trennung, wie es dem Bundesstaatsmodell des Grundgesetzes zugrunde liegt, immer Berührungspunkte zwischen den staatlichen Ebenen bestehen; sie sind ihm immanent. Nur ein Modell der vertikalen Trennung, bei dem diejenige Ebene, der die mate-

---

[73] Gleichwohl hat sich, z. B. im Bereich der Steuerverwaltung (Tz. 4.1.1), eine Praxis herausgebildet, in der Weisungen für eine Vielzahl von Einzelfällen erteilt werden. Die verfassungsrechtliche Zulässigkeit der „allgemeinen Weisung" als Aufsichtsmittel des Bundes in der Auftragsverwaltung ist jedoch umstritten und höchstrichterlich bislang nicht entschieden; vgl. hierzu *Anhang I* (Tz. 3.3.2).

[74] Der Bundesrat ist zwar Bundesorgan, über ihn wirken die Länder jedoch – wenn es um den Erlass von allgemeinen Verwaltungsvorschriften geht – bei der „Verwaltung des Bundes" (Art. 50 GG) mit.

rielle Regelungskompetenz zukommt (Gesetzgebung), auch die von ihr geregelte Materie – mit eigenen Mitteln – finanziert und – mit eigenen Behörden und Strukturen – verwaltet (dualer Föderalismus), böte idealiter die Möglichkeit, weitestgehend auf Schnittstellen zu verzichten.[75] Der bundesdeutsche Föderalismus war jedoch zu keiner Zeit in dieser Form als dualer Föderalismus konzipiert, sondern – notwendigerweise – durch Elemente der Verzahnung gekennzeichnet.

Dies schließt es aber nicht aus, die dysfunktionalen Effekte, die sich in den exekutiven Bund-Länder-Schnittstellen in vielen Bereichen im Laufe der Jahre und Jahrzehnte aufgebaut haben, zu beseitigen und ausgerichtet an einem Leitbild der klaren Verantwortungszuteilung die Anzahl und den Verzahnungsgrad dieser Einfallstore unwirtschaftlichen Handelns auf das Notwendigste zu reduzieren.

An diesem föderativen Rahmen richtet sich der Bundesbeauftrage bei seinen im nachfolgenden vierten Teil dargestellten Entflechtungsoptionen in den jeweiligen Verwaltungsbereichen aus.

---

[75] Das Konzept des dualen Föderalismus hat seinen Ursprung im US-amerikanischen Verfassungsrecht, wo es bis zum New-Deal im Jahre 1937 die herrschende Doktrin bildete. In seiner Reinform gilt er aber auch in seinem Stammland, den USA, als gescheitert (vgl. *Kramer/Weiler*, in: Schneider/Wessels, Föderale Union – Europas Zukunft?, S. 145 ff.). Zu den verschiedenen Ausformungen des Föderalismus im internationalen Vergleich siehe *Anhang III*.

4 Schwachstellen des Verwaltungsföderalismus in der Prüfungspraxis

4.1 Steuern

Kernaussage

Nach der bestehenden Aufgabenverteilung des Grundgesetzes werden die Steuergesetze des Bundes im Wesentlichen durch die Länder vollzogen. Dies hat zu deutlichen Schwachstellen in der Finanzverwaltung geführt:

- Die Regeln der Finanzverfassung führen dazu, dass die Länder als Vollzugsebene kein ausreichendes Eigeninteresse daran haben, die Steuern vollständig und rechtzeitig zu erheben. Dies beeinträchtigt die Einnahmebasis des Staates.
- Die Steuergesetze werden gegenüber den Bürgern und Unternehmen nicht einheitlich angewendet. Damit ist keine Steuergerechtigkeit gewährleistet.
- Es sind bürokratische Strukturen zur Koordinierung zwischen Bund und Ländern entstanden. Diese bringen einen unwirtschaftlichen Abstimmungsaufwand mit sich und führen nicht zu einer effektiven Steuerung der Finanzverwaltung.
- Der Föderalismus im Steuerbereich behindert die Einführung moderner IT-Systeme und die Zusammenarbeit in der Europäischen Union.

Im Rahmen der Föderalismusreform I wurden die Einwirkungsmöglichkeiten des Bundes einfachgesetzlich gestärkt, um die Funktionsfähigkeit des Systems zu verbessern. Diese Maßnahmen gehen in die richtige Richtung, werden aber voraussichtlich nicht ausreichen, um eine schlagkräftige Struktur der Finanzverwaltung zu schaffen.

Der Bundesbeauftragte empfiehlt deshalb für die Föderalismusreform II einen grundlegenden Systemwechsel. Durch Änderung des Grundgesetzes sollte eine Bundessteuerverwaltung eingerichtet werden. Diese verspricht eine Effizienzrendite und ist besser geeignet, die Steuern in ganz Deutschland vollständig, nach gleichen Maßstäben sowie ohne regionale Einflüsse zu erheben.

4.1.1 Aufgabenverteilung nach der bestehenden Finanzverfassung

Bei den Arbeiten zum Grundgesetz plante der Parlamentarische Rat ursprünglich eine Bundesfinanzverwaltung. Er konnte sich insoweit aber nicht gegen die Einwände der Militärgouverneure durchsetzen, die eine stärker föderalistische Lösung verlangten.[76] Der Parlamentarische Rat wählte daraufhin einen Mittelweg für die bis heute bestehende Finanzverfassung.

Danach hat der Bund – mit Ausnahme der örtlichen Verbrauch- und Aufwandsteuern – die konkurrierende Zuständigkeit für die Steuergesetzgebung.

[76] Zur Entstehung der deutschen Finanzverfassung vgl. das Gutachten des wissenschaftlichen Beirates beim Bundesministerium für Wirtschaft und Arbeit vom 08.07.2005 „Zur finanziellen Stabilität des deutschen Föderalstaates", Tz. I.4.

Das Aufkommen bestimmter Steuern fließt entweder allein dem Bund, allein den Ländern oder allein den Gemeinden zu. Das Aufkommen der sogenannten Gemeinschaftsteuern (Einkommen-, Körperschaft-, Umsatzsteuer) steht Bund und Ländern, teilweise auch den Gemeinden zu.

Art. 108 Abs. 1 GG sieht die Verwaltung der bundesgesetzlich geregelten Verbrauchsteuern einschließlich der Einfuhrumsatzsteuer durch eine Bundesfinanzverwaltung vor. Die übrigen Steuern werden durch Landesfinanzbehörden verwaltet. Fließen die Steuern ganz oder teilweise dem Bund zu, sieht Art. 108 Abs. 3 GG eine Auftragsverwaltung, d. h. eine Aufsicht des Bundes hinsichtlich der Gesetzmäßigkeit und Zweckmäßigkeit des Verwaltungshandelns vor.[77] Nach Art. 108 Abs. 7 GG kann die Bundesregierung mit Zustimmung des Bundesrates zudem allgemeine Verwaltungsvorschriften erlassen.

Bei den aufkommensstarken Gemeinschaftsteuern (Einkommen-, Körperschaft-, Umsatzsteuer) ergibt sich damit folgende Verflechtung:

- Der Bund erlässt mit Zustimmung des Bundesrates die Steuergesetze. Diese werden von den Ländern vollzogen, die jedoch nur teilweise die Ertragshoheit haben, d. h. nur einen Teil des Steueraufkommens erhalten.
- Der Bund kann allgemeine Verwaltungsvorschriften nur mit Zustimmung des Bundesrates erlassen. Im Rahmen der Auftragsverwaltung kann der Bund zudem Einzelweisungen erteilen. Strittig ist zwischen Bund und Ländern, inwieweit der Bund allgemeine Weisungen erlassen kann, die sich auf eine Vielzahl von Fällen beziehen.[78] Im Jahre 1970 haben sich Bund und Länder in der sogenannten Staatssekretärsvereinbarung darauf verständigt, dass das Bundesministerium der Finanzen (Bundesministerium) allgemeine Weisungen in Form von Schreiben an die Finanzministerien der Länder erlassen kann, wenn es zuvor die Länder angehört und deren Mehrzahl keine Einwendungen erhoben hat. Das Föderalismusreform-Begleitgesetz vom 5. September 2006 hat dies in Gesetzesform gegossen.[79]
- Der Aufbau und die personelle Ausstattung der Landesfinanzbehörden obliegen den Ländern, die auch die Kosten dafür tragen. Dies gilt überwiegend auch für die Ablauforganisation.[80]

4.1.2 Verflechtungsstrukturen zwischen den Verwaltungsebenen

Die Auftragsverwaltung bei der Einkommen-, Körperschaft- und Umsatzsteuer ist geprägt durch die Notwendigkeit des Zusammenwirkens von Bund und Ländern sowie zwischen den Ländern.

---

[77] Allgemein zu den Verwaltungstypen des Grundgesetzes vgl. Tz. 2.3 und *Anhang I*.

[78] Zum allgemeinen Streitstand vgl. *Anhang I* (Tz. 3.3.2).

[79] Zu den Ergebnissen der Föderalismusreform I für den Steuerbereich vgl. im Einzelnen Tz. 4.1.8.

[80] Das Föderalismusreform-Begleitgesetz sieht allerdings jetzt die Möglichkeit vor, dass der Bund einheitliche Verwaltungsgrundsätze und gemeinsame Vollzugsziele festlegen kann, wenn eine Mehrheit der Länder nicht widerspricht. Vgl. dazu im Einzelnen Tz. 4.1.8.

Wegen der Komplexität des Steuerrechts und der schnellen Folge rechtlicher Änderungen führt die Verflechtung gerade im Steuerbereich zu unwirtschaftlichen bürokratischen „Abstimmungsstrukturen“.[81]

Eine bundeseinheitliche Verwaltungsauffassung (z. B. in Richtlinien, Handbüchern und Verwaltungsregeln) muss zeitaufwendig und unter hohem Personaleinsatz abgestimmt werden. Seit 1998 hat das Bundesministerium 1.276 neue sogenannte BMF-Schreiben herausgegeben. Diese Schreiben versuchen im Wesentlichen eine einheitliche Auslegung der Steuergesetze sicherzustellen. Im Jahre 2006 waren 4.427 derartiger Schreiben gültig.

Für diese Abstimmung ist eine Vielzahl von Bund-Länder-Gremien notwendig. Das Bundesministerium selbst schätzte im Jahre 2004, dass es rund 50 Bund-Länder-Gremien gibt.

Die Steuerverwaltung wird dementsprechend von ebenenverflochtenen Konsensgremien geprägt. Diese Struktur entspricht nicht dem Demokratieprinzip, da die – gerade im Steuerrecht wichtigen Auslegungsentscheidungen – keiner staatlichen Ebene klar zugeordnet werden können.[82]

Im Folgenden wird zudem dargestellt, dass sich bei der Verwaltung der Steuern in der Praxis nahezu alle Verflechtungsnachteile zeigen, mit denen das Trennungsprinzip des Grundgesetzes allgemein gerechtfertigt wird.[83]

4.1.3 Verflechtungsstrukturen entfalten unzureichende Steuerungswirkung

Die aufwendigen Abstimmungsstrukturen zwischen Bund und Ländern haben nach den Feststellungen des Bundesrechnungshofes nur unzureichende Steuerungswirkung:

(1) Es gelingt dem Bund teilweise nicht, seiner Rechtsauffassung zur Auslegung der bundesgesetzlichen Steuervorschriften Geltung zu verschaffen, da er sich in den Abstimmungsgremien nicht immer durchsetzen kann.

Dies zeigt ein Beispiel aus dem Umsatzsteuerrecht. Dort vertrat das Bundesministerium die Auffassung, dass entgeltliche Leistungen, die juristische Personen des öffentlichen Rechts untereinander erbringen, der Umsatzsteuer unterliegen. Diese Position ist zutreffend, da jede andere Handhabung private Wettbewerber benachteiligt und mit dem Recht der Europäischen Union nicht vereinbar ist. Die Abteilungsleiter/-leiterinnen (Steuer) der obersten Finanzbehörden des Bundes und der Länder beschlossen jedoch mit den Stimmen der Länder, die betreffenden Leistungen dem hoheitlichen Bereich zuzuordnen, der nicht besteuert wird. Das Bundesministerium sieht

[81] Im Bereich der Auftragsverwaltung ist der hohe Abstimmungsaufwand sowohl auf Bundes- als auch auf Länderseite eine typische Verflechtungsfolge; vgl. Tz. 3.3.3 (2).

[82] Zur Bedeutung einer klaren Zuordnung der administrativen Verantwortung für das Demokratieprinzip siehe Tz. 3.3.2 (4).

[83] Vgl. zu den allgemeinen Gründen, die dem Trennungsprinzip des Grundgesetzes zugrunde liegen Tz. 3.3.

keine Möglichkeit, diesen Beschluss gegen die Mehrheit der Länder aufheben zu lassen.[84]

(2) Die Funktionsfähigkeit des Systems wird außerdem beeinträchtigt, da die Länder sich in Einzelfällen nicht an die Beschlüsse der Konsensgremien halten.

Dies verdeutlicht das Beispiel Freistellungsaufträge. Solche Aufträge dürfen Steuerpflichtige seit 1993 gegenüber den Banken in Höhe der Sparer-Freibeträge und der Werbungskosten-Pauschbeträge bei den Einkünften aus Kapitalvermögen erteilen. Zur Vermeidung einer missbräuchlichen Verwendung übermitteln die Banken Kontrollmitteilungen an das Bundeszentralamt für Steuern (Bundeszentralamt). Dieses übersendet Kontrollmitteilungen an die Länder, wenn die steuerfrei gezahlten Kapitalerträge das Freistellungsvolumen übersteigen. Der Bundesrechnungshof hat festgestellt, dass fünf Länder von den Beschlüssen der Referatsleiter Abgabenordnung zur Auswertung dieser Mitteilungen abgewichen sind. Diese Länder haben unterschiedliche, teilweise ansteigende Bagatell- oder Nichtaufgriffsgrenzen eingeführt. Dadurch verringerten sich die zu überprüfenden Fälle um bis zu 80 %.[85]

4.1.4 Verflechtungsstrukturen sichern keinen einheitlichen Gesetzesvollzug

Die bestehenden Verflechtungsstrukturen zwischen Bund und Ländern führen nicht zu einem hinreichend einheitlichen Gesetzesvollzug, wie folgende Beispiele aus der Prüfungspraxis des Bundesrechnungshofes illustrieren:

(1) Ein norddeutsches und ein süddeutsches Finanzamt erteilten vor der Vergabe eines Rüstungsvorhabens unterschiedliche Auskünfte zur umsatzsteuerrechtlichen Behandlung desselben Sachverhalts in Form von verbindlichen Zusagen an die konkurrierenden Firmen. Dies führte zu einer Verletzung der Gleichmäßigkeit der Besteuerung, zu Wettbewerbsverzerrungen und einem Steuerausfall von rund 47 Mio. Euro.[86]

(2) Zahlreiche land- und forstwirtschaftliche Betriebe legen keine Steuererklärungen und Gewinnermittlungen vor, obwohl sie gesetzlich dazu verpflichtet sind. Die Finanzämter setzen diese Pflichten nicht einheitlich durch und schätzen die Gewinne. Der Bundesrechnungshof hat festgestellt, dass die Finanzverwaltungen der Länder dabei unterschiedliche Schätzungsverfahren anwenden und die tatsächlichen Erträge nur unzureichend und ungleichmäßig erfassen.[87]

(3) Nach Einführung der Quellensteuer bzw. der Zinsabschlagsteuer hatten Steuerpflichtige über deutsche Bankinstitute Geld und Wertpapiere im Ausland angelegt und

---

[84] Bemerkungen des Bundesrechnungshofes 2002, BT-Drs. 15/60, Nr. 77 und Bemerkungen des Bundesrechnungshofes 2007 (Veröffentlichung 22. November 2007).

[85] Bemerkungen des Bundesrechnungshofes 2007 (Veröffentlichung 22. November 2007).

[86] Bemerkungen des Bundesrechnungshofes 2002, BT-Drs. 15/60, Nr. 76.

[87] Bemerkungen des Bundesrechnungshofes 2007 (Veröffentlichung 22. November 2007).

die Erträge dem deutschen Fiskus entzogen. Nach den Feststellungen des Bundesrechnungshofes wurden diese sogenannten Bankenfälle nach ihrer Aufdeckung durch die Steuerfahndung von den Landesverwaltungen jedoch völlig uneinheitlich bearbeitet.[88]

4.1.5 Verflechtungsstrukturen behindern Modernisierungsanstrengungen

Besondere Herausforderungen für die Steuerverwaltung ergeben sich aus der ständigen Weiterentwicklung der Informationstechnik (IT) und der fortschreitenden Internationalisierung.

Nach den Prüfungserkenntnissen des Bundesrechnungshofes erschweren es die bestehenden Strukturen, auf diese Herausforderungen zeitnah zu reagieren:

(1) Die Komplexität der Steuergesetze und die begrenzten Ressourcen der Steuerverwaltungen machen den Einsatz von Risikomanagementsystemen notwendig, um IT-gestützt risikoträchtige und damit prüfungswürdige Veranlagungsfälle herauszufiltern.[89] Die Entwicklung und der Einsatz bundeseinheitlicher Risikomanagementsysteme werden durch die föderale Struktur jedoch erschwert. So haben einige Länder bereits eigenständige, sich unterscheidende Systeme entwickelt und zum Teil auch eingesetzt. Außerdem besteht die Gefahr, dass die Länder ihre Systeme nach dem vorhandenen Personal ausrichten und weniger nach dem Risikopotenzial der Steuerfälle.

(2) Der Bundesrechnungshof drängt seit Jahren darauf, die IT-Verfahren in den Ländern zu vereinheitlichen, um die Steuerverwaltung effizienter zu gestalten.[90] Auch die Referatsleiter/-leiterinnen Organisation der Steuerverwaltung hatten bereits im Jahr 2001 gefordert, das Besteuerungsverfahren zu modernisieren und zu standardisieren. Sie strebten z. B. an, eine Selbstveranlagung für alle Veranlagungssteuern einzuführen und das Projekt FISCUS[91] zum Aufbau eines bundeseinheitlichen Datenverarbeitungssystems beschleunigt zu realisieren. Die Schwierigkeiten, dies innerhalb der bestehenden Strukturen umzusetzen, zeigten sich aber, als FISCUS nach dreizehnjährigen Bemühungen von Bund und Ländern und annähernd 400 Mio. Euro Kosten im Jahr 2005 endgültig scheiterte. Von der Notwendigkeit einer bundesweit einheitlichen Software überzeugt, nehmen Bund und Länder nunmehr einen erneuten Anlauf mit dem Vorhaben KONSENS.[92]

(3) Seit der Einführung des Europäischen Binnenmarktes besteht das Problem innergemeinschaftlicher Umsatzsteuerbetrügereien durch international tätige Banden. Dem soll mit einem verbesserten Datenaustausch zwischen den verschiedenen Mitgliedstaaten der Europäischen Union entgegengewirkt werden. Den Tätern kommt nach den Feststellungen des Bundesrechnungshofes in Deutschland jedoch zugute, dass die Umsatzsteuer-

---

88 Bemerkungen des Bundesrechnungshofes 2004, BT-Drs. 15/4200, Nr. 34.
89 Die nicht prüfungswürdigen Fälle werden dann wie vom Steuerpflichtigen erklärt veranlagt.
90 Bemerkungen des Bundesrechnungshofes 2000, BT-Drs. 14/4226, Nr. 66.
91 FISCUS = Föderales Integriertes Standardisiertes Computer-unterstütztes Steuersystem.
92 KONSENS = Koordinierte neue Software-Entwicklung der Steuerverwaltung.

kontrolle und -betrugsbekämpfung in der Verantwortung der Länder liegt.[93] Einem einzelnen Land fehlen zudem die notwendigen Ermittlungsmöglichkeiten und Erkenntnisse für ein erfolgreiches Vorgehen gegen international tätige Banden. Der Bund selbst hat in diesem Bereich zwar eine Koordinierungsfunktion[94], aber keine Weisungsbefugnisse[95]. Den jährlichen Steuerausfällen in Milliardenhöhe durch innergemeinschaftlichen Umsatzsteuerbetrug lässt sich aber nur in Zusammenarbeit mit den übrigen EU-Mitgliedstaaten durch bundeseinheitlich abgestimmte und bundesweit umgesetzte Maßnahmen begegnen.

4.1.6 Verflechtungsstrukturen setzen negative Steuerungsanreize

(1) Eine klare Trennung der Verantwortungen entfaltet positive Steuerungswirkung, wenn die zuständige Staatsebene die Verwaltungsaufgabe mit eigenen Mitteln bestreitet.[96] Verflechtungsstrukturen entfalten demgegenüber nicht nur dysfunktionale Fehlanreize bei der Gewährung staatlicher Leistungen, sondern auch bei der Erhebung von Einnahmen.

Diese Nachteile zeigen sich bei der Steuerverwaltung in der Form, dass Eigeninteressen der Länder die Kooperationsbereitschaft dieser Staatsebene beeinträchtigen.

Diese Eigeninteressen der Länder sind bestimmt

- durch die Art des derzeitigen Finanzausgleichs, der sowohl Geber- als auch Nehmerländer veranlasst, die jeweils eigene Steuerkraft zu schonen,
- von dem Streben, die landeseigene Wirtschaft mit Hilfe der Besteuerung zu fördern,
- durch die Pflicht der Länder, den personellen und sachlichen Aufwand der Auftragsverwaltung der Steuern tragen zu müssen.

Wegen der Wirkungen des Finanzausgleichs kann sich das Bundesministerium nicht auf ein hinreichendes Eigeninteresse der Länder verlassen, die Steuerquellen möglichst weitgehend ausschöpfen zu wollen. Den Aufsichtsrechten des Bundes gegenüber den Ländern sind in den Bereichen Organisation, einschließlich Informationstechnik, Personal und Haushalt Grenzen gesetzt.

Die nachteiligen Folgen dieser negativen Steuerungsanreize für die Einnahmenbasis des Staates belegen die folgenden Prüfungserkenntnisse des Bundesrechnungshofes:

---

93 Der Bundesrechnungshof hat etwa in einer gemeinsamen Prüfung mit dem Tschechischen Rechnungshof festgestellt, dass das deutsche Verfahren wegen geteilter Zuständigkeiten hinsichtlich Qualität und Schnelligkeit der Daten für das Mehrwertsteuer-Informationsaustauschsystem gegenüber Tschechien unterlegen ist.

94 Das Bundeszentralamt koordiniert in grenz- und länderübergreifenden Fällen Umsatzsteuerprüfungen der Landesfinanzbehörden (§ 5 Abs. 1 Nr. 15 FVG).

95 In den Niederlanden hat erst die Einführung einer Koordinierungsfunktion mit Weisungsrecht für den Steuerinformations- und Fahndungsdienst (FIOD) zu einer effektiven Bekämpfung des Umsatzsteuerbetruges geführt.

96 Die mit dem Eigeninteresse der jeweiligen Staatsebene verbundenen positiven Steuerungsanreize bilden deshalb auch ein wirtschaftliches Argument für das dem Grundgesetz zugrunde liegende Trennungsprinzip; vgl. Tz. 3.3.1 (4).

(2) In einem Land, das mit seinen Steuereinnahmen im Jahre 2006 weniger als die Hälfte seiner Gesamtausgaben deckte und das – ohne Bundesergänzungszuweisungen – mehrere hundert Millionen Euro über den Länderfinanzausgleich erhielt, wurden der Steuerverwaltung *„Aspekte einer verbesserten Unternehmens- und Bürgerorientierung"* vorgegeben. Diese sehen *„einen maßvollen Gesetzesvollzug"* vor, in dem *„kein Platz für eine rein fiskalische Sicht bei der Festsetzung und Erhebung von Steuern"* sei. Angewiesen wurde auch ein *„weitgehender Verzicht auf Belege und unnötige Kontrollen"*. Diese *„Aspekte"* sind den betroffenen Unternehmerkreisen zur Kenntnis gebracht worden. Um einer Verunsicherung der Steuerverwaltung entgegen zu wirken, führte das Landesfinanzministerium in einem Anschreiben an die Beschäftigten der Finanzverwaltung aus: *„Bei sachgerechten und gut begründeten Entscheidungen ist die weitverbreitete Sorge, etwa eine Strafvereitelung im Amt zu begehen, unberechtigt"*.

(3) Unzureichend ist auch die Prüfung der sogenannten Einkunftsmillionäre. Nach einer bundeseinheitlichen Verordnung sollen Einkunftsmillionäre – das sind Fälle mit bedeutenden Einkünften von mehr als 0,5 Mio. Euro – regelmäßig von der Außenprüfung der Finanzämter geprüft werden. Wo Außenprüfungen durchgeführt wurden, führten diese durchschnittlich zu Mehreinnahmen von 135 000 Euro. Dennoch lag die Prüfungsquote im Bundesdurchschnitt jährlich nur bei 15 %. Sie schwankte zudem in fünf vom Bundesrechnungshof aufgesuchten Ländern im Jahre 2004 zwischen 10 % und 60 %. Außerdem verzögerten sich Außenprüfungen, weil die Steuerpflichtigen keine Belege vorlegten. Der Zeitraum reichte von wenigen Tagen bis zu mehreren Monaten. Vor diesem Hintergrund wollte ein Finanzamt keine Prüfungen von Einkunftsmillionären mehr durchführen, weil diese die Prüfungsstatistik verschlechtern. Das starke Prüfgefälle hat zur Folge, dass in einem Land die Mehrzahl der Einkunftsmillionäre geprüft wird, während sie in einem anderen Land statistisch nur alle dreißig Jahre einer Außenprüfung unterliegen.[97]

(4) Die Interessenlage der Länder trägt weiterhin zu Ineffektivität der Umsatzsteuer-Sonderprüfungen bei, die der Bundesrechnungshof bereits seit 1998 kritisiert.[98] Der mangelnde Einsatz der Landesverwaltungen zeigt sich neben fehlender Unterstützung durch Informationstechnik und einem unzureichenden Informationsaustausch auch in der niedrigen Prüfungsquote von jährlich 2 % im Bundesdurchschnitt. Die umsatzsteuerlich geführten Unternehmen werden somit im Schnitt alle 50 Jahre von einer Umsatzsteuer-Sonderprüfung geprüft. Die Prüfungsquote schwankt im Ländervergleich und lag im Jahr 2004 zwischen rund 3,5 % in Sachsen-Anhalt und rund 1,3 % in Bayern bzw. rund 1,35 % in Hessen.[99] In den vergangenen Jahren hat das Bundesministerium die Finanzministerkonferenz wiederholt auf die Notwendigkeit hingewiesen, die Prüfungsquote bei der Umsatzsteuer-Sonderprüfung zu erhöhen. Gleichwohl ist bisher keine Erhöhung festzustellen.

---

[97] Bemerkungen des Bundesrechnungshofes 2006, BT-Drs. 16/3200, Nr. 57.
[98] Bemerkungen des Bundesrechnungshofes 1998, BT-Drs. 14/29, Nr. 79.
[99] Bemerkungen des Bundesrechnungshofes 2006, BT-Drs. 16/3200, Nr. 49.

(5) Besonders deutlich zeigen sich die Fehlanreize im System bei der Personalausstattung der Landessteuerverwaltungen. Der Bundesrechnungshof hat bei 21 Finanzämtern die Fallzahlen je Bearbeiterin bzw. Bearbeiter ermittelt. Danach schwankte die Belastung insbesondere bei den Arbeitnehmerveranlagungen stark, nämlich zwischen 972 Fällen und 2.720 Fällen pro Jahr. Auch bei Berücksichtigung organisatorischer Besonderheiten sind die Unterschiede erheblich. Um dem Statistikdruck auszuweichen, sind einzelne Finanzämter dazu übergegangen, „Grüne Wochen“ oder „Durchwinktage“ vorzugeben. Hierbei werden durch selbst vorgegebene Nichtaufgriffsgrenzen oder eine grob überschlägige Prüfung Veranlagungsrückstände „aufgearbeitet“. Mit der Verpflichtung, die Steuern nach Maßgabe der Gesetze gleichmäßig festzusetzen, ist dies nicht vereinbar.

4.1.7 Das Modell einer Bundessteuerverwaltung

(1) Im Ergebnis führt die stark ausgebaute Verflechtung zwischen Bund und Ländern zu unklaren Verantwortlichkeiten im Steuerbereich und zu intransparenten Abstimmungsprozessen; sie entspricht nicht dem Demokratieprinzip des Grundgesetzes. Insgesamt lassen die Prüfungserkenntnisse des Bundesrechnungshofes die Feststellung zu, dass die bestehenden Strukturen die vollständige und rechtzeitige Erhebung der Steuereinnahmen sowie die Einheitlichkeit und Gleichmäßigkeit der Besteuerung in Deutschland beeinträchtigen.[100]

Eine Entflechtung ist damit geboten. Nach dem Subsidiaritätsgrundsatz kann diese durch eine Hochzonung auf die obere Staatsebene geschehen, wenn die Ziele der Staatstätigkeit nicht ausreichend durch Maßnahmen auf der unteren Ebene zu erreichen, sondern besser durch eine Konzentration der Funktionen auf der oberen Ebene zu verwirklichen sind.[101]

Die zuvor dargestellten Prüfungserkenntnisse belegen, dass die bestehende Zuständigkeit der Länder nicht zu einer zufriedenstellenden Aufgabenerfüllung führt:

- Trotz eines hohen Koordinierungs- und Kontrollaufwandes gelingt es nicht, die Finanzverwaltung in Deutschland zielgerichtet zu steuern und einen einheitlichen Gesetzesvollzug sicherzustellen.[102]
- Die Zuständigkeit der Länder setzt Fehlanreize für eine unvollständige Steuererhebung. Zudem behindert die zersplitterte Struktur der Finanzverwaltung Anstrengungen zur Verwaltungsmodernisierung und erschwert die Zusammenarbeit in der Europäischen Union. [103]

Eine Entflechtung in Richtung der Länder kommt damit nicht in Betracht. Vielmehr deuten die Prüfungserkenntnisse darauf hin, dass die Aufgabe auf Ebene des Bundes besser wahrgenommen werden könnte. Der Bundesrechnungshof hat deshalb bereits

---

[100] Bemerkungen des Bundesrechnungshofes 2005, BT-Drs. 16/160, Nr. 3.2.1.
[101] Vgl. Tz. 3.3.1 (1).
[102] Vgl. Tz. 4.1.3 und 4.1.4.
[103] Vgl. Tz. 4.1.5 und 4.1.6.

im Jahr 2000 angeregt, die bisherige Verflechtung zu beenden und eine Bundessteuerverwaltung einzurichten.

(2) Der Bundesbeauftragte hat jüngst in seinem Gutachten „Probleme beim Vollzug der Steuergesetze“[104] nochmals umfassend die rechtlichen und praktischen Probleme des Steuervollzugs beleuchtet, insbesondere im Hinblick auf ihre föderativ bedingten Ursachen. Er hat sich dort dafür ausgesprochen, die Verwaltungskompetenz bei den Gemeinschaftsteuern im Rahmen einer Grundgesetzänderung von den Ländern auf den Bund zu übertragen.

(3) Diese Position entspricht der Haltung des Bundesministeriums der Finanzen. Bereits in einem Positionspapier vom 11. Mai 2004 hatte es festgestellt, dass der Steuerföderalismus in Deutschland die Steuerverwaltung behindert und Reibungsverluste mit spürbaren finanziellen Folgen erzeugt.

Die Diagnose des Bundesministeriums zum Status Quo stimmt dabei in weiten Teilen mit den Prüfungserkenntnissen des Bundesrechnungshofes überein. So stellte das Bundesministerium unter anderem Folgendes fest:

- Die Aufsplitterung in 16 unabhängige Steuerverwaltungen bedinge Vollzugsunterschiede; Personaleinsatz, technische Ausstattung, Prüfungsfrequenz und -schwerpunkte der Länder wichen voneinander ab.
- Die deutsche Steuerverwaltung weise Effizienzdefizite auf, die auf dem Partikularismus der Länderverwaltungen beruhten.
- Es bestehe die Gefahr, dass die Länder mangels eigener finanzieller Interessen den Vollzug der Steuergesetze vernachlässigten. Das Finanzausgleichssystem verzerre das Aufkommensinteresse der Länder, die deshalb in Versuchung gerieten, die Intensität der Steuererhebung an zweifelhaften standortpolitischen Interessen auszurichten.
- Durch die nicht kompatiblen Datensysteme sei der Informationsaustausch zwischen den Ländern und dem Bund erschwert und es werde einem in großem Stil betriebenen Umsatzsteuerbetrug Vorschub geleistet.
- Die bestehende Finanzverfassung erschwere eine flexible und konsequente Verhandlungsführung Deutschlands in der Europäischen Union.

4.1.8 Ergebnisse der Föderalismusreform I für den Steuerbereich

Das Gesetz zur Änderung des Grundgesetzes[105] enthält keine strukturellen Änderungen im Bereich der Steuerverwaltung. Die Föderalismusreform I belässt es bei der Steuerverwaltung durch die Länder im Auftrag des Bundes. Das Föderalismusreform-

[104] Schriftenreihe des Bundesbeauftragten für Wirtschaftlichkeit in der Verwaltung, Bd. 13: Probleme beim Vollzug der Steuergesetze (www.bundesrechnungshof.de).

[105] Gesetz zur Änderung des Grundgesetzes (Artikel 22, 23, 33, 52, 72, 73, 74, 74a, 75, 84, 85, 87c, 91a, 91b, 93, 98, 104a, 104b, 105, 107, 109, 125a, 125b, 125c, 143c) vom 28.08.2006 (BGBl. I S. 2034).

Begleitgesetz sieht jedoch Änderungen des Finanzverwaltungsgesetzes (FVG) vor, mit denen die Rechte des Bundes bei der Steuer-Auftragsverwaltung durch die Länder gestärkt werden sollen.[106]

Danach gehört es nunmehr zu den Aufgaben des Bundeszentralamtes,

- verbindliche Auskünfte über die steuerliche Beurteilung von genau bestimmten, noch nicht verwirklichten Sachverhalten zu erteilen,[107]
- die Landesfinanzbehörden bei der Verhütung und Verfolgung von Steuerstraftaten mit länderübergreifender, internationaler oder erheblicher Bedeutung sowie bei der Anzeige von Steuerstraftaten zu unterstützen,[108]
- an Außenprüfungen mitzuwirken, die durch Landesfinanzbehörden durchgeführt werden.[109]

Das Bundesministerium kann

- den bundeseinheitlichen Einsatz eines bestimmten Datenverarbeitungsprogramms anweisen, wenn nicht die Mehrzahl der Länder dagegen Einwendungen erhebt. Im Falle einer Anweisung sind die Länder verpflichtet, die technischen und organisatorischen Einsatzvoraussetzungen dafür zu schaffen.[110]
- mit Zustimmung der obersten Finanzbehörden der Länder einheitliche Verwaltungsgrundsätze, gemeinsame Vollzugsziele und Regelungen zur Zusammenarbeit der Bundes- und Landesfinanzbehörden bestimmen und allgemeine fachliche Weisungen erteilen. Die Zustimmung gilt als erteilt, wenn eine Mehrheit der Länder nicht widerspricht.[111]

Der Bundesbeauftragte sieht in den Maßnahmen des Föderalismusreform-Begleitgesetzes einen Schritt in die richtige Richtung. Zwar liegen noch keine Prüfungserkenntnisse zu den neuen Zuständigkeiten und Instrumenten vor. Nach den bisherigen Erfahrungen mit den Verflechtungsstrukturen ist aber nicht zu erwarten, dass die einfachgesetzlichen Maßnahmen die festgestellten Schwachstellen beim Vollzug der Steuergesetze hinreichend und endgültig beseitigen. Der Bund bleibt vielmehr nach wie vor von der Mitwirkung der Länder abhängig.

So wird der Bund beim bundeseinheitlichen Einsatz von Datenverarbeitungsprogrammen auf die freiwillige Mitarbeit der Länder angewiesen bleiben, insbesondere wenn sich eine Mehrheit der Länder gegen eine Weisung des Bundesministeriums ausspricht.

Gleiches gilt für die dem Bundesministerium eingeräumte Möglichkeit, einheitliche Verwaltungsgrundsätze, gemeinsame Vollzugsziele und Regelungen zur Bund-Länder-Zusammenarbeit zu erlassen sowie allgemeine fachliche Weisungen zu erteilen. Auch hier kann sich der Bund im Ergebnis nicht durchsetzen, wenn eine Mehrheit der Länder den beabsichtigten Maßnahmen des Bundesministeriums widerspricht. Im Übrigen

---

106 Art. 12 des Föderalismusreform-Begleitgesetzes vom 05.09.2006 (BGBl. I S. 2098, 2101).

107 § 5 Abs. 1 Nr. 27 FVG i. V. m. § 89 Abs. 2 S. 3 AO.

108 § 5 Abs. 1 Nr. 28 FVG i. V. m. § 116 Abs. 1 AO.

109 § 19 Abs. 1 FVG.

110 § 20 Abs. 1 S. 2 und 3 FVG.

111 § 21a Abs. 1 FVG.

dürften die vorgeschlagenen Änderungen die allgemeinen Probleme, z. B. die personalintensive Abstimmung von Richtlinien, Handbüchern und Verwaltungsregeln, nicht lösen.

4.1.9 Gutachten der Unternehmensberatung Kienbaum

In einem Gutachten vom Dezember 2006 berechnete die Unternehmensberatung Kienbaum in Zusammenarbeit mit der Universität Bochum die Effizienzgewinne, die bei verschiedenen Reformmodellen zur Steuerverwaltung zu erzielen sind.[112] Effizienzgewinne sind hierbei nicht gleichbedeutend mit Verwaltungskostenersparnis, sondern berücksichtigen vor allem die verbesserte Erfassung der Steuereinnahmen. Die Gutachter haben vier verschiedene Modelle dargestellt und miteinander verglichen:

(1) Optimiertes Länder Modell (bessere Zusammenarbeit)

In diesem Modell wird am Steuervollzug durch die Länder – im Rahmen der Bundesauftragsverwaltung – festgehalten. Zur Umsetzung des Modells wären allenfalls einfachgesetzliche Änderungen notwendig. Die Kooperation zwischen den Ländern und die Koordination durch den Bund müsste verstärkt werden. Dazu gehörten insbesondere die bundesweite Einführung von Reformvorhaben einzelner Länder (neue Betriebsprüfungsstrategie, Leistungsvergleich zwischen Finanzämtern, Kernkennzahlen, Risikomanagementverfahren bei der Steuerveranlagung, IT-Vorhaben) sowie die bereits im Finanzverwaltungsgesetz eingeführten Verbesserungen durch das Föderalismusreform-Begleitgesetz.

Die Gutachter sehen bei diesem Modell eine Rendite von langfristig 5,8 Mrd. Euro pro Jahr.[113]

(2) Bund-Länder-Modell

Auch in diesem Modell bliebe der Steuervollzug durch die Länder grundsätzlich erhalten. Allerdings gäbe es Kompetenzverschiebungen von den Ländern auf den Bund. So würden in mehreren Bereichen Ausführungs- und Entscheidungskompetenzen übertragen. Der Bund hätte Weisungsbefugnisse ohne Einspruchsrechte der Länder und würde die Groß- und Konzernbetriebsprüfung (insbesondere in Fällen der Auslandsbe-

---

[112] *Kienbaum Management Consultants GmbH* in Zusammenarbeit mit dem Lehrstuhl für Steuerrecht der Universität Bochum (Prof. Dr. Roman Seer und Dr. Klaus-Dieter Drüen): Quantifizierung der im Falle einer Bundessteuerverwaltung bzw. einer verbesserten Kooperation, Koordination und Organisation der Länderverwaltungen zu erwartenden Effizienzgewinne, Berlin 28. Dezember 2006.

[113] Die Gutachter differenzieren bei den zu erzielenden finanziellen Vorteilen nicht nach den einzelnen staatlichen Ebenen. Bei allen Modellen wird dementsprechend der Gesamteffizienzgewinn von Bund und Ländern ausgewiesen.

teiligung) übernehmen. Ferner erhielte er die Verantwortung für die Rechenzentren (inklusive Hard- und Software) sowie die Aus- und Fortbildung.

Für dieses Modell wird langfristig eine Rendite von jährlich 8,4 Mrd. Euro erwartet.

(3) Bundessteuerwaltung für Gemeinschaftsteuern

Das Modell sieht den Vollzug der Gemeinschaftsteuern (Einkommensteuer, Körperschaftsteuer, Umsatzsteuer) durch eine Bundessteuerverwaltung vor.[114] Die Landessteuern[115] blieben in der Kompetenz der Länder.

Für das Modell wurden langfristig finanzielle Vorteile von 11,4 Mrd. Euro jährlich berechnet.

(4) Bundessteuerverwaltung für Gemeinschaftsteuern und Landessteuern

In diesem Modell vollzieht der Bund nicht nur die Gemeinschaftsteuern, sondern auch die bundeseinheitlich geregelten Landessteuern.[116] Somit würden sich Gesetzgebungskompetenz und Verwaltungskompetenz decken. Die Ertragshoheit bliebe weiterhin unterschiedlich, jetzt aber mit umgekehrten Vorzeichen (d. h. der Bund hätte für einige Steuerarten die Verwaltungskompetenz, aber nicht die Ertragshoheit).

Die Gutachter berechneten für dieses Reformmodell langfristig jährliche Effizienzgewinne von 11,5 Mrd. Euro.

4.1.10 Entflechtungsoptionen

(1) Im Ergebnis sprechen nicht nur die Strukturprinzipien der Verfassung und die praktischen Erfahrungen mit dem föderativen System, sondern auch die nach dem Gutachten zu erwartenden finanziellen Vorteile für die Einrichtung einer Bundessteuerverwaltung. Der Bundesbeauftragte hält deswegen an diesem Vorschlag fest. Das Bundesministerium hat im Jahr 2007 ebenfalls noch einmal bekräftigt, das Ziel einer Bundessteuerverwaltung nicht aus dem Blick zu verlieren.[117]

Dem Bundesbeauftragten ist bewusst, dass eine solche Reform nicht leicht umzusetzen ist. Die sachlichen Argumente für diese „große Lösung" wiegen aber so schwer, dass sie als ernsthafte Option in die weiteren Beratungen zur Neugestaltung des föderativen Systems einbezogen werden sollte.

---

114 Eine Bundessteuerverwaltung wäre auch zuständig für die Versicherungssteuer, die nach Art. 106 Abs. 1 Nr. 4 GG ausschließlich dem Bund zusteht.

115 Landessteuern sind Gewerbesteuer, Grundsteuer, Kraftfahrzeugsteuer, Grunderwerbssteuer, Erbschaft- und Schenkungsteuer, Rennwett- und Lotteriesteuer, Spielbankabgabe und Feuerschutzsteuer.

116 Auch in diesem Modell wäre die Bundessteuerverwaltung für die Versicherungssteuer zuständig.

117 Vgl. Antwort der Bundesregierung auf die Kleine Anfrage „Bundesverantwortung für den Steuervollzug", BT-Drs. 16/4302, S. 2.

Da die Personal- und Sachkosten einschließlich Pensionslasten für eine Bundessteuerverwaltung vom Bund zu übernehmen wären, müsste die Verteilung der Steuereinnahmen auf Bund, Länder und Gemeinden neu festgelegt werden.[118] Um die finanziellen Risiken für den Bundeshaushalt zu minimieren, könnte im Rahmen dieser Neuverteilung daran gedacht werden, die Steuereinnahmen erst nach Abzug der Personal- und Sachkosten für diese Verwaltung auf Bund, Länder und Gemeinden zu verteilen.

Eine Bundessteuerverwaltung könnte besser erreichen, dass die Steuern in Deutschland nach gleichen Maßstäben und ohne regionale Einflüsse festgesetzt würden. Allerdings lässt sich mit einer bloßen Übertragung der Verwaltungskompetenz auf den Bund noch keine Optimierung der Verwaltungsabläufe erreichen. Das Bundesministerium müsste mit einer Übernahme der Verantwortung umfangreiche organisatorische Änderungen vornehmen. Insbesondere wären bundesweit einheitliche Organisationsstrukturen in den Finanzämtern zu schaffen, wozu sich die Länder bisher außerstande gesehen haben. Außerdem wäre durch die Betreuung von bundesweit 574 Finanzämtern eine entsprechende personelle Verstärkung im Bundesministerium und im Bundeszentralamt notwendig.

(2) Wird eine Bundessteuerverwaltung eingerichtet, ist zu klären, ob diese auch die Landesteuern erheben soll, oder ob die Länder diese Steuern in eigener Verantwortung verwalten sollen.

Das Kienbaum-Gutachten ermittelt für beide Modelle eine nahezu identische Effizienzrendite.[119] Im Übrigen gibt es Argumente für und gegen beide Lösungen:

- Mit der Beschränkung der Bundessteuerverwaltung auf den Bereich Gemeinschaft- und die Bundessteuer wären die Verwaltungssphären von Bund und Ländern stärker getrennt. Es ist nicht erkennbar, dass der Bund die Landessteuern besser erheben könnte. Der Subsidiaritätsgrundsatz spricht demnach dafür, diese Aufgabe bei den Ländern zu belassen.
- Eine getrennte Steuerverwaltung von Bund und Ländern hätte allerdings Nachteile für die Steuerpflichtigen, da zwei Steuerverwaltungen für den Vollzug zuständig wären.

Die föderalen Strukturprinzipien des Grundgesetzes sprechen dafür, dass die Länder die Landessteuern selbst erheben. Der Bundesbeauftragte hält dieses Modell deshalb für vorzugswürdig, soweit es durch verwaltungspraktische Maßnahmen gelingt, den Mehraufwand für die Steuerpflichtigen zu begrenzen.

---

[118] Der Gesamtpersonalbestand der Länder bei den Obersten Finanzbehörden, den Oberfinanzdirektionen und den Finanzämtern lag im Jahr 2005 bei rd. 114.000 Beschäftigten. Der deutlich überwiegende Teil des Personaleinsatzes entfiel dabei auf die Erhebung der Gemeinschaftsteuern.

[119] 11,4 Mrd. jährlich bei einer Bundessteuerverwaltung für die Gemeinschaftsteuern u. 11,5 Mrd. jährlich bei einer Bundessteuerverwaltung für Gemeinschaftsteuern und bundeseinheitlich geregelte Landessteuern; vgl. Tz. 4.1.9 (3) und (4).

(3) Sollte die Einrichtung einer Bundessteuerverwaltung nicht durchsetzbar sein, sind weitere Änderungen innerhalb des Systems der Auftragsverwaltung notwendig. Dabei sollte die Position des Bundes gegenüber den Ländern über die bisherigen Neuregelungen des Föderalismusreform-Begleitgesetzes hinaus gestärkt werden.[120] Das Kienbaum-Gutachten bezeichnet eine solche Lösung als Bund-Länder-Modell.[121] Notwendiges Kernelement sind Weisungsrechte des Bundes ohne Zustimmungserfordernisse der Länder. Nach den Prüfungserkenntnissen des Bundesrechnungshofes sind diese insbesondere bei der Bekämpfung des Umsatzsteuerbetrugs, im Bereich der Datenverarbeitung sowie bei den Risikomanagementsystemen notwendig. Zudem sollte der Prüfungsdienst für Konzerne, konzernähnliche Unternehmen, international verbundene Unternehmen und sonstige Großbetriebe auf den Bund übertragen werden. Es spricht auch einiges für den Vorschlag des Kienbaum-Gutachtens, im Rahmen einer „kleinen Lösung" die Rechenzentren auf den Bund zu übertragen. Die zentrale Bedeutung einer einheitlichen Datenverarbeitung für Verbesserungen im Bereich der Steuerverwaltung verdeutlichen die Prüfungserkenntnisse des Bundesrechnungshofes zum gescheiterten Projekt FISCUS.[122]

Der Bundesbeauftragte spricht sich dafür aus, auch eine solche „kleine Lösung" durch Änderungen des Grundgesetzes verfassungsrechtlich abzusichern. Er und andere Sachverständige haben in der Anhörung am 31. Mai 2006 bereits darauf hingewiesen,[123] dass es problematisch ist, das allgemeine Weisungsrecht des Bundes in § 21a FVG lediglich einfachgesetzlich zu statuieren.[124] In Art. 108 Abs. 7 GG ist ebenso wie in Art. 85 Abs. 2 GG geregelt, dass der Bund Verwaltungsvorschriften nur mit Zustimmung des Bundesrates erlassen darf. Daneben kann er nach Art. 85 Abs. 3 GG Einzelweisungen erteilen. Wenn § 21a FVG nun die Möglichkeit zu allgemeinen Weisungen ohne Zustimmung des Bundesrates eröffnet, setzt dies voraus, dass es zwischen Einzelweisungen und Verwaltungsvorschriften eine dritte Kategorie von allgemeinen Weisungen gibt.[125] Als abstrakte Weisungen für eine Vielzahl von Fällen lassen sich diese aber kaum von Verwaltungsvorschriften unterscheiden.[126] Deshalb spricht vieles dafür, dass eine Verfassungsänderung notwendig ist, um ein klares Recht des Bundes zu allgemeinen Weisungen zu verankern.

---

120 Vgl. zu diesen Neuregelungen Tz. 4.1.7.

121 Vgl. Tz. 4.1.9 (2).

122 Vgl. dazu Tz. 4.1.6 (2).

123 Vgl. Stenografischer Bericht, Deutscher Bundestag, Rechtsausschuss, 18. Sitzung (16. WP), 5 C und 28 A-C (Sachverständiger Engels), 9 A (Sachverständiger Kluth), 31 C und 49 A-B (Sachverständiger Seer).

124 Zum Weisungsrecht in § 21a FVG vgl. im Einzelnen Tz. 4.1.7.

125 Zum allgemeinen Streitstand vgl. *Anhang I* (Tz. 3.3.2).

126 Dieses Problem liegt auch der Staatssekretärsvereinbarung von 1970 zugrunde, auf deren Grundlage das Bundesministerium der Finanzen seine sogenannten BMF-Schreiben an die Länder versendet; vgl. Tz. 4.1.1. Der Sachverständige Kluth hat in der Anhörung darauf hingewiesen, dass diese Praxis keine verfassungskonforme Lösung darstellt (vgl. Stenografischer Bericht, Deutscher Bundestag, Rechtsausschuss, 18. Sitzung (16. WP), 9 A).

4.2 Verkehrsinfrastruktur

4.2.1 Bundesfernstraßen

Kernaussage

Die gemeinsame Verwaltung der Bundesautobahnen und der Bundesstraßen im Rahmen der Auftragsverwaltung durch die Länder wird ihrer unterschiedlichen funktionalen Bedeutung und den divergierenden Interessen des Bundes und der Länder bei Unterhalt und Ausbau nicht mehr gerecht. Der Bundesbeauftragte empfiehlt deshalb, Verwaltung und Ausbau der Bundesautobahnen dem Bund und die Bundesstraßen den Ländern zu übertragen.

Die Länder bauen und verwalten die Bundesfernstraßen (Bundesautobahnen und Bundesstraßen) im Auftrag des Bundes. Bei der Gründung der Bundesrepublik Deutschland dienten die Bundesstraßen neben dem damals noch lückenhaften Autobahnnetz dem Fernverkehr. Die Länge des Autobahnnetzes hat sich seit dem Jahre 1950 versechsfacht und damit weitgehend die Fernverkehrsfunktion übernommen. Dagegen erfüllen die Bundesstraßen heute in erster Linie regionale Verkehrsfunktionen und sind für die Fernverkehrsaufgabe des Bundes kaum von Bedeutung.

Gleichzeitig gestaltet sich die überkommene Aufgabenverteilung im Fernstraßenbau wegen der unterschiedlichen Interessen von Bund und Ländern zunehmend problematischer. Die Länder verfolgen häufig insbesondere bei der Planung von Straßenbaumaßnahmen, beim Abstufen von Bundesstraßen und bei dem Bau von Ortsumgehungen landespolitische Ziele zulasten des Bundes.

Der Bundesbeauftragte empfiehlt deshalb, die Verwaltung der Bundesfernstraßen neu zu ordnen. Er schlägt dazu eine Änderung des Grundgesetzes vor. Der Bund sollte sich auf den Bau und die Verwaltung der Bundesautobahnen mit einer eigenen Verwaltung beschränken. Die Länder sollten die bisherigen Bundesstraßen übernehmen und dafür einen angemessenen Finanzausgleich ohne Zweckbindung erhalten. Dadurch können Kompetenz und finanzielle Verantwortung zusammengeführt, Transparenz geschaffen und die politischen Verantwortlichkeiten deutlich gemacht werden.

4.2.1.1 Grundlagen, Ursachen und Entwicklung der Auftragsverwaltung

(1) Das Deutsche Reich übertrug im Jahre 1933 Bau und Unterhaltung der Reichsautobahnen mit dem Reichsautobahngesetz einem Zweigunternehmen der Deutschen Reichsbahngesellschaft. Im Jahre 1934 übernahm es zusätzlich die wichtigsten Landesstraßen als Reichsstraßen und verzichtete auf eine unmittelbare Reichsstraßenverwaltung. Aus Kostengründen verwalteten die bestehenden Länderverwaltungen die Reichsstraßen.[127]

Bei der Gründung der Bundesrepublik wurde über eine künftige Bundesfernstraßenverwaltung kontrovers diskutiert.[128] Wesentliche Entscheidungsgrundlage für den Par-

---

[127] *Ibler*, in: v. Mangoldt/Klein/Starck, GG III, 4. Aufl., Art. 90 Abs. 2 Rn. 46 f.

[128] *v. Doemming/Füsslein/Matz*, in: Leibholz/v. Mangoldt, JöR Bd. 1 (1951), Teil VIII – Die

lamentarischen Rat war der Beitrag eines Sachverständigen Anfang Dezember 1948. Nach dessen Ansicht war die Unterscheidung zwischen Reichsautobahnen und Reichsstraßen künstlich und durch nichts gerechtfertigt. Die Bundesverwaltung aller „Straßen des Fernverkehrs" wenigstens mit Weisungsbefugnis des Bundes sei geboten, und er sprach sich im Folgenden entschieden für eine auftragsweise Verwaltung auch der künftigen Bundesstraßen aus. Nur so könnten Bau und Errichtung großer Durchgangsstraßen für den Verkehr im Bundesgebiet sichergestellt werden.[129] Dem schloss sich der Parlamentarische Rat grundsätzlich an. Der Grundgesetzentwurf erhielt dann nahezu seine heute geltende Formulierung.

(2) Nach Art. 90 Abs. 1 GG sind die ehemaligen Reichsautobahnen und Reichsstraßen Eigentum des Bundes; Abs. 2 bestimmt die Auftragsverwaltung[130] der Länder für die Bundesautobahnen und sonstige Bundesstraßen des Fernverkehrs. Das Grundgesetz spricht hier ausdrücklich von Fernverkehr. Damit ist nur *der erhebliche Strecken überwindende Verkehr* gemeint.[131] Wenn die Fernverkehrsfunktion einer Bundesstraße nicht mehr gegeben ist, dann gehört sie konsequenterweise in die Kompetenz der Länder (Art. 30, 83 GG).[132]

Das Bundesfernstraßengesetz[133] (FStrG) geht von der Einteilung der Bundesfernstraßen in Bundesautobahnen und Bundesstraßen aus. Es bestimmt, dass Bundesfernstraßen

- ein zusammenhängendes Verkehrsnetz bilden und
- einem weiträumigen Verkehr dienen oder zu dienen bestimmt sein müssen.

Die erforderliche Dichte eines Bundesfernstraßen-Verkehrsnetzes ist den gesetzlichen Bestimmungen nicht zu entnehmen. Wie stark das Netz verdichtet werden soll, ist „letztlich eine politische Entscheidung, die nicht für jeden Bereich zu jeder Zeit durch den zuständigen Aufgabenträger in gleicher Weise getroffen wird".[134]

(3) Der wesentliche Teil des Straßenverkehrs wird über die überörtlichen Straßen – Bundesautobahnen, Bundesstraßen, Landesstraßen und Kreisstraßen – abgewickelt. Im Jahr 1950 umfasste das überörtliche Straßennetz eine Länge von 127.600 km[135]. Bis zum Jahr 2005 wurde dieses Straßennetz um 81 % auf 231.480 km[136] erweitert (siehe Tabelle 1).[137]

Ausführung der Bundesgesetze und die Bundesverwaltung, S. 657 bis 661.

129 Sachverständiger Prof. Frohne in der 21. Sitzung des Zuständigkeitsausschusses des Parlamentarischen Rates am 07.12.1948, Stenoprotokoll S. 27 u. 29.

130 Zu den Grundlagen der Bundesauftragsverwaltung siehe *Anhang I.*

131 *Gröpl*, in: Maunz/Dürig, Grundgesetz, Bd. V, Art. 90 Rn. 34.

132 Vgl. auch *Herber*, in: Kodal/Krämer, Straßenrecht, Kapitel 9, Rn. 9.21.

133 Bundesfernstraßengesetz (FStrG) i. d. F. vom 20.02.2003 (BGBl. I S. 286).

134 *Kodal*, in: Bartlsperger/Blümel/Schroeter, Straßengesetzgebung, S. 507 (511).

135 BMVBW (Hrsg.), Kommission Verkehrsinfrastrukturfinanzierung, Schlussbericht vom 05.09.2000, S. 10.

136 BMVBS (Hrsg.): Straßenbaubericht 2006, Köln 2006, S. 7.

137 In den statistischen Angaben sind nach deren Beitritt die neuen Bundesländer berücksichtigt.

Straßenkategorie	Jahr 1950	Jahr 2006	Zunahme absolut	Zunahme relativ
Bundesautobahnen	2.100	12.363	10.263	489 %
Bundesstraßen	24.300	40.983	16.683	69 %
Bundesfernstraßen (Zwischensumme)	**26.400**	**53.346**	**26.946**	**102 %**
Landesstraßen	49.300	86.553	37.253	76 %
Kreisstraßen	51.900	91.581	39.681	76 %
Überörtliche Straßen gesamt	**127.600**	**231.480**	**103.880**	**81 %**

Tabelle 1: Längenentwicklung des überörtlichen Straßennetzes in der Bundesrepublik Deutschland

Die Entwicklung des überörtlichen Straßennetzes seit dem Jahr 1950 verdeutlicht, dass das Netz der Bundesautobahnen im Vergleich zur Gesamtheit der überörtlichen Straßen – insbesondere der Bundesstraßen – überproportional stark ausgebaut wurde. Während das Bundesautobahnnetz sich seit dem Jahr 1950 fast versechsfachte, wuchs das Bundesstraßennetz im Vergleichszeitraum nur um rund 69 %.

Dies wird insbesondere deutlich, wenn man den Autobahnbestand der Jahre 1949, 1969 und 2001 vergleicht[138]:

- Im Jahr 1949 verbanden die Bundesautobahnen einige wichtige Regionen miteinander. Sie bildeten jedoch nur zusammen mit den Bundesstraßen ein Bundesfernstraßennetz.
- Im April 1969 bildeten die Bundesautobahnen bereits ein eigenständiges Bundesautobahnnetz. Dieses umfasste mit den in Bau und in Planung befindlichen Strecken für die alten Bundesländer über 9.000 km.
- Im Dezember 2001 verknüpfte das Bundesautobahnnetz mit seinen rund 11.700 km alle wichtigen Landesteile in der gesamten Bundesrepublik Deutschland.

[138] Siehe hierzu die Karten des Bundesautobahnnetztes auf der folgenden Seite.

Bundesautobahnnetz

Stand 31. 12. 1949

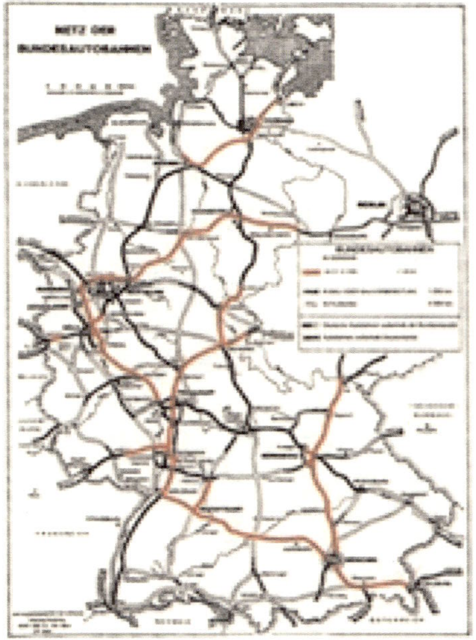

Stand 01. 04. 1969

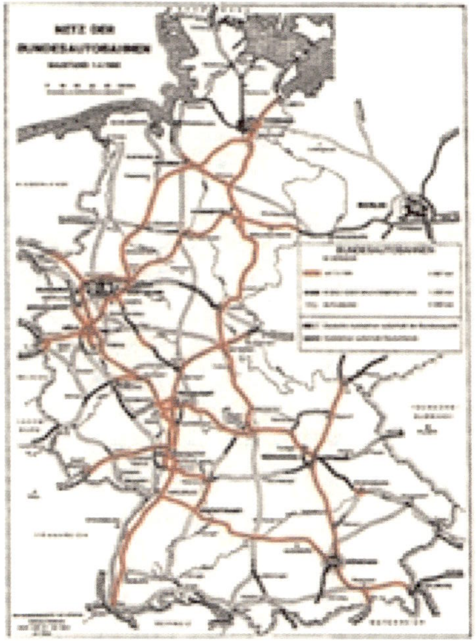

Stand 31. 12. 2001

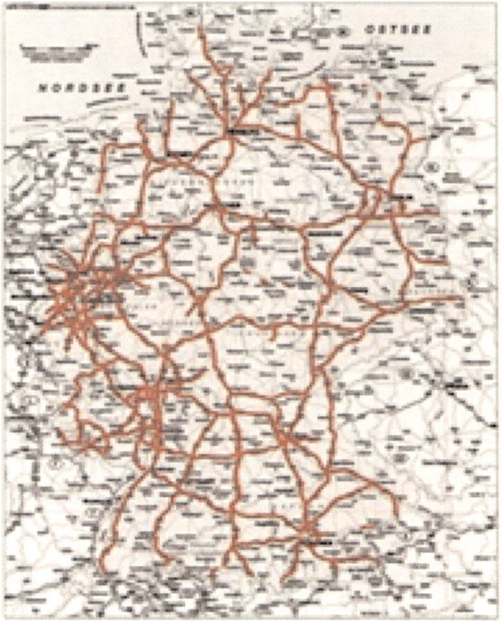

Entsprechend der Längenentwicklung verlagerte sich auch die Jahresfahrleistung überproportional auf die Bundesautobahnen (siehe Tabelle 2):

Straßenkategorie		**Jahr 1975**	**Jahr 2005**	**Zunahme absolut**	**Zunahme relativ**
Bundes-autobahnen	Netzlänge	5.981 km	12.269 km	6.288	105 %
	Jahresfahrleistung	55 Mrd. Kfz-km	216 Mrd. Kfz-km	161	293 %
Außerörtliche Bundesstraßen	Netzlänge	25.439 km	32.117 km	6.678	26 %
	Jahresfahrleistung	57 Mrd. Kfz-km	107 Mrd. Kfz-km	50	88 %

Tabelle 2: Jahresfahrleistung auf Bundesautobahnen und außerörtlichen Bundesstraßen in den Jahren 1975[139] *und 2005*[140]

Während sich die Jahresfahrleistung bei den außerörtlichen Bundesstraßen in den Jahren von 1975 bis 2005 nahezu verdoppelte, vervierfachte sie sich bei den Bundesautobahnen (siehe auch die folgende Grafik 1).

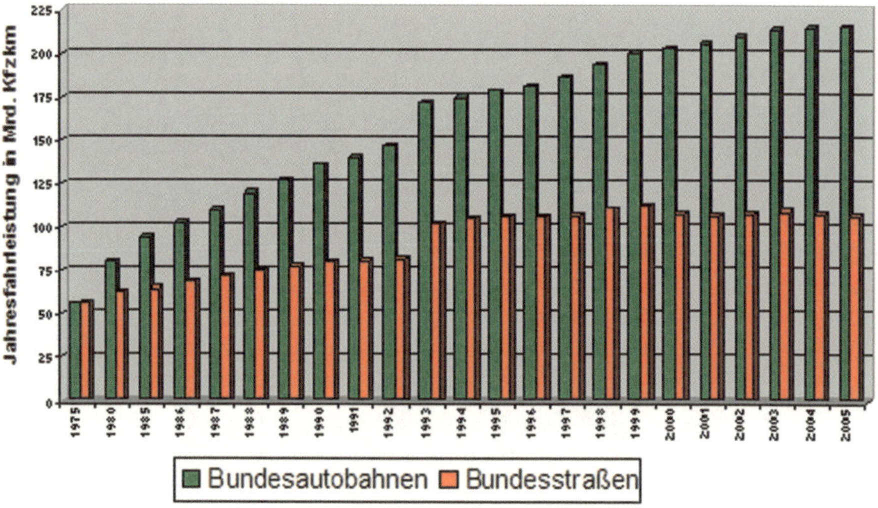

Grafik 1: Entwicklung der Jahresfahrleistungen der Kfz (Mrd. Kfz-km) auf Bundesautobahnen und Bundesstraßen zwischen den Jahren 1975 und 2005[141]

---

139 Bundesanstalt für Straßenwesen (Hrsg.): Verkehrsentwicklung auf Bundesfernstraßen 2002, Jahresauswertung der automatischen Dauerzählstellen, Heft V115, Tabelle 2, S. 13. Die ausgewiesen Netzlängen sind zum 01. Juli des Jahres gemittelt.

140 Bundesanstalt für Straßenwesen (Hrsg.): Verkehrsentwicklung auf Bundesfernstraßen 2005, Jahresauswertung der automatischen Dauerzählstellen, Tabelle 4, S. 13.

141 Bundesanstalt für Straßenwesen (voranstehende Fn.), Tabelle 4, S. 13.

Obwohl der Anteil der Bundesautobahnen am gesamten überörtlichen Straßennetz nur rund 5 % beträgt, konzentriert sich der Kfz-Verkehr – insbesondere der Güterverkehr – auf die Bundesautobahnen. Von der gesamten Jahresfahrleistung auf Außerortsstraßen des Jahres 2005 mit rund 684 Mrd. Kfz-km entfielen auf die Bundesautobahnen mehr als 31 % (216 Mrd. Kfz-km). Das außerörtliche Bundesstraßennetz, dessen Anteil am gesamten überörtlichen Straßennetz rund 18 % beträgt, übernahm im Jahr 2005 rund 16 % (107 Mrd. Kfz-km) der Jahresfahrleistungen (siehe Grafik 2)[142].

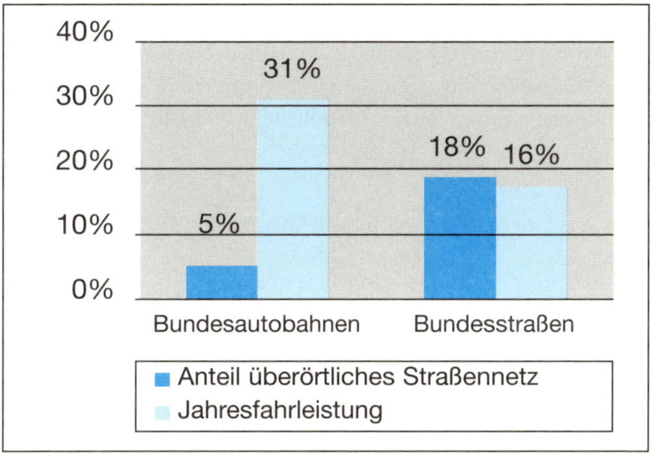

Grafik 2: Bundesautobahnen und Bundesstraßen – Gegenüberstellung der Anteile am überörtlichen Straßennetz mit Jahresfahrleistung für das Jahr 2005

4.2.1.2 Systembedingte Schwächen der Bundesfernstraßenverwaltung

In der Bundesauftragsverwaltung sind die Aufgaben zwischen dem Bund und den Ländern aufgeteilt. Der Bund ist für die grundsätzlichen, übergeordneten Aufgaben im Straßenbau zuständig. Die Bundesaufgaben umfassen vor allem die Finanzierung, die Straßennetzgestaltung und die Ausbauprogramme sowie die Erstellung der Verkehrswegepläne. Darüber hinaus übt das Bundesministerium für Verkehr, Bau und Stadtentwicklung (Bundesministerium) die Rechts- und Fachaufsicht gegenüber den Ländern aus. Die Länder bauen und verwalten die Bundesfernstraßen im Auftrag des Bundes. Dies umfasst eine Vielzahl von Aufgaben wie Planen, planrechtliches Durchsetzen, Vorbereiten des Baus, Bauen, Abrechnen, Betreiben und Unterhalten. Aus der Struktur der Auftragsverwaltung im Bundesfernstraßenbau und insbesondere der zunehmenden regionalen Bedeutung der Bundesfernstraßen wird deutlich, dass Bund und Länder unterschiedliche Interessen bei der Verwaltung der Bundesfernstraßen verfolgen. Interessengegensätze zwischen dem Bund als Eigentümer sowie Kontrollinstanz und den Ländern als Ausführenden im Bundesfernstraßenbau treten auch bei anderen Auftragsverhältnissen auf. In der Organisationstheorie wurde dieses Organisations-

---

[142] BMVBS (Hrsg.), Straßenbaubericht 2006, Köln 2006, S. 9.

modell empirisch untersucht und in der sogenannten Agenturtheorie zusammengefasst.[143]

Die Probleme, die sich aus einem auftragnehmer-/auftraggeberähnlichen Verhältnis ergeben, wie es die Bundesauftragsverwaltung kennzeichnet, verdeutlichen die nachfolgenden Darstellungen aus wesentlichen Problembereichen, die insbesondere veröffentlichte Prüfungserkenntnisse des Bundesrechnungshofes berücksichtigen. Sie zeigen auf, dass die aus organisationstheoretischer Sicht systembedingten Schwächen der Auftragsverwaltung[144] sehr weitgehend auch in der Praxis zulasten des Bundes sichtbar werden.

4.2.1.3 Schwachstellen der Bundesfernstraßenverwaltung

(1) Planung der Straßenbaumaßnahmen

Die Erweiterung und der Neubau von Bundesfernstraßen werden für einen überschaubaren Zeitraum (ca. 15 Jahre) nach Abstimmung von Bund und Ländern in einem Bedarfsplan zusammengefasst. Der Bedarfsplan wird als Anlage des Fernstraßenausbaugesetzes vom Deutschen Bundestag verabschiedet und bildet damit die Grundlage für die Planung und – soweit Haushaltsmittel zur Verfügung stehen – Umsetzung der einzelnen Straßenbauprojekte. Bei den einzelnen Baumaßnahmen kommt es zu vielfachen Abstimmungen zwischen dem Bund und den betroffenen Ländern.

In der Regel planen die Straßenbauverwaltungen der Länder die Straßenbaumaßnahmen des Bundes. Für Neubau- und Ausbaumaßnahmen von Bundesfernstraßen mit Gesamtkosten ab 10 Mio. Euro legen sie die Vorentwurfsplanung über das zuständige Landesministerium dem Bundesministerium vor. Mit seinem „Gesehenvermerk“ dokumentiert das Bundesministerium sein Einverständnis zur Planung, ggf. unter Auflagen. Auch bei anderen Maßnahmen gibt es in Abhängigkeit vom Finanzvolumen Genehmigungsvorbehalte des Bundesministeriums. Die Verantwortung für die Planung verschwimmt zwischen Bund und Ländern und lässt sich nicht eindeutig zuordnen. Dem betroffenen Bürger ist nicht klar, welche staatliche Ebene Entscheidungen zu verantworten hat.

Das System der Auftragsverwaltung geht davon aus, dass die im Auftrag des Bundes tätige Landesverwaltung die Interessen des Bundes wahrnimmt. Deshalb beeinflusst das Bundesministerium die Planung und den Bau größerer Straßenbaumaßnahmen in erster Linie durch den „Gesehenvermerk“ und durch Genehmigungsvorbehalte. Das Bundesministerium verfügt jedoch über keine eigenen Informationen, welche Alternativen die Länder in Betracht gezogen und geprüft haben. Es kann nicht auf der Basis eigener Informationen – sondern fast ausschließlich nur auf der Grundlage der vorgelegten Unterlagen[145] – prüfen, ob die Lösung auch aus der

143 Vgl. hierzu im Einzelnen *Anhang IV*.
144 Vgl. *Anhang IV*.
145 Siehe auch *Garlichs*, Grenzen staatlicher Infrastrukturpolitik, S. 112 u. 130.

Sicht des Bundes die vorteilhafteste Alternative darstellt. Die Gebiets- und Fachreferate des Bundesministeriums sind auch personell nicht in der Lage, sich bei der Vielzahl von Straßenbaumaßnahmen umfassend auf dem Laufenden zu halten und steuernd einzugreifen.[146] Die Länder haben *„im Allgemeinen eine überlegene Problemkenntnis der Planungsmaterie und ein faktisches Informationsmonopol hinsichtlich der einzelnen Projekte*".[147]

Zum Beispiel[148] plante das Land Brandenburg den Ausbau eines Vorrangnetzes von Bundesstraßen, das sog. „Blaue Netz". Die Kosten für den Ausbau des „Blauen Netzes" mit einer Länge von ca. 880 km sollten rund 1,6 Mrd. Euro betragen. Das Land ging bei der Planung über die grundsätzlichen Vorgaben des Bundes hinaus und plante für das gesamte Netz kostenintensive Ausbaustandards wie dreistreifige Querschnitte[149], höhenungleiche Knotenpunkte[150] und Kraftfahrstraßen[151]. Um diese Ausbaustandards zu erreichen, änderte das Land nachträglich bei einzelnen Projekten die bereits genehmigte Planung, ohne das Bundesministerium darüber zu informieren. Bei anderen Projekten konnte das Land diese Ausbaustandards trotz grundsätzlicher Vorgaben des Bundes eigenständig planen, da eine Vorlage beim Bundesministerium nicht vorgesehen war.

Der Bundesrechnungshof hielt die Ausbaustandards für überzogen. Insbesondere bemängelte er, dass durch die hohen Kosten für diese Ausbaustandards der Nutzen der eingesetzten Bundesmittel zu gering ist. Der Bundesrechnungshof forderte, beim „Blauen Netz" den Gesamtnutzen der vorgesehenen Haushaltsmittel zu erhöhen. Dazu sollte das „Blaue Netz" auf der Basis aktueller Annahmen über die Wirtschafts- und Bevölkerungsentwicklung erneut verkehrswirtschaftlich untersucht und auf der Basis der Ergebnisse die geplanten Straßenbaumaßnahmen überarbeitet werden. Insbesondere sollten die kostenintensiven Ausbaustandards nicht für das gesamte „Blaue Netz" vorgesehen werden. Das Bundesministerium hatte daraufhin eine ergebnisoffene Verkehrsuntersuchung beauftragt.

Auf Grundlage der Ergebnisse der Verkehrsuntersuchung beabsichtigt die Straßenbauverwaltung das „Blaue Netz" auf nunmehr 702 km zu beschränken. Zudem sollen die Ausbaustandards abgesenkt werden. Dadurch verringern sich die Investitions-

---

146 Ähnlich auch *Rinke*, in: Bundesanstalt für Straßenwesen, Rechtsfragen der Bundesauftragsverwaltung, S. 18 (26).

147 *Garlichs*, Grenzen staatlicher Infrastrukturpolitik, S. 127 u. 128.

148 Zu weiteren Prüfungserkenntnissen vgl. die Übersicht im *Anhang II.*

149 Grundsätzlich ein Fahrstreifen für jede Fahrrichtung. Abschnittsweise wird abwechselnd eine Fahrtrichtung mit zwei Fahrstreifen geführt, um ein gefahrloses Überholen zu ermöglichen.

150 Straßenkreuzungen wie bei Autobahn-Anschlussstellen mit Brücken, Rampen und Einfädelspuren, damit der durchgehende Verkehr seine Geschwindigkeit nicht vermindern muss.

151 Kraftfahrstraßen dürfen bestimmte Fahrzeuge, insbesondere Fahrradfahrer und Traktoren, nicht benutzen. Für diese Fahrzeuge müssen dann zusätzlich parallel verlaufende Wirtschaftswege angelegt werden.

kosten um 0,4 Mrd. Euro auf rund 1,2 Mrd. Euro. Gleichzeitig wird der Gesamtnutzen der vorgesehenen Haushaltsmittel deutlich gesteigert.

(2) Abstufen von Bundesstraßen

Die gegenläufigen Interessen von Bund und Land werden auch bei der Einstufung einer Straße entsprechend ihrer Verkehrsfunktion deutlich. Die Einstufung einer Verkehrsverbindung als Bundesfernstraße ergibt sich aus dem Verkehrsaufkommen und dem Netzzusammenhang. So verloren mit dem Ausbau des Bundesautobahnnetzes parallel zu neuen Bundesautobahnen verlaufende Bundesstraßen ihre Bedeutung für den weiträumigen Verkehr. Aber auch einzelne Landesstraßen gewannen die Verkehrsbedeutung einer Bundesfernstraße. Diesen Veränderungen trägt die Verwaltung durch das Abstufen von Bundesstraßen und das Aufstufen von Landesstraßen Rechnung (Umstufung).

Ab dem Jahr 1960 wurden über 6.000 km Landesstraßen zu Bundesstraßen aufgestuft; allerdings ohne dass Bund und Länder die vom Fernstraßengesetz geforderten Voraussetzungen – weiträumiges Verkehrsbedürfnis und Netzzusammenhang – nachgewiesen hatten.

Der Bundesrechnungshof verneinte im Jahre 1993 die Frage, ob autobahnparallele Bundesstraßen noch dem weiträumigen Verkehr dienen. Er legte dar, dass in den alten Bundesländern von den 2.900 km autobahnparallelen Bundesstraßen 2.050 km kurzfristig abzustufen sind. Er beanstandete zudem, dass rund 360 km dieser Bundesstraßen mit einem veranschlagten Bauvolumen von rund 1,3 Mrd. Euro in den Bedarfsplan 1992 übernommen wurden, obwohl der Bund nach dem Bundesfernstraßengesetz kein Baulastträger mehr sein durfte.[152] Aufgrund der Hinweise des Bundesrechnungshofes entwickelte das Bundesministerium ein „Abstufungskonzept des Bundes (1995)“, nach dem insgesamt 4.680 km Bundesstraße „sofort“ und „später“ abzustufen sind.[153] Die finanzielle Belastung des Bundes schätzte das Bundesministerium im Jahre 2000 auf rund 100 Mio. Euro pro Jahr, solange die abzustufenden Bundesstraßen in der Baulast des Bundes verbleiben. Eine Übernahme einer Bundesfernstraße, die ihre Bedeutung für den Fernverkehr verloren hat, in eine Straße nach Landesrecht kann jedoch nur durch Vereinbarung mit dem künftigen Baulastträger erreicht werden.[154] Dies ist mit erheblichen künftigen Baulastkosten für Länder, Kreise oder Gemeinden verbunden, weshalb die Länder nur zögerlich Straßen abstufen.

---

152 Siehe auch Bemerkungen des Bundesrechnungshofes 1993, BT-Drs. 12/5650, Nr. 28.

153 5.113 km nach Abstufungskonzept 1995 und 4.719 km nach Fortschreibung vom 30.04.1998 sowie 4.680 km nach Fortschreibung vom 01.01.2000 – Das Bundesministerium beabsichtigt, den Abstufungsplan auf der Grundlage des neuen Bedarfsplans zu überarbeiten.

154 Zur Abstufung von Bundesstraßen entschied das Bundesverfassungsgericht, dass eine Weisung des Bundes zur Abstufung einer Bundesstraße in eine Straße nach Landesrecht nicht im Einklang mit den verfassungsrechtlichen Regelungen über die Auftragsverwaltung der

Nach Einschätzung des Bundesbeauftragten geht es den Ländern bei der Überlegung zu Umstufungen weniger um die rechtlich eindeutige Klassifizierung der Straßen, sondern vor allem um die Vermeidung eigener finanzieller Lasten für die Straßeninfrastruktur zulasten des Bundes.

Der anhaltende Widerstand der übernehmenden Baulastträger gegen Abstufungen führte inzwischen dazu, dass der Bund in immer größerem Umfang Straßen vorhält und verwaltet, die nicht dem Fernverkehr dienen. Dies hat auch zur Folge, dass diese Straßen nach den kostenintensiven Ausbauparametern für Bundesfernstraßen ausgebaut werden – z. B. höhenungleiche Knotenpunkte, großzügige Kurven und Querschnitte – obwohl für die tatsächliche und künftige Verkehrsfunktion geringere Standards ausreichend wären.[155]

(3) Planung und Bau von Ortsumgehungen

Ein weiteres Beispiel, an dem die unterschiedlichen Interessen von Bund und Ländern und die damit verbundenen Schwierigkeiten im Verwaltungshandeln deutlich werden, ist die Planung und der Bau von Ortsumgehungen. Ortsumgehungen im Zuge von Bundesstraßen entlasten die Ortsdurchfahrten vom Durchgangsverkehr und führen damit zu einer verbesserten Lebensqualität. Sie kommen daher den Wünschen der überwiegenden Mehrzahl der Betroffenen vor Ort entgegen. Den Ortsumgehungen wird daher eine hohe politische Bedeutung beigemessen. Dies wird u. a. daran deutlich, dass der Bundesverkehrswegeplan 2003 über 700 Ortsumgehungen im vordringlichen Bedarf mit einer Gesamtlänge von fast 3.000 km und mit einem Finanzvolumen von rund 11,5 Mrd. Euro enthält. Dieses vorgesehene Finanzvolumen entspricht 62 % des geplanten Bedarfs für Bundesstraßen.

Bei den Entscheidungen zur Linienführung und zu den Knotenpunkten einer Ortsumgehung hat die Straßenbauverwaltung widerstreitende Interessen abzuwägen. Die im Wesentlichen auf eine wirtschaftliche und verkehrlich optimale Führung des weiträumigen Verkehrs ausgerichteten Interessen des Bundes müssen mit den von der Straßenbaumaßnahme berührten Belangen abgewogen werden. Dies betrifft insbesondere die Raumordnung sowie den Umwelt- und Naturschutz. In der Abwägung sind auch die Interessen betroffener Anwohner, andere Verkehrswege (andere Straßen, Bahnlinien und Wasserwege), Bodendenkmäler, städtebaulich geschützte Gebiete und vieles mehr zu berücksichtigen.

Wegen der Vielzahl der Akteure mit widerstreitenden Interessen, die auf die Straßenbauverwaltungen mit unterschiedlicher Intensität einwirken, können Vorschriften nicht auch nur annähernd festlegen, wie die Interessen zu gewichten sind. Die Straßenbauverwaltungen haben dementsprechend einen erheblichen Spielraum bei der Pla-

---

Bundesfernstraßen stehe (BVerfGE 102, 167). Das Bundesverfassungsgericht stellte allerdings nicht in Frage, dass eine Bundesfernstraße ihre Verkehrsbedeutung verlieren könne und daraus grundsätzliche Konsequenzen zu ziehen seien.

[155] Zu weiteren Prüfungserkenntnissen vgl. die Übersicht im *Anhang II.*

nung von Ortsumgehungen. Nach den Feststellungen des Bundesrechnungshofes spielt die Führung des weiträumigen Verkehrs bei Ortsumgehungen eine aus Landes- und Kommunalsicht eher untergeordnete Rolle.

Daher ist es nachvollziehbar, wenn die Straßenbauverwaltung als Teil der Landesverwaltung häufig örtlichen Interessen bei der Abwägung eine überragende Bedeutung beimisst. Land und Kommunen wollen die regionale Wirtschaft stärken und Gewerbezentren, Ferien-, Freizeit- und Erholungsgebiete möglichst unmittelbar an die Ortsumgehung anbinden, auch wenn die Linie dadurch länger und die Zahl der Knotenpunkte erhöht wird. Deshalb sollte der Bau von Ortsumgehungen eine Landesaufgabe sein.[156]

(4) Weitere Schwachstellen

Die Prüfungserkenntnisse des Bundesrechnungshofes in weiteren Bereichen, z. B. zu Umleitungsmaßnahmen, zu Kostenteilungen bei Straßenkreuzungen, dem Ausbau von Ortsdurchfahrten sowie den Verwaltungskosten und Zweckausgaben[157] führen regelmäßig zu den gleichen Problemen (Unterschiedliche Interessen von Bund und Ländern, unklare Verantwortlichkeiten, Informationsdefizite beim Bund, Durchsetzung spezifischer Landesinteressen auf Kosten des Bundes, überzogene Standards, unwirtschaftlicher Mitteleinsatz).[158]

4.2.1.4 Föderative Schwächen der Bundesfernstraßenverwaltung

Die dargestellten Probleme beim Bundesfernstraßenbau lassen sich auf die besondere Konstruktion der Bundesauftragsverwaltung zurückführen. Die weitgehende Verlagerung von Kompetenzen auf die Auftragsverwaltungen mit ihren Eigeninteressen ohne geeignete Kontrollsysteme führt dazu, dass die Eigeninteressen der weitgehend frei agierenden Länder Vorrang vor den Interessen des Bundes erlangen. Das bestätigen die Prüfungsergebnisse des Bundesrechnungshofes. Das Bundesministerium verfügt über kein geeignetes Kontrollsystem, um die Interessen des Bundes bei einzelnen Baumaßnahmen zu wahren. Die Länder können ihren Informationsvorsprung für die Erfüllung eigener Interessen nutzen.

---

156 Der Bund hat jedoch ein Interesse daran, dass die Ortsumgehungen möglichst auf kürzestem Weg verlaufen und dass die Zahl der Knotenpunkte gering ist. Eine hohe Anzahl von Knotenpunkten mindert zudem die Verkehrssicherheit und ist durch die teilweise verkehrlich erforderliche Geschwindigkeitsbegrenzung für den weiträumigen Verkehr von Nachteil.

157 Vgl. das Gutachten des Bundesbeauftragten für Wirtschaftlichkeit in der Verwaltung zur Neuordnung der Verwaltung im Bundesfernstraßenbau vom 11.10.2004, S. 30 ff. (www.bundesrechnungshof.de) sowie Schriftenreihe des Bundesbeauftragten für Wirtschaftlichkeit in der Verwaltung, Bd. 11: Bundesfernstraßen – Planen, Bauen und Betreiben, S. 18 ff. (www.bundesrechnungshof.de); die darin enthaltenen Feststellungen werden durch die aktuelle Prüftätigkeit des Bundesrechnungshofes bestätigt.

158 Weitere Einzelprüfungserkenntnisse des Bundesrechnungshofes ergeben sich aus der Übersicht im *Anhang II*.

Aufgabe der Straßenbauverwaltung ist es, im Rahmen der Planung und Ausführung von Straßenbaumaßnahmen die widerstreitenden Interessen abzuwägen. Dabei sollte sie gleichzeitig die Bundes- und Landesinteressen wahren. Die Landesinteressen sind dabei nicht losgelöst von denen der Kommunen und Landkreise, die einen deutlichen Einfluss auf die Straßenbauverwaltung ausüben. Diese Verflechtung lässt die Bürgerinnen und Bürger im Unklaren, welcher Verwaltungsebene die Entscheidung zuzuordnen ist.

Die Straßenbauverwaltung hat bei der Umsetzung einen erheblichen Gestaltungsspielraum. Darüber hinaus legt sie die Vorschriften bei der Anwendung aus. Bei den komplexen Planungsprozessen mit den vielfältigen Interessen können die Vorschriften nur einen groben Rahmen vorgeben. Den Abwägungsprozess selbst muss die Straßenbauverwaltung vornehmen. Es ist dabei ihre Aufgabe, die unterschiedlichen Interessen zu gewichten, was ihren Informationsvorsprung fördert.

Die gemeinsamen Interessen von Bund und Ländern im Bundesfernstraßenbau werden dabei von den spezifischen Interessen der Länder und der jeweiligen Straßenbauverwaltung überlagert, unabhängig davon, ob diese Ziele der Bundesfernstraßenplanung entsprechen oder nicht.[159] In einem Beitrag zur Auftragsverwaltung im Bundesfernstraßenbau[160] wird deshalb ausgeführt:

„Die Auftragsverwaltung ist wegen der Aufteilung der Finanzierungszuständigkeiten (Bund) und der Verwaltungszuständigkeiten (Länder) insbesondere politisch konfliktträchtig. Es gibt nichts Schöneres, als auf fremde Rechnung vor Ort Politik zu machen.“

4.2.1.5 Vorschlag zur Entflechtung der Bundesfernstraßenverwaltung

(1) Um die wesentlichen Ziele der Föderalismusreform, das heißt Verbesserung der Entscheidungsfähigkeit von Bund und Ländern, deutlichere Zuordnung der politischen Verantwortlichkeiten sowie Steigerung der Zweckmäßigkeit und Effizienz der Aufgabenerfüllung zu erreichen, schlägt der Bundesbeauftragte vor, Art. 90 GG zu ändern:

- Der Bund beschränkt sich auf die Zuständigkeit für die Bundesautobahnen mit eigener Verwaltung.
- Die Länder übernehmen Eigentum und Verwaltung der bisherigen Bundesstraßen mit einem Finanzausgleich ohne Zweckbindung für die neuen Lasten.

Die Auftragsverwaltung im Bundesfernstraßenbau würde damit abgeschafft und durch eine klare Zuordnung von Aufgaben, Kompetenz und finanzieller Verantwortung auf der jeweils zuständigen staatlichen Ebene ersetzt. Diese Aufgabenzuordnung entspricht dem Subsidiaritätsprinzip des Grundgesetzes, wonach grundsätzlich die Länder für den Vollzug der staatlichen Aufgaben zuständig sein sollen. Die Kompetenzen des Bundes beschränken sich damit auf das Straßennetz, das überwiegend für

---

[159] *Garlichs*, Grenzen staatlicher Infrastrukturpolitik, S. 109.

[160] *Rinke*, in: Bundesanstalt für Straßenwesen, Rechtsfragen der Bundesauftragsverwaltung, S. 18 (26).

die Verbindungsfunktion mit dem europäischen Ausland und bundesländerübergreifend von Bedeutung ist. Ein überregionales Straßennetz, das nationale und internationale Gesichtspunkte zu berücksichtigen hat, ist in einer hierarchischen Entscheidungsstruktur leichter zu planen und zu bauen als auf dem Wege einer Selbstkoordination von Bundesländern.[161] Für alle übrigen Straßen sind die Länder zuständig, in deren Aufgabenbereich alle Straßen gehören, denen überwiegend regionale Bedeutung zukommt.

Das Bundesministerium sieht in den dargestellten Problemen beim Bundesfernstraßenbau keinen Konstruktionsfehler der Bundesauftragsverwaltung, sondern lediglich Vollzugsschwächen, denen es mit seinen Kontroll- und Einwirkungsmöglichkeiten sowie einer erhöhten Prüfungsintensität begegnen könne. Der Bundesbeauftragte sieht dagegen in einer Weiterentwicklung der Auftragsverwaltung in diesem Bereich keine geeignete Möglichkeit, die dem System immanenten, strukturellen Interessengegensätze zwischen Bund und Ländern und damit die Ursachen der festgestellten Probleme zu beseitigen.

(2) Der Vorschlag des Bundesbeauftragten zielt darauf ab, eine neue, handhabbare verfassungsrechtliche Definition zu schaffen, die eine eindeutige Abgrenzung zwischen Bundes- und Landesaufgaben ermöglicht. Der Bundesbeauftragte sieht sich in seiner Auffassung durch mehrere Untersuchungen und Gutachten bestätigt, die im Kern ebenfalls eine eindeutige Abgrenzung zwischen Bundes- und Landesaufgaben im Bundesfernstraßenbau fordern[162].

Darüber hinaus zeigen die Erfahrungen aus Österreich, dass eine Neuordnung der Zuständigkeiten zwischen der Republik Österreich – Zuständigkeit für Bundesautobahnen und Schnellstraßen über die Bundes-Gesellschaft ASFINAG – und den Bundesländern – Verwaltung der übrigen Bundesstraßen – die Transparenz und Effizienz in der Straßenbauverwaltung gesteigert hat.[163]

Die Abgrenzung zwischen Bundesautobahnen als Bundesaufgabe und bisherigen Bundesstraßen als Landesaufgabe ermöglicht eine sachgerechte Zuordnung zu den unterschiedlichen Straßenkategorien. Bundesautobahnen sind im Fernstraßengesetz definiert und es gelten besondere straßenverkehrsrechtliche Vorschriften,[164] die eine eindeutige Abgrenzung gegenüber Bundesstraßen ermöglichen. Bund und Länder wären im Rahmen der jeweiligen Zuständigkeiten für die Planung der Straßenbaumaßnahmen eigenständig zuständig. Der Bau von Ortsumgehungen, der überwiegend eher regio-

---

161 Vgl. *Garlichs*, Grenzen staatlicher Infrastrukturpolitik, S. 114-115 und *Wolst*, Die Bundesauftragsverwaltung als Verwaltungsform, S. 131.

162 *Seebohm*, Die Verwaltung der Bundesstraßen, Straße und Autobahn 1953, S. 334 ff.; *Wolst*, Die Bundesauftragsverwaltung als Verwaltungsform, S. 130 ff.; *Garlichs*, Grenzen staatlicher Infrastrukturpolitik, S. 112 u. 130; BMVBW (Hrsg.): Thesen und Empfehlungen der Regierungskommission Verkehrsinfrastrukturfinanzierung, 2000, S. 1, Nr. 8 und BMVBW (Hrsg.), Kommission Verkehrsinfrastrukturfinanzierung, Schlussbericht vom 05.09.2000, S. 35, Nr. 4.3.1 Abs. 4 und S. 45, Nr. 4.3.2.5; Wissenschaftlicher Beirat beim BMVBS, Neuorganisation der Zuständigkeiten im Bereich der Bundesfernstraßen, Zeitschrift für Verkehrswissenschaft 2006, 81-104.

163 Zur Neuordnung der Straßenbauverwaltung in Österreich vgl. *Anhang III* (Tz. 2.2.1).

164 Insbesondere § 18 StVO.

nalpolitisch von Bedeutung ist, wird alleinige Aufgabe der Länder. Die Auseinandersetzungen zwischen Bund und Ländern beim Auf- und Abstufen von Bundesstraßen – die sich in erster Linie auf die Frage der Finanzaufteilung reduzieren lassen – entfielen. Konflikte zwischen Bund und Ländern würden reduziert und die Straßenbaumittel effizienter eingesetzt.

(3) Der Finanzausgleich an die Länder für die Übernahme der Bundesstraßen sollte nicht mit einer Zweckbindung des Bundes verknüpft sein. Diese würde einer klaren Zuordnung der politischen Verantwortlichkeiten widersprechen. Bei der dann in die Zuständigkeit der Länder fallenden Verwaltung von „Bundes"-Straßen handelt es sich um eine Landesaufgabe, die sie mit originären Landesmitteln wahrzunehmen haben. Der Bund hat dementsprechend nicht darüber zu entscheiden, wie die Länder diese Finanzmittel verwenden. Eine Zuweisung von bundesseitig zweckgebundenen Mitteln würde zudem die durch den Vorschlag angestrebte Einheit von Finanz- und Aufgabenverantwortung und die klare Trennung der Einflusssphären von Bund und Ländern aufheben.

4.2.2 Bundeswasserstraßen

Kernaussage

Die unterschiedlichen Interessen zwischen Bund und Ländern bei der Verwaltung von Binnenwasserstraßen, die überwiegend von der Freizeitschifffahrt genutzt werden, führen zu volkswirtschaftlich nicht sinnvollen Ausgaben. Der Bundesbeauftragte empfiehlt, diese Binnenwasserstraßen an die Länder zu übertragen (Eigentum, Lasten und Verwaltung) und ihnen hierfür einen angemessenen finanziellen Ausgleich zu zahlen.

Der Bund ist für eine Binnenwasserstraße dann zuständig, wenn darauf ein nicht unerheblicher Verkehr mit Personen- und Frachtschiffen stattfindet. Durch die Verlagerung des Güterverkehrs verloren viele Binnenwasserstraßen des Bundes insoweit wesentlich an Bedeutung. Sie werden als Freizeitwasserstraßen überwiegend von Sportbooten und zum Teil von Fahrgastschiffen genutzt. Die Verwaltungskompetenz des Bundes bezieht sich damit ausschließlich noch auf die Verkehrsfunktion einiger Freizeitwasserstraßen zu Zwecken der Fahrgastschifffahrt; für die übrigen Belange, wie Tourismus, wasserwirtschaftliche Angelegenheiten, Naturschutz und Landschaftspflege, liegt die Zuständigkeit bei den Ländern. Bei den Freizeitwasserstraßen, die verkehrlich für den Bund nur noch gering oder gar nicht mehr von Bedeutung sind, kommt damit den Länderzuständigkeiten eine überragende Bedeutung zu. Da der Bund bei der Verwaltung von Binnenwasserstraßen Einvernehmen mit den Ländern erzielen muss, können diese ihre Forderungen – z. B. zur touristischen Nutzung oder der Denkmalpflege – auf Kosten des Bundes durchsetzen. Eine Übertragung von 164 Wasserstraßen bzw. -teilstücke mit einer Länge von rund 1.100 km gegen Zahlung eines Ablösebetrages ist am Widerstand der Länder gescheitert.

Der Bundesbeauftragte empfiehlt, das Grundgesetz zu ändern und den Bund dadurch in die Lage zu versetzen, Eigentum, Verwaltung und Lasten der Binnenwasserstraßen, die nicht mehr dem (überregionalen) Güterverkehr und damit nicht mehr der Aufgabenerfüllung des Bundes dienen, gegen Zahlung eines nicht zweckgebundenen

Ablösebetrages den Ländern zu übertragen. Hierdurch würde insbesondere dem Subsidiaritätsprinzip Rechnung getragen, da eine regionale Aufgabe (Freizeitwasserstraßen) auch regional auf Ebene der Länder angesiedelt und die Verantwortung dort in einer Hand gebündelt würde.

4.2.2.1 Übernahme von Wasserstraßen in die Verwaltung des Bundes

(1) Die wichtigsten Wasserstraßen befanden sich ursprünglich im Ländereigentum. Die Weimarer Reichsverfassung enthielt in ihrem Art. 97 Abs. 1[165] den Verfassungsauftrag, die dem allgemeinen Verkehr dienenden Wasserstraßen in das Eigentum und die Verwaltung des Deutschen Reiches zu übernehmen.

Im Jahr 1921 schloss das Deutsche Reich mit den Ländern einen Staatsvertrag[166] über den Übergang von Wasserstraßen. Das Deutsche Reich übernahm von den Ländern die dem allgemeinen Verkehr dienenden Wasserstraßen, um ein Netz von bedeutenden Güterverkehrswasserstraßen einheitlich verwalten und ausbauen zu können. Vom Deutschen Reich wurden Wasserstraßen übernommen, die vor dem Ersten Weltkrieg für den Transport einer bestimmten durchschnittlichen Jahrestonnage von ca. 50.000 t genutzt wurden[167]. Die Wasserstraßen, die diese Voraussetzungen erfüllten und auf das Deutsche Reich übergegangen sind, wurden in einer Anlage zum Staatsvertrag aufgeführt.

(2) Nach Gründung der Bundesrepublik Deutschland wurde der Bund gemäß Art. 89 Abs. 1 GG Eigentümer der bisherigen Reichswasserstraßen, die er durch eigene Behörden – die Wasser- und Schifffahrtsverwaltung des Bundes – verwaltet. Nach der Wiedervereinigung wurden auch die Wasserstraßen der damaligen DDR, die in der Anlage zum Wassergesetz[168] aufgeführt waren, auf der Grundlage des Einigungsvertrages[169] auf den Bund übertragen und in dessen Wasser- und Schifffahrtsverwaltung überführt. Aufgrund des Zeitdrucks bei der Wiedervereinigung geschah dies unabhängig von ihrer jeweiligen Bedeutung für den Güterverkehr.

4.2.2.2 Umfang und Bedeutung der Binnenwasserstraßen des Bundes

(1) Der Gesetzgeber legte im Bundeswasserstraßengesetz (WaStrG) u. a. fest, dass Binnenwasserstraßen des Bundes, die dem allgemeinen Verkehr dienen, in der Anlage 1 zu § 1

[165] Die Verfassung des Deutschen Reichs „Weimarer Reichsverfassung“ vom 11.08.1919.

[166] Staatsvertrag betreffend den Übergang der Wasserstraßen von den Ländern auf das Reich vom 29.07.1921 (RGBl. S. 961).

[167] Begründung zu § 1 des Staatsvertrags betreffend den Übergang der Wasserstraßen von den Ländern auf das Reich, Drs. des Reichstags 1920/24, Bd. 367 Nr. 2235.

[168] Wassergesetz der DDR vom 07.02.1982 (DDR-GBl. I S. 467).

[169] Verordnung zur Überleitung des Bundeswasserstraßenrechts nach Berlin (West) und in das in Artikel 3 des Einigungsvertrages vom 31. August 1990 genannte Gebiet vom 13.11.1990 (BGBl. I S. 2524) i. V. m. Art. 8 des Einigungsvertrages sowie den Bekanntmachungen vom 16.10.1990 (BGBl. II S. 1360) und vom 29.09.1990 (DDR-GBl. I S. 1988).

Abs. 1 WaStrG aufgeführt sind. Bei der Aufnahme von Binnenwasserstraßen in die Anlage zum WaStrG war die Bedeutung der einzelnen Wasserstraßen für den Güterverkehr nicht mehr maßgeblich. Unter „allgemeinem Verkehr" wird nach der Einführung des WaStrG ein nicht unerheblicher Verkehr mit Personen- und Frachtschiffen verstanden, nicht dagegen das Fahren von Kleinfahrzeugen oder die bloße Eignung zur Schifffahrt.[170] Dementsprechend ist die Definition „allgemeiner Verkehr" unklar geworden, da der Begriff nicht mehr auf den Güterverkehr beschränkt ist. Nach der Wiedervereinigung wurde die Anlage der Binnenwasserstraßen um die Wasserstraßen der damaligen DDR ergänzt.

(2) Das Binnenwasserstraßennetz des Bundes umfasst Wasserstraßen mit einer Länge von 7.354 km (siehe Abbildung 1 auf folgender Seite). Davon sind Wasserstraßen mit einer Länge von 6.775 km in der Anlage 1 zum WaStrG als Bundeswasserstraßen aufgeführt. Der Bund wird hier hoheitlich tätig. An den sonstigen Binnenwasserstraßen des Bundes mit einer Länge von 579 km hat der Bund die Rechte und Pflichten als Eigentümer. Für die Verwaltung finden die entsprechenden Landesgesetze, z. B. zu wasserwirtschaftlichen Angelegenheiten oder zum Umweltschutz, Anwendung.

(3) Die Binnenwasserstraßen sind entsprechend ihrer Bedeutung in sieben Wasserstraßenklassen[171] eingeordnet. Das Hauptnetz mit internationaler Bedeutung (Wasserstraßenklassen IV-VII) umfasst eine Länge von 5.068 km mit den Hauptmagistralen Rhein – einschließlich Nebenflüssen –, Donau, Weser und Elbe sowie die verbindenden Kanalstrecken bis zur Oder. Die Wasserstraßenklassen I-III haben nur eine regionale Bedeutung. Die Binnenwasserstraßen der Klassen I und II sowie die sonstigen Wasserstraßen des Bundes haben eine Länge von rund 1.862 km. Dazu gehören auch die – nachfolgend als Freizeitwasserstraßen bezeichnet – Binnenwasserstraßen, die nur von Fahrgastschiffen oder Sportbooten genutzt werden. Zu diesen Binnenwasserstraßen, die der fiktiven Wasserstraßenklasse 0 zugeordnet werden, zählen z. B. die Lahn zwischen Wetzlar und der Mündung sowie die Fulda zwischen Kassel und Hannoversch-Münden.

4.2.2.3 Verwaltungsverflechtung bei Freizeitwasserstraßen

Der Bund hat bei der Verwaltung der Bundeswasserstraßen auf die Länderzuständigkeiten Rücksicht zu nehmen (Art. 89 Abs. 3 GG). Bei allen Maßnahmen, insbesondere beim Aus- und Neubau von Wasserstraßen, hat er die Bedürfnisse der Landeskultur und der Wasserwirtschaft im Einvernehmen mit den Ländern[172] zu wahren. Bei widerstreitenden Interessen müssen Bundes- und jeweils zuständige Landesverwaltung also solange verhandeln, bis ein von beiden Seiten getragener Kompromiss zustande kommt.

---

170 *Friesecke*, Bundeswasserstraßengesetz, § 1 Rn. 5.

171 System der Klassifizierung der europäischen Binnenwasserstraßen im März 1993 durch das BMRBS für den Geltungsbereich des WaStrG eingeführt.

172 Einvernehmen bedeutet völlige Willensübereinstimmung, bezieht sich allerdings nicht generell auf alle Länder, sondern nur auf die Länder, deren Gebiet von der jeweiligen Verwaltungsmaßnahme des Bundes betroffen ist; vgl. *Sachs*, in: ders., Grundgesetz, Art. 89 Rn. 35.

Abbildung 1: Übersicht über die Bundeswasserstraßen[173] *(blau und rot); Wasserstraßen bzw. -teilstücke, die rot gekennzeichnet sind, sollen vom Bund an die Länder abgegeben werden*

173 Quelle: Wasser- und Schifffahrtsverwaltung des Bundes (www.wsv.de).

Die weitere Ausgestaltung der Verwaltungskompetenz des Bundes für die Binnenwasserstraßen und der zu berücksichtigenden Länderzuständigkeiten ist im WaStrG geregelt. Die Verwaltungskompetenz des Bundes erstreckt sich lediglich auf die Binnenwasserstraßen als Verkehrswege. Die Zuständigkeit des Bundes ist beschränkt auf die Erhaltung der Binnenwasserstraßen als Verkehrsträger in einem für die Schifffahrt erforderlichen Zustand.

Alle anderen mit Bezug auf die Binnenwasserstraßen zu erfüllenden Verwaltungsaufgaben obliegen den Ländern. Dazu gehören insbesondere die Wahrnehmung der allgemeinen wasserwirtschaftlichen Angelegenheiten, ferner alle weiteren Bereiche des Umwelt- und Naturschutzes, der Landschaftspflege oder des Bodenschutzes.[174] Bei Freizeitwasserstraßen, bei denen die Nutzung als Verkehrsweg aus der Sicht des Bundes nachrangig ist, treten deshalb diese länderspezifischen Zuständigkeiten und Interessen in den Vordergrund. Dadurch haben die Länder bei den Freizeitwasserstraßen aufgrund ihrer Landeszuständigkeiten einen überragenden Einfluss auf die Aufgabenwahrnehmung der Wasser- und Schifffahrtsverwaltung des Bundes.

4.2.2.4 Prüfungserkenntnisse zu den Freizeitwasserstraßen

Nach den Feststellungen des Bundesrechnungshofes hat die Dominanz der Landeszuständigkeiten zu vielfältigen Problemen bei der Verwaltung von Freizeitwasserstraßen durch den Bund geführt:

(1) Bundeswasserstraße Lahn

Ein Beispiel, an dem die hohen Ausgaben für Freizeitwasserstraßen deutlich werden, ist die Lahn. Die Bundeswasserstraße Lahn durchfließt auf einer Länge von 148 km die Länder Hessen und Rheinland-Pfalz (siehe Abbildung 2[175]). Seit der Einstellung des gewerblichen Güterverkehrs vor rund 25 Jahren wird die Lahn fast ausschließlich für die touristische Nutzung und die Freizeitgestaltung genutzt. Trotz des überwiegenden Landesinteresses bei der Nutzung ist der Bund für Betrieb und Unterhaltung zuständig. Bei dem Umfang der Unterhaltung ist die Wasser- und Schifffahrtsverwaltung auf das Einvernehmen mit den Landesverwaltungen angewiesen. Die Landesverwaltungen machen der Wasser- und Schifffahrtsverwaltung Vorgaben, die für z. B. die Denkmalpflege, den Naturschutz und die Landschaftspflege erforderlich sind.

Abbildung 2: Bundeswasserstraße Lahn

[174] *Friesecke,* Bundeswasserstraßengesetz, Einleitung Rn. 9.

[175] Quelle: Wasser- und Schifffahrtsverwaltung des Bundes (www.wsv.de).

Die Ausgaben, die vom Bund für die Aufrechterhaltung der Freizeitschifffahrt und für die Maßnahmen aufgrund von Landesvorgaben zu tragen sind, gibt die Wasser- und Schifffahrtsverwaltung für die Jahre 2003 und 2004 wie folgt an:

Jahr	Ausgaben für Investitionen Kapitel 12 03	Ausgaben für Betrieb und Unterhaltung Kapitel 12 03	Ausgaben für die Verwaltung Kapitel 12 03	Ausgaben gesamt
2003	238 000 €	4 929 000 €	1 685 000 €	**6 852 000 €**
2004	752 000 €	4 863 000 €	1 689 000 €	**7 305 000 €**

Tabelle 1: Ausgaben des Bundes für die Lahn

(2) Bundeswasserstraße Ems-Seitenkanal

An dem Beispiel des Ems-Seitenkanals wird besonders deutlich, dass die Interessenunterschiede zwischen Bund und Land zu volkswirtschaftlich nicht sinnvollen Ausgaben führen können.

Der Ems-Seitenkanal beginnt an der Schleuse Oldersum und verläuft 9 km parallel zur gut ausgebauten Schifffahrtsstraße Ems (siehe Abbildung 3[176]). Die Schleuse sollte aufgrund des schlechten Erhaltungszustandes ersetzt oder rückgebaut werden. Da der Ems-Seitenkanal nicht mehr dem allgemeinen Verkehr diente, beabsichtigte die Wasser- und Schifffahrtsverwaltung die Bundeswasserstraße zu entwidmen und sie dem Land

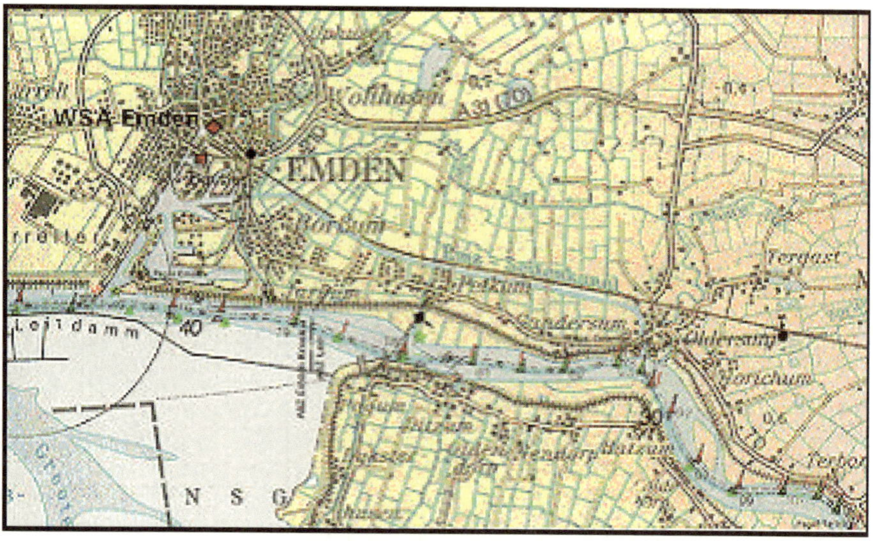

Abbildung 3: Ems-Seitenkanal bei Emden

[176] Quelle: Wasser- und Schifffahrtsverwaltung des Bundes (www.wsv.de).

Niedersachsen zu übergeben. Da die Verhandlungen scheiterten, erneuerte die Wasser- und Schifffahrtsverwaltung im Jahr 1997 die Schleuse in ihren alten Abmessungen mit einer Schleusenlänge von rund 100 m und einer Breite von 10 m. Die Kosten betrugen rund 7 Mio. Euro. Anstehende, in die Zuständigkeit des Landes fallende wasserwirtschaftliche Maßnahmen blieben unberücksichtigt.[177]

Die Schleuse Oldersum passierten im Jahr 2005 insgesamt 1.170 Sportboote und 67 Behördenschiffe. Güterverkehr wird derzeit über die Schleuse Oldersum nicht mehr abgewickelt.

Bei einer Übergabe des Ems-Seitenkanals hätte das Land auf die Sanierung der Schleuse verzichten und sich auf die wasserwirtschaftlichen Maßnahmen beschränken können. Da es sich bei dem Ems-Seitenkanal um eine Bundeswasserstraße handelt, kann das Land vom Bund die Wiederherstellung der Schiffbarkeit verlangen, auch wenn dies volkswirtschaftlich nicht sinnvoll ist.

(3) Sonstige Binnenwasserstraße Finowkanal

An dem Beispiel des Finowkanals im Land Brandenburg wird deutlich, dass der Bund auch Maßnahmen finanziert, die ausschließlich der Tourismusförderung dienen.

Der Finowkanal verlor im Jahr 1914 durch die Inbetriebnahme der parallel verlaufenden leistungsfähigeren Oder-Havel-Wasserstraße seine Bedeutung für den Güterverkehr. Wegen des Verlustes der wirtschaftlichen Bedeutung wurde der Finowkanal nur noch notdürftig unterhalten. Der Unterhaltungsrückstand führte dazu, dass die Wasserstraße ab dem Jahr 1992 nicht mehr durchgängig befahren werden konnte. Im Jahr 1998 wurde der Finowkanal von einer Bundeswasserstraße zu einer sonstigen Binnenwasserstraße des Bundes entwidmet. Durch die Entwidmung verfolgte die Wasser- und Schifffahrtsverwaltung – die keine hoheitlichen Befugnisse mehr hat – das Ziel, Art und Umfang der Unterhaltung zu vermindern.

Im selben Jahr schloss der Bund mit dem Land Brandenburg eine Rahmenvereinbarung über die "Wiederherstellung der durchgehenden Schiffbarkeit des Finowkanals" zur Tourismusförderung. Er verpflichtete sich, von den erwarteten Ausgaben von rund 21 Mio. Euro einen Hauptanteil von rund 16 Mio. Euro zu übernehmen. Das Land verpflichtete sich, Ausgaben von rund 5 Mio. Euro zu tragen. Auch der Landkreis Barnim

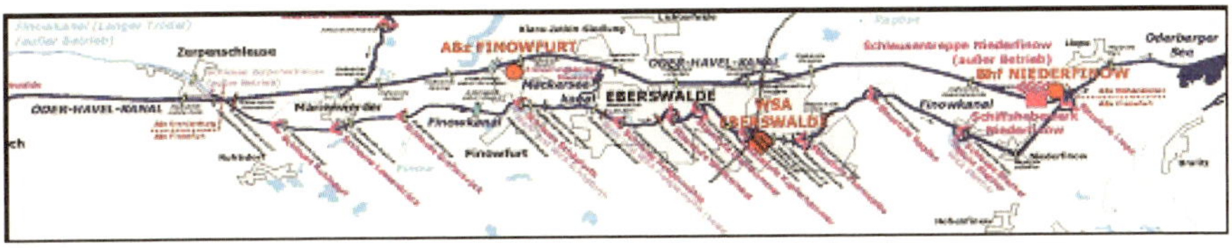

Abbildung 4: Finowkanal im Land Brandenburg bei Eberswalde[178]

[177] Bemerkungen des Bundesrechnungshofes 1998, BT-Drs. 14/29, Nr. 31: Entwidmung von Bundeswasserstraßen.

[178] Quelle: Wasser- und Schifffahrtsverwaltung des Bundes (www.wsv.de).

beteiligte sich. Den Umfang der Maßnahmen für eine nur der Freizeitschifffahrt dienende Wasserstraße hielt der Bundesrechnungshof für unangemessen hoch.

(4) Bundeswasserstraße Landwehrkanal

An dem aktuellen Beispiel des Landwehrkanals wird deutlich, wie Einflussnahmen des Landes Berlin bei Freizeitwasserstraßen die Aufgabenerfüllung des Bundes erschweren.

Die Bundeswasserstraße Landwehrkanal, die keine Bedeutung für den Güterverkehr hat, verläuft im Stadtgebiet von Berlin parallel zur Bundeswasserstraße Spree (siehe Abbildung 5).

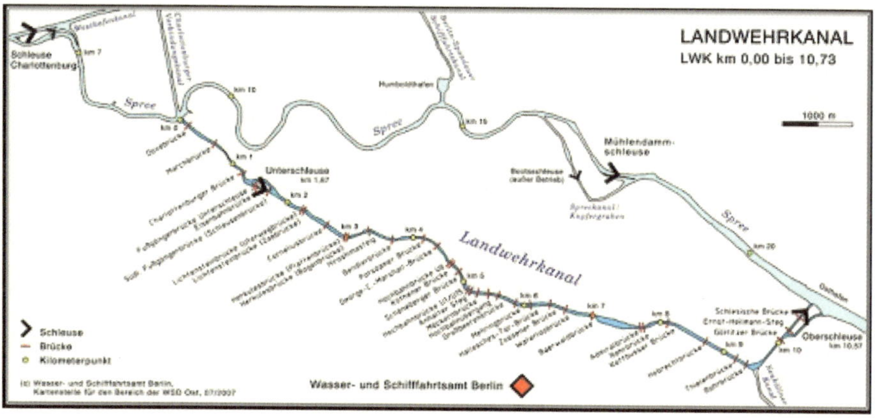

Abbildung 5: Landwehrkanal im Stadtgebiet von Berlin[179]

Die aus dem 18. Jahrhundert stammenden Uferwände wurden unterspült und weisen keine ausreichende Standfestigkeit mehr auf. Der Landwehrkanal war aus Sicherheitsgründen im Jahr 2007 zeitweise für den Schiffsverkehr gesperrt. Für die dringend erforderliche Sanierung der Uferwände wäre es erforderlich, ufernahe, überwiegend dem Land Berlin gehörende, umsturzgefährdete Bäume zu fällen. Dagegen regt sich Widerstand von Anwohnern und Naturschutzbehörden. Eine von der Wasser- und Schifffahrtsverwaltung vorgeschlagene Einengung der Wasserstraße lassen die Wasserwirtschaftsbehörden nicht zu, weil sie eine weitere Verschlechterung der Wasserqualität befürchten. Die Denkmalschutz-

Abbildung 6: Provisorische Sicherung von Bäumen am Landwehrkanal

[179] Quelle: Wasser- und Schifffahrtsverwaltung des Bundes (www.wsv.de).

behörde wünscht die Wiederherstellung des ursprünglichen Zustands mit uferfernen Bäumen. Der Bund, der als Eigentümer dieser Freizeitwasserstraße kein verkehrliches Interesse hat, muss die berechtigten Belange der Landesbehörden bei seinen Maßnahmen berücksichtigen. Da ein Einvernehmen mit den Landesbehörden bisher nicht zustande gekommen ist, hat die Wasser- und Schifffahrtsverwaltung die Bäume zunächst provisorisch gesichert (siehe Abbildung 6).

4.2.2.5 Keine Einigung von Bund und Ländern über Freizeitwasserstraßen

(1) Der Bundesrechnungshof hat festgestellt, dass auf zahlreichen Binnenwasserstraßen wie der Aller, dem Unterlauf der Ilmenau, der Müritz-Elde-Wasserstraße, dem Finowkanal und dem Ems-Seitenkanal kein oder kein nennenswerter gewerblicher Schiffsverkehr mehr stattfindet. Er zog daraus den Schluss, dass diese Wasserstraßen nicht mehr dem allgemeinen Verkehr im Sinne des WaStrG dienen. Da deshalb der Status einer Bundeswasserstraße nicht mehr erforderlich ist, sollte der Bund diese Wasserstraßen entwidmen und an die Länder übergeben. Nach dem WaStrG bedarf es dazu zunächst einer Vereinbarung zwischen dem Bund und dem jeweils betroffenen Land. Eine entsprechende Vereinbarung kommt jedoch regelmäßig nicht zustande, da kein Land bereit ist, die mit der Übernahme der Wasserstraße verbundenen, finanziell erheblichen Unterhaltungslasten zu übernehmen.

Der Bundesrechnungshof hat dem Bundesministerium für Verkehr, Bau und Stadtentwicklung (Bundesministerium) empfohlen, die Zustimmung der Länder durch finanzielle Zugeständnisse zu erreichen, wobei sich die Position des Bundes dadurch nicht verschlechtern sollte. Als Obergrenze für eine Ausgleichszahlung an ein Land bei Übernahme einer Wasserstraße empfahl er den Unterhaltungsaufwand, abzüglich etwaiger Einnahmen (z. B. Pacht für Steganlagen, Wasserentnahmen, Fischereirechte), zugrunde zu legen.[180]

(2) Diesem Vorschlag zur Entwidmung liegt das Subsidiaritätsprinzip zugrunde:

Die Binnenwasserstraßen, die von überregionaler bzw. internationaler Bedeutung sind und auf denen bedeutender Güterverkehr abgewickelt wird, sollten im Netzzusammenhang, d. h. überregional und bundeseinheitlich verwaltet werden. Dies wird durch die Wasser- und Schifffahrtsverwaltung des Bundes gewährleistet. Wasserstraßen des Bundes, die überwiegend durch die Freizeitschifffahrt genutzt werden, sollten von den Ländern verwaltet werden.

Auch der Staatsvertrag über den Übergang der Wasserstraßen von den Ländern auf das Deutsche Reich war bereits vom Grundgedanken der Subsidiarität getragen. Denn das Deutsche Reich hatte nur die Wasserstraßen von den deutschen Ländern übernommen, die eine Bedeutung für den Güterverkehr und damit für das Reich als Wirt-

[180] Bemerkungen des Bundesrechnungshofes 1998, BT-Drs. 14/29, Nr. 31: Entwidmung von Bundeswasserstraßen.

schaftsraum insgesamt hatten (vgl. Tz. 4.2.2.1). In Abgrenzung dazu verblieben den Ländern Wasserstraßen, die von geringer, d. h. allenfalls regional begrenzter Bedeutung für den Güterverkehr waren. Heute sind die Länder daher immer noch Eigentümer einer Vielzahl von Landesgewässern, die den Binnenwasserstraßen der Kategorien I und II (nur regionale Bedeutung) entsprechen. Die für Sportboote schiffbaren und miteinander vernetzten Gewässer der Länder haben eine Länge von schätzungsweise 2.500 km.

Der derzeitigen Zuordnung zwischen diesen „freizeitorientierten" Landesgewässern und den Bundesgewässern, die ebenfalls überwiegend von der Freizeitschifffahrt genutzt werden, liegen demzufolge keine sachlichen Aspekte zugrunde. Der Bund verwaltet diese Freizeitwasserstraßen lediglich deshalb noch, weil sie historisch eine Bedeutung für den Güterverkehr hatten. Diese Bedeutung ist jedoch durch die Verlagerung des Güterverkehrs auf größere Wasserstraßen mit größeren und wirtschaftlicheren Schiffseinheiten oder auf andere Verkehrsträger (Schiene und Straße) verloren gegangen. Heute werden diese Wasserstraßen vorrangig für regional begrenzte, touristische Zwecke genutzt.[181]

(3) Vor diesem Hintergrund sollten die Zuständigkeiten zwischen Bund und Ländern in diesem Bereich entflochten werden:

Auf der Ebene der Länder sollten Aufgabe, Kompetenz und finanzielle Verantwortung für alle Freizeitwasserstraßen zusammengefasst werden. Der Bund würde als Verwaltungsebene vollständig entfallen. Für die Bürgerinnen und Bürger wäre klar erkennbar, dass für diese Wasserstraßen ausschließlich die Länder zuständig und die Landesorgane politisch verantwortlich sind.

(4) Das Bundesministerium beauftragte aufgrund der Prüfungsfeststellungen des Bundesrechnungshofes im Jahr 1999 die Wasser- und Schifffahrtsverwaltung des Bundes mit der Erfassung von Binnenwasserstraßen, die an die Länder abgegeben werden können. Im Dezember 2001 lag eine entsprechende Aufstellung vor, die 164 Wasserstraßen und -teilstücke mit einer Gesamtlänge von rund 1.100 km[182] umfasste. Diese Binnenwasserstraßen sind in Abbildung 1 (Tz. 4.2.2.2) rot gekennzeichnet. Das Bundesministerium teilte den Ländern im November 2002 mit, dass beabsichtigt sei, vom Bund nicht mehr benötigte Binnenwasserstraßen an die Länder abzugeben. Im folgenden Jahr trat die Wasser- und Schifffahrtsverwaltung des Bundes an die Länder heran und bat um Mitteilung, ob grundsätzlich Interesse an der Übernahme dieser oder anderer nicht in der Liste aufgeführten Wasserstraßen bestehe. Die Höhe der vom Bund zu zahlenden Ablösebeträge wurde nicht benannt. Bei Interesse der Länder sollte der Ablösebetrag gemeinsam

---

181 Die touristische Erschließung einer Region als wichtiger Wirtschaftsfaktor liegt jedoch vorrangig im Interesse des jeweiligen Landes und des jeweiligen Landkreises; vgl. Ministerium für Wirtschaft des Landes Brandenburg (Hrsg.): Grundsätze zur weiteren Ausgestaltung des Tourismus im Land Brandenburg, Potsdam o. J.

182 Davon haben 525 km den Status als Bundeswasserstraßen; 574 km sind sonstige Binnenwasserstraßen des Bundes.

mit dem jeweiligen Land auf der Basis des erforderlichen Unterhaltungsaufwandes ermittelt werden.

Die Länder lehnten eine generelle Übernahme der angebotenen Wasserstraßen bzw. -teilstücke trotz der in Aussicht gestellten Ablösebeträge durchgängig ab. Einige Länder verzichteten darauf, das Schreiben der Wasser- und Schifffahrtsverwaltung zu beantworten.

Seit dem Jahr 1972 ist es der Wasser- und Schifffahrtsverwaltung des Bundes nur vereinzelt gelungen, Wasserteilstücke an die Länder bzw. Gemeinden abzugeben, so z. B. den Ems-Altarm Rhede, die Nebenstrecken der Trave im Lübecker Hafen und zuletzt im Jahr 2005 den Ginsheimer Altrhein an die Gemeinde Ginsheim-Gustavsburg.

4.2.2.6 Entflechtungsoption

(1) Die historische Entwicklung zeigt, dass der Bund ein einheitliches Netz von Bundeswasserstraßen mit einer eigenen Behörde verwalten sollte, das in erster Linie für den Güterverkehr im Gesamtstaat erforderlich ist. Soweit dann diese Bundeswasserstraßen auch von Ausflugsschiffen und Sportbooten genutzt werden, verbleibt die Zuständigkeit bei der Wasser- und Schifffahrtsverwaltung des Bundes.

Der Bund sollte jedoch keine Wasserstraßen im Eigentum und in eigener Verwaltung halten, die überwiegend von der Freizeitschifffahrt genutzt werden. Bei diesen Freizeitwasserstraßen dominieren die regionalen, von Gesichtspunkten der Wasserwirtschaft, des Tourismus, des Denkmal- sowie Umwelt- und Naturschutzes geprägten Interessen der Länder. Durch die verfassungsrechtliche Einvernehmensregelung (Art. 89 Abs. 3 GG) haben die Länder jedoch die Möglichkeit, ihre Interessen gegenüber dem Bund durchzusetzen, insbesondere da die Belange als Verkehrsweg – die der Bund zu vertreten hat – bei den Freizeitwasserstraßen nicht durchschlagen. Dies erklärt auch, warum die Länder derzeit kein Interesse an der Übernahme der Verwaltung und Lasten von Freizeitwasserstraßen haben. In der Staatspraxis können sie gegenüber dem Bund ihre Landesinteressen vollständig durchsetzen, ohne zugleich mit der Verwaltung und den Pflichten eines Eigentümers belastet zu sein: Den Nutzen tragen die Länder, die Lasten der Bund. Ihre Einflussmöglichkeiten nutzen die Länder insoweit auch dazu, Maßnahmen an den Freizeitwasserstraßen des Bundes finanzieren zu lassen, die aus volkswirtschaftlicher Sicht nicht sinnvoll sind, da sie keinen Nutzen für die überregionale Verkehrsfunktion des gesamtstaatlichen Wasserstraßennetzes haben.

(2) Der Bundesbeauftragte spricht sich deshalb dafür aus, das Grundgesetz zu ändern und Art. 89 neu zu fassen mit dem Ziel, die Zuständigkeit des Bundes (Eigentum, Verwaltung, Finanzierung) auf Bundeswasserstraßen zu beschränken, die überwiegend für den Güterverkehr und damit für die Gesamtwirtschaft von Bedeutung sind. Bei Bundeswasserstraßen, die diese Voraussetzung nicht mehr erfüllen, sollte der Bund die verfassungsrechtliche Befugnis erhalten, diese Wasserstraßen an das jeweilige Land bzw. die jeweiligen Länder gegen Zahlung eines am Unterhaltungsaufwand orientierten Ablösebetrages abzugeben. Dies machte es dem Bund möglich, den dynamischen Veränderungen des Wirtschaftslebens besser Rechnung zu tragen als durch eine einmalige, statische Bereini-

gung des Bestandes an Binnenwasserstraßen des Bundes zu einem bestimmten Stichtag. Soweit nämlich in der Zukunft noch weitere Binnenwasserstraßen ihre Güterverkehrsfunktion verlieren sollten, könnte der Bund auch diese über seine verfassungsrechtliche Ermächtigung an die Länder gegen Zahlung eines mit dem Land zu vereinbarenden Ablösebetrages übertragen.

Der Entflechtungsvorschlag trägt den grundlegenden Prinzipien des Grundgesetzes (Subsidiarität, Demokratie und Transparenz)[183] Rechnung. Der Bund wäre weiterhin für ein leistungsfähiges und zusammenhängendes Netz von Binnenwasserstraßen über Ländergrenzen hinweg zuständig. Durch die Übergabe der 164 Wasserstraßen und -teilstücke (Abbildung 1: rot gekennzeichnet) wäre dieser Netzzusammenhang der verbleibenden Binnenwasserstraßen (Abbildung 1: blau gekennzeichnet) nicht gefährdet.[184]

Die Länder wären für alle Wasserstraßen zuständig, die überwiegend von der Freizeitschifffahrt genutzt werden. Bei einer Übernahme dieser Wasserstraßen vom Bund würden Aufgabe, Kompetenz und finanzielle Verantwortung zusammengefasst werden. Die Länder wären dann für alle Belange – insbesondere Verkehrsfunktion, Tourismusförderung, wasserwirtschaftliche Angelegenheiten, Umweltschutz – sämtlicher Freizeitwasserstraßen in eigener Finanzverantwortung zuständig.

(3) Die bei der Übergabe der Wasserstraßen vom Bund an die Länder zu zahlenden Ablösebeträge sollten nicht zweckgebunden sein. Eine Zweckbindung würde der klaren Zuordnung der politischen Verantwortlichkeiten widersprechen. Denn mit der Übernahme der Freizeitwasserstraßen, die derzeit noch in Eigentum und Verwaltung des Bundes stehen, würde diese in den originären Verantwortungsbereich der Länder fallen und zu deren eigener Aufgabe, die mit eigenen Landesmitteln (aus den Ablösebeträgen) zu finanzieren wären. Der Bundesbeauftragte ist der Auffassung, dass der Bund sich deshalb nicht in die Verwendung der Ablösebeträge durch die Länder mittels einer Zweckbindung einmischen sollte. Denn eine Zuweisung von bundesseitig zweckgebundenen Mitteln würde zudem die durch den Vorschlag angestrebte Einheit von Aufgaben- und Finanzverantwortung und die klare Trennung der Einflusssphären von Bund und Ländern aufheben. Im Übrigen zeigen die Prüfungserfahrungen, dass der Kontrollaufwand bei zweckgebundenen Mitteln erheblich ist und den Aufbau bürokratischer Kontroll- und Nachweisstrukturen notwendig macht.

Darüber hinaus lässt es auch das dem Entflechtungsgebot zugrundeliegende Demokratieprinzip wünschenswert erscheinen, wenn die Ausgaben für Freizeitwasserstraßen künftig von der jeweils verantwortlichen staatlichen Ebene stärker und klar zurechenbar legitimiert werden müssten. Die Länder könnten dann selbstständig entscheiden, ob sie Finanzmittel für die Freizeitwasserstraßen oder für andere Politikfelder (z. B. direkte Wirtschaftsförderung, Bildung oder Haushaltssanierung) einsetzen. Diese Klarheit besteht derzeit nicht, da die Länder durch die Einvernehmensregelung den Erhalt von Wasserstraßen für touristische Zwecke vom Bund unabhängig von dem damit ver-

---

183 Vgl. hierzu ausführlich oben Tz. 3.2 - 3.4.

184 Vgl. Abbildung 1 in Tz. 4.2.2.

bundenen volkswirtschaftlichen Nutzen fordern und gegenüber diesem durchsetzen können, ohne die Kosten hierfür zu tragen.

4.2.3 Öffentlicher Personennahverkehr

Kernaussage

Die Länder erhalten seit 1996 Sonderzahlungen des Bundes für den öffentlichen Personennahverkehr, die bis zum Jahr 2014 auf rund 7,3 Mrd. Euro jährlich ansteigen sollen. Der Bund finanziert damit eine originäre Landesaufgabe. Der zweckentsprechende Einsatz der Mittel ist für den Bund kaum zu kontrollieren, und die Sonderzahlungen nach Art. 106a GG widersprechen der Systematik der Finanzverfassung.

Art. 106a GG sollte gestrichen werden, sodass die Länder die Bereitstellung von Nahverkehrsleistungen zu finanzieren hätten. Aufgaben- und Finanzverantwortung werden so in einer Hand zusammengeführt. Eine aufgabenadäquate Finanzausstattung der Länder ist über eine Neuverteilung der Steuereinnahmen zwischen Bund und Ländern bzw. den Finanzausgleich zwischen den Ländern sicherzustellen.

4.2.3.1 Der spezielle Finanzausgleich gemäß Art. 106a GG

Durch die Bahnstrukturreform ging am 1. Januar 1996 die Verantwortung für den Schienenpersonennahverkehr auf die Länder über.[185] Als Ausgleich wurde Art. 106a GG geschaffen, nach dem den Ländern für den öffentlichen Personennahverkehr (ÖPNV) ein Betrag aus dem Steueraufkommen des Bundes zusteht. Das Nähere ist im Gesetz zur Regionalisierung des öffentlichen Personennahverkehrs (RegG) geregelt.[186] Nach den aktuellen Planungen sollen die sogenannten Regionalisierungsmittel weiter ansteigen und bis 2014 einen jährlichen Betrag von rund 7,3 Mrd. Euro erreichen.[187]

Über die vom Bund gemäß Art. 106a GG zugewiesen Mittel können die Länder im Rahmen der durch das RegG vorgesehenen Zweckbindung verfügen.[188] Diese Zweckbindung ist jedoch wenig konkret: Nach § 1 RegG soll eine ausreichende Bedienung der Bevölkerung mit Verkehrsleistungen im ÖPNV sichergestellt werden. Die Länder können mit den Mitteln Investitionen in Anlagen des Nahverkehrs finanzieren und konkrete Nahverkehrsleistungen – also z. B. die Bedienung bestimmter Bahnstrecken – bei den Verkehrsträgern bestellen. Das RegG sieht keine Kontrollbefugnisse des Bundes oder Sanktionen bei zweckwidriger Verwendung der Mittel vor.

---

185 Gesetz zur Änderung des Grundgesetzes vom 20.12.1993 (BGBl. I S. 2089).

186 Das RegG datiert vom 27.12.1993, wurde also in einem Zug mit der Änderung des GG verabschiedet (BGBl. I S. 2378). Das Gesetz wurde 2002 (BGBl. I S. 2264) und 2006 (BGBl. I S. 1402) geändert, blieb aber in seiner Grundstruktur erhalten.

187 Gesetzentwurf der Bundesregierung, Kabinettsache E 14/32.01.34-05/6 Va 07 vom 14.05.2007, Vorblatt Tz. B.

188 Vgl. *Siekmann*, in: Sachs, Grundgesetz, Art. 106a Rn. 7; *Hidien*, DVBl. 1997, 595 (596 f., 600).

4.2.3.2 Systemwidriger Charakter der Sonderzuweisungen

Die Bereitstellung von Nahverkehrsleistungen ist eine klassische Aufgabe der Daseinsvorsorge.[189] Nachdem durch die Bahnstrukturreform Sonderzuständigkeiten des Bundes aufgehoben wurden, gilt der Grundsatz des Art. 30 GG, d. h. die Aufgabe fällt den Ländern zu.[190]

Damit orientierte sich die Bahnstrukturreform zunächst am Grundsatz der Subsidiarität[191]: Nahverkehrsleistungen gehören zur regionalen Daseinsvorsorge, die typischerweise dezentral, auf der Ebene der Länder gewährleistet werden kann. Richtiger Ort für die Entscheidungsfindung über die bereitgestellten Leistungen sind deswegen die Länder, d. h. die unterste staatliche Ebene, die die Aufgabe sachgerecht ausfüllen kann.

Allerdings folgte die Bahnstrukturreform den prägenden Prinzipien des Grundgesetzes nur unvollkommen: Einerseits wurde die Nahverkehrsaufgabe zwar den Ländern überlassen. Anderseits wurden jedoch in Art. 106a GG zweckgebundene Sonderzuweisungen des Bundes für den Nahverkehrsbereich begründet.

Damit wurde eine Verflechtungskonstellation geschaffen, die die Länder in der Autonomie beschränkt, die ihnen bei der Wahrnehmung einer Landesaufgabe zusteht. Ein Zweck des Subsidiaritätsgrundsatzes ist es, positive Steuerungswirkung in dem Sinne zu entfalten, dass die jeweilige Ebene nur diejenigen Finanzmittel für eine Aufgabe aufwendet, die in Konkurrenz zu anderen Aufgaben als gerechtfertigt angesehen werden.[192] Derartige Steuerungsanreize werden jedoch nur gesetzt, wenn die Länder die Aufgabe mit eigenen Mitteln finanzieren und keine zweckgebundenen Zahlungen einer anderen staatlichen Entscheidungsebene erhalten.

Die Beteiligung einer weiteren staatlichen Ebene verwischt zudem die politischen Verantwortlichkeiten. Das Demokratieprinzip[193] verlangt eine klare Zurechenbarkeit der Entscheidungen, die nach dem Status Quo nicht gewährleistet ist: Die Länder bestimmen zwar, welche Nahverkehrsleistungen mit den Sonderzuweisungen des Bundes oder eigenen Mitteln finanziert werden. Wird die Länderebene aber mit Wünschen der Bevölkerung nach besseren Nahverkehrsleistungen konfrontiert, kann sie politisch darauf verweisen, dass der Bund „zu wenig tut“, oder versuchen, eine Erhöhung der Sonderzuweisungen zu erreichen.

Ebenso wie andere Verflechtungen führt die Regelung in Art. 106a GG auch zu einer „Verfestigung“ bestimmter Finanzflüsse und schränkt dadurch faktisch die zukünftige Entscheidungsgewalt der Parlamente über die Verteilung der staatlichen Mittel ein: Nach dem vorliegenden Gesetzentwurf zum RegG sollen die Mittel bereits jetzt

---

189 Vgl. zu dieser Einordnung der Aufgabe auch § 1 Abs. 1 RegG.

190 Vgl. *Hidien*, DVBl. 1997, 595 (596).

191 Zu diesem Grundsatz als prägendes Prinzip des Grundgesetzes vgl. Tz. 3.3.1.

192 Zu den positiven wirtschaftlichen Steuerungsanreizen einer eindeutigen Aufgabenzuordnung vgl. Tz. 3.3.1 (4).

193 Zur Bedeutung einer getrennten Aufgabenwahrnehmung der staatlichen Ebenen für den demokratischen Prozess auf der jeweiligen Ebene vgl. oben Tz. 3.3.2 (1) - (3).

bis 2014 in jährlich steigender Höhe festgeschrieben werden. Die Bundesseite versucht zwar, wenigstens für den Zeitraum ab 2015 eine Evaluierung des Bedarfs und eine Überprüfung der Mittelhöhe vorzusehen. Gegen diese Regelung bestehen aber bereits Vorbehalte der Länder, die der Novelle des RegG im Bundesrat zustimmen müssen.[194]

4.2.3.3 Zweckbindung als untaugliches Steuerungsinstrument

Die in Art. 106a GG festgeschriebene Zweckbindung kann die fehlende Steuerungswirkung einer klaren Aufgabenzuordnung nicht kompensieren.

Das Bundesministerium der Finanzen (BMF) versuchte bereits 1996, anhand der Haushaltspläne der Länder zu ermitteln, ob diese früher für den öffentlichen Personennahverkehr eingesetzte Landesmittel durch Regionalisierungsmittel des Bundes ersetzt hatten. Die Überprüfung führte jedoch nicht zu belastbaren Ergebnissen, da der Ausweis der Mittel in den Länderhaushalten uneinheitlich vorgenommen wurde oder Mittel für den ÖPNV nicht als solche kenntlich gemacht waren. Das BMF konnte auch bestehende Hinweise auf eine möglicherweise zweckwidrige Mittelverwendung durch ein Land nicht überprüfen.

Dem Bundesrechnungshof ist es nicht möglich, eine aussagefähige Darstellung der Mittelverwendung vorzulegen, da diese in die Zuständigkeit der Landesrechnungshöfe fällt. Im Jahr 2006 hat der Bundesrechnungshof die Landesrechnungshöfe auf Bitte des Haushaltsausschusses des Deutschen Bundestages um Auskunft über die Verwendung der Regionalisierungsmittel in den Jahren 2003 bis 2005 gebeten. Unter anderem wegen der unterschiedlichen Struktur der Länderhaushalte gaben die Ergebnisse kein umfassendes Bild über die Verwendung der Regionalisierungsmittel im ganzen Bundesgebiet. Zudem prüften die Landesrechnungshöfe in den letzten Jahren vor allem solche Investitionen in Fahrzeuge und Infrastruktur, die die Länder nicht nur mit Regionalisierungsmitteln, sondern auch mit eigenen Landesmitteln finanzierten. Solche investiven Maßnahmen machten aber nur einen verhältnismäßig geringen Anteil der verausgabten Regionalisierungsmittel aus.

Die wenig effektive Zweckbindung des Art. 106a GG soll in der anstehenden Novelle des RegG gestärkt werden. § 6 Abs. 2 des Entwurfs sieht vor, dass die Länder dem Bund jährlich die Verwendung der Mittel *„nach gemeinsam vereinbarten Kriterien transparent“* darstellen.[195]

Damit wird der Versuch unternommen, innerhalb des bestehenden Systems einen wirtschaftlichen Einsatz der Mittel zu gewährleisten. Die Schwäche des Ansatzes zeigt sich aber bereits dadurch, dass das Gesetz weder einen Termin noch Mindestanforde-

---

194 Gesetzentwurf der Bundesregierung, Kabinettsache E 14/32.01.34-05/6 Va 07 vom 14.05.2007.

195 Gesetzentwurf der Bundesregierung, Kabinettsache E 14/32.01.34-05/6 Va 07 vom 14.05.2007.

rungen für die Berichtspflicht enthält. Auch Erfolgskriterien im Sinne von Leistungsparametern (z. B. Fahrgastzahlen) werden nicht definiert.[196]

Die Ausgestaltung der Berichtspflicht nach Inhalt und Verfahren müsste deswegen wieder im Konsens von Bund und Ländern festgelegt werden. In der Praxis wäre zu erwarten, dass die Diskussion über die Mittelverwendung in einem Bund-Länder-Gremium stattfindet und wegen des Konsensprinzips kaum zu Folgerungen oder gar Sanktionen führt.[197]

Die beabsichtigte Änderung des RegG kann daher die Nachteile nicht beseitigen, die in der von Art. 106a GG begründeten Verflechtung zwischen Bund und Ländern liegen. Prüfungserkenntnisse des Bundesrechnungshofes haben vielmehr in den verschiedensten Fällen gezeigt, dass Kontroll- und Abstimmungsstrukturen zwischen Bund und Ländern nicht zu den angestrebten Ergebnissen führen und zur Intransparenz beitragen.[198]

4.2.3.4 Empfehlung

Mit Art. 106a GG wurde eine sachlich unnötige Verflechtung geschaffen, die weder dem Grundgedanken der Subsidiarität noch dem Demokratieprinzip im Sinne der klaren Verantwortung einer bestimmten staatlichen Ebene entspricht.

Die Zahlungen nach Art. 106a GG sind weder Zweckzuweisungen des Bundes, deren zweckentsprechende Verwendung nachgeprüft wird, noch begründen sie einen echten Ertragsanteil der Länder am Steueraufkommen nach Art. 106 GG.[199] Die teilweise Aufgabenentflechtung bei der Bahnreform wurde vielmehr mit der Installation eines finanziellen Verbundelements in Form eines vertikalen Finanztransfers erkauft, das der Systematik der Verfassung fremd ist.[200]

---

196 Der Bundesbeauftragte hat auf diese Schwäche in seiner Stellungnahme zum Gesetzentwurf hingewiesen (vgl. Az. III 3 – 2007 – 1091 vom 25.04.2007).

197 Die zu erwartenden Probleme zeigen sich auch jetzt bereits darin, dass die Länder die Berichtspflicht nach § 6 Abs. 2 der Novelle zum RegG ablehnen; vgl. Kabinettsache E 14/32.01.34-05 vom 22.08.2007 mit der Stellungnahme des Bundesrates und der Gegenäußerung der Bundesregierung.

198 Vgl. dazu Tz. 3.3.3 (3). Ein weiteres Beispiel für die Untauglichkeit von Zweckbindungen als Steuerungsinstrument bilden die noch bis zum Jahr 2013 vorgesehenen Zahlungen des Bundes in Fortführung der Finanzhilfen zur Verbesserung der Verkehrsverhältnisse der Gemeinden. § 5 Abs. 5 des Entflechtungsgesetzes [Art. 15 des Föderalismusreform-Begleitgesetzes vom 05.09.2006 (BGBl. I S. 2098, 2102)] sieht Verwendungsnachweise der Länder und Sanktionen bei nicht zweckentsprechender Verwendung vor. Das entsprechende Verfahren wird in der – mit Zustimmung des Bundesrates erlassenen – Rechtsverordnung zum Entflechtungsgesetz aber bereits so gestaltet, dass es kaum zu Mittelkürzungen durch den Bund kommen kann. Wurden Mittel nach seiner Auffassung nicht zweckentsprechend verwendet, kann das Land nämlich ein Ersatzvorhaben benennen und so die zweckentsprechende Verwendung nachträglich herbeiführen [§ 4 der Verordnung zur Durchführung des Entflechtungsgesetzes vom 18.12.2006 (BGBl. I S. 3222)].

199 Vgl. *Siekmann*, in: Sachs, Grundgesetz, Art. 106a Rn. 6.

200 Vgl. *Hidien*, DVBl. 1997, 595 (596).

Dem Konstruktionsmangel der Vorschrift entsprechen die praktischen Erfahrungen, da sich die wenig konkrete Zweckbindung nicht als taugliches Instrument zur Gewährleistung eines wirtschaftlichen Mitteleinsatzes bewährt hat. Der Bundesbeauftragte spricht sich nicht gegen Versuche aus, die Zweckbindung durch eine Berichtspflicht der Länder zu schärfen. Nach den Erkenntnissen des Bundesrechnungshofes können solche Kontrollinstrumente jedoch im Ergebnis nur geringe Wirkungen entfalten. Alle Verbesserungsversuche im System können zudem nichts daran ändern, dass Art. 106a GG sich als „verfassungspolitischer Fehlgriff"[201] darstellt.

Der Bundesbeauftragte empfiehlt deshalb, die mit dem RegG verbundenen Probleme umfassend zu lösen, indem Art. 106a GG gestrichen wird. Nach der Grundregel des Art. 104a Abs. 1 GG hätten die Länder damit die Kosten der Bereitstellung von Nahverkehrsleistungen zu tragen. Nach dem Prinzip der aufgabengerechten Finanzausstattung müsste dies bei der Festlegung der Ertragsanteile am Steueraufkommen nach Art. 106 GG sowie ggf. beim Finanzausgleich nach Art. 107 GG berücksichtigt werden.[202] Bei dieser Lösung innerhalb der Systematik des Grundgesetzes wäre im Bereich Nahverkehrsleistungen eine vollständige Entflechtung erreicht. Das RegG oder andere Bestimmungen, mit denen das Zusammenwirken von Bund und Ländern „reguliert" werden soll, wären somit entbehrlich.

4.3 Soziales

4.3.1 Grundsicherung für Arbeitsuchende

Kernaussage

Das gegenwärtige System zur Verwaltung und Finanzierung der Grundsicherung für Arbeitsuchende verwischt die Verantwortlichkeiten und schafft Einfallstore für unwirtschaftliches Handeln. Die Vielzahl der beteiligten Ebenen und ungeklärte Befugnisse tragen dazu bei, dass vergleichbare Sachverhalte oft ungleich oder rechtswidrig behandelt werden.

Zum 1. Januar 2005 wurden Arbeitslosenhilfe und Sozialhilfe für erwerbsfähige Personen zu einer staatlichen Fürsorgeleistung – der Grundsicherung für Arbeitsuchende – zusammengeführt. Träger der Einzelleistungen der Grundsicherung sind die Bundesagentur für Arbeit (Bundesagentur) mit ihren Agenturen für Arbeit und die kreisfreien Städte und Kreise (Kommunen).

Zur Gewährung der Leistungen aus einer Hand haben Kommunen und Agenturen für Arbeit 356 sogenannte Arbeitsgemeinschaften errichtet. Aufsicht üben hier die Länder im Benehmen mit dem Bundesministerium für Arbeit und Soziales aus. Daneben hat der Gesetzgeber eine Experimentierklausel vorgesehen. In deren Rahmen wurde 69 Kommunen auf Antrag gestattet, die Grundsicherungsausgaben ganzheitlich

---

[201] So auch das Gesamturteil von *Hidien*, DVBl. 1997, 595 (602).

[202] Dies hält auch *Siekmann* für die systemkonforme Alternative zu Art. 106a GG, vgl. *Siekmann*, in: Sachs, Grundgesetz, Art. 106a Rn. 10.

als Leistungsträger zu übernehmen. Die alleinige Aufsicht liegt in diesen Fällen bei den Ländern.

Der Bund wird im Jahr 2007 voraussichtlich 35,9 Mrd. Euro für Grundsicherungsleistungen aufwenden und ist damit maßgeblicher Finanzierungsträger. Dennoch hat er bei den 69 zugelassenen kommunalen Trägern keine und bei Arbeitsgemeinschaften nur unzureichende Möglichkeiten, die ordnungsgemäße, wirksame und wirtschaftliche Leistungserbringung zu steuern. Die rechtlichen Befugnisse der Agenturen für Arbeit und der Kommunen in den Arbeitsgemeinschaften werden von Bund und Ländern unterschiedlich eingeschätzt. Dies führt zu ungeklärten Machtverhältnissen zwischen Arbeitsgemeinschaften und Trägern sowie der beiden Träger untereinander.

Zahlreiche Versuche des Bundes, die Verwaltungs- und Steuerungsmechanismen zu verbessern, blieben erfolglos. Hierin zeigt sich, dass die festgestellten Mängel im Vollzug überwiegend systemimmanent sind und auf die Verflechtung zwischen den verschiedenen Ebenen zurückgehen.

Der Gesetzgeber hat sich die endgültige Entscheidung über die Aufgabenverteilung bei der Grundsicherung für Arbeitsuchende vorbehalten. Im Rahmen der Experimentierklausel wird deshalb evaluiert, wie sich die Arbeitsgemeinschaften und die zugelassenen kommunalen Träger als Organisationsmodelle bewährt haben. Über das Ergebnis dieser Wirkungsforschung soll das Bundesministerium für Arbeit und Soziales dem Gesetzgeber bis zum 31. Dezember 2008 berichten.

Mit Abschluss der Experimentierphase steht eine gesetzliche Neuentscheidung über die Aufgaben- und Finanzierungsträgerschaft an. Hierbei muss bundesweit eine einheitliche rechtmäßige Entscheidungspraxis über wesentliche Leistungsvoraussetzungen sichergestellt werden. Die jetzt bestehenden Schnittstellen auf der Trägerebene und auf der Ebene der Aufsicht sollten vermieden werden, um komplizierte und fehleranfällige Abstimmungsverfahren zu beseitigen. Auf beiden Ebenen sollten Aufgaben und Kompetenzen möglichst eng mit der Finanzierungszuständigkeit verknüpft sein, um die Eigenverantwortlichkeit der Akteure zu erhöhen. Im Rahmen dieser Eigenverantwortlichkeit können für die Aufgabenerfüllung notwendige, beim Träger gegebenenfalls nicht vorhandene Leistungen eingekauft werden.

4.3.1.1 Zusammenführung von Arbeitslosenhilfe und Sozialhilfe zu einer einheitlichen Leistung

Die von der Bundesregierung im Februar 2002 eingesetzte Kommission „Moderne Dienstleistungen am Arbeitsmarkt“ (sogenannte Hartz-Kommission, im Weiteren: Kommission) hat im August 2002 Empfehlungen für eine umfassende Reform des Arbeitsmarktes und der Arbeitsförderung abgegeben. Sie hat dabei u. a. vorgeschlagen, die Arbeitslosenhilfe und die Sozialhilfe für Erwerbstätige zu einer neuen Leistung „Grundsicherung für Arbeitsuchende“ unter einheitlicher Trägerschaft zusammenzuführen. Das bisherige Nebeneinander von zwei steuerfinanzierten staatlichen Fürsorgeleistungen mit unterschiedlichen Trägern und unterschiedlichen Anlaufstellen für die Hilfesuchenden habe sich als ineffizient, intransparent und wenig bürgerfreundlich erwiesen. Die mangelnde Abstimmung und Verantwortlichkeit zwischen Arbeitsamt (heute Agentur für Arbeit) und Sozialamt habe die Dauer der Vermittlung in Arbeit erhöht. Auch würden Hilfeempfänger zwischen den beiden Systemen verloren gehen. Zudem komme es zu unerwünschten Kostenverschiebungen zwischen den Trägern.

Die vorgeschlagene Zusammenführung der beiden Transfersysteme entsprach auch einem wesentlichen Ergebnis der von der Bundesregierung im März 2002 eingesetzten „Kommission zur Reform der Gemeindefinanzen". Eine von dieser Kommission eingerichtete Arbeitsgruppe „Arbeitslosenhilfe/Sozialhilfe" legte im April 2003 mehrere Modelle der Aufgaben- und Finanzierungsträgerschaft vor, die alle eine schnelle und passgenaue Eingliederung von Leistungsbeziehern in den Arbeitsmarkt zum Ziel hatten.

Bereits zuvor hatten vom damaligen Bundesministerium für Arbeit (heute Bundesministerium für Arbeit und Soziales) geförderte und in den Jahren 2000 bis 2003 in Kooperation mit der damaligen Bundesanstalt für Arbeit (heute Bundesagentur für Arbeit) und den Kommunalen Spitzenverbänden durchgeführte Modellvorhaben praktische Hinweise für eine erfolgreiche Zusammenführung der organisatorischen und fachlichen Ressourcen von Arbeitsämtern und kommunalen Trägern der Sozialhilfe geliefert.[203]

Auf der Basis dieser Empfehlungen legte die Bundesregierung am 1. Oktober 2003 den Entwurf eines „Vierten Gesetzes für moderne Dienstleistungen am Arbeitsmarkt" vor. In den drei vorangegangenen Arbeitsmarktgesetzen hatte sie bereits einen Teil der aus ihrer Sicht für einen nachhaltigen Abbau der Arbeitslosigkeit geeigneten Empfehlungen der Kommission umgesetzt. Der Bundesregierung kam es darauf an, eine einheitliche Aufgaben- und Finanzierungsverantwortung für die in der Grundsicherung für Arbeitsuchende zusammengefassten Leistungen zu schaffen. Diese sollten von der Bundesagentur im Auftrag des Bundes erbracht und vom Bund finanziert werden. Die Beauftragung der Bundesagentur sollte insbesondere „bundesweit die gleichmäßige Anwendung des Rechts für vergleichbare Sachverhalte gewährleisten".[204] Zudem sollten die erwerbsfähigen Hilfebedürftigen durch die Nutzung der fachlichen Kompetenzen der Bundesagentur auf dem Gebiet der Vermittlung und des bundesweiten Netzes besser an den ersten Arbeitsmarkt herangeführt werden.

Die Fraktion der CDU/CSU im Deutschen Bundestag beabsichtigte dagegen mit einem eigenen Gesetzentwurf,[205] die neue Leistung in die Trägerschaft der Kommunen zu überführen. Dieser Vorschlag spiegelte die Auffassung wider, dass langzeitarbeitslose erwerbsfähige Personen häufig mehrere Vermittlungshemmnisse aufweisen. Im Vordergrund stehe damit nicht die Vermittlungstätigkeit, sondern die umfassende soziale Betreuung. Die Kernkompetenz für diese Aufgabe besäßen die Kommunen. Zu-

---

203 Dazu gehörten u. a. gemeinsame Anlaufstellen, die Verbesserung der Personalschlüssel und die intensive maßgeschneiderte Betreuung von erwerbsfähigen Hilfebedürftigen im Rahmen eines Fallmanagements.

204 BT-Drs. 15/1638, S. 2.

205 Entwurf eines Gesetzes zur Sicherung der Existenzgrundlagen vom 08.09.2003, BT-Drs. 15/1523 und 15/1527 sowie BR-Drs. 653/03 und 654/03.

dem versprachen sich die Befürworter dieses Vorschlages durch die dezentrale Trägerschaft und Verantwortung einen Wettbewerb zwischen den 439 Kreisen und kreisfreien Städten um die besten Wiedereingliederungsstrategien für langzeitarbeitslose erwerbsfähige Personen. Die entstehende finanzielle Belastung durch die Übernahme der vom Bund zu tragenden Kosten der früheren Arbeitslosenhilfe und anderer Leistungen sollte den Kommunen über die Länder durch den Bund länderspezifisch erstattet werden.[206] Damit sollte der unterschiedlichen Länderbelastung durch Kosten der Arbeitslosenhilfe entsprochen werden. Diese Auffassung machte sich der Bundesrat zu eigen.[207]

4.3.1.2 Ausgestaltung einer „neuen" Grundsicherung für Arbeitsuchende

Keiner der Vorschläge einer eindeutigen Zuordnung der Trägerschaft – entweder der Bundesagentur oder der Kommunen – ließ sich im Gesetzgebungsverfahren durchsetzen. Im Ergebnis einigten sich die Bundesregierung und die Bundesländer im Vermittlungsverfahren auf eine hiervon gänzlich abweichende Konstruktion. Mit dem Vierten Gesetz für moderne Dienstleistungen am Arbeitsmarkt vom 24. Dezember 2003 wurden die Arbeitslosenhilfe und die Sozialhilfe für Erwerbsfähige im Sozialgesetzbuch (SGB II) zur Grundsicherung für Arbeitsuchende zusammengeführt und die unterschiedlichen Einzelleistungen entweder dem kommunalen Träger oder der Bundesagentur als verantwortlichem Leistungsträger zugewiesen.[208] Zentrale Fragen zur Aufgabenwahrnehmung durch die beiden Leistungsträger wurden noch vor Inkrafttreten der Grundsicherung für Arbeitsuchende zum 1. Januar 2005 durch das Kommunale Optionsgesetz vom 30. Juli 2004 neu gefasst.[209] Danach stellt sich die Struktur der Grundsicherung für Arbeitsuchende wie folgt dar:

4.3.1.2.1 Träger der Grundsicherung für Arbeitsuchende

Träger der Grundsicherung sind die Bundesagentur und die kreisfreien Städte und Kreise (Kommunen). Die Bundesagentur mit ihren Agenturen für Arbeit ist verantwortlich für die Leistungen zum Lebensunterhalt (Arbeitslosengeld II und Sozialgeld) und die Leistungen zur Eingliederung in Arbeit (Arbeitsvermittlung sowie Qualifizierungs- und Beschäftigungsmaßnahmen). Die Kommunen sind insbesondere verantwortlich für die Leistungen für Unterkunft und Heizung sowie die flankierenden Eingliederungsleistungen (wie die Betreuung von Kindern, die häusliche Pflege von Angehörigen, die Schuldnerberatung und die Suchtberatung).

---

206 Entwurf eines Gesetzes zur Änderung des Grundgesetzes (Einfügung des Art. 106b) vom 08.09.2003, BT-Drs. 15/1527.

207 BT-Drs. 15/1638, S. 10.

208 Vgl. BGBl. (2003) I S. 2954.

209 Gesetz zur optionalen Trägerschaft von Kommunen nach dem Zweiten Buch Sozialgesetzbuch (Kommunales Optionsgesetz) vom 30.07.2004, BGBl. I S. 2014.

4.3.1.2.2 Finanzierung der Grundsicherung

Die Kosten der Leistungen sowie die Verwaltungskosten tragen Bund und Kommunen jeweils für diejenigen Leistungen, bei denen sie Leistungsträger sind. Als Ausnahme von diesem Prinzip beteiligt sich der Bund zweckgebunden an den in kommunaler Trägerschaft stehenden Leistungen für Unterkunft und Heizung. Er wollte damit sicherstellen, dass die Kommunen durch das Vierte Gesetz für moderne Dienstleistungen am Arbeitsmarkt unter Berücksichtigung der sich aus ihm ergebenden Einsparungen der Länder um jährlich 2,5 Mrd. Euro entlastet werden. In den Jahren 2005 und 2006 hat er 29,1 % getragen. Ab dem Jahr 2007 beträgt sein Anteil 31,8 %. Er soll in den Folgejahren bis 2010 nach Maßgabe der Entwicklung der Zahl der Bedarfsgemeinschaften angepasst werden.

Die Kostentragung des Bundes ist unabhängig davon, in welcher Organisationsform die Aufgaben der Grundsicherung für Arbeitsuchende wahrgenommen werden.

Die Umsetzung der Grundsicherung für Arbeitsuchende betrifft rund 7 Mio. Anspruchsberechtigte. Da der größte Teil der Leistungen in Trägerschaft der Bundesagentur steht, trägt der Bund den weit überwiegenden Teil der Kosten. Er wird im Jahr 2007 voraussichtlich 35,9 Mrd. Euro für Leistungen der Grundsicherung für Arbeitsuchende aufwenden.

4.3.1.2.3 Organisation der Grundsicherung

(1) Arbeitsgemeinschaften

Um die mit der Zusammenführung von Arbeitslosenhilfe und Sozialhilfe bezweckte Gewährung von „Leistungen aus einer Hand" zu verwirklichen, sieht § 44b Abs. 1 SGB II (als Regelfall) vor, dass die Träger der Leistungen durch privatrechtliche oder öffentlich-rechtliche Verträge „Arbeitsgemeinschaften" errichten. Bei dem Konstrukt „Arbeitsgemeinschaft" handelt es sich um eine neue institutionelle Kooperations- und Verflechtungsstruktur zwischen einer Bundesbehörde (Bundesagentur) und kommunalen Trägern. Die Arbeitsgemeinschaft bildet ein gemeinsames Dach und eine räumliche Zusammenführung der Träger der Grundsicherung für Arbeitsuchende. Sie ist nicht Leistungsträgerin, tritt aber nach außen im Rahmen eines gesetzlichen Auftragsverhältnisses für die „dahinter stehenden" beiden Leistungsträger (Agentur für Arbeit und kommunaler Träger) auf. Die Administrierung und Steuerung der Aufgabenwahrnehmung in den Arbeitsgemeinschaften sollen der getrennten Aufgaben- und Finanzierungsträgerschaft folgen. Der Geschäftsführer vertritt die Arbeitsgemeinschaft nach außen. Wichtigstes Organ ist die Trägerversammlung. Hier verfügen beide Leistungsträger – ungeachtet des Umfanges der Aufgaben- und Finanzierungsverantwortung – über die gleiche Anzahl an Stimmen. Die Agenturen für Arbeit und die Kommunen hatten bis Mitte des Jahres 2007 356 Arbeitsgemeinschaften errichtet.

(2) Zugelassene kommunale Träger und getrennte Aufgabenwahrnehmung

Durch das Kommunale Optionsgesetz wurde es 69 Kommunen auf deren Antrag im Wege einer Experimentierklausel gestattet, anstelle der Agenturen für Arbeit ganzheitlich die Aufgaben der Grundsicherung für Arbeitsuchende als zuständige Leistungsträgerin zu übernehmen. Die Experimentierklausel dient insbesondere der „Erprobung (...) alternativer Modelle der Eingliederung von Arbeitsuchenden im Wettbewerb zu den Eingliederungsmaßnahmen der Agenturen für Arbeit" (§ 6a Abs. 1 S. 2 SGB II).

Im Bereich von 19 Agenturen für Arbeit und Kommunen, die sich nicht auf eine Zusammenarbeit in den Arbeitsgemeinschaften verständigen konnten, erbringen die Agenturen für Arbeit und die Kommunen die Aufgaben getrennt.

4.3.1.2.4 Aufsicht

Die Bundesagentur unterliegt im Bereich der Grundsicherung der Rechts- und Fachaufsicht des Bundesministeriums für Arbeit und Soziales. Die Aufsicht über die Arbeitsgemeinschaften führt die zuständige oberste Landesbehörde im Benehmen mit dem Bundesministerium.

Die Aufsicht über die zugelassenen kommunalen Träger obliegt den zuständigen Landesbehörden.

4.3.1.2.5 Experimentierklausel und Wirkungsforschung

Die gesetzlich vorgeschriebene Evaluation der Experimentierklausel zielt darauf ab, die Durchführung der Grundsicherung für Arbeitsuchende im Wettbewerb durch die verschiedenen Organisationsformen (zugelassene kommunale Träger und Arbeitsgemeinschaften) zu beobachten, ihre Wirkung zu analysieren und Ursachen für Wirkungszusammenhänge herauszuarbeiten. Die zentrale Aufgabe besteht darin, mittels einer mikroökonometrischen Effektivitäts- und Effizienzanalyse zu untersuchen, welches der Modelle die Ziele des Gesetzes besser und kostengünstiger erreicht und welche Faktoren hierfür im Einzelnen ausschlaggebend sind. Gegenstand der Untersuchung sind auch gesamtwirtschaftliche Effekte. Dabei stehen einerseits die Analyse arbeitsmarkt-, struktur- und sozialpolitischer Effekte und andererseits die Evaluation von Verdrängungs-, Mitnahme- und Substitutionseffekten im Vordergrund.

Das Bundesministerium für Arbeit und Soziales soll den gesetzgebenden Körperschaften des Bundes bis zum 31. Dezember 2008 über die Erfahrungen mit der Experimentierklausel berichten. Im Koalitionsvertrag vom 11. November 2005 haben Union und SPD vereinbart, die geltenden gesetzlichen Regelungen für zugelassene kommunale Träger bei unterschiedlichen Bewertungen und Schlussfolgerungen der Koalitionspartner im Rahmen der Evaluation nach dem 31. Dezember 2010 um weitere drei Jahre zu verlängern.

4.3.1.3 Prüfungsfeststellungen des Bundesrechnungshofes

Die oben beschriebene Ausgestaltung des Verwaltungs- und Finanzierungssystems bei der Grundsicherung für Arbeitsuchende hat nach den Prüfungsfeststellungen des Bundesrechnungshofes zu vielfältigen dysfunktionalen Effekten geführt, die

- eine gleichmäßige Anwendung des Rechts für vergleichbare Sachverhalte erschwerten,
- eine gezielte Steuerung und Aufsicht des Bundes als Finanzierungsträger bei Arbeitsgemeinschaften behinderten und bei zugelassenen kommunalen Trägern unmöglich machten,
- die Verantwortlichkeiten der beteiligten Ebenen verwischten und
- unzureichende Anreize für wirtschaftliches Handeln setzten.

(1) So wurden wesentliche Tatbestandsvoraussetzungen und der Förderumfang zahlreicher Leistungen der Grundsicherung für Arbeitsuchende uneinheitlich und zum Teil rechtswidrig ausgelegt. Bei arbeitsmarktpolitischen Eingliederungsleistungen führte dies zu Mitnahmeeffekten, die sich oft wettbewerbsverzerrend auswirkten. Der Integrationserfolg arbeitsmarktpolitischer Instrumente wurde dadurch geschwächt. Gleichzeitig waren die Chancen auf Teilhabe an arbeitsmarktpolitischen Maßnahmen – unabhängig von den unterschiedlichen regionalen Arbeitsmarktverhältnissen – bundesweit ungleich ausgeprägt.

Arbeitsmarktpolitische Maßnahmen wurden vielfach nicht im Wettbewerb vergeben. Dadurch und durch die fehlende Vernetzung der Arbeitsgemeinschaften und zugelassenen kommunalen Träger mangelte es bei der Beschaffung von Eingliederungsmaßnahmen an Vergleichsmöglichkeiten von Preisen und Inhalten.

Nach den Prüfungsfeststellungen des Bundesrechnungshofes sind die ungleiche Behandlung der Leistungsempfänger und der unwirtschaftliche, in Teilen rechtswidrige Einsatz von Bundesmitteln auch auf Bearbeitungsmängel unzureichend geschulter Mitarbeiter und Anlaufschwierigkeiten zurückzuführen. Wesentliche Defizite sind jedoch Organisations- und Steuerungsmängeln in den organisatorischen Konstrukten zuzuschreiben.

Maßgebliches Entscheidungsgremium der Arbeitsgemeinschaften sind die Trägerversammlungen. In diesen verfügen die Agenturen für Arbeit und die Kommunen über die gleiche Anzahl an Stimmen, obwohl der Bund die meisten Leistungen finanziert. In vielen Trägerversammlungen kam es schon frühzeitig zu Differenzen zwischen den Agenturen für Arbeit und den Kommunen. Gegenstand waren wichtige geschäftspolitische Entscheidungen, z. B. über Förderschwerpunkte bei Eingliederungsleistungen, die Mittelverwendung oder allgemeine fachliche Weisungen zur Aufgabenerledigung. Wegen der Pattsituation in den Trägerversammlungen spitzte sich der Kompetenzstreit zu.

Um die Befugnisse von Kommunen und Bundesagentur in den Arbeitsgemeinschaften eindeutig zu bestimmen, schlossen das Bundesministerium für Arbeit und Soziales, die Bundesagentur und kommunale Spitzenverbände im August 2005 eine Rahmenvereinbarung.[210] Danach können die Kommunen die Führung der Arbeitsgemeinschaften übernehmen. Verzichten sie ausdrücklich darauf, übernehmen die Arbeitsagenturen die Führung.

Zudem definiert die Rahmenvereinbarung die fachlichen Einflussmöglichkeiten der Bundesagentur neu und weist ihr die sogenannte Gewährleistungsverantwortung zu. Danach hat sie die Rechtmäßigkeit der Leistungserbringung und Mittelverwendung sowie das Erreichen gemeinsam mit dem Bundesministerium vereinbarter Ziele sicherzustellen. Die Arbeitsgemeinschaften haben demgegenüber die sogenannte Umsetzungsverantwortung. Sie gestalten weitgehend eigenständig die konkrete Umsetzung der Leistungen vor Ort und können selbstständig Maßnahmen zur Zielerreichung festlegen.

Der Bundesrechnungshof hat in seinen Bemerkungen des Jahres 2006 darauf hingewiesen, dass die Rahmenvereinbarung als „organisatorische Reparaturmaßnahme" das System weiter kompliziert hat.[211] Das einer Verwaltungsebene eingeräumte Wahlrecht, ob sie bei einer bestimmten Aufgabe führend tätig sein möchte oder nicht, ist in der deutschen Verwaltungspraxis ungewöhnlich, wenn nicht einzigartig.

Nach Auffassung des Bundesbeauftragten werden die Arbeitsgemeinschaften als Organisationsmodell nicht verbessert, indem die Kommunen die Möglichkeit erhalten, dort die Führung zu übernehmen. Auch dann fallen die Zuständigkeiten für die Verwaltung und die Finanzierung auseinander. Die Interessenlage der Beteiligten lässt es nicht erwarten, dass die Finanzmittel des Bundes in Zukunft wirtschaftlich eingesetzt werden.

Auch die neu eingeführte Differenzierung zwischen Gewährleistungsverantwortung und Umsetzungsverantwortung verwischt die Verantwortlichkeiten weiter und trägt zur Rechtsunsicherheit der Beteiligten bei. Obwohl die Bundesebene die rechtmäßige und wirtschaftliche Mittelverwendung sowie die gleichmäßige Rechtsanwendung für vergleichbare Sachverhalte sicherstellen soll, hat sie keine ausreichenden Weisungsrechte gegenüber der operativen Verwaltung. Es ist zudem zweifelhaft, ob die Ausgestaltung der Steuerung über Ziele zu einem besseren Mitteleinsatz führt. Nach den Prüfungsfeststellungen des Bundesrechnungshofes werden Zielkriterien häufig ungenau und wenig sachgerecht festgelegt. Zudem hat die Bundesagentur für Arbeit keine Möglichkeit, bundesweite Ziele in den Arbeitsgemeinschaften durchzusetzen.

(2) Nach den Feststellungen des Bundesrechnungshofes setzen sich die Organisationsmängel der Vollzugsebene im Bereich der Aufsicht fort.[212]

Die Aufsicht über die Arbeitsgemeinschaften führen die zuständigen obersten Landesbehörden im Benehmen mit dem Bundesministerium für Arbeit und Soziales.[213]

---

[210] Rahmenvereinbarung zur Weiterentwicklung der Grundsätze der Zusammenarbeit der Träger der Grundsicherung in den Arbeitsgemeinschaften vom 01.08.2005.

[211] Bemerkungen des Bundesrechnungshofes 2006, BT-Drs. 16/3200, Nr. 3.5.2.

[212] Bemerkungen des Bundesrechnungshofes 2006, BT-Drs. 16/3200, Nr. 3.5.3.

[213] § 44b Abs. 3 S. 4 SGB II.

Daneben besteht die Fach- und Rechtsaufsicht des Bundesministeriums für Arbeit und Soziales über die Bundesagentur für Arbeit.[214] Diese ist aber über ihre Agenturen für Arbeit nicht nur Gesellschafterin der Arbeitsgemeinschaften, sondern soll als Leistungsträgerin – wie zuvor dargestellt – auch den rechtmäßigen und wirtschaftlichen Mitteleinsatz gewährleisten.

Nach Auffassung des Bundesbeauftragten ist diese Aufspaltung nicht sachgerecht. Die Funktion der Aufsicht besteht darin, Konfliktfälle einer eindeutigen Entscheidung zuzuführen, eine einheitliche Verfahrensweise sicherzustellen und die Letztverantwortung zuzuweisen. Bei einer Teilung der Aufsichtsfunktionen ist dies nicht gewährleistet. Zudem gibt es keine wirksamen Vorkehrungen für den Konfliktfall, dass zwischen Bund und Land keine Einigung über ein aufsichtsbehördliches Einschreiten erzielt werden kann.

(3) Nach den Feststellungen des Bundesrechnungshofes sind auch in der Organisationsvariante der zugelassenen kommunalen Träger Steuerungsprobleme angelegt.[215]

Die Aufsicht über die zugelassenen kommunalen Träger obliegt den zuständigen Landesbehörden.[216] Da die Bundesländer – mit Ausnahme von Bayern – die Aufgaben der Grundsicherung für Arbeitsuchende den zugelassenen kommunalen Trägern als pflichtige Selbstaufgaben übertragen haben, üben die Landesministerien überwiegend nur die Rechtsaufsicht aus, haben aber keine Möglichkeit, fachaufsichtliche Weisungen zu erteilen. Der Bund hat keine unmittelbaren Steuerungsmöglichkeiten, obwohl er die Kosten der Grundsicherung für Arbeitsuchende trägt, soweit es sich nicht um originäre kommunale Aufgaben handelt. Für die zugelassenen kommunalen Träger bestehen nur geringe Anreize, die Aufgaben mit einem sparsamen Mitteleinsatz zu erledigen.

Zur Sicherstellung einer ordnungsgemäßen und wirtschaftlichen Mittelverwendung hat der Bund mit den zugelassenen kommunalen Trägern Verwaltungsvereinbarungen getroffen. Die fehlenden Einflussmöglichkeiten können dadurch aber nicht überwunden werden. Der Bundesrechnungshof hat wiederholt festgestellt, dass die zugelassenen kommunalen Träger und die Arbeitsgemeinschaften Eingliederungs- und Geldleistungen nach unterschiedlichen Maßstäben gewähren. Er führt dies auch auf die unterschiedliche Aufsicht im Bereich der Grundsicherung zurück. Die Länder stimmen sich bei ihrer Aufsicht über die zugelassenen kommunalen Träger nicht mit dem Bund ab und haben wenig eigenes finanzielles Interesse an einer wirtschaftlichen Arbeit der zugelassenen kommunalen Träger.

(4) Die Prüfungen des Bundesrechnungshofes haben außerdem aufgezeigt, dass das bisherige Abrechnungsverfahren der Verwaltungskosten hohen Verwaltungs- und Kontrollaufwand verursachte. Es war nicht auszuschließen, dass der Bund für Verwaltungs-

---

214 § 47 Abs. 1 S. 1 SGB II.

215 Bemerkungen des Bundesrechnungshofes 2006, BT-Drs. 16/3200, Nr. 3.5.3.

216 § 47 Abs. 1 S. 3 SGB II.

kosten der Grundsicherungsträger mehrfach in Anspruch genommen wurde. Der Grund hierfür lag in der fehlenden Transparenz über die von der Bundesagentur und von den Kommunen abgerechneten Verwaltungskosten. Hinzu kam, dass Verwaltungskosten nebeneinander pauschal und spitz abgerechnet werden konnten. Eine eindeutige Zuordnung war oft nicht möglich.

Die in den Arbeitsgemeinschaften vertretenen Kommunen und die zugelassenen kommunalen Träger akzeptierten überwiegend nicht die vom Bundesministerium angebotene Pauschale für den sogenannten kommunalen Finanzierungsanteil in Höhe von 12,6 %. Sie brachten überwiegend einen deutlich geringeren kommunalen Finanzierungsanteil ohne entsprechende Nachweise in Abzug. Der Bund trat somit für originäre kommunale Leistungen in Vorleistung.

(5) Der Bund hat mit einer Vielzahl von Verwaltungsmaßnahmen versucht, die Kontroll- und Steuerungsmechanismen zu verbessern (z. B. durch ein Rollenpapier über Inhalte und Umsetzung der Gewährleistungs- und Umsetzungsverantwortung in den Arbeitsgemeinschaften und die Einrichtung von Prüfgruppen beim Bundesministerium für Arbeit und Soziales). Nach den Prüfungsfeststellungen des Bundesrechnungshofes lassen sich dadurch zwar Bearbeitungsmängel vermindern; jedoch erhöht sich der Verwaltungsaufwand, ohne dass die aufgezeigten strukturellen Mängel beseitigt werden.

Mit dem Rollenpapier haben das Bundesministerium für Arbeit und Soziales und die Bundesagentur zudem den Versuch unternommen, ihre Befugnisse in den Arbeitsgemeinschaften klarzustellen. Danach könnte das Bundesministerium für Arbeit und Soziales die Bundesagentur anweisen, durch ihre Agenturen für Arbeit die Befugnisse als Auftraggeber in einem gesetzlichen Auftragsverhältnis gegenüber den Arbeitsgemeinschaften auszuüben. Die Agenturen für Arbeit könnten die Arbeitsgemeinschaften an ihre Auffassung binden und hätten einen Anspruch auf Auskunftserteilung (§ 44b Abs. 3 S. 1 SGB II, §§ 93, 89 Abs. 3, 5 SGB X). Soweit kommunale Leistungen betroffen sind, stünden entsprechende Befugnisse den kommunalen Trägern zu.

Das Bundesministerium für Arbeit und Soziales hat das Rollenpapier den zuständigen Länderministerinnen und Länderministern übersandt. Die Länder teilen die dem Rollenpapier zugrunde liegenden Positionen nicht und haben in einer gemeinsamen Stellungnahme die Auffassung des Bundesministeriums abgelehnt.

4.3.1.4 Rahmenbedingungen für eine Neuordnung der Grundsicherung

Mit der Einrichtung von Arbeitsgemeinschaften und der Zulassung von kommunalen Trägern hat der Bund sich nicht an den Verwaltungstypen des Grundgesetzes orientiert.[217] Es wurde zudem ein Konstrukt geschaffen, das nach Komplexität und Ausmaß der Verflechtung zwischen verschiedenen Ebenen weit über die bisherige Staatspraxis hinausgeht.

---

217 Allgemein zu den Verwaltungstypen vgl. Tz. 2.3 und *Anhang I*.

Der Gesetzgeber war sich der Komplexität und des Ausmaßes der Verflechtung zwischen den unterschiedlichen Beteiligten bewusst. Er hat sich deshalb die endgültige Entscheidung über die Aufgaben- und Finanzierungsträgerschaft der Grundsicherung für Arbeitsuchende vorbehalten. Die Wirkungsforschung zur Experimentierklausel (§ 6c SGB II) soll die dazu notwendige Grundlage schaffen.[218]

Es bleibt abzuwarten, ob die Wirkungsforschung (auf der Basis einer tiefgehenden Analyse der Struktur und der Arbeitsmarktnähe der erwerbsfähigen Hilfebedürftigen) eindeutige Wirkungszusammenhänge zwischen der Organisation und den Kosten und Erfolgen der Aktivierungs- und Integrationsarbeit aufzeigen kann, die eine, auch politisch durchsetzbare, Entscheidung über eine künftig ungeteilte Trägerschaft der Grundsicherung für Arbeitsuchende ermöglichen.

In jedem Fall sollte der Gesetzgeber die aufgezeigten dysfunktionalen Effekte beseitigen und hierbei folgende Prämissen berücksichtigen:

- Die Grundsicherung für Arbeitsuchende sichert derzeit den Lebensunterhalt von rund 7 Mio. Menschen. Sie hat zentrale Bedeutung für die Herstellung gleichwertiger Lebensverhältnisse und die Wahrung der Rechts- und Wirtschaftseinheit in der Bundesrepublik Deutschland. Dies und der Grundsatz der Gesetzmäßigkeit der Verwaltung erfordern eine einheitliche gesetzmäßige Rechtsanwendung. Über die für die konkrete Leistungsgewährung wesentlichen Merkmale muss bundesweit einheitlich rechtmäßig entschieden werden.
- Aufgaben und Kompetenzen des Leistungsträgers oder der Leistungsträger sowie der Aufsicht führenden Stelle(n) sollten möglichst eng mit der Finanzierungszuständigkeit verknüpft sein, um die Eigenverantwortlichkeit der Akteure zu erhöhen. Schnittstellen zwischen verschiedenen Trägern im Verwaltungsvollzug und verzahnte oder gemeinsame Zuständigkeiten bei der Aufsicht sollten vermieden werden. Soweit zur Aufgabenwahrnehmung beim Träger oder bei den Trägern nicht vorhandene Ressourcen benötigt werden, sollten diese im Wege der Beauftragung beschafft werden. Anders als beim jetzigen Kooperationsmodell der Arbeitsgemeinschaft, in der sich gleichberechtigte Gesellschafter mit oft widerstreitenden Interessen begegnen, können im Auftragswege Kompetenzen „eingekauft" und damit gebündelt werden, ohne die klar definierte Verantwortung des Trägers oder der Träger zu unterbrechen. Komplizierte und fehleranfällige Abstimmungs- und Verwaltungsverfahren können so beseitigt und Einfallstore unwirtschaftlichen Handelns reduziert werden.

---

[218] Das Instrument der Arbeitsgemeinschaften ist zudem Gegenstand von kommunalen Verfassungsbeschwerden, die demnächst zur Entscheidung anstehen (2 BvR 2433/04, 2 BvR 2434/04). Mit der Entscheidung des Bundesverfassungsgerichts kann sich damit die Notwendigkeit ergeben, die Organisation der Grundsicherung für Arbeitsuchende zur reformieren, bevor die Ergebnisse der Wirkungsforschung Ende des Jahres 2008 vorliegen.

4.3.2 Leistungsgesetze

Kernaussage

Die Länder führen Leistungsgesetze des Bundes als eigene Angelegenheiten (z. B. Opferentschädigungsgesetz, Bundesversorgungsgesetz) oder in dessen Auftrag (z. B. Soldatenversorgungsgesetz) aus. Bund und Länder finanzieren teilweise anteilig die Ausgaben für die Leistungen (Zweckausgaben); teilweise finanziert der Bund die Zweckausgaben alleine. Die Länder tragen darüber hinaus die mit dem Gesetzesvollzug entstehenden Verwaltungsausgaben. Schwachstellen bei der Durchführung der Gesetze durch die Länder führen zu vermeidbaren Belastungen der Haushalte des Bundes und der Länder. Der Bund kann sein Interesse an einem gesetzeskonformen Vollzug nicht wirksam durch eine verstärkte Einflussnahme auf die Länder wahrnehmen. Insbesondere sind die dem Bund nach dem Grundgesetz eingeräumten Aufsichtsbefugnisse nicht dafür vorgesehen, eine flächendeckende Kontrolle des Gesetzesvollzugs durch die Länder sicherzustellen.

Der Bundesbeauftragte spricht sich dafür aus, bei den Leistungsgesetzen Aufgaben- und Finanzierungsverantwortung auf einer staatlichen Ebene zusammenzuführen. Dieser Lösungsansatz würde den mit der Trennung beider Verantwortungsbereiche bedingten systemimmanenten Interessengegensatz aufheben und entspräche der von den Grundsätzen der Subsidiarität und der Transparenz geforderten Entflechtung der Aufgabenverteilung auf unterschiedliche staatliche Ebenen. Die klare eigenverantwortliche Zuordnung von Aufgaben bedingt zudem eine verbesserte demokratische Legitimation hoheitlicher Tätigkeit für den Bürger.

4.3.2.1 Soziales Entschädigungsrecht

Fehlerhafte Entscheidungen der Länder bei der Ausführung der Leistungsgesetze im Bereich der Sozialen Entschädigung gehen finanziell zu Lasten des Bundes, ohne dass dieser dem unmittelbar begegnen kann. Künftig sollte die Aufgaben- und Finanzierungsverantwortung grundsätzlich bei den Ländern liegen.

4.3.2.1.1 Regelungssystem

Das Soziale Entschädigungsrecht regelt die Versorgung bei Gesundheitsschäden, für deren Folgen die staatliche Gemeinschaft nach versorgungsrechtlichen Grundsätzen einzustehen hat. Es umfasst Maßnahmen zur Erhaltung, Besserung und Wiederherstellung der Gesundheit und der Leistungsfähigkeit, sowie eine angemessene wirtschaftliche Versorgung des Geschädigten und seiner Hinterbliebenen (§ 5 Sozialgesetzbuch – SGB I).

Grundlegend ist das Bundesversorgungsgesetz[219], das die Ansprüche der Kriegsopfer und ihrer Hinterbliebenen regelt. Das Leistungsspektrum sieht Heil- und Kranken-

---

219 I. d. F. der Bekanntmachung vom 22.06.1982 (BGBl. I S. 21), zuletzt geändert durch die

behandlung (z. B. ärztliche Behandlung, Heilmittel, Kuren), Rentenleistungen und ergänzend Leistungen der Kriegsopferfürsorge (z. B. Hilfe zur Pflege, ergänzende Hilfe zum Lebensunterhalt, Erziehungsbeihilfe) vor. Die anderen Gesetze des Sozialen Entschädigungsrechts, das

- Häftlingshilfegesetz[220]
- Opferentschädigungsgesetz[221]
- Strafrechtliche Rehabilitierungsgesetz[222]
- Verwaltungsrechtliche Rehabilitierungsgesetz[223]
- Soldatenversorgungsgesetz[224]
- Zivildienstgesetz[225]

enthalten als sog. Nebengesetze zwar eigenständige Tatbestandsvoraussetzungen. Inhalt und Umfang der Leistungen bestimmen sich aber nach dem Bundesversorgungsgesetz.[226]

Die Finanzierungsanteile des Bundes an den Ausgaben für die Leistungen nach dem Bundesversorgungsgesetz und den Nebengesetzen reichen von 40 % bis zu 100 % (Zweckausgaben). Der Soll-Ansatz für Leistungen aus dem Bundeshaushalt für Kriegsopferversorgung und gleichartige Leistungen nach den Nebengesetzen beläuft sich im Haushaltsjahr 2007 auf rund 2,6 Mrd. Euro. Für das Haushaltsjahr 2008 sind laut Regierungsentwurf rund 2,3 Mrd. Euro vorgesehen.[227]

Die Länder führen die Gesetze entweder als eigene Angelegenheit (Art. 83, 84 GG) oder in Form der Auftragsverwaltung (Art. 85 GG) aus. Sie tragen die mit der Durchführung der Gesetze verbundenen Verwaltungsausgaben. Das Bundesministerium für Arbeit und Soziales (Bundesministerium) nimmt die Aufsichtrechte des Bundes über die Ausführung der Gesetze durch die Länder nach Art. 84 und 85 GG wahr.[228]

4.3.2.1.2 Schwachstellen beim Gesetzesvollzug

Der Bundesrechnungshof hat bei seinen Prüfungen fehlerhafte Entscheidungen der Länder bei der Ausführung der Leistungsgesetze im Bereich der Sozialen Entschädi-

---

Verordnung vom 14.06.2007 (BGBl. I S. 1115).

220 I. d. F. der Bekanntmachung vom 02.06.1993 (BGBl. I S. 838), zuletzt geändert durch Art. 3 des Gesetzes vom 16.05.2007 (BGBl. I S. 748).

221 I. d. F. der Bekanntmachung vom 07.01.1985 (BGBl. I S. 1), zuletzt geändert durch Art. 2 des Gesetzes vom 19.06.2006 (BGBl. I S. 1305).

222 I. d. F. der Bekanntmachung vom 17.12.1999 (BGBl. I S. 2664), zuletzt geändert durch Art. 1 des Gesetzes vom 03.08.2005 (BGBl. I S. 2266).

223 I. d. F. der Bekanntmachung vom 01.07.1997 (BGBl. I S. 1620), zuletzt geändert durch Art. 2 des Gesetzes vom 22.12.2003 (BGBl. I S. 2834).

224 I. d. F. der Bekanntmachung vom 09.04.2002 (BGBl. I S. 1258, 1909), zuletzt geändert durch Art. 10 des Gesetzes vom 20.07.2006 (BGBl. I S. 1706).

225 I. d. F. der Bekanntmachung vom 17.05.2005 (BGBl. I S. 1346), zuletzt geändert durch Art. 4 Abs. 3 des Gesetzes vom 17.12.2006 (BGBl. I S. 3171).

226 Einzelheiten zu den Gesetzen ergeben sich aus *Anhang VI*.

227 Epl. 11, Kapitel 1110.

228 Vgl. zu diesen im Einzelnen *Anhang V*.

gung festgestellt, die im Verhältnis der Finanzierungsanteile den Bundeshaushalt belasten:

- Die Versorgungsverwaltungen der Länder bewilligten zu großzügig Badekuren in den Kureinrichtungen „ihres“ Landes, um die Einrichtungen auszulasten.
- Die Versorgungsverwaltungen der Länder prüften die Voraussetzungen für Leistungen der Kriegsopferfürsorge, die der Bund zu 80 % finanziert, nicht hinreichend sorgfältig.
- Ein Land nutzte die Möglichkeit, einen Vorschuss für Leistungen beim Bund abzurufen, obwohl die Voraussetzungen dafür nicht gegeben waren.
- Ein Land verbuchte Einnahmen aus Erstattungen jahrelang zugunsten des Landeshaushaltes, ohne den Bundesanteil abzuführen.
- Die Kosten der Geltendmachung und Durchsetzung von Erstattungsansprüchen wegen zu Unrecht erbrachter Leistungen tragen die Länder, die Einnahmen stehen aber teilweise dem Bund zu. Länder setzten die Forderungen nicht immer mit dem nötigen Nachdruck durch.
- Der Bund erstattet den Ländern 40 % der nach dem Opferentschädigungsgesetz zu gewährenden Geldleistungen. Sachleistungen finanzieren die Länder alleine. Mehrere Länder stuften entgegen einem anderslautenden Rundschreiben des Bundesministeriums bestimmte Sachleistungen als Geldleistungen ein und nahmen dafür die Erstattung des Bundes in Anspruch. Entsprechendes stellte der Bundesrechnungshof auch beim Verwaltungsrechtlichen Rehabilitierungsgesetz fest.

4.3.2.1.3 Ebenenverflechtung als Ursache

Die Aufteilung von Aufgaben- und Finanzierungskompetenz führt zu einem Auseinanderfallen der Interessenlage zwischen der mit dem Vollzug betrauten Landesebene und der für die teilweise oder vollständige Finanzierung der Zweckausgaben zuständigen Bundesebene. Die Länder, die die Verwaltungsausgaben für den Vollzug tragen und für den Bund Aufgaben wahrnehmen, stehen zwischen der Pflicht zu ordnungsgemäßem und dem Bestreben nach länderschonendem Gesetzesvollzug. Diese in ihrem Kern nicht aufhebbare Interessenüberlagerung kennzeichnet sowohl die Auftragsverwaltung als auch die landeseigene Verwaltung bei der Ausführung von durch den Bund mitfinanzierten Maßnahmen.

Zur Durchsetzung seiner Interessen greift das für die Aufsicht zuständige Bundesministerium beim Vollzug des Sozialen Entschädigungsrechts in der Praxis überwiegend auf die Instrumente der informellen Kooperation zurück. Unstimmigkeiten und Auslegungsspielräume zu den einzelnen Gesetzestatbeständen werden in den zuständigen Bund-Länder-Koordinationsgremien erörtert und die Ergebnisse als allgemeine Empfehlungen in Rundschreiben vom Bundesministerium den durchführenden Landesstellen an die Hand gegeben.[229] Der Abstimmungsaufwand für die Formulierung

[229] Z. B. http://www.bmas.bund.de/BMAS/Navigation/Soziale-Sicherung/Soziale-

der Empfehlungen mit den Ländern ist erheblich; die fehlende Bindungswirkung macht die Kontrolle ihrer Einhaltung durch den Bund in Wahrnehmung seiner Rechts- und Fachaufsicht (Art. 84 Abs. 3, 85 Abs. 4 GG) schwierig.

Auch eine verstärkte Nutzung des vom Grundgesetz vorgesehenen Steuerungs- und Kontrollinstrumentariums wird die Vollzugsprobleme kaum lösen können. Der Erlass von Verwaltungsvorschriften durch den Bund (Art. 84 Abs. 2, 85 Abs. 2 GG) hat nicht zu einer durchgreifenden Besserung geführt. Die Rechtsaufsicht des Bundes nach Art. 84 Abs. 3 GG ist keine dauerhaft begleitende Rechtmäßigkeitskontrolle, sondern nur zulässig, wenn konkrete Anhaltspunkte für einen Rechtsverstoß vorliegen.[230] Zwar ermöglicht das Instrument der Weisung bei der Auftragsverwaltung (Art. 85 Abs. 3 GG) dem Bund weitgehende Einwirkungsmöglichkeiten auf die Recht- und Zweckmäßigkeit der Ausführung. Auch die Weisungs- und die daran anknüpfenden Aufsichtsbefugnisse, von denen in der Praxis bisher nur zurückhaltend Gebrauch gemacht wurde,[231] sind auf einzelfallbezogene Sachverhalte begrenzt[232] und nicht dazu gedacht, eine flächendeckende Kontrolle des Gesetzesvollzugs der Länder durch den Bund sicherzustellen.[233] Schließlich schwächen die eingeschränkten Sanktionsmöglichkeiten bei der Durchsetzung von Aufsichtsmaßnahmen die Position des Bundes gegenüber den Ländern, insbesondere solange die Haftung für eine ordnungsgemäße Verwaltung nach Art. 104a Abs. 5 S. 1 GG auf Vorsatz und allenfalls grobe Fahrlässigkeit beschränkt bleibt.[234]

Insgesamt sind die Steuerungs- und Kontrollmöglichkeiten nicht geeignet, einen Gesetzesvollzug sicherzustellen, der die berechtigten finanziellen Interessen des Bundes wahrt und zusätzlichen Verwaltungsaufwand vermeidet. Die Verflechtung des Verwaltungsvollzuges auf mehreren Ebenen und die Verlagerung von Teilen der Vollzugssteuerung in ebenenübergreifende Konsensgremien erschweren zudem die Zurechenbarkeit für den Erfolg oder Misserfolg des Verwaltungshandelns und widersprechen damit den verfassungsrechtlich verankerten Grundsätzen der Transparenz und der Demokratie.

4.3.2.1.4 Entflechtungsoptionen

Die negativen Auswirkungen der vorgefundenen Verflechtung auf den Verwaltungsvollzug lassen sich aus der Sicht des Bundesbeauftragten auflösen, indem die Trennung von Verwaltungs- und Finanzverantwortung zwischen Bund und Ländern

---

Entschaedigung/rundschreiben-2007.html.

230 *Pieroth*, in: Jarass/Pieroth, Grundgesetz, Art. 84 Rn. 13.

231 *Dittmann*, in: Sachs, Grundgesetz, Art. 85 Rn. 36.

232 *Trute*, in: v. Mangoldt/Klein/Starck, GG III, 5. Aufl., Art. 85 Rn. 23.

233 Zum Streitstand, ob in der Auftragsverwaltung auch allgemeine Weisungen zulässig sind, vgl. *Anhang I* (Tz. 3.3.2).

234 *Hellermann*, in: v. Mangoldt/Klein/Starck, GG III, 5. Aufl., Art. 104a Rn. 216 mit weiteren Nachweisen.

aufgehoben wird. Entscheidungen würden die Verantwortlichen unmittelbar belasten, die die Finanzierungslast nicht übertragen könnten.

(1) Die Finanzierungszuständigkeit bei der Sozialen Entschädigung sollte grundsätzlich auf die Länder übergehen und mit der Zuständigkeit für die Durchführung der Gesetze verbunden werden. Die Länder würden die Verwaltungs- und die Zweckausgaben tragen, was eine gleichlaufende Interessenausrichtung bei der Wahrnehmung der Aufgaben gewährleistete. Dieser Entflechtungsansatz würde der im Grundgesetz angelegten funktionellen Trennung von Gesetzgebung und Verwaltungsvollzug entsprechen (Art. 70, 83 GG). Aus dem Grundgesetz ergibt sich keine Verpflichtung zur Mitfinanzierung des Bundes bei Geldleistungen, die von den Ländern ausgeführt werden; Art. 104a Abs. 3 S. 1 GG ist ausdrücklich als Kann-Bestimmung formuliert. Die Einstellung der finanziellen Beteiligung des Bundes bedeutete vielmehr die Rückkehr zu dem finanzverfassungsmäßigen Grundsatz, wonach Bund und Länder gesondert die Ausgaben tragen, die sich aus der Wahrnehmung ihrer Aufgaben ergeben (Art. 104a Abs. 1 GG).

Die eigenverantwortliche Wahrnehmung von Aufgaben durch eine staatliche Ebene ohne Störungen durch wahrzunehmende fremdbestimmte Interessenausrichtungen entspricht dem staatsrechtlichen Ordnungsmerkmal der Subsidiarität. Für den Bürger ermöglicht die klare Zuordnung von Verantwortlichkeiten eine demokratische Legitimation des Verwaltungsvollzugs.

Für die Länder erhöhte sich zudem der Entscheidungsspielraum bei der Ausführung der Gesetze. Insgesamt entfielen auch der Verwaltungs- und Kontrollaufwand bei der Abrechnung des Bundesanteils und die damit verbundenen Fehlerquellen. Der Ausgleich für die Übernahme des bisherigen Bundesanteils an den Zweckausgaben durch die Länder wäre durch eine aufgabenadäquate Finanzausstattung sicherzustellen. Diese ließe sich z. B. über eine „Kopfpauschale“ berechnen.[235]

Diese Lösung wäre hinsichtlich der Kriegsfolgelasten nach dem Bundesversorgungsgesetz auch mit dem Regelungszweck des Art. 120 Abs. 1 S. 1 GG vereinbar. Der Forderung, dass der Bund die Aufwendungen für Kriegsfolgelasten trägt, liegt der Gedanke zugrunde, dass die Finanzierung der Kriegsfolgelasten als Aufgabe des Gesamtstaates eine bundesstaatliche Lastenverteilung erfordert, die eine zu starke Belastung der Länder, die überdurchschnittlich von Kriegsfolgen betroffen sind, vermeidet.[236] Den Ländern sollen aus der Lastentragung durch den Bund keine finanzwirt-

---

[235] Bei der Bemessung dieses Betrages wäre zu berücksichtigen, dass die Anzahl der Leistungsempfänger nach dem Bundesversorgungsgesetz abnimmt und damit der finanzielle Ausgleich jährlich neu zu bestimmen ist. Dazu könnte man für einen repräsentativen Zeitraum der Vergangenheit anhand der Zahlen der Leistungsempfänger und der tatsächlichen Leistungsausgaben des Bundes eine „Kopfpauschale“ ermitteln, die mit der Zahl der Leistungsempfänger multipliziert wird.

[236] *Siekmann*, in: Sachs, Grundgesetz, Art. 120 Rn. 4; *Schaefer*, in: von Münch/Kunig, Grundgesetz, Art. 120 Rn. 2; *Muckel*, in: v. Mangoldt/Klein/Starck, GG III, 5. Aufl., Art. 120 Rn. 7.

schaftlichen Vorteile erwachsen.[237] Daher werden die aus Art. 120 GG resultierenden Ausgaben des Bundes bei der Verteilung der Steuereinnahmen auf Bund und Länder berücksichtigt.[238] Damit ist zum Ausdruck gebracht, dass das Finanzierungsgefüge zwischen Bund und Ländern in seiner Gesamtheit zu betrachten ist. Hält man die Lösung der Übertragung der Finanzverantwortung verbunden mit einer aufgabenadäquaten Finanzausstattung wegen des ausdrücklichen Vorbehalts einer besonderen bundesgesetzlichen Regelung in der geltenden Fassung des Art. 120 Abs. 1 GG nicht für gangbar,[239] wäre eine Anpassung dieser Vorschrift möglich, ohne ihrem Grundgedanken zu widersprechen.

(2) Wegen des engen Sachzusammenhangs mit vergleichbaren Regelungsmaterien empfiehlt sich, die Bearbeitung der Ansprüche auf Versorgungsleistungen nach dem Soldatenversorgungsgesetz[240] und dem Zivildienstgesetz[241] in die bestehenden Strukturen der Bundeswehr- und der Zivildienstverwaltung einzufügen.

Der Bundesrechnungshof hat festgestellt, dass die Bundeswehrverwaltung sich wegen militärischer Geheimhaltungspflichten bisweilen außerstande sieht, der Versorgungsverwaltung der Länder die Informationen zu geben, die diese benötigt, um Entscheidungen über die Versorgung der im Einsatz geschädigten ehemaligen Soldaten nach dem Soldatenversorgungsgesetz zu treffen. Solche Vollzugsprobleme ließen sich durch die Zusammenführung der Zuständigkeiten für die Entscheidung bei der Bundeswehrverwaltung beheben. Bereits nach der geltenden Rechtslage werden Ansprüche der Soldaten auf Versorgungsleistungen während der aktiven Dienstzeit von Amts wegen von der Bundeswehrverwaltung umgesetzt; erst nach Beendigung des Wehrdienstverhältnisses werden die Versorgungsbehörden der Länder im Auftrag des Bundes tätig.[242] Mit der Übertragung der Zuständigkeit für die Versorgungsleistungen nach dem Soldatenversorgungsgesetz insgesamt würde auf die Bundeswehrverwaltung im Kern keine neue Aufgabe zukommen. Auch stellt sich die Frage, inwieweit das derzeit geteilte Verwaltungsverfahren wegen der Einbindung verschiedener Verwaltungszuständigkeiten auf unterschiedlichen Ebenen zu einem vermehrten Abstimmungsaufwand führt[243]. Insgesamt würden sich mit einer Konzentration der Zuständigkeit auf der Ebene des Bundes die Ziele der gesetzlichen Regelung effizienter erreichen lassen. Diese Lösung orientiert sich damit an der von dem Grundsatz der Subsidiarität getra-

---

237 *Muckel*, in: v. Mangoldt/Klein/Starck, GG III, 5. Aufl., Art. 120 Rn. 7; *Schaefer*, in: von Münch/Kunig, Grundgesetz, Art. 120 Rn. 2.

238 *Siekmann*, in: Sachs, Grundgesetz, Art. 120 Rn. 10; *Muckel*, in: v. Mangoldt/Klein/Starck, GG III, 5. Aufl., Art. 120 Rn. 7.

239 *Axer*, in: Friauf/Höfling, Berliner Kommentar, Art. 120 Rn. 17; so wohl BVerfGE 9, 305 (317 f.).

240 I. d. F. der Bekanntmachung vom 09.04.2002 (BGBl. I S. 1258, 1909), zuletzt geändert durch Art. 10 des Gesetzes vom 20.07.2006 (BGBl. I S. 1706).

241 I. d. F. der Bekanntmachung vom 17.05.2005 (BGBl. I S. 1346), zuletzt geändert durch Art. 4 Abs. 23 des Gesetzes vom 17.12.2006 (BGBl. I S. 3171).

242 § 88 Abs. 1 Soldatenversorgungsgesetz.

243 So bereits Kleine Anfrage BT-Drs. 14/3421, S. 15.

genen Wertung. Die Zusammenführung von Fach- und Finanzverantwortung vermeidet zudem eine Aufspaltung der Interessenausrichtung bei der Aufgabenwahrnehmung.

Vergleichbare Erwägungen gelten für die Versorgung von Zivildienstleistenden. Das Bundesamt für den Zivildienst ist bereits für Fürsorge- und Betreuungsangelegenheiten der Zivildienstleistenden zuständig. Die Bearbeitung der Versorgungsansprüche nach dem Zivildienstgesetz würde sich in dieses Aufgabenspektrum einfügen und eine Bereitstellung der Leistungen gegenüber dem Zivildienstleistenden „aus einer Hand" ermöglichen.

Insgesamt empfiehlt sich die Konzentration der Aufgabenwahrnehmung auf wenige Stellen innerhalb der Bundesverwaltung auch wegen der rückläufigen Zahl der Wehr- und Zivildienstleistenden.[244]

Der Bund würde neben den Ausgaben für die Leistungsgewährung, die er bereits vollständig trägt, zusätzlich die Verwaltungsausgaben übernehmen. Inwieweit dafür eine aufgabenadäquate Finanzausstattung zu berücksichtigen ist, wäre zu prüfen. Die Übertragung der Verwaltungszuständigkeit auf die Bundesverwaltung[245] ließe sich nach Art. 87b Abs. 2 GG durch einfaches Gesetz vollziehen, das der Zustimmung des Bundesrates bedarf. Eine Änderung des Grundgesetzes wäre nicht erforderlich.

4.3.2.2 Unterhaltsvorschussgesetz

In den Ländern sind die Jugendämter der Kommunen für das Unterhaltsvorschussgesetz zuständig. Der Bundesrechnungshof hat festgestellt, dass die Jugendämter über Jahre hinweg den Rückgriff gegenüber Unterhaltspflichtigen vernachlässigt haben. Dadurch sind Bund und Ländern Einnahmen in dreistelliger Millionenhöhe entgangen. An den Gesamtausgaben nach dem Unterhaltsvorschussgesetz von rund 800 Mio. Euro jährlich beteiligt sich der Bund mit einem Drittel. Von den eingezogenen Beträgen erhält er ebenfalls ein Drittel, rund 50 Mio. Euro jährlich. Der Bund hat in der Praxis keinen Einfluss auf den Verwaltungsvollzug der Länder. Er sollte die Mitfinanzierung beim Unterhaltsvorschussgesetz beenden und den Finanzierungsanteil des Bundes bei der Finanzausstattung der Länder berücksichtigen.

4.3.2.2.1 Regelungssystem

Das Gesetz zur Sicherung des Unterhalts von Kindern alleinstehender Mütter und Väter durch Unterhaltsvorschüsse oder -ausfallleistungen (Unterhaltsvorschussgesetz - UVG)[246] hat das Ziel, finanziellen Notlagen alleinstehender Elternteile und ihrer Kinder zu begegnen. Für den Fall, dass der familienferne Elternteil sich den Zahlungsver-

---

244 Wehrdienst: 144.647 (2000), 68.428 (2005), Quelle: www.bundeswehr.de.
Zivildienst : 119.445 (2000), 68.392 (2005), Quelle: www.zivildienst.de.

245 Vgl. für das Bundesamt für den Zivildienst: BT-Drs. 34 vom 30.11.1957 (Begründung zu § 1 Zivildienstgesetz).

246 Vom 23.06.1973 (BGBl. I S. 1184), zuletzt geändert durch Art. 4 des Gesetzes vom 13.12.2006 (BGBl. I S. 2915).

pflichtungen gegenüber einem unterhaltsberechtigten Kind entzieht oder zur Zahlung ganz oder teilweise nicht in der Lage ist, erhält das unterhaltsberechtigte Kind einen Unterhaltsvorschuss aus öffentlichen Mitteln. Anspruchsberechtigt sind Kinder unter 12 Jahre für die Dauer von längstens 72 Monaten. Da die vom Staat übernommene Unterhaltszahlung den familienfernen unterhaltspflichtigen Elternteil nicht entlasten soll, geht der Anspruch in Höhe der Unterhaltsleistung auf das Land über.[247] Das Land hat die Ansprüche rechtzeitig und vollständig gegenüber dem Unterhaltspflichtigen nach den Bestimmungen des Haushaltsrechts durchzusetzen.[248] Da sich die Unterhaltspflicht nach der Leistungsfähigkeit richtet, hat das Land diese anhand der Nachweise über die Einkommens- und Vermögensverhältnisse des Unterhaltspflichtigen zu prüfen, den Anspruch geltend zu machen und – gegebenenfalls zwangsweise – durchzusetzen (sog. Rückgriff). Ist kein Rückgriff möglich, handelt es sich um eine Ausfallleistung, die der Staat vollständig übernehmen muss.

Der Bund trägt ein Drittel der Zweckausgaben nach dem UVG und ist ebenfalls zu einem Drittel an den Einnahmen aus dem Rückgriff beteiligt. Elf Länder haben von der Möglichkeit Gebrauch gemacht, den auf sie entfallenden Finanzierungsanteil und die Einnahmen aus Rückgriffen zwischen sich und den Gemeinden aufzuteilen.[249]

Die Länder führen das Gesetz als eigene Angelegenheit aus und haben die Durchführung des UVG den Jugendämtern der Gemeinden (Unterhaltsvorschussstelle) übertragen. Die mit der Durchführung des Gesetzes verbundenen Verwaltungsausgaben tragen die Gemeinden. Das Bundesministerium für Familie, Senioren, Frauen und Jugend (Bundesministerium) übt für den Bund nach Art. 84 Abs. 3 GG die Rechtsaufsicht über die Länder aus.

4.3.2.2.2 Schwachstellen beim Gesetzesvollzug

Während die Ist-Ausgaben für die Leistungen nach dem UVG in den Jahren 2000 bis 2006 von rund 695 Mio. Euro auf rund 853 Mio. Euro gestiegen sind, gingen die Einnahmen aus der Heranziehung Unterhaltspflichtiger in demselben Zeitraum von rund 156 Mio. Euro auf rund 148 Mio. Euro zurück. Nur rund 21 % der jährlichen Ausgaben fließen als Einnahmen an Bund und Länder zurück.[250] In den vergangenen Jahren hat sich die Rückgriffsquote für den Bundeshaushalt wie folgt entwickelt:

247 § 7 Abs. 1 UVG.
248 § 7 Abs. 3 S. 1 UVG.
249 § 8 Abs. 1 S. 2 UVG.
250 Vgl. auch: *Helmke*, FPR 2005, 483 (485 f.).

Jahr	Ausgabe Bund (Ist) in Mio. Euro[251]	Einnahme Bund (Ist) in Mio. Euro[252]	Belastung Bund (netto) in Mio. Euro	Rückgriffs-quote in %
2000	251 587	54 486	197 101	21,6
2001	231 583	52 060	179 523	22,5
2002	226 457	50 940	175 517	22,5
2003	245 165	51 105	194 060	20,8
2004	264 244	54 345	209 899	20,6
2005	268 330	52 433	215 897	19,5
2006	284 350	49 178	235 172	17,2

Nur ein Teil der Ausfälle ist darauf zurückzuführen, dass der Unterhaltsschuldner leistungsunfähig und deshalb die Voraussetzungen für einen Rückgriff nicht gegeben waren. Der Bundesrechnungshof stellte in den vergangenen Jahren bei ausgewählten kommunalen Unterhaltsvorschussstellen zum Teil gravierende Mängel und Versäumnisse bei der Heranziehung Unterhaltspflichtiger fest. Die Prüfungserkenntnisse der Landesrechnungshöfe unterstützen diesen Befund.[253]

Die Unterhaltsvorschussstellen versäumten es häufig, die auf das Land übergegangenen Ansprüche unverzüglich und vollständig gegenüber den Unterhaltspflichtigen geltend zu machen und durchzusetzen. In mehreren tausend Fällen, bei denen das Jugendamt die Zahlung an das Kind bereits vor Jahren eingestellt hatte, war mit der Bearbeitung der Rückgriffsfälle noch nicht begonnen worden. Zahlungsaufforderungen und Mahnungen an Unterhaltspflichtige wurden nicht überwacht und wegen fehlender Wiedervorlagetermine nicht weiter verfolgt. Verjährungen wurden hierbei in Kauf genommen. Es fehlten aktuelle Übersichten über die Anzahl und die Höhe der Rückgriffsfälle. In Fällen, in denen der Unterhaltspflichtige im Ausland lebt, verzichtete die Hälfte der geprüften Stellen von vornherein auf die notwendigen Maßnahmen, um die Unterhaltsansprüche zu verfolgen und durchzusetzen. Die Stellen gaben an, der Rückgriff gegenüber den Unterhaltspflichtigen im Ausland sei zu aufwendig und lohne sich im Vergleich zu den möglicherweise zu erzielenden Einnahmen nicht. Wegen fehlender Sachkompetenz sind die Stellen der oft schwierigen Rechtsverfolgung im Ausland nicht gewachsen.

Der Bundesrechnungshof hat wiederholt die unzureichende Rückgriffsbearbeitung kritisiert, die zur weiteren Folge hat, dass sich die Unterhaltspflichtigen ihrer Rückzah-

251 Kapitel 1710, Titel 632 07.
252 Kapitel 1710, Titel 232 07.
253 Landesrechnungshof Nordrhein-Westfalen, Jahresbericht 2007, S. 276 ff.; Bayerischer Oberster Rechnungshof, Jahresbericht 2006, S. 130 ff.; Rechnungshof des Freistaates Sachsen, Jahresbericht 2004, S. 343 ff.; Rechnungshof des Saarlandes, Jahresbericht 2004, S. 72 ff.; Niedersächsischer Landesrechnungshof, Jahresbericht 2001, S. 79 ff.

lungspflicht und damit ihrer Unterhaltsverpflichtung ohne Schwierigkeiten entziehen können. Einzelbeispiele engagierter Jugendämter zeigen, dass die Einnahmen spürbar erhöht werden können, wenn die Jugendämter die Ansprüche gegenüber den Unterhaltspflichtigen schnell und konsequent geltend machen.

4.3.2.2.3 Ebenenverflechtung als Ursache

Auch beim Vollzug des UVG stoßen die Möglichkeiten des Bundes, seine finanziellen Interessen zu wahren, an ihre Grenzen. In der Praxis verständigt sich das Bundesministerium mit den Ländern auf der Ebene informeller Kooperation. Nicht zuletzt die fehlende Bindungswirkung erschwert es dem Bund, die Einhaltung der einvernehmlich getroffenen Auslegungs- und Verfahrensregelungen zu kontrollieren. Nachdem der Bund seinen Finanzierungsanteil[254] auf ein Drittel der Ausgaben für die Leistungen nach dem UVG reduziert hat und die Länder das Gesetz als eigene Angelegenheit ausführen (Art. 104a Abs. 3 S. 2 GG), steht dem Bund nur noch das Instrumentarium der Rechtsaufsicht zur Verfügung. Hinzu kommt, dass der Gesetzesvollzug letztlich von den Kommunen wahrgenommen wird und die Länder diesen gegenüber auf die Rechts- und Fachaufsicht beschränkt sind. Vorgaben der Länder an die Kommunen zu Art und Umfang der Personal- und Sachausstattung sind nicht möglich. Dem Bund verbleiben damit nur eng begrenzte Möglichkeiten, auf Entscheidungen einzuwirken, die ihn finanziell belasten.

Die Einschätzung des Bundesministeriums, das sich durch die Mitfinanzierung des Bundes in seiner Stellung bei der zielgerichteten Durchführung des Gesetzes gegenüber den Ländern gestärkt sieht und deshalb die Mitfinanzierung des Bundes aufrechterhalten will, ist nicht überzeugend. Die Mitfinanzierung des Bundes bietet den Ländern keinen Anreiz, die festgestellten Defizite beim Gesetzesvollzug zu beseitigen. Vor dem Hintergrund der begrenzten Einwirkungsmöglichkeiten des Bundes ist auch nicht ersichtlich, wie eine finanzielle Beteiligung des Bundes seine Stellung bei der zielgerechten Ausführung des Gesetzes stärken kann.

Die bestehende Verflechtung von drei staatlichen Ebenen beim Vollzug des UVG bedingt zudem einen erheblichen Verwaltungsaufwand. Bund, Länder und Kommunen tragen Verantwortung für die Planung, Bereitstellung und Abrechnung der Ausgaben und Einnahmen für die jeweiligen Finanzierungsebenen, einschließlich der kassentechnischen Abwicklung zum Teil über mehrere Buchungs- und Zahlstellen. Hinzu kommt der Aufwand für Abstimmung, Steuerung und Kontrolle zwischen den Unterhaltsvorschussstellen, den zuständigen Landesdienststellen und dem Bundesministerium einschließlich der Abstimmung von Auslegungshinweisen in den Bund-Länder-Besprechungen.

Die Prozesse sind intransparent und die Verantwortungsbereiche beim Gesetzesvollzug lassen sich für den Antragsteller nicht einer Ebene klar zurechnen. Dies führt

[254] Gesetz zur Änderung des Wohngeldgesetzes und anderer Gesetze vom 22.12.1999 (BGBl. I S. 2671).

letztlich zu einem Defizit an demokratischer Legitimation hoheitlichen Handelns für den Bürger.

4.3.2.2.4 Entflechtungsoptionen

Die mit dem Auseinanderfallen von Aufgaben- und Finanzierungsverantwortung verbundenen Probleme zeigen sich beispielhaft an den festgestellten Defiziten in der Rückgriffsbearbeitung. Durch die mit der Finanzierung verknüpfte Rückgriffsbearbeitung ist die Bundesebene an einem effizienten Verwaltungsvollzug interessiert, ohne diesen nachhaltig steuern und kontrollieren zu können. Die Kommunen, denen die Aufgabenwahrnehmung nach dem UVG von den Ländern übertragen wurde, haben ein Interesse daran, den Vollzugsaufwand so gering wie möglich zu halten. Das Auseinanderfallen von Aufgaben- und Finanzierungskompetenz verstärkt diesen Effekt. Auf diesen Zusammenhang haben auch die Landesrechnungshöfe hingewiesen.[255] Vor diesem Hintergrund haben die Länder überwiegend[256] die mit der Neufassung des UVG[257] verbundene Möglichkeit genutzt, die Kommunen in die Finanzierungsverantwortung einzubinden, damit die Kommunen dieses bisher nicht vorhandene, eigene Interesse an den Ausgaben und Einnahmen entwickeln und die Rückgriffsbearbeitung verbessern.[258]

Die Trennung der Verwaltungs- und Finanzverantwortung zwischen Bund und Ländern sollte deshalb aufgehoben und bei aufgabenadäquater Finanzausstattung bei den Ländern zusammengeführt werden. Da die Länder das UVG bereits jetzt als eigene Angelegenheit ausführen und die Fachaufsicht über den Vollzug des Gesetzes ausüben, wäre es folgerichtig und wirtschaftlich sinnvoll, ihnen auch die volle Finanzierungsverantwortung für die Leistungen nach dem UVG zu übertragen. Verantwortlichkeiten würden transparent zurechenbar dort konzentriert, wo die Aufgaben wahrgenommen werden.

Die Ziele des UVG könnten ausreichend erreicht werden, wenn die Aufgabenwahrnehmung alleine bei den Ländern läge. Nach dem Grundsatz der Subsidiarität lässt sich dann die Intervention und Ingerenz der höheren Ebene nicht rechtfertigen. Vielmehr ergibt sich auch daraus die Forderung, die Aufgabe insgesamt eigenverantwort-

---

[255] Vgl. insbesondere Niedersächsischer Landesrechnungshof, Jahresbericht 2001, S. 79 ff. (81 f.).

[256] Vgl. Gesetze zur Ausführung des Unterhaltsvorschussgesetzes, z. B. Bremische Bürgerschaft Drs. 15/718 vom 16.05.2001, S. 1.

[257] BT-Drs. 14/1523 vom 31.08.1999 (Art. 4: Änderung des Unterhaltsvorschussgesetzes, Begründung hierzu auf S. 171).

[258] Diese Neuerung hat sich allerdings noch nicht flächendeckend durchgesetzt. Eine spürbare Verbesserung des Verwaltungsvollzuges in den Ländern, in denen die Kommunen an den Rückeinnahmen beteiligt sind, ist bisher noch nicht erkennbar. Nach den Prüfungserkenntnissen des Bundesrechnungshofes herrscht bei den Jugendämtern immer noch die irrige Vorstellung, nur der Bund und die Länder erhielten die Einnahmen.

lich von den Ländern wahrnehmen zu lassen und damit die durch eine Verflechtung verursachten Fehlanreize zwischen den staatlichen Ebenen zu vermeiden.

4.3.2.3 Unterhaltssicherungsgesetz

Vollzugsdefizite beim Unterhaltssicherungsgesetz stehen in einem unmittelbaren Zusammenhang mit einer zersplitterten, nicht systemgerechten Aufteilung der Bearbeitung in den Ländern. Der Gesetzesvollzug sollte in die bestehenden Verwaltungsstrukturen des Bundes eingefügt werden.

4.3.2.3.1 Regelungssystem

Wer seinen Grundwehrdienst ableistet, eine Wehrübung absolviert, an einer besonderen Auslandsverwendung teilnimmt oder Zivildienst leistet, soll dadurch keinen unzumutbaren wirtschaftlichen Schaden erleiden. Das Gesetz über die Sicherung des Unterhalts der zum Wehrdienst einberufenen Wehrpflichtigen und ihrer Angehörigen (Unterhaltssicherungsgesetz - USG)[259] gibt daher diesen Personengruppen einen Rechtsanspruch auf besondere finanzielle Hilfen zur Sicherung ihres Lebensbedarfs während der Wehrpflicht- oder Zivildienstzeit.

Der Bund trägt die Ausgaben nach dem USG zu 100 %. Im Haushaltsjahr 2007 sind dafür rund 79 Mio. Euro im Bundeshaushalt veranschlagt.[260]

Die Länder führen das USG im Auftrag des Bundes durch (Art. 85 GG).[261] Das Bundesministerium der Verteidigung und das Bundesministerium für Familie, Senioren, Frauen und Jugend nehmen nach Art. 85 Abs. 4 GG die Aufsichtsbefugnisse über den Vollzug der Regelung für die Bereiche Wehr- und Zivildienst wahr. Die Länder tragen die mit der Durchführung des Gesetzes verbundenen Verwaltungsausgaben.

Insgesamt sind in den Ländern 509 Unterhaltssicherungsstellen für das USG zuständig. In den dreizehn Flächenländern nehmen die Landkreise, kreisfreien Städte und größeren kreisangehörigen Städte die Aufgaben nach dem USG wahr. In Berlin, Bremen und Hamburg sind die Zuständigkeiten auf wenige Stellen konzentriert. In Berlin führen drei Bezirksämter das USG aus[262]. In Bremen ist das Amt für Soziale Dienste zuständig. Das Land Hamburg hat die Bearbeitung im Jahr 2005 von sechzehn unterschiedlichen Stellen auf eine Unterhaltssicherungsbehörde konzentriert. In Rheinland-

---

259 I. d. F. der Bekanntmachung vom 20.02.2002 (BGBl. I S. 972), zuletzt geändert durch Art. 6 des Gesetzes vom 22.04.2005 (BGBl. I S. 1106).

260 Kapitel 1403 Titel 681 72 (Soll: 60 Mio. Euro); Kapitel 1704 Titel 681 31 (Soll: 18,6 Mio. Euro).

261 § 17 Abs. 1 USG.

262 § 3 der Verordnung über die Zuständigkeit für die Wahrnehmung von einzelnen Bezirksaufgaben durch einen Bezirk oder mehrere Bezirke im Bereich der Aufstiegsfortbildungsförderung, der Sozialhilfe und der Unterhaltssicherung (ZustVOArbSoz) vom 12.12.2003.

Pfalz ist seit mehreren Jahren beabsichtigt, den Vollzug des USG den vier Landesämtern für soziale Angelegenheiten zu übertragen, um dadurch eine Konzentrationswirkung zu erzielen. Neben der unterschiedlichen Behördenzugehörigkeit sind die Unterhaltssicherungsstellen innerhalb der Behörden selbst unterschiedlichen Organisationseinheiten zugeordnet. Die Bandbreite reicht vom Sozialamt, über das Amt für soziale Sonderaufgaben bis hin zum Einwohnermeldeamt.

4.3.2.3.2 Schwachstellen beim Gesetzesvollzug

Der Bundesrechnungshof hat den Verwaltungsvollzug der Unterhaltssicherungsbehörden querschnittlich untersucht und eine Fehlerquote von rund 39 % bei der Antragsbearbeitung festgestellt. Überzahlungen gehen zulasten des Bundeshaushalts, der die Leistungen nach dem USG zu 100 % finanziert.

Die Anspruchsvoraussetzungen wurden nicht oder nur unzureichend nachgewiesen. Die Unterhaltssicherungsbehörden klärten offene Fragen oder erläuterungsbedürftige Angaben der Antragsteller nicht. Sie verzichteten z. B. darauf, dass die amtlichen Vordrucke der Vermieterbescheinigungen vorgelegt und die Mietnebenkosten nachgewiesen wurden. Bei einem Wohnungswechsel vor dem Dienstantritt bewilligten sie Mietbeihilfe in Höhe der beantragten Aufwendungen, ohne ausreichend geprüft zu haben, ob die Antragsteller vor dem Dienstantritt mindestens sechs Monate durchgängig alleinstehend und Mieter von Wohnraum waren (Sechs-Monats-Klausel). Unterhaltssicherungsbehörden erstatteten Zahlungen der Antragsteller an Dritte, z. B. an Energieversorgungsunternehmen, ohne sich die Zahlung nachweisen zu lassen.

Die Unterhaltssicherungsbehörden hatten teilweise nur lückenhafte Kenntnisse der anzuwendenden Verwaltungsvorschriften mit der Folge, dass sie

- die Bemessungsgrundlagen für die Berechnung von Leistungen zur Unterhaltssicherung nicht oder nicht richtig ermittelten,
- die Vorschrift zur tageweisen Berechnung der Leistung nicht beachteten oder falsch anwendeten,
- die Berechnungsvorschrift der Mitbenutzung des Wohnraums nicht beachteten oder falsch anwendeten,
- teilweise die Einleitung eines Ordnungswidrigkeitenverfahrens gegen Leistungsempfänger, die leistungserhebliche Änderungen nicht oder nicht rechtzeitig angezeigt hatten, nicht prüften, weil dieser Sanktionsmechanismus nicht bekannt war.

Rückforderungsansprüche wurden nicht konsequent genug durchgesetzt. Vollstreckungsverfahren bei festgesetzten Rückforderungen wurden verspätet eingeleitet.

Neben individuellen Bearbeitungsfehlern erklären sich die Vollzugsdefizite insbesondere aus organisatorischen Schwachstellen. Dabei lässt sich ein direkter Zusammenhang zwischen den Bearbeitungsmängeln, fehlender Bearbeitungsroutine und der Anzahl der zu bearbeitenden Vorgänge herstellen. Die Ergebnisse einer Prüfung von 48 Unterhaltssicherungsstellen im Jahre 2004 zeigen, dass die Fehlerquote ansteigt, je weniger Anträge bearbeitet werden. Bei 44 der geprüften Stellen war ein Bearbeiter mit durchschnittlich 25 Fällen jährlich befasst und die Fehlerquote lag bei 44,5 %. Dagegen konnte bei vier Stellen mit einer Bearbeitungsdichte von durchschnittlich 255 Fällen jährlich eine Fehlerquote von nur 4,5 % festgestellt werden.

Fehler treten auch dann häufiger auf, wenn die Bearbeiter nicht nur für das USG, sondern für andere Gesetze zuständig sind. Bleiben die zu bearbeitenden Fallzahlen gering, erlangen die Bearbeiter nicht die fachlichen Kenntnisse und damit die Sicherheit in der Rechtsanwendung, die für eine fehlerfreie Bearbeitung erforderlich sind. Auch fehlt es in diesen Behörden an kompetenten Ansprechpartnern für schwierige Einzelfälle. Die Konzentration der Bearbeitung in wenigen Unterhaltssicherungsbehörden hat zur Folge, dass sich die Qualität der Bearbeitung deutlich positiv von den übrigen Unterhaltssicherungsbehörden abhebt.

4.3.2.3.3 Konzentration auf Länderebene

Die festgestellten Fehler könnten teilweise vermieden werden, wenn die Zuständigkeiten in den Ländern konzentriert würden. Der Bund hätte die Möglichkeit, durch Bundesgesetz mit Zustimmung des Bundesrates (Art. 85 Abs. 1 GG) die Einrichtung der Behörden in den Ländern zu regeln, was auch die Befugnis der Zuweisung von Zuständigkeiten umfasst.[263] Damit könnte eine Konzentration der Bearbeitung in den Ländern durch Bundesgesetz geschaffen werden mit dem Ergebnis, dass die kommunale Verwaltungsebene entfiele. Der durch Abstimmung, Steuerung und Kontrolle verursachte Vollzugsaufwand ließe sich verringern.

Unverändert bestehen blieben bei diesem Modell die fehlenden Aufsichts- und Kontrollmechanismen für den Bund in einem verflochtenen Mehrebenensystem und die nicht gleichgerichtete Interessenlage bei getrennter Verwaltungs- und Finanzverantwortung.

4.3.2.3.4 Entflechtungsoptionen

Eine Lösung der Vollzugsdefizite sollte auch hier an der Trennung der Verantwortlichkeiten ansetzen und die Verwaltungs- und Finanzverantwortung auf einer Ebene zusammenführen. Im Fall des USG sollte der Bund, der die Leistungen bereits vollständig finanziert, auch den Gesetzesvollzug übernehmen. Er könnte dann die Bearbeitung so organisieren, dass sich erforderliche Bearbeitungsroutinen und notwendiges Spezialwissen bilden können und damit Fehlerquellen reduziert werden. Die eingeschränkten Einwirkungs- und Kontrollmöglichkeiten des Bundes wären behoben. Dieses klare Votum für die ausnahmsweise Übertragung der Aufgabe auf die höhere Ebene des Bundes lässt sich nach dem Grundsatz der Subsidiarität unter folgenden Gesichtspunkten rechtfertigen.

Die gegenwärtige Verteilung des Verwaltungsvollzuges beim USG erklärt sich aus Bedingungen, die in dieser Form heute nicht mehr gegeben sind. Mit der Gründung der

[263] *Dittmann*; in: Sachs, Grundgesetz, Art. 84 Rn. 7; *Heitsch*, Die Ausführung der Bundesgesetze durch die Länder, S. 190.

Bundeswehr und dem Erlass des USG im Jahre 1957 hat der Gesetzgeber den Verwaltungsvollzug den Ländern übertragen, die – anders als die in Gründung befindliche Bundeswehr – bereits über Verwaltungsstrukturen verfügten und damit zweckmäßig an bereits bestehende Verwaltungstraditionen angeknüpft.[264] Inzwischen verfügen die Bundeswehr und die für die Zivildienstleistenden und ihre Angehörigen zuständigen Stellen des Bundes über einen Verwaltungsapparat, in den sich die Aufgaben nach dem USG einfügen ließen.

Ursprünglich sollte die unterste Verwaltungsebene mit dem Vollzug betraut werden, "weil die örtliche Behörde die wirtschaftlichen Verhältnisse des Wehrpflichtigen und seiner Familienangehörigen am besten beurteilen kann.“[265] Vor dem Hintergrund der beispielhaft genannten Prüfungserkenntnisse des Bundesrechnungshofes zu der Bearbeitungstiefe der für die Leistungsbegründung relevanten wirtschaftlichen Verhältnisse der Antragsteller ist fraglich, inwieweit die Vorteile der Ortsnähe als Argument für eine Länderzuständigkeit tragen. USG-Leistungen konzentrieren sich heute auch ganz überwiegend auf die Mietbeihilfe und die Verdienstausfallentschädigung für Wehrdienst- und Zivildienstleistende.[266] Direkte Leistungen an Familienangehörige, z. B. allgemeine Leistungen an die Ehefrauen von Wehrdienst- und Zivildienstleistenden oder Beihilfen bei der Geburt eines Kindes, werden kaum noch gewährt. Auch diese Entwicklung zeigt, dass es nicht mehr erforderlich ist, eine Verwaltungsstruktur vor Ort vorzuhalten.

Unter Berücksichtigung der Forderung nach effektiven Verwaltungsstrukturen fällt vielmehr ins Gewicht, dass die für die Bearbeitung von USG-Anträgen erforderlichen Daten mit dienstlichem Bezug (z. B. Entlassung aus dem Zivildienst, Ernennung zum Zeitsoldaten, Einberufung und Entlassung eines Wehrpflichtigen)[267] bei den zuständigen Stellen der Bundeswehrverwaltung bzw. des Bundesamtes für Zivildienst vorliegen. Die Vollzugsaufgabe steht teilweise in einem engen Sachzusammenhang mit Fürsorge- und Betreuungsangelegenheiten der Wehr- und Zivildienstleistenden (z. B. Wehrsold, Reisekostenvergütung, Familienheimfahrten), die bei der Bundeswehrverwaltung bzw. dem Bundesamt für den Zivildienst ausgeführt werden. Insgesamt erscheint für die Ansprüche nach dem USG die Bearbeitung der Leistungen aus „einer Hand“ für einen effizienten, fehlerfreien und damit zugleich auch kundenorientierten Verwaltungsvollzug angeraten. Auch für die Bearbeitung des USG gilt, dass die Konzentration auf wenige Stellen innerhalb der Bundesverwaltung die rückläufige Entwicklung bei der Einberufungspraxis im Wehr- und Zivildienst nachzeichnen würde.[268]

---

[264] BT-Drs. 3210 vom 19.02.1957, S. 17 (Begründung zu § 17 USG).

[265] BT-Drs. 3210 vom 19.02.1957, S. 17 (Begründung zu § 17 USG).

[266] Die Ausgaben für Mietbeihilfe und Verdienstausfallentschädigung betrugen im Epl. 14 (Wehrdienst) im Jahre 2006 bei Gesamtausgaben von rd. 58 Mio. Euro rd. 52,3 Mio. Euro. Im Epl. 17 (Zivildienst) liegen die Ausgaben für die Mietbeihilfe bei 18,5 Mio. Euro bei einem Gesamtansatz von 19,3 Mio. Euro.

[267] § 20 Abs. 5 USG.

[268] Wehrdienst: 144.647 (2000), 68.428 (2005), Quelle: www.bundeswehr.de.
Zivildienst : 119.445 (2000), 68.392 (2005), Quelle: www.zivildienst.de.

Für die Wehrdienstleistenden könnte die USG-Bearbeitung bei den bundesweit vertretenen Bundeswehr-Dienstleitungszentren der Territorialen Wehrverwaltung angesiedelt werden. Das Bundesamt für den Zivildienst, das für den Zivildienst als Bundesoberbehörde zuständig ist, hat u. a. die Verwaltung der Geld- und Sachbezüge der Zivildienstleistenden auf Zivildienstgruppen und Verwaltungsstellen übertragen, die ebenfalls regional vertreten sind und die Aufgaben nach dem USG übernehmen könnten.

Die zusätzlich für den Bund entstehenden Verwaltungsausgaben wären durch eine aufgabenadäquate Finanzausstattung auszugleichen. Eine Aussage zur Höhe dieser Ausgaben ist zurzeit wegen fehlender statistischer Angaben nicht möglich. Ein Teil dieser Ausgaben könnte sich jedenfalls dadurch refinanzieren, dass durch eine verbesserte Bearbeitungsqualität Fehlzahlungen vermieden würden. Zudem lässt sich die Bearbeitung in bestehende Verwaltungsstrukturen, die mit verwandten Regelungsmaterien befasst sind, eingliedern, sodass weder der Aufbau gänzlich neuer Strukturen noch die Einarbeitung des Personals mit fachfremder Materie die Umstellung wesentlich erschweren dürfte. Vielmehr werden sich durch die Konzentration der Bearbeitung auf wenige Stellen, die ohnehin mit verwandten Vorgängen befasst sind, Synergieeffekte ergeben. Die Übertragung der Verwaltungszuständigkeit auf die Bundesverwaltung[269] ließe sich nach Art. 87b Abs. 2 GG durch einfaches Gesetz vollziehen, das der Zustimmung des Bundesrates bedarf. Eine Änderung des Grundgesetzes wäre nicht erforderlich.

4.3.3 Landwirtschaftliche Sozialversicherung

Kernaussage

Die landwirtschaftliche Sozialversicherung wird nicht allein durch die Beiträge ihrer Mitglieder, sondern überwiegend aus staatlichen Mitteln des Bundes finanziert. Die Alterssicherung sowie die Unfall-, Kranken- und Pflegeversicherung der Landwirtinnen und Landwirte werden überwiegend von regional organisierten Trägern durchgeführt, die unter Aufsicht der Länder stehen. Dem Bund fehlt es an Einfluss auf die Träger, um seine Finanzinteressen angemessen zu wahren.

Der Bundesbeauftragte empfiehlt eine einheitliche landwirtschaftliche Sozialversicherung auf Bundesebene. Mit der damit verbundenen Konzentration wird der rückläufigen Zahl der beitragspflichtigen Versicherten Rechnung getragen und der Verwaltungsaufwand verringert. Auf diese Weise erhielte der Bund die seinem Finanzierungsanteil entsprechenden Aufsichtsbefugnisse. Dies ermöglicht eine klare Zurechnung von Verantwortlichkeiten durch eine Entflechtung der Aufgabenverteilung auf unterschiedlichen staatlichen Ebenen.

---

[269] Vgl. für das Bundesamt für den Zivildienst: BT-Drs. 34 vom 30.11.1957 (Begründung zu § 1 Zivildienstgesetz).

4.3.3.1 Aufsichts- und Finanzierungsverantwortung in der Sozialversicherung

Verflechtungen von Bundes- und Landesebene sind charakteristisch für die gesamte allgemeine Sozialversicherung. Die Träger der gesetzlichen Unfall-, Renten-, Kranken- und Pflegeversicherung sind als öffentlich-rechtliche Körperschaften mit Selbstverwaltung teils regional, teils landesweit, teils länderübergreifend und teils bundesweit organisiert. Das Grundgesetz ließ die bereits im ausgehenden 19. Jahrhundert entstandenen, der mittelbaren Staatsverwaltung zugerechneten Strukturen im Wesentlichen unberührt. Art. 87 Abs. 2 Grundgesetz trifft lediglich Regelungen, wann die Träger je nach räumlichem Zuständigkeitsbereich Teil der (mittelbaren) Bundes- oder Landesverwaltung sind. Das Sozialversicherungsrecht als Gegenstand der konkurrierenden Gesetzgebung ist durch Bundesgesetze geregelt; in der Renten- und Krankenversicherung finanzieren sich die Träger durch Beiträge ihrer Versicherten und durch Zuschüsse des Bundes.

4.3.3.2 Landwirtschaftliche Sozialversicherung

Den höchsten Anteil einer Bundesfinanzierung weist die landwirtschaftliche Sozialversicherung auf. Für die Unfall-, Kranken- und Pflegeversicherung sowie die Alterssicherung der Landwirtinnen und Landwirte besteht ein eigenes System sozialer Sicherung mit derzeit neun Trägern pro Versicherungszweig, die sich vor Ort jeweils zu Verwaltungsgemeinschaften zusammengeschlossen haben. Diese Träger stehen überwiegend unter Aufsicht der Länder.

Die landwirtschaftliche Sozialversicherung wird aus Beiträgen der Versicherten und aus dem Bundeshaushalt finanziert. Im Jahre 2007 beträgt der Bundeszuschuss 3,7 Mrd. Euro, das ist mehr als die Hälfte der Gesamtausgaben der landwirtschaftlichen Sozialversicherung. Mit seinem Zuschuss an die landwirtschaftlichen Krankenkassen gleicht der Bund das Leistungsausgabendefizit der Altenteilerinnen und Altenteiler aus,[270] in der Unfallversicherung mindert er durch eine jährliche Zuwendung die Beitragslast der Mitgliedsunternehmen. Gemäß § 78 des Gesetzes über die Alterssicherung der Landwirte (ALG) trägt der Bund den Unterschied zwischen Einnahmen und Ausgaben der landwirtschaftlichen Alterskassen, steht also unmittelbar und in voller Höhe für deren Defizit ein.

Es gibt in Deutschland noch etwa 160 000 landwirtschaftliche Haupterwerbsbetriebe. Aufgrund des Strukturwandels in der Landwirtschaft verringert sich ihre Zahl jedes Jahr um durchschnittlich 3 %, damit geht auch die Zahl der Beitragspflichtigen in der landwirtschaftlichen Sozialversicherung immer weiter zurück. Ein Ende dieser Entwicklung ist nicht in Sicht.[271]

---

[270] §§ 37, 66 des Zweiten Gesetzes über die Krankenversicherung der Landwirte (KVLG 1989) vom 20.12.1988, zuletzt geändert durch Art. 7 und 8 des Gesetzes vom 14.06.2007 (BGBl. I S. 1066).

[271] Vgl. *Anhang VII.*

Der Bundesrechnungshof hatte in seinem Bericht vom 28. Mai 1999[272] eine Neuorganisation der landwirtschaftlichen Sozialversicherung gefordert, da das System mit damals noch 20 Verwaltungsgemeinschaften und entsprechend kleinen Trägern nicht effizient war. Die Verwaltungsstruktur der rückläufigen Versichertenzahl anzupassen war insbesondere deshalb schwierig, weil dem Bund ungeachtet seines hohen Finanzierungsanteils kaum aufsichtsrechtliche Kompetenzen zustanden.[273]

Mit dem Gesetz zur Organisationsreform in der landwirtschaftlichen Sozialversicherung vom 17. Juli 2001 (LSVOrgG)[274] sollten schlankere, zukunftssichere Strukturen geschaffen werden, um den zurückgehenden Versichertenzahlen Rechnung zu tragen und Verwaltungskosten einzusparen. Zu diesem Zweck sollten vor allem die Zahl der Träger reduziert, Aufgaben bei den Bundesverbänden zentralisiert und die Einwirkungsmöglichkeiten des Bundes auf eine wirtschaftliche Mittelverwendung durch die Träger verbessert werden.

Der Bundesrechnungshof hat in einem weiteren Bericht vom 30. Juli 2007[275] die Umsetzung der Organisationsreform in der landwirtschaftlichen Sozialversicherung untersucht. Dabei hat er festgestellt, dass die bisher getroffenen Maßnahmen nicht genügen, um die Ziele des LSVOrgG zu erreichen und die vom Bundesrechnungshof in seinem ersten Bericht aufgezeigten Mängel zu beseitigen.

4.3.3.3 Schwachstellen der Organisationsreform 2001

Die Träger erfüllten die Vorgaben des Gesetzgebers oft nur formal oder mit Zeitverzug. So schlossen sich die im Jahre 2001 bestehenden 19 Träger je Versicherungszweig zwar zu den heute neun Verwaltungsgemeinschaften zusammen, behielten jedoch ihre 20 Hauptstandorte unverändert bei. Das zentrale Rechenzentrum weist organisatorische Mängel auf, gemeinsame Datenbanken als Grundlage für eine zentrale Aufgabenwahrnehmung durch die Bundesverbände fehlen. Vertreter der Bundesregierung gehören mit beratender Stimme den Selbstverwaltungsgremien der Bundesverbände an, und die Länder genehmigen die Haushalts- und Stellenpläne der unter ihrer Aufsicht stehenden Träger im Benehmen mit dem Bundesministerium für Ernährung, Landwirtschaft und Verbraucherschutz. Dennoch ist der Einfluss des Bundes auf die überwiegend unter Länderaufsicht stehenden Träger nicht wesentlich gewachsen. Der Rückgang der Verwaltungsausgaben ist weit hinter den Erwartungen des Gesetzgebers zurückgeblieben.

---

[272] Bericht nach § 99 BHO zur Neugestaltung der Organisationsstrukturen in der landwirtschaftlichen Sozialversicherung, BT-Drs. 14/1101.

[273] BT-Drs. 14/1101 S. 3, 5 ff.

[274] BGBl. (2001) I S. 1600.

[275] Bericht nach § 99 BHO über die Umsetzung und Weiterentwicklung der Organisationsreform in der landwirtschaftlichen Sozialversicherung, BT-Drs. 16/6147.

4.3.3.4 Verflechtung als Ursache

Auch wenn formal betrachtet die derzeitigen Organisationsstrukturen der landwirtschaftlichen Sozialversicherung weitgehend den Vorgaben des LSVOrgG entsprechen, sind die Ziele der Organisationsreform nicht erreicht worden. Der mit dem LSVOrgG beschrittene Weg einer verstärkten „Verknüpfung von Landesverwaltung und Bundesfinanzierung"[276] hat wegen des Interessengegensatzes zwischen der bei der überwiegenden Zahl der Träger die Aufsicht führenden Landesebene und der die Finanzierung tragenden Bundesebene die Aufgabenwahrnehmung kaum verbessert.

Das Bemühen der Länder richtet sich vorrangig auf Standortsicherung und wirkt damit einer optimalen Aufbauorganisation der Träger entgegen. Von den landesunmittelbaren Trägern sind auch zukünftig kaum weiterführende Impulse für eine Verschlankung der Verwaltungsorganisation zu erwarten. Der Bund ist an einem sparsamen und effizienten Mitteleinsatz interessiert, kann jedoch in der Praxis kaum auf die Verwaltungsstrukturen und -verfahren der mehrheitlich der Länderaufsicht unterfallenden Träger einwirken. Der Einfluss der für die Genehmigung der meisten Trägerhaushalte zuständigen Länder ist vor dem Hintergrund ihrer fehlenden Finanzverantwortung unverhältnismäßig groß. Solange dem Bund keine durchgreifenden Entscheidungs- und Aufsichtsbefugnisse zustehen, kann er seine finanziellen Interessen nicht wirksam wahrnehmen.

4.3.3.5 Weiterentwicklung der Organisationsreform

(1) Der Koalitionsvertrag vom 11. November 2005 sieht eine „Bewertung der 2001 beschlossenen Organisationsreform und die Modernisierung der Verwaltungsstrukturen" vor.[277]

Am 22. August 2007 hat die Bundesregierung den Entwurf eines Gesetzes zur Modernisierung des Rechts der landwirtschaftlichen Sozialversicherung (LSVMG-E)[278] beschlossen, der auch Regelungen zur Organisation der landwirtschaftlichen Sozialversicherung enthält. Zur besseren Steuerung und Koordinierung sollen die bisher drei Bundesverbände der landwirtschaftlichen Berufsgenossenschaften, der Alterskassen und der landwirtschaftlichen Kranken- und Pflegekassen zum 1. Januar 2009 zu einem Spitzenverband für die landwirtschaftliche Sozialversicherung zusammengeführt werden.[279] Die vorhandenen neun Verwaltungsgemeinschaften der Träger sollen bestehen bleiben, einige spezifische Aufgaben aber bei dem Spitzenverband konzentriert werden, der zudem für die Träger Grundsatz- und Querschnittsaufgaben wahrnehmen soll. Unter anderem soll er künftig für die Träger verbindliche Richtlinien für die Personalbedarfsermittlung, für eine wirtschaftliche Gestaltung der Aufbau- und Ablauforgani-

[276] LSVOrgG-E, BT-Drs. 14/5314, Begründung S. 12.
[277] Ziffer 8.4 „Agrarsoziale Sicherung zukunftsfest gestalten".
[278] LSVMG-E, BR-Drs. 597/07.
[279] LSVMG-E, BR-Drs. 597/07, Art. 6.

sation und für die Planung und Durchführung größerer Investitionsvorhaben erlassen und die Grundsätze der Finanzausstattung und -verwaltung regeln.[280] Der Spitzenverband soll ferner darauf hinwirken, dass die Träger in den ersten fünf Jahren nach Inkrafttreten des LSVMG ihre Verwaltungskosten um 20 % senken.[281] Die Bundesregierung erwartet eine Stärkung ihres Einflusses durch die Bundesaufsicht über den Spitzenverband.[282]

(2) Nach Auffassung des Bundesbeauftragten lässt der Gesetzentwurf nicht erkennen, wie damit die auch von der Bundesregierung gesehenen Schwachstellen in der Organisation der landwirtschaftlichen Sozialversicherung[283] nachhaltig zu beseitigen sind. Alle Träger bleiben bestehen, und der Bund hat auch künftig – da seine Aufsichtsbefugnisse über den Spitzenverband nicht auf die Träger durchgreifen – keinen direkten Einfluss auf die Standorte, Haushalte und Stellenpläne der meisten Träger. Im Übrigen unterliegen die Bundesverbände der Alterskassen[284] und der landwirtschaftlichen Krankenkassen[285] seit jeher der Bundesaufsicht. Die bestehenden Bundesverbände bilden überdies bereits jetzt eine Verwaltungsgemeinschaft mit einheitlicher Geschäftsführung. Soweit der Spitzenverband künftig für die Träger verbindliche Vorgaben erlassen kann, sollen diese nur einen einheitlichen Rahmen, keine Detailregelungen enthalten. Die Selbstständigkeit der Träger ist ausdrücklich zu wahren.[286] Auf die angestrebte Reduzierung der Verwaltungskosten der Träger kann der Spitzenverband nur „hinwirken“[287]. Der Bund wird auch über seine nach wie vor nur beratende Stimme in den Selbstverwaltungsgremien des Spitzenverbandes nicht zielgerichtet auf die Träger einwirken können. Insgesamt stärken die in dem Gesetzentwurf vorgesehenen Maßnahmen die Einwirkungsmöglichkeiten des Bundes auf die Träger der landwirtschaftlichen Sozialversicherung nur geringfügig.

4.3.3.6 Entflechtungsoptionen

Schlanke Organisationsstrukturen, das Ausschöpfen von Wirtschaftlichkeitsreserven und ein sparsamer Umgang mit den eingesetzten Bundesmitteln lassen sich nach Auffassung des Bundesbeauftragten nicht innerhalb des bestehenden Systems mit seinen überwiegend regionalen Trägern erreichen. Erst die Zusammenführung von Aufsicht und Finanzierung ermöglicht Einsparungen, weil so die bei einer Verknüpfung

---

280 LSVMG-E, BR-Drs. 597/07, Art. 1 Nr. 9, § 143e Abs. 1 S. 2 Nr. 7, 9.

281 LSVMG-E, BR-Drs.597/07, Art. 1 Nr. 14, Art. 3 Nr. 4, Art. 4 Nr. 3.

282 LSVMG-E, BR-Drs. 597/07, Begründung A. I. 1. b. (a. E.).

283 LSVMG-E, BR-Drs. 597/07, Begründung A. I. 1. a. unter ausführlicher Bezugnahme auf den Bericht des Bundesrechnungshofes vom 30.07.2007, BT-Drs. 16/6147.

284 § 54 Abs. 1 Gesetz über die Alterssicherung der Landwirte (ALG) vom 29.07.1994 (BGBl. I S. 1890), zuletzt geändert durch Art. 17 des Gesetzes vom 20.04.2007 (BGBl. I S. 554).

285 § 214 Abs. 3 SGB V.

286 LSVMG-E, BR-Drs. 597/07, Begründung zu Art. 1 Nr. 9, § 143e Abs. 1 S. 2 Nr. 7, 9.

287 LSVMG-E, BR-Drs. 597/07, Art. 1 Nr. 14, Art. 3 Nr. 4, Art. 4 Nr. 3.

von Länderaufsicht und Bundesfinanzierung systemimmanent bestehenden Interessengegensätze aufgehoben würden.

Da die Finanzierungslast der agrarsozialen Sicherung allein beim Bund liegt, sollte die landwirtschaftliche Sozialversicherung einheitlich von bundesweit zuständigen Trägern durchgeführt werden. Der Bundesbeauftragte empfiehlt, vier bundesunmittelbare, selbstständige Körperschaften für Alterssicherung, Unfall-, Kranken- und Pflegeversicherung mit einer gemeinsamen Verwaltung und vier regionalen Außenstellen zu schaffen,[288] die an die Stelle der heute drei Bundesverbände und neun regionalen Verwaltungsgemeinschaften mit 36 Körperschaften an 20 Standorten treten. Eine solche organisatorische Struktur unter Bundesaufsicht stellte eine effiziente landwirtschaftliche Sozialversicherung mit geringerem Personal- und Sachaufwand dar und böte Gewähr für die wirtschaftliche Verwendung der erheblichen Bundesmittel zu ihrer Finanzierung.

Dieses Lösungsmodell, das der Bundesrechnungshof erstmals in seinem Bericht vom 28. Mai 1999[289] und zuletzt in seinem Bericht vom 30. Juli 2007[290] vorgestellt hat, hatte auch die Bundesregierung bereits bei der Organisationsreform 2001 als umfassende und befriedigende Lösung der angestrebten Zielsetzungen bewertet, ohne ihr letztlich zu folgen.[291] In der Begründung zum LSVOrgG führt die Bundesregierung dazu aus, dass angesichts der Haltung der Länder die Realisierungschancen einer solchen Lösung sehr fraglich wären. Auch in der Begründung zu dem aktuellen Gesetzentwurf[292] wird angeführt, dass mit den Ländern ein Konsens über einen Bundesträger im gegenwärtigen Stadium nicht möglich sei und deshalb die Organisationsreform 2001 weiterentwickelt wird, ohne den Vorschlag des Bundesrechnungshofes zu Schaffung eines Bundesträgers aufzugreifen.

Der Bundesbeauftragte bewertet die Entflechtung der Verwaltungszuständigkeit auf die Bundesebene weiterhin als geeignete Lösung, durch die Konzentration der Zuständigkeiten eine Struktur zu schaffen, die der rückläufigen Entwicklung der beitragspflichtigen Versicherten entspräche. Bei Umsetzung des Modells könnten Aufgaben sinnvoll zusammengefasst und Schwerpunkte gebildet werden, die eine bessere und effizientere Aufgabenerledigung ermöglichen. Eine Zusammenführung der Organisation der landwirtschaftlichen Sozialversicherung auf Bundesebene könnte die Einheitlichkeit der Rechtsanwendung und einen angemessenen Einfluss der Bundesebene sicherstellen. Die Zusammenführung von Finanzierungs- und Verwaltungszuständigkeit entspräche der von dem staatlichen Ordnungsmerkmal der Subsidiarität geforderten klaren Zuordnung von Verantwortlichkeiten.

288 Vgl. *Anhang VII.*
289 BT-Drs. 14/1101.
290 BT-Drs. 16/6147.
291 BT-Drs. 14/5314, S. 11.
292 LSVMG-E, BR-Drs. 597/07.

4.4 Inneres und Rechtsgüterschutz

4.4.1 Bereitschaftspolizei

Kernaussage

Der Bund finanziert die Ausstattung der Bereitschaftspolizeien der Länder mit Führungs- und Einsatzmitteln. Dies wird mit einer „ungeschriebenen Finanzierungszuständigkeit" begründet. Für die Ausstattungshilfe besteht jedoch kein sachliches Erfordernis, und sie widerspricht den Strukturprinzipien der Verfassung.

Die systemwidrige Finanzierung von Länderaufgaben sollte dementsprechend beendet werden. Geeignetes Instrument dazu wäre eine Vereinbarung im Rahmen der Föderalismuskommission II. Hier könnten die Grenzen der „ungeschriebenen Finanzierungszuständigkeiten" des Bundes klarer definiert und auf die Strukturprinzipien des Grundgesetzes zurückgeführt werden.

4.4.1.1 Aufgaben der Bereitschaftspolizeien und Finanzierungspraxis

Die Bereitschaftspolizeien der Länder sind eigenständige Einheiten innerhalb der Landespolizeien. Ihnen gehören aktuell rund 16.000 Polizeivollzugsbeamtinnen und -beamte an. Ihr Aufgabenschwerpunkt liegt heute bei der Unterstützung des polizeilichen Einzeldienstes und in der Unterstützung der Landespolizei bei Großeinsätzen, z. B. Fußballspielen oder Demonstrationen. Eine wichtige Rolle spielt mittlerweile auch die länderübergreifende Unterstützung durch die Bereitschaftspolizei. Im Jahr 2006 unterstützten Polizeivollzugsbeamte der Bereitschaftspolizeien die Polizeikräfte anderer Länder in 90 Einsätzen.

Bei Aufstellung der Bereitschaftspolizeien im Jahr 1950 ging es vor allem darum, geschlossene Polizeiverbände zur Abwehr von Gefahren für die freiheitlich demokratische Grundordnung vorzuhalten. Einsätze bei Naturkatastrophen und im Verteidigungsfall gehören ebenfalls zum Aufgabenbereich der Bereitschaftspolizeien. Die entsprechenden Bestimmungen des Grundgesetzes sehen vor, dass die Bundesregierung den Landespolizeiverbänden für den Fall des inneren Notstandes, bei länderübergreifenden Naturkatastrophen und im Verteidigungsfall Weisungen erteilen kann.[293]

Der Bundesminister des Innern bestellt als seinen Beauftragten den Inspekteur der Bereitschaftspolizeien der Länder zum Bindeglied zwischen dem Bund und den Bereitschaftspolizeien. Er soll die Kompatibilität der geschlossenen Einheiten von Bund und Ländern gewährleisten. Hierzu ist er befugt, sich über die Einsatzfähigkeit der Bereitschaftspolizeien durch Besuche in den Ländern und bei Einsatzbeobachtungen zu

[293] Die einzelnen Weisungsbefugnisse divergieren. Nach Art. 35 Abs. 3 S. 1 GG kann der Bund bei Katastrophen die Weisung erteilen, anderen Ländern Polizeikräfte zur Verfügung zu stellen. Nach Art. 115f Abs. 1 Nr. 2 GG kann er im Verteidigungsfall Landesbehörden Weisungen erteilen. Nach Art. 91 Abs. 2 S. 1 GG kann er bei innerem Notstand Polizeikräfte seiner Weisung unterstellen und ein der Auftragsverwaltung ähnliches Rechtsverhältnis sui generis begründen (vgl. *Windthorst*; in: Sachs, Grundgesetz, Art. 91 Rn. 45).

unterrichten. Regelmäßig führt er auch Tagungen zur Vor- und Nachbereitung wichtiger Einsätze durch.

Bereits seit 1950 finanziert der Bund Führungs- und Einsatzmittel der Bereitschaftspolizeien. Er gab dafür in den letzten fünf Jahren jeweils zwischen 14 und 20 Mio. Euro aus.

4.4.1.2 Finanzierungskompetenz des Bundes

Nach der Kompetenzverteilung des Grundgesetzes gehören das Polizeirecht und die Vollzugskompetenz, Gefahren für die Öffentliche Sicherheit und Ordnung abzuwenden, in die Zuständigkeit der Länder.[294] Die Bereitschaftspolizeien sind Teil der Landesverwaltung. Das Grundgesetz enthält keine ausdrückliche Ausnahmeregel, die eine Finanzierungszuständigkeit des Bundes begründet.

Eine Kompetenz zur Finanzierung der Ausstattung der Bereitschaftspolizeien lässt sich nur aus einer ungeschriebenen Zuständigkeit kraft Sachzusammenhang herleiten. Nach der Rechtsprechung des Bundesverfassungsgerichts setzt eine solche Kompetenz kraft Sachzusammenhang jedoch voraus, dass die Finanzierung die *„unerlässliche Voraussetzung für die Erfüllung einer ausdrücklich zugewiesenen Aufgabe"* ist.[295] Als solche Aufgabe kommt die Wahrnehmung der Weisungsbefugnisse bei innerem Notstand, Naturkatastrophen und im Verteidigungsfall in Betracht.[296]

In der Staatspraxis wurde die Ausstattung der Bereitschaftspolizeien seit 1950 vom Bund mitfinanziert. Wie bei anderen ungeschriebenen Finanzierungszuständigkeiten sind Grundlage und Reichweite der Kompetenz aber nicht eindeutig geklärt. Zur Konkretisierung dieser ungeschriebenen Finanzierungszuständigkeiten erarbeiteten Bund und Länder im Jahr 1971 den Entwurf einer *„Verwaltungsvereinbarung über die Finanzierung öffentlicher Aufgaben von Bund und Ländern"*. Diese Vereinbarung wird in der Praxis als „Flurbereinigungsabkommen" bezeichnet. Sie sieht einen Katalog von Aufgaben vor, die der Bund finanzieren kann, obwohl ihm eine geschriebene Kompetenz im Grundgesetz fehlt. Nach einer Protokollnotiz gehört dazu auch die einheitliche Ausrüstung der Bereitschaftspolizeien der Länder durch den Bund. Das „Flurbereinigungsabkommen" wurde von den Ländern letztendlich nicht unterzeichnet. Der Bund orientiert sich in seiner Finanzierungspraxis jedoch weitgehend an dem Entwurf des Abkommens.

---

[294] Grundsatz in Art. 30, 70, 83 GG. Ausnahmen im Sicherheitsbereich finden sich z. B. in Art. 73 Abs. 1 Nr. 9a GG (Terrorismusbekämpfung) und Art. 87 Abs. 1 S. 2 GG (Bundespolizei).

[295] Vgl. BVerfGE 3, 407 (421); 12, 205 (238).

[296] Vgl. zu den entsprechenden Artikeln des GG Tz. 4.4.1.1.

4.4.1.3 Verflechtung in der Praxis

Nach den Feststellungen des Bundesrechnungshofes hat der Bund für die Bereitschaftspolizeien in den letzten fünf Jahren folgende Führungs- und Einsatzmittel beschafft:

Jahr der Beschaffung	Gesamtumfang	Einzelbeispiele
2002	20 Mio. Euro	25 x Transportanhänger für Absperrgerät, 3500 x Einsatzstock, 1026 x helmunabhängige Hör-/Sprechgarnitur
2003	18 Mio. Euro	15 x Kranken-Kfz, 28 x Laptop, 360 x Körperschutzausstattung leicht
2004	16 Mio. Euro	9 x mittlere Zugmaschine, 167 x Camcorder, 82 x Wat-Schutzhose
2005	14 Mio. Euro	6 x Spezialgeräte Kfz-Taucher, 555 x Absperrgitter, 613 x Schutzschild
2006	14 Mio. Euro	32 x Lautsprecher-Kfz, 450 x Körperschutzausstattung schwer

Die Einzelbeispiele für Beschaffungen entsprechen nicht der verfassungsrechtlichen Rechtfertigung für die Finanzierung durch den Bund. Wie bereits dargestellt, kann diese nur aus den Weisungsbefugnissen des Bundes für bestimmte Ausnahmelagen abgeleitet werden.[297] Rechtfertigen ließen sich damit allenfalls die Beschaffung von Fernmelde- und Kommunikationsmitteln, die eine Führung der Bereitschaftspolizeien durch den Inspekteur der Bereitschaftspolizeien ermöglichen würden.

Bei einem Großteil der Beschaffungen handelt es sich hingegen um normale polizeiliche Ausrüstungsgegenstände. Zur Notwendigkeit der Finanzierung durch den Bund ist hier zu berücksichtigen, dass ein Einsatz der Bereitschaftspolizei bei innerem Notstand, Naturkatastrophen und im Verteidigungsfall grundsätzlich in geschlossenen Verbänden erfolgen wird. Nach den Feststellungen des Bundesrechnungshofes wird z. B. die persönliche Schutzausstattung der einzelnen Polizisten auf die Wahrnehmung der Weisungsbefugnisse des Inspekteurs der Bereitschaftspolizeien der Länder deshalb nur eine nachrangige Wirkung haben. Demnach kann die „Mannausstattung“ (Helm, Schlagstock, Schutzweste usw.) auch aus Produkten von unterschiedlichen Herstellern bestehen. Solange gewisse Mindeststandards erreicht werden, hat eine fehlende Einheitlichkeit dementsprechend keinen Einfluss auf die Führungsfähigkeit.

[297] Vgl. Tz. 4.4.1.2.

Die derzeit gültigen Verwaltungsabkommen zwischen dem Bund und den einzelnen Ländern und die entsprechenden Ausstattungsnachweisungen sehen eine Beschränkung auf echte Fernmelde- und Kommunikationsmittel hingegen nicht vor. Danach beschafft der Bund auf seine Kosten *„Führungs- und Einsatzmittel für die Bereitschaftspolizei des Landes im Rahmen der zur Verfügung stehenden Haushaltsmittel"*.[298]

4.4.1.4 Notwendigkeit der Finanzierungsverflechtung

In der über fünfzigjährigen Geschichte der Bereitschaftspolizeien hat es keine Einsätze bei innerem Notstand, Naturkatastrophen und im Verteidigungsfall gegeben, bei denen der Bund von seinen grundgesetzlichen Weisungsrechten Gebrauch gemacht hat.

Die Liste der Beschaffungen enthält ein weites Spektrum von allgemeiner Ausrüstung. Diese Ausrüstung kann die Bereitschaftspolizei in ihrem Haupteinsatzfeld – der Unterstützung der anderen Landespolizeieinheiten – vielfältig nutzen. Nach Auffassung des Bundesbeauftragten finanziert der Bund im Bereich der Bereitschaftspolizei damit klassische Landesaufgaben.

Die Finanzierung entspricht zwar dem Inhalt der zwischen Bund und Ländern geschlossenen Verwaltungsabkommen. Solche Abkommen sollten jedoch nicht dazu dienen, die grundgesetzlichen Finanzierungszuständigkeiten zu verwischen. Nach den Strukturprinzipien des Grundgesetzes soll vielmehr jede staatliche Ebene die Kosten ihrer Aufgaben selbst tragen.[299]

Nach dem Subsidiaritätsprinzip sollten Staatsfunktionen auf der untersten Ebene wahrgenommen werden, auf der dies sachgerecht möglich ist.[300] Demnach ist es auch systemwidrig, Finanzierungsverflechtungen zwischen Bund und Ländern zu schaffen, die zur Erledigung der Sachaufgabe nicht erforderlich sind.

Eine solche Notwendigkeit besteht im Fall der Weisungsrechte des Bundes bei innerem Notstand, Naturkatastrophen und im Verteidigungsfall jedoch nicht. Zur Erledigung der Sicherheitsaufgaben des Bundes steht ihm heute die Bundespolizei mit aktuell rund 40.000 Polizeikräften für bundesweite Einsätze zur Verfügung. Muss der Bund für seine Aufgaben zusätzlich auf die Bereitschaftspolizeien der Länder zurückgreifen, kann er im Wege der Koordinierung bei der Beschaffung sicherstellen, dass die Ländereinheiten über Kommunikationsmittel verfügen, die eine einheitliche Führung technisch zulassen. Fragen nach einer funktionierenden Kommunikation werden sich zudem nicht mehr stellen, wenn – wie geplant – die Polizeien von Bund und Ländern auf ein einheitliches Digitalfunksystem umrüsten. Im Ergebnis ist eine Finanzierung der Ausrüstung der Bereitschaftspolizeien durch den Bund damit keine notwendige Bedingung, damit der Bund seine grundgesetzlichen Aufgaben wahrnehmen kann.

---

[298] Vgl. § 8 der Verwaltungsabkommen zwischen dem Bund und dem jeweiligen Land.
[299] Vgl. zu diesem Trennungsprinzip Tz. 3.3.
[300] Vgl. dazu Tz. 3.3.1.

4.4.1.5 Empfehlung

Die Finanzierung der Ausstattung der Bereitschaftspolizeien durch den Bund sollte beendet werden. Sie entspricht nicht den Strukturprinzipien des Grundgesetzes und für sie besteht – zumindest heute – kein sachliches Erfordernis mehr.

Bei der Umsetzung dieser Empfehlung ist zu beachten, dass die Ausstattung der Bereitschaftspolizeien durch den Bund eine „stabile Tradition" hat. Die Mittel fließen schon seit 1950 und haben sich durch das „Flurbereinigungsabkommen" von 1971 sowie durch die Verwaltungsvereinbarungen des Bundes mit den Ländern weiter „verfestigt". Vor dem Hintergrund der Aufgabenverteilung des Grundgesetzes ist eine solche Entwicklung zunächst nicht selbstverständlich, da gerade die Polizei zu den „Kernvollzugsbereichen" der Länder gehört.

Die bestehende „Tradition" lässt sich jedoch dadurch erklären, dass die für den Sicherheitsbereich zuständigen Ressorts bzw. Verwaltungen des Bundes und der Länder von der systemwidrigen Finanzverflechtung profitieren:

- Für den Polizeibereich der Länder ist von Vorteil, dass es jährlich Bundesmittel für Neubeschaffungen gibt. Diese Beschaffungen wären vielleicht aus Landesmitteln nicht möglich gewesen, z. B. weil sie sich in der politischen Konkurrenz zu anderen Landesaufgaben nicht durchgesetzt hätten.
- Für das Bundesministerium des Inneren ist die Finanzierung von Vorteil, weil sie dem Bund die Möglichkeit eröffnet, in einem Bereich „mitzuwirken", der nach dem Grundgesetz den Ländern zugewiesen ist. Faktisch wertet die Finanzierung die Stellung des vom Bundesministerium des Inneren bestellten Inspekteurs der Bereitschaftspolizeien der Länder auf und gibt dem Bund in Bund/Länder-Gremien im Sicherheitsbereich ein „höheres Gewicht".

Nach Auffassung des Bundesbeauftragten liegt damit ein Beispiel vor, dass eine systemwidrige Finanzverflechtung durch eine „Interessenverflechtung" der Fachexekutive von Bund und Ländern gestützt wird.

Der Bundesrechnungshof hat gefordert, dass der Bund nicht verfassungskonforme Finanzierungen einstellt. Vor dem Hintergrund der dargestellten Interessenverflechtung ist jedoch offen, ob es gelingt, die Ausstattungshilfe für die Bereitschaftspolizei zu beenden oder zumindest zu erreichen, dass der Bund seine Finanzierung auf Führungsmittel im engeren Sinne (z. B. Funksysteme) beschränkt.

Es wird deshalb angeregt, sich im Rahmen der Föderalismuskommission II auch über Entflechtungsschritte zu verständigen, die keine Änderungen des Grundgesetzes verlangen. Dies betrifft diejenigen Fälle, in denen sich die Staatspraxis zu „ungeschriebenen Finanzierungszuständigkeiten" – auch auf Grundlage des „Flurbereinigungsabkommens" – von den Regeln des Grundgesetzes entfernt hat.

Geeignetes Instrument zur Entflechtung könnte eine Vereinbarung zu den „ungeschriebenen Finanzierungszuständigkeiten" im Rahmen der Föderalismuskommission II sein. Diese Vereinbarung sollte die Grenzen der Finanzierungskompetenzen von Bund und Ländern nicht nur klarer definieren, sondern sich auch strikt an den strengen Kriterien orientieren, die nach der Rechtsprechung des Bundesverfassungsgerichts eine ungeschriebene Bundeszuständigkeit in eng begrenzten Ausnahmefällen begründen können.

Wie bereits dargestellt, sind diese Kriterien im Fall der Ausstattung der Bereitschaftspolizeien durch den Bund nicht erfüllt. Inhalt einer klarstellenden Vereinbarung sollte deshalb sein, dass der Bund seine Finanzierung in diesem Bereich beendet. Ist dies nicht durchsetzbar, sollte die Vereinbarung die Finanzierung auf Führungs- und Kommunikationsmittel im engeren Sinne beschränken. Die Finanzierung von Fahrzeugen, persönlicher Ausrüstung und Sperrgerät sollte in diesem Fall ausdrücklich ausgeschlossen werden.

4.4.2 Verfassungsschutz

Kernaussage

Die Aufgaben des Verfassungsschutzes werden weitgehend parallel von Bund und Ländern wahrgenommen, die jeweils eigene Behörden unterhalten. Die Struktur ist historisch begründet und heute nicht mehr durch sachliche Erwägungen geboten. Es können erhebliche Parallelarbeiten und Schnittstellenverluste vermieden werden, indem der Verfassungsschutz auf der Ebene des Bundes konzentriert wird. Diese Konzentration würde Effizienzreserven für einen wirksameren Schutz der freiheitlich demokratischen Grundordnung freisetzen. Zugleich könnten Personal und Sachmittel eingespart werden.

4.4.2.1 Struktur des Verfassungsschutzes

Nach dem Zweiten Weltkrieg waren die Beratungen zur Sicherheitsarchitektur des Grundgesetzes stark von der historischen Erfahrung der NS-Zeit geprägt, in der auch die geheimdienstlichen Strukturen Bestandteil eines zentralistischen Unterdrückungsapparates waren. Im Parlamentarischen Rat herrschten deshalb Bestrebungen vor, die Sicherheitsaufgaben möglichst weitgehend von den Ländern wahrnehmen zu lassen.[301] Die Alliierten schalteten sich in die Diskussion ein und sprachen sich im sogenannten Polizeibrief für eine Kompromisslösung aus.[302] Dort wurde gestattet, eine Stelle zum Schutz der Verfassungsordnung auf Bundesebene einzurichten. Nach britischem Vorbild sollte diese jedoch keine polizeilichen Befugnisse erhalten.[303]

Im Ergebnis führte dies zu einer dezentralen Struktur. Der Bund gründete das Bundesamt für Verfassungsschutz als Inlandsgeheimdienst. Daneben wurden sechzehn Landesbehörden für Verfassungsschutz eingerichtet. Organisatorisch sind diese als

---

301 Vgl. *Werthebach/Droste*, in: Dolzer/Vogel/Graßhof, BK, Art. 73 Nr. 10 Rn. 238 u. 240.

302 Brief der Militärgouverneure vom 14.04.1949 Nr. 2, abgedruckt in: Deutscher Bundestag und Bundesarchiv (Hrsg.), Der Parlamentarische Rat 1948-1949 – Akten und Protokolle, Bd. 8, S. 230 f. Auch das Genehmigungsschreiben der alliierten Militärgouverneure zum Grundgesetz verweist auf diesen Polizeibrief (vgl. Nr. 3 des Genehmigungsschreiben vom 12.05.1949, abgedruckt bei *Dennewitz,* in: Dolzer/Vogel/Graßhof, BK, Einl. S. 129-131).

303 Vgl. zur Entstehungsgeschichte *Becker*, DÖV 1978, 551 (552 f.).

Abteilungen in die jeweiligen Landesministerien des Innern eingegliedert oder als eigenständige Landesämter für Verfassungsschutz im Geschäftsbereich der Innenministerien angesiedelt.[304] Insgesamt beschäftigen Bund und Länder mehrere Tausend Mitarbeiterinnen und Mitarbeiter in den Verfassungsschutzbehörden.

4.4.2.2 Bestehende Parallelzuständigkeiten

Nach der Legaldefinition des Grundgesetzes dient der Verfassungsschutz dem Schutz der freiheitlichen und demokratischen Grundordnung sowie des Bestandes und der Sicherheit des Bundes oder eines Landes.

Im Verfassungsschutzbereich hat der Bund die ausschließliche Kompetenz zur Gesetzgebung über die Zusammenarbeit des Bundes und der Länder.[305] Auf dieser Grundlage hat er das Bundesverfassungsschutzgesetz (BVerfSchG)[306] erlassen, das die Zuständigkeiten zwischen Bundes- und Landesebene wie folgt abgrenzt:

- Die Landesbehörden sammeln Informationen, Auskünfte, Nachrichten und Unterlagen zur Erfüllung ihrer Aufgaben, werten sie aus und übermitteln sie dem Bundesamt und anderen Landesbehörden, soweit es für deren Aufgabenerfüllung erforderlich ist.[307]
- Das Bundesamt darf in einem Land im Benehmen mit der Landesbehörde Informationsbeschaffung betreiben, wenn sich verfassungsfeindliche Bestrebungen gegen den Bund richten, sich über Ländergrenzen hinweg erstrecken, auswärtige Belange betroffen sind oder eine Landesbehörde das Bundesamt um Unterstützung bittet.[308]

Der aufgeführte „Bundeskatalog“ beschränkt das Tätigkeitsfeld des Bundesamtes kaum. In der Regel ist ein Merkmal für die Zuständigkeit der Bundesebene gegeben, da sich extremistische Bestrebungen gegen die freiheitlich demokratische Grundordnung der Bundesrepublik insgesamt richten. Verfassungsfeindliche Organisationen von Bedeutung sind zudem meistens in mehr als einem Land aktiv.

Dementsprechend definiert das BVerfSchG keine getrennten Zuständigkeitsfelder für die Bundes- und Landesebene, sondern ihre Aufgabenbereiche überlappen sich weitgehend. Dies führt in der Praxis dazu, dass jede der 17 Verfassungsschutzbehörden die grundlegenden Vorgänge der Informationsbeschaffung und -auswertung paral-

---

[304] Landesämter für Verfassungsschutz existieren in Baden-Württemberg, Bayern, Bremen, Hamburg, Hessen, Niedersachsen, Saarland, Sachsen, Sachsen-Anhalt und Thüringen. In Berlin, Brandenburg, Mecklenburg-Vorpommern, Nordrhein-Westfalen, Rheinland-Pfalz und Schleswig-Holstein sind die Landesbehörden für Verfassungsschutz als Abteilungen im Innenministerium eingerichtet.

[305] Art. 73 Nr. 10 b) GG.

[306] Gesetz über die Zusammenarbeit des Bundes und der Länder in Angelegenheiten der Verfassungsschutzes und über das Bundesamt für Verfassungsschutz vom 20.12.1990 (BGBl. I S. 2954), zuletzt geändert durch das Gesetz vom 05.01.2007 (BGBl. I S. 2).

[307] § 5 Abs. 1 BVerfSchG.

[308] § 5 Abs. 2 Nr. 1-4 BVerfSchG.

lel für eigene Zwecke durchführt. Zwar gibt es einzelne Absprachen bei der Beobachtung kleinerer verfassungsfeindlicher Gruppierungen. Hier übernimmt meist die Behörde die Beobachtung, in deren Land die Gruppierung ansässig ist. Auch in der Leitungsebene der Dienste sowie auf Beschaffer- und Auswertertagungen werden die Erkenntnisse zusammengetragen. Mangels klarer Zuständigkeitsverteilung wird der Großteil der Informationen jedoch parallel gesammelt und ausgewertet.

Nach Erkenntnissen des Bundesrechnungshofes erschwert die Existenz von 17 eigenständigen Organisationen die operative Zusammenarbeit, und eine große Zahl von Schnittstellen bringt Übermittlungsrisiken mit sich. Zudem sind die Verantwortlichkeiten durch die Vielzahl der Beteiligten unscharf, woraus sich bei Pannen oder Reibungen die Tendenz zu gegenseitigen Schuldzuweisungen ergibt.

Beispielhaft zeigte sich die Schwäche des jetzigen Systems im sogenannten „NPD-Verbotsverfahren" der Jahre 2001 bis 2003.[309] Damals wurden grundlegende Defizite der dezentralen Struktur offenbar. Sie äußerten sich u. a. darin, dass keine der Verfassungsschutzbehörden alle Informanten der anderen Stellen kannte. Selbst in der Erarbeitungsphase der Verbotsanträge erteilte keine der Landesbehörden von sich aus vollständige Auskünfte über ihre Quellen. So mussten die Antragsteller nach einem prozessualen Hinweis des Bundesverfassungsgerichts z. B. erst noch durch eine „Umfrage" bei allen Verfassungsschutzämtern klären, ob dem Bundesvorstand der NPD V-Leute angehörten, die bei Einleitung des Verbotsverfahrens „abgeschaltet" worden seien.[310]

4.4.2.3 Notwendigkeit einer parallelen Aufgabenerfüllung

Der Subsidiaritätsgrundsatz würde trotz der praktischen Koordinationsprobleme Landesbehörden für Verfassungsschutz rechtfertigen, wenn es einen eigenständigen Aufgabenkern gäbe, der auf der Ebene eines Landes eigenverantwortlich erledigt werden könnte.

Schutzobjekt des Verfassungsschutzes ist primär die freiheitlich demokratische Grundordnung. Diesem grundlegenden Prinzip des Grundgesetzes muss nach dem Homogenitätsgebot von Art. 28 Abs.1 GG auch die verfassungsmäßige Ordnung in den Ländern entsprechen.[311] Ein differenziertes Schutzobjekt zwischen Bundes- und Landesebene ist demnach nicht zu erkennen.

---

309 Vgl. zum Antrag, festzustellen, dass die Nationaldemokratische Partei Deutschlands und ihre Teilorganisationen verfassungswidrig sind, den Beschluss des Bundesverfassungsgerichts 2 BvB 1/01 vom 18.03.2003.

310 Vgl. Beschluss des Bundesverfassungsgerichts 2 BvB 1/01 vom 18.03.2003, Tz. 51.

311 Die konstitutionelle Gestaltungsfreiheit der Länder ist insoweit durch die grundlegenden Demokratieprinzipien und unveräußerlichen Grundrechte beschränkt, vgl. *Nierhaus*, in: Sachs, Grundgesetz, Art. 28 Rn. 7.

Weiterhin dient der Verfassungsschutz dem Bestand und der Sicherheit des Bundes und der Länder.[312] Schutzgut sind die territoriale Integrität, die staatliche Unabhängigkeit und die grundlegenden Staatsfunktionen von Bund und Ländern.[313] Nach dem Grundgesetz sind diese Schutzgüter auf den Ebenen Bund und Land jedoch untrennbar verbunden, da die Definition der Bundesrepublik Deutschland als Bundesstaat zu den unabänderlichen Verfassungsgrundsätzen gehört.[314] D. h. Bestrebungen gegen Bestand und Ordnung eines Landes oder des Bundes von „verfassungsschutzrelevanter" Intensität stellen sich stets auch als Angriff gegen die konstitutionelle Ordnung der jeweils anderen staatlichen Ebene dar. Eine klare Aufgabentrennung in dem Sinne, dass die Verfassungsschutzbehörde des Bundes den Bestand des Bundes und die Verfassungsschutzbehörden der Länder den Bestand der Länder sichern, ist damit im Bundesstaat Deutschland nicht denkbar.[315]

Demnach ist der Verfassungsschutz eine einheitliche Aufgabe, die sich nicht in ein Bundessegment und Ländersegmente trennen lässt. Die in der Praxis festzustellende Parallelarbeit und gleichgerichtete Tätigkeit der Verfassungsschutzbehörden resultiert deshalb nicht nur aus Abstimmungsmängeln, sondern auch daraus, dass alle 17 Behörden letztlich dasselbe zusammenhängende Aufgabenfeld bearbeiten.

Im Ergebnis gibt es damit keine getrennten Aufgabenfelder, die eine parallele Aufgabenwahrnehmung in Bund und Ländern rechtfertigen. Auch die historischen Motive, die zur Einrichtung von 17 getrennten Behörden geführt haben, sind heute überholt. Nach dem 2. Weltkrieg war es ein berechtigter Reflex auf die zentralistischen Unterdrückungsstrukturen der NS-Zeit, „konkurrierende" Verfassungsschutzbehörden im Bund und den Ländern einzurichten. Tatsächlich hat sich Deutschland jedoch zu einer stabilen Demokratie entwickelt, deren Sicherheitsorgane fest auf dem Boden des Grundgesetzes stehen. Verfassungsschutzbehörden sind damit heute kein Risiko für die freiheitlich demokratische Grundordnung, das durch eine Aufteilung auf verschiedene staatliche Ebenen „ausbalanciert" werden müsste.

4.4.2.4 Empfehlung

Besteht keine Notwendigkeit einer parallelen Aufgabenerfüllung, stellt sich die Frage, auf welcher staatlichen Ebene der Verfassungsschutz angesiedelt werden sollte. Die Ebene der Länder ist insoweit nicht sachgerecht, da extremistische Bestrebungen nicht an Ländergrenzen haltmachen und verfassungsfeindliche Angriffe sich in der Regel gegen den Bund und die Ordnung des Grundgesetzes richten. Dies zeigt sich auch daran, dass die geltenden Zuständigkeitsregeln des BVerfSchG das Einsatzfeld

---

[312] Vgl. die Legaldefinition in Art. 73 Nr. 10 b) GG.

[313] Vgl. *Werthebach/Droste*, in: Dolzer/Vogel/Graßhof, BK, Art. 73 Nr. 10 GG Rn. 177-193.

[314] Die „Ewigkeitsgarantie" ergibt sich aus Art. 79 Abs. 3 i. V. m. Art. 20 Abs 1 GG.

[315] *Heintzen* weist deshalb darauf hin, dass die Formulierung „eines Bundes oder Landes" in der Legaldefinition des Art. 73 Nr. 10 b) GG Sinn wahrend durch „Bundesrepublik Deutschland" ersetzt werden könnte (vgl. *Heintzen*, in: v. Mangoldt/Klein/Starck, GG II, Art. 73 Nr. 10 Rn. 95).

des Bundesamtes für Verfassungsschutz kaum beschränken, weil in der Praxis fast immer ein Merkmal für die Bundeszuständigkeit vorliegt.[316]

Es empfiehlt sich daher, die Aufgaben des Verfassungsschutzes beim Bund zu konzentrieren, ohne die – notwendige – operative Präsens vor Ort aufzugeben. Das Subsidiaritätsprinzip steht einer solchen Konzentration auf der obersten staatlichen Ebene nicht entgegen, da die einheitliche Sachaufgabe nur auf der Bundesebene wahrgenommen werden kann.[317] Die Zusammenführung der Funktionen beim Bundesamt für Verfassungsschutz entspricht im Übrigen dem Transparenz- und Demokratieprinzip, da die Verantwortung eindeutig dem Bundesministerium des Innern zugeordnet werden kann.[318]

Durch diese Lösung ließen sich erhebliche Effizienzgewinne erzielen. Zurzeit binden die gegenseitige Unterrichtung, die Herstellung des Benehmens zwischen den verschiedenen Behörden sowie redundante Verwaltungsaufgaben rund 1000 Arbeitskräfte. Die freigesetzten Effizienzreserven könnten für Verbesserungen der Produkte und Einsparungen genutzt werden. Darüber hinaus könnte ein einheitlicher Verfassungsschutz effektiver mit anderen zentralen Diensten wie dem Bundesnachrichtendienst oder dem Militärischen Abschirmdienst sowie ausländischen Nachrichtendiensten zusammenarbeiten.

4.4.3 Zivil- und Katastrophenschutz

Kernaussage

Bund und Länder nehmen Aufgaben des Zivil- und Katastrophenschutzes gemeinsam wahr. Unklare Abgrenzungen der Verantwortung führen dabei u. a. zu Informationsdefiziten und Ineffizienz. Der Bundesbeauftragte spricht sich daher für eine Entflechtung und klare Aufgabenverteilung zwischen Bund und Ländern aus. Die Zusammenarbeit sollte (verfassungs-)rechtlich neu geordnet werden. Sie sollte dem Gebot einer klaren demokratischen Verantwortung entsprechen.

4.4.3.1 Rechtsgrundlagen

Die Rechtsordnung unterscheidet zwischen Zivilschutz und Katastrophenschutz. Katastrophenschutz als Aufgabe der Länder zielt vor allem auf die Abwehr von Gefahren für die Gesundheit oder das Leben von Menschen. Solche Gefahren resultieren etwa aus extremen Wetterlagen oder großen Unglücksfällen. Beispiele sind starke Regenfälle, Hochwasser, Stürme oder Dürreperioden. Der Zivilschutz umfasst dagegen den Schutz der Zivilbevölkerung im Verteidigungsfall.

---

[316] Zu den entsprechenden Regeln in § 5 BVerfSchG und dem dort enthaltenen „Bundeskatalog“ vgl. Tz. 4.4.2.2.

[317] Bereits unter Tz. 3.3.1 (3) wurde ausgeführt, dass je nach Sachmaterie und den Politikzielen auch eine Entflechtung „nach oben“ angezeigt und mit dem Subsidiaritätsprinzip vereinbar sein kann.

[318] Zur Bedeutung des Transparenzgebotes als Ausfluss des Demokratieprinzips vgl. Tz. 3.3.3.

Über den Zivilschutz hat der Bund die ausschließliche Gesetzgebung (Art. 70, 73 Abs. 1 Nr. 1 GG). Die Länder einschließlich der Gemeinden und Gemeindeverbände vollziehen diese Aufgabe im Auftrage des Bundes (Art. 85 Abs. 1 GG, § 2 Abs. 1 Zivilschutzgesetz - ZSG).[319] Dabei werden sie von der Bundesanstalt Technisches Hilfswerk und den Katastrophenschutzverbänden unterstützt. Der Bund trägt die den Ländern entstehenden Kosten, ausgenommen ihre Personal- und sächlichen Verwaltungskosten (§ 23 Abs. 1 ZSG). Das Zivilschutzgesetz erfordert das Zusammenwirken der Gebietskörperschaften beim Gesetzesvollzug.

Der den Ländern obliegende Katastrophenschutz wird in den Zivilschutz einbezogen: Die Länder setzen ihre für den Katastrophenschutz vorzuhaltenden Einheiten und Einrichtungen auch für den Schutz der Bevölkerung vor den besonderen Gefahren und Schäden im Verteidigungsfall ein. Diese Einheiten und Einrichtungen werden ergänzend ausgebildet und ausgestattet (§ 11 ZSG). Der Bund legt Art und Umfang der Ergänzung im Benehmen mit den Ländern fest und trägt die Ausgaben (insbesondere für Fahrzeuge, Ausrüstung etc.).

4.4.3.2 Abgrenzungsprobleme in der Praxis

Bei der gegenwärtigen Aufgabenverteilung ist die Kenntnis der Beteiligten über die Vorsorgebestände und Maßnahmen nicht hinreichend gesichert. So ist nicht gewährleistet, dass die Länder und Verbände untereinander sowie gegenüber dem Bund alle Informationen über die jeweils vorhandenen oder fehlenden Ausrüstungen und Maßnahmen austauschen.

Terroranschläge begründen keinen Verteidigungsfall nach Art. 115a GG. Schutzmaßnahmen vor bzw. Hilfsmaßnahmen bei Terroranschlägen obliegen somit als Katastrophenschutz den Ländern. Bund und Länder vertreten vornehmlich seit den Terroranschlägen am 11. September 2001 in den USA die Auffassung, die Aufgabentrennung nach der Schadensursache in Zivil- und Katastrophenschutz sei nicht mehr zeitgemäß. Vielmehr sei die Aufgabenzuweisung nach dem Schadensausmaß zweckmäßig. Sie verwenden daher seit einiger Zeit den Begriff des „Bevölkerungsschutzes“, der nicht mehr nach Zivil- und Katastrophenschutz unterscheidet.

Der Bund richtet seine Maßnahmen auch nicht mehr nach einem definierten Zivilschutzbedarf; diese sollen allgemein dem „Bevölkerungsschutz“ dienen.

---

[319] Dem Bund obliegen im Rahmen des Gesetzesvollzugs im Wesentlichen Verwaltungsaufgaben (§ 4 ZSG); er erfasst insbesondere die der Bevölkerung in einem Verteidigungsfall drohenden besonderen Gefahren (§ 6 Abs. 1 ZSG).

4.4.3.3 Fazit

(1) Die Maßnahmen des Bundes entbehren der verfassungsmäßigen sowie einfachgesetzlichen Grundlage. Nach geltendem Recht hat sich der Bund auf Maßnahmen des Zivilschutzes zu beschränken.

Soweit Bund und Länder an ihrer Vorstellung festhalten, Bundesverantwortung auch für den Schutz bei Großschadenslagen über die Amtshilfe des Bundes nach Art. 35 GG hinaus zu begründen, bedarf es einer entsprechenden Regelung im Grundgesetz.

Die bisherigen Defizite bei der Zusammenarbeit von Bund und Ländern im Zivil- und Katastrophenschutz sollten behoben werden, um das Zusammenwirken von Bund und Ländern beim Bevölkerungsschutz rechtlich zu sichern und die Eigenverantwortung der beteiligten Gebietskörperschaften zu stärken. Der Bundesbeauftragte spricht sich daher für eine Entflechtung und klare Aufgabenzuweisung an Bund und Länder aus. Hierfür kommt insbesondere folgende Variante Betracht:

(2) Eine neue Regelung im Grundgesetz verpflichtet Bund und Länder, im Rahmen ihrer Aufgaben geeignete Strukturen für die Gefahrenabwehr bei Großschadenslagen zu schaffen und zu unterhalten. Dies umfasst auch den Schutz der Bevölkerung vor Gefahren und Schäden im Verteidigungsfall. Der Bundesgesetzgeber wird ermächtigt, das Nähere zu regeln.

Das entsprechende Bundesgesetz sieht vor, dass der Bund bestimmte Einrichtungen, z. B. die Bundesanstalt Technisches Hilfswerk und die Bundespolizei, für derartige Großschadenslagen ausrüstet und unterhält. Diese sind verpflichtet, mit den entsprechenden Einrichtungen der Länder zusammenzuwirken, indem sie z. B. Informationen über Ausrüstung und Maßnahmen sowie über die Entwicklung von Bevölkerungsschutzplänen austauschen. Das Bundesgesetz kann auch mit Zustimmung des Bundesrates die Länder verpflichten, entsprechende Kapazitäten zu unterhalten und diese zur Zusammenarbeit mit den Einrichtungen des Bundes verpflichten. Dabei sollte jede Gebietskörperschaft ihre Kapazitäten und Maßnahmen finanzieren. Auf diese Weise entfielen die Mischfinanzierungen, bei denen der Bund Einsatzmittel der Länder finanziert.

Eine weitere Entflechtungsalternative bestünde darin, den Ländern die Zuständigkeit für den Bevölkerungsschutz insgesamt, d. h. einschließlich des Zivilschutzes zu übertragen.

4.4.4 Atomaufsicht

Kernaussage

Die widerstreitenden Interessen zwischen Bund und Ländern haben bei der Atomaufsicht zu Schwachstellen im Verwaltungsvollzug geführt. Seit Jahren können sich Bund und Länder nicht auf ein für die Sicherheit und den Verwaltungsvollzug dringend erforderliches kerntechnisches Regelwerk verständigen.

Der Bundesbeauftragte spricht sich für eine klare und eindeutige Zuteilung der Verantwortung in diesem Bereich aus. Der Bund, dem durch die Föderalismusreform I bereits die ausschließliche Gesetzgebungszuständigkeit im Atombereich übertragen wurde, sollte zumindest die Möglichkeit erhalten, das für den Verwaltungsvollzug notwendige und für die Sicherheit der Atomanlagen bedeutsame kerntechnische Regelwerk gegenüber den Ländern verbindlich und einheitlich festzulegen, ohne dass es einer zustimmungsbedürftigen Mitwirkung der Länder bedarf („kleine Entflechtung"). Hierfür kommt insbesondere das Instrument der Rechtsverordnung in Betracht.

Darüber hinaus spricht das von wesentlichen Prinzipien des Grundgesetzes getragene Gebot der Entflechtung dafür, auch die Möglichkeiten einer „großen Entflechtung" in die weiteren Überlegungen einzubeziehen. Hierfür bieten sich grundsätzlich zwei Optionen an: Die den Ländern bislang obliegenden Vollzugsaufgaben der Atomaufsicht werden auf den Bund übertragen (Entflechtung „nach oben") oder die Aufsicht des Bundes im Bereich der Atomverwaltung wird zurück genommen und der Vollzug in die alleinige Verantwortung der Länder gegeben (Entflechtung „nach unten").

4.4.4.1 Regelungs- und Vollzugsverantwortung

Die Länder führen im Auftrag des Bundes die Genehmigung und die Aufsicht kerntechnischer Anlagen durch (Atomaufsicht).[320] Verantwortliche Genehmigungs- und Aufsichtsbehörden in den Ländern sind die jeweils zuständigen Landesministerien. Der Bund übt seine Aufsicht über den Gesetzesvollzug durch die Länder durch das Bundesministerium für Umwelt, Naturschutz und Reaktorsicherheit (Bundesministerium) aus. Da die Länder die ihnen nach dem Atomgesetz obliegende Atomaufsicht im Auftrag des Bundes ausüben, hat der Bund die Rechts- und Fachaufsicht über den Landesvollzug; ihm stehen insoweit alle Aufsichtsrechte der Bundesauftragsverwaltung zu[321].

Der Verfassungsgesetzgeber hat im Rahmen der Föderalismusreform I[322] die Gesetzgebungskompetenz für die Erzeugung und Nutzung der Kernenergie zu friedlichen Zwecken, die auch die von den Ländern auszuführende Atomaufsicht umfasst, von der konkurrierenden Gesetzgebungszuständigkeit in die ausschließliche Zuständigkeit des Bundes übertragen (Art. 73 Abs. 1 Nr. 14 GG). Faktisch hat diese Änderung im Vergleich zur früheren Praxis keine wesentliche Änderung herbeigeführt, da der Bund bereits zuvor von seinem konkurrierenden Gesetzgebungsrecht im Atombereich umfassenden Gebrauch gemacht und damit für eine (konkurrierende) Gesetzgebung der Länder keinen Raum gelassen hatte.

---

[320] Vgl. Art. 87c GG i. V. m. § 24 AtG.

[321] Vgl. zu diesen im Einzelnen *Anhang I* (Tz. 3).

[322] Gesetz zur Änderung des Grundgesetzes (Artikel 22, 23, 33, 52, 72, 73, 74, 74a, 75, 84, 85, 87c, 91a, 91b, 93, 98, 104a, 104b, 105, 107, 109, 125a, 125b, 125c, 143c) vom 28.08.2006 (BGBl. I S. 2034).

Allerdings hat der Verfassungsgesetzgeber mit der Kompetenzüberführung nunmehr stillschweigend[323] klargestellt, dass die alleinige (und ausschließliche) Regelungsverantwortung für den gesamten Bereich der Kernenergie beim Bund liegt, ohne dass es hierzu noch einer wie immer gearteten Erforderlichkeitsprüfung bedarf. Der Verfassungsgesetzgeber hat den Atombereich hiermit – unwiderlegbar und uneingeschränkt[324] – als Regelungs- und Verantwortungsraum des Bundes bestimmt; entsprechend dem Transparenzgebot[325] hat er die Aufgabe der Norm- und Richtungsgebung in diesem Bereich damit klar, eindeutig und ungeteilt dem Bund übertragen.

4.4.4.2 Durchführungsrecht als Annex zur Regelungskompetenz

(1) Um ihre Vollzugsaufgaben im Bereich des Atomgesetzes wahrnehmen zu können, sind die Genehmigungs- und Aufsichtsbehörden der Länder auf Durchführungsrecht zum Atomgesetz angewiesen, das „offene Normen“ des Gesetzes präzisiert und praktisch anwendbar macht. Das Atomgesetz enthält wie das gesamte Technik- und Umweltrecht zahlreiche auslegungsbedürftige unbestimmte Rechtsbegriffe (auf Tatbestandsseite) und Ermessensspielräume (auf Rechtsfolgenseite).

So ist nach § 7 Abs. 2 Nr. 3 AtG eine wesentliche Genehmigungsvoraussetzung für den Betrieb oder die wesentliche Veränderung von Atomkraftwerken[326], dass „*die nach dem Stand von Wissenschaft und Technik erforderliche Vorsorge gegen Schäden durch die Errichtung und den Betrieb der Anlage getroffen ist*“.

Für den hier behandelten Bereich der Ausführung eines Bundesgesetzes durch die Länder bedeutet der Gebrauch „offener Normen“ im Gesetz, dass nur eine Auslegungs- und Anwendungsregel des Bundes verbindlich und einheitlich für alle Länder festlegen kann, wie ein unbestimmter Rechtsbegriff aus dem Atomgesetz in der Verwaltungspraxis (aller Länder) zu handhaben ist.

Als rechtstechnische Instrumente des Bundes, um einheitliche Standards für den Ländervollzug zu setzen, kommt hierfür grundsätzlich der Erlass einer allgemeinen Verwaltungsvorschrift oder einer Rechtsverordnung in Betracht. Allgemeine Verwaltungsvorschriften sind behördenbindendes Innenrecht, Rechtsverordnungen sind allgemeinverbindliches Außenrecht (materielles Gesetz). Die Grenzen zwischen beiden sind fließend. In vielen Fällen ist es denkbar, dass eine bestimmte sachliche Regelung mit gleichem Inhalt und gleicher Wirkung durch Verwaltungsvorschrift oder Rechts-

---

323 Gründe für die Überführung sind in den Gesetzesmaterialien nicht genannt, die diesbezügliche Gesetzes-„Begründung“ zur Kompetenzüberführung ist rein deklaratorisch; vgl. BT-Drs. 16/813, S. 12 und *Heintzen*, in: Starck, Föderalismusreform, Rn. 87.

324 Das heißt ohne die einschränkenden Zuweisungs- und Abweichungsmerkmale der konkurrierenden Gesetzgebung nach Art. 72 GG; vgl. zu diesen *Oeter,* in: Starck, Föderalismusreform, Rn. 21 ff.

325 Vgl. oben Tz. 3.3.3.

326 Das Atomgesetz (§ 7 Abs. 1 S. 1 AtG) spricht von „ortsfesten Anlagen zur Erzeugung oder Bearbeitung oder Verarbeitung oder zur Spaltung von Kernbrennstoffen oder zur Aufarbeitung bestrahlter Kernbrennstoffe“.

verordnung getroffen wird.[327] Funktional sind Verwaltungsvorschriften administrativ verortet, während Rechtsverordnungen abgeleitete Rechtsnormen der Exekutive kraft Delegation im Funktionsbereich der Legislative sind.[328]

(2) Entscheidend für die Vollzugspraxis und auch für die Betreiber von Atomanlagen wie für die Bürgerinnen und Bürger[329] ist damit, dass beide Instrumente (allgemeine Verwaltungsvorschriften und Rechtsverordnungen), wenn der Bund sie erlässt, von den Ländern bei der Ausübung der ihnen obliegenden Atomaufsicht als bindende Vorgaben und Standards zu beachten sind. Unbeschadet der Tatsache, dass beide Instrumente nach geltendem Recht nur mit Zustimmung der im Bundesrat vertretenen Länder erlassen werden können[330], sind sie für den Bund das Mittel der Wahl, um die Länder im Vollzug seines Gesetzes an von ihm gesetzte und von ihm in eigener Zuständigkeit erlassene und verantwortete Vollzugsvorgaben zu binden und damit die Grundvoraussetzungen für einen – auch gegenüber den Rechtsunterworfenen – einheitlichen Gesetzesvollzug im gesamten Wirkungsbereich des Atomgesetzes (bundesweit) zu schaffen.

Beide Instrumente zielen darauf ab, dass der Bund als zuständiger Normgeber durch untergesetzliches Regelwerk den Vollzug seiner im Atomgesetz getroffenen Grundentscheidungen in die Verwaltungspraxis der Länder hinein sicherstellen kann. Hierfür trägt er, gleichsam als Annex seiner (jetzt ausschließlichen) gesetzlichen Regelungskompetenz und als Teil seines klar zugewiesenen regulativen Handlungsraums, die Verantwortung; und hierfür hat er sich, als exekutiver Regelgeber, demokratisch zu legitimieren.[331]

4.4.4.3 Interessenkollision und mangelnder Regelungsoutput

Nach den Prüfungsfeststellungen des Bundesrechnungshofes ist es dem Bund in den vergangenen Jahren und Jahrzehnten bis heute jedoch nicht gelungen, in angemessener und ausreichender Weise ein einheitliches und verbindliches Durchführungsrecht zum Vollzug des Atomgesetzes durch die Länder zu schaffen.[332]

---

327 Vgl. *Maurer*, Allgemeines Verwaltungsrecht, § 24 Rn. 37 ff. m. w. H. zu den Unterscheidungsmerkmalen im Einzelnen.

328 Vgl. *Ossenbühl,* Verwaltungsvorschriften und Grundgesetz, S. 166 ff.

329 Der Schutz von Leben, Gesundheit und Sachgütern ist nach § 1 Nr. 2 AtG ein wesentlicher Schutzzweck des Gesetzes.

330 Vgl. Art. 85 Abs. 2 S. 1 GG (allgemeine Verwaltungsvorschriften) und Art. 80 Abs. 2 GG (Rechtsverordnungen).

331 Vgl. oben Tz. 3.3.2.

332 Das Bundesministerium selbst legte zuletzt im Jahre 2006 dar, dass das geltende kerntechnische Regelwerk dringend modernisierungsbedürftig sei. Deutschland sei auch international in der Kritik, da für den Betrieb von Kernkraftwerken nach neuem Stand von Wissenschaft und Technik verbindliche Normen fehlten. Daher sollten wesentliche Teile des überwiegend in den siebziger und achtziger Jahren entstandenen kerntechnischen Regelwerks entsprechend dem heutigen Stand von Wissenschaft und Technik aktualisiert werden.

So hat der Bund wegen seiner unterschiedlichen Auffassungen zu den in seinem Auftrag tätigen Ländern seit dem Jahre 1999 zur Atomaufsicht und den dort bedeutsamen präventiven Sicherheitsanforderungen keine Rechtsverordnung mehr erlassen[333]. Die Bundesregierung ging davon aus, dass die erforderliche Zustimmung der Länder im Bundesrat nicht zu erreichen sei.[334] Eine Verordnung zu Sicherheitsanforderungen für Kernkraftwerke und andere kerntechnische Anlagen existiert deshalb bis heute nicht.

Was das zweite Steuerungsinstrument des Bundes für den Vollzug des Atomgesetzes anbetrifft – die allgemeinen Verwaltungsvorschriften –, so hat der Bund seit Inkrafttreten des Atomgesetzes im Jahre 1959 lediglich vier allgemeine Verwaltungsvorschriften erlassen[335]; die zuletzt eingeführte allgemeine Verwaltungsvorschrift stammt aus dem Jahre 1995[336] und ist damit mehr als zehn Jahre alt.

Der Bundesrechnungshof hat die Gründe für den spärlichen Regelungs-Output beim Durchführungsrecht des Bundes u. a. darin gesehen, dass bedingt durch den grundsätzlichen politischen Dissens auf Bundes- und Länderseite die erforderlichen Mehrheiten in der Vergangenheit nicht erreichbar waren[337]. Auch die umfängliche Rechtsprechung des Bundesverfassungsgerichts zum Weisungsrecht des Bundes in diesem Bereich zeigt, dass die Interessenkollision der beteiligten Akteure auf Bundes- und Länderseite[338] bei der Atomverwaltung politisch bis in die tägliche Vollzugsarbeit ausstrahlte.[339]

4.4.4.4 Schwachstelle kerntechnisches Regelwerk

(1) Ein für die Praxis besonders bedeutsames, weil die Sicherheitsstandards betreffendes Beispiel für die Interessenkollisionen zwischen Bund und Ländern im Bereich des Durchführungsrechts für die Atomaufsicht ist nach den Prüfungsfeststellungen des Bundesrechnungshofes die Neufassung des dringend modernisierungsbedürftigen kerntech-

---

333 Verordnung für die Überprüfung der Zuverlässigkeit zum Schutz gegen Entwendung oder erhebliche Freisetzung radioaktiver Stoffe nach dem Atomgesetz (Atomrechtliche Zuverlässigkeitsüberprüfungsverordnung – AtZüV) vom 01.07.1999 (BGBl. I S. 1525), zuletzt geändert durch Gesetz vom 21.08.2002 (BGBl. I S. 3322).

334 Die Zustimmung des Bundesrates erfordert die Mehrheit der gesetzlichen Gesamtstimmenzahl der im Bundesrat vertretenen Länder (Art. 52 Abs. 3 S. 1 GG); dies sind 35 von 69 Stimmen, wobei sich die Zahl der Stimmen eines Landes nach Art. 51 Abs. 2 GG bestimmt.

335 Entsprechend der Vorgabe in Art. 85 Abs. 2 S. 1 GG mit Zustimmung des Bundesrates.

336 Allgemeine Verwaltungsvorschrift zur Ausführung des Gesetzes über die Umweltverträglichkeitsprüfung (UVPVwV) vom 18.09.1995 (GMBl. 1995 S. 671).

337 Vgl. auch *Kienbaum*-Gutachten zur Zukunftsfähigkeit der Bundesauftragsverwaltung im Bereich des Atomrechts vom 22.09.2004, Tz. 8.1.3.

338 Synonym hierfür war der Begriff des „ausstiegsorientierten Vollzugs" (vgl. *Sendler*, DÖV 1992, 181) und das von der Bundesaufsicht als Reaktion vor dem Bundesverfassungsgericht erstrittene Recht zur Ausübung der Sachkompetenz gegenüber den Ländern; vgl. BVerfGE 81, 310 (331) (Kalkar-Urteil 1990) sowie BVerfGE 104, 249 (Biblis-Urteil 2002).

339 Die politische Auseinandersetzung um die friedliche Nutzung der Kernenergie ist in der Praxis auf den lange Zeit eher „unauffälligen Verwaltungstyp der Bundesauftragsverwaltung" durchgeschlagen; vgl. *Ossenbühl*, in: Brenner u. a., FS für Badura, S. 975 ff.

nischen Regelwerks. Dieses bildet einen Dreh- und Angelpunkt in der Atomaufsicht. Denn nach § 7 Abs. 1 AtG darf der Betrieb oder die wesentliche Veränderung von ortsfesten Anlagen zur Erzeugung von Kernenergie von der Atomaufsicht (Länder) nur genehmigt werden, wenn u. a. die nach dem *„Stand von Wissenschaft und Technik erforderliche Vorsorge gegen Schäden durch die Errichtung und den Betrieb der Anlage getroffen ist"* (§ 7 Abs. 2 Nr. 3 AtG).

Entscheidende Bedeutung für die präventiven Sicherheitsstandards, die der Betreiber einer Atomanlage zu beachten und die Atomaufsicht des jeweiligen Landes diesem abzuverlangen hat, kommt damit dem unbestimmten Rechtsbegriff „Stand von Wissenschaft und Technik" und seiner Definition zu. Eine bundeseinheitliche, aktuelle und für die Länder rechtsverbindliche Festlegung der Anforderungen durch den Bund existiert bis heute nicht.[340]

Vielmehr wird das von der Praxis anzuwendende kerntechnische Regelwerk nach dem Stand von Wissenschaft und Technik derzeit in einem verflochtenen Gremiensystem von Bund, Ländern und externen Gutachtern verhandelt und über Richtlinien, Leitlinien und sonstige weiche Instrumente gesteuert, die weder rechtsverbindlich sind noch eine klare Zuordnung der Verantwortlichkeiten erkennen lassen.[341] Im Einzelnen stellt sich die Anwendungspraxis des kerntechnischen Regelwerks und seine Entwicklung wie folgt dar:

(2) Der Stand von Wissenschaft und Technik (§ 7 Abs. 2 Nr. 3 AtG) ist im Wesentlichen in folgenden sicherheitstechnischen „Vorschriften" erläutert:

- Sicherheitskriterien des Bundesministeriums des Innern für Kernkraftwerke[342];
- Richtlinien eines Bundesministeriums, z. B. für die Fachkunde von Kernkraftwerkspersonal[343];
- Sicherheitstechnische Leitlinien der Reaktor-Sicherheitskommisson (RSK)[344];
- Regeln des Kerntechnischen Ausschusses (KTA)[345].

---

340 Weder in Form einer Rechtsverordnung noch als allgemeine Verwaltungsvorschrift; zu beiden Instrumenten vgl. oben Tz. 4.4.4.2.

341 Gemessen an der den Bundesbeauftragten leitenden Maßgabe der Entflechtung (vgl. oben Tz. 3.3) mit ihrem Gebot der eindeutigen und ungeteilten Zuordnung von Verantwortlichkeit (Transparenzgebot) wie auch der gestärkten, das heißt autonomen Handlungsfähigkeit des jeweiligen Aufgabenträgers (Demokratieprinzip), ist dies bedenklich.

342 Z. B. Sicherheitskriterien für Kernkraftwerke vom 21.10.1977 (BAnz. 1977 Nr. 206).

343 Richtlinie für Programme zur Erhaltung der Fachkunde des verantwortlichen Schichtpersonals in Kernkraftwerken, Bekanntmachung des Bundesministeriums vom 01.09.1993 (RS I 3- 13831 – 3/2).

344 Z. B. RSK-Leitlinie für Druckwasserreaktoren (Ursprungsfassung, 3. Ausgabe vom 14.10.1981 mit Änderungen vom 15.11.1996). Die RSK ist ein vom Bundesministerium für Umwelt, Naturschutz und Reaktorsicherheit eingerichtetes Expertengremium. Es soll das Bundesministerium sachverständig und objektiv in allen Angelegenheiten der Sicherheit und Sicherung von kerntechnischen Anlagen und der Entsorgung radioaktiver Abfälle beraten; vgl. § 2 ihrer Satzung vom 22.12.1998 (BAnz. 1999 S. 201; www.rskonline.de).

345 Der KTA wurde im Jahre 1972 durch Erlass des Bundesministeriums für Bildung und Wissenschaft nach dem Vorbild des "Deutschen Dampfkessel-Ausschusses (DDA)" eingerich-

Da diese „Vorschriften" weder über Rechtsverordnungen noch über allgemeine Verwaltungsvorschriften des Bundes umgesetzt wurden, sind sie für die Länder rechtlich nicht verbindlich. Das geltende kerntechnische Regelwerk setzt sich somit aus einer Vielzahl von unverbindlichen Einzelregelungen zusammen; ein rechtsverbindliches, systematisch aufgebautes Gesamtregelwerk gibt es nicht. Zudem ist nicht durchgängig geprüft, ob das geltende, zersplitterte kerntechnische Regelwerk noch mit dem Stand von Wissenschaft und Technik übereinstimmt.

Insbesondere neuere Entwicklungen, wie sie sich z. B. aus den in der Internationalen Atomenergieorganisation (IAEO) diskutierten Sicherheitsanforderungen ableiten lassen, fanden bislang keinen Eingang in das deutsche kerntechnische Regelwerk. Hierzu zählen z. B. Entwicklungen der letzten Jahre zum Sicherheitsmanagement[346] und zur digitalen Steuerungstechnik. Beim Bau der bundesdeutschen Kernkraftwerke stand nur eine analoge Steuerungstechnik zur Verfügung. Die in späteren Jahren entwickelte digitale Steuerungstechnik soll deshalb zunehmend die noch vorhandene analoge Technik ersetzen. Das geltende Regelwerk enthält zur digitalen Steuerungstechnik und zum Wechsel der Steuerungstechnik keine verbindlichen Ausführungen.

Seit Anfang der 90-er Jahre waren deshalb in der Verwaltung (Bundesministerium und Länder) Zweifel aufgekommen, ob das kerntechnische Regelwerk noch den aktuellen Stand von Wissenschaft und Technik sachgerecht abbildete. Ständig aktualisiert wurden nur die jeweils einzelne Sicherheitsaspekte betreffenden Fachregeln des KTA.[347] Die bis dahin unternommenen Ansätze, das kerntechnische Regelwerk insgesamt zu modernisieren und in einem für alle Beteiligten rechtsverbindlichen, systematischen und transparenten Gesamtwerk zusammenzufassen, sind dagegen gescheitert.

4.4.4.5 Verflechtung als Ursache

(1) Die nachfolgend skizzierte, auf den Prüfungserkenntnissen des Bundesrechnungshofes beruhende Darstellung macht deutlich, dass die wesentlichen Ursachen dieses „Scheiterns" in den divergierenden Interessen der beteiligten Akteure in Bund und Ländern, gekoppelt mit der starken Verflechtungsstruktur auch im Bereich der Setzung von verbindlichem Durchführungsrecht und den damit einhergehenden Vetomöglichkeiten zu sehen sind.

---

tet. Er hat die Aufgabe, auf Gebieten der Kerntechnik, bei denen sich auf Grund von Erfahrungen eine einheitliche Meinung von Fachleuten der Hersteller, Ersteller und Betreiber von Atomanlagen, der Gutachter (z. B. TÜV) und der Behörden abzeichnet, für die Aufstellung sicherheitstechnischer Regeln zu sorgen und deren Anwendung zu fördern. Derzeit gibt es ca. 90 KTA-Fachregeln (www.kta-gs.de).

346 Das Sicherheitsmanagement umfasst die Gesamtheit der Tätigkeiten zur Planung, Organisation, Leitung und Kontrolle von Personen und Arbeitsaktivitäten im Hinblick auf die effiziente Erreichung einer hohen Sicherheitsleistung.

347 Als Beispiel sei genannt: KTA 3101.3 "Auslegung der Reaktorkerne von Druck- und Siedewasserreaktoren; Teil 3: Mechanische und thermische Auslegung" (60. KTA-Sitzung, 07.11.2006).

Dem Bundesbeauftragten geht es dabei nicht darum, Interessengegensätze der beteiligten Ebenen und ihrer Akteure in der Vergangenheit (und Gegenwart) auszubreiten und zu kritisieren. Dies ist weder seine Aufgabe noch würde es dem Verständnis bundesstaatlicher Ordnung gerecht. Denn in einem föderativ verfassten Mehrebenensystem sind widerstreitende Interessen legitim und diesem gleichsam immanent. Nach der oben genannten Leitlinie[348] der Entflechtung und insbesondere der sie tragenden Grundprinzipien der Demokratie und Transparenz[349] ist es aber bedenklich, wenn durch die Kombination von widerstreitenden Interessen und Überverflechtung die eine Ebene nicht mehr ohne die andere ihrer Verantwortung autonom und jeweils eindeutig zurechenbar nachkommen kann. Die Verflechtung ist dann entsprechend aufzubrechen. Durch geeignete Maßnahmen ist die Möglichkeit zu schaffen, die aus Sicht der jeweiligen Ebene jeweils legitimen, sich jedoch widerstreitenden Eigeninteressen systemgerecht dadurch „aufzulösen", dass diejenige Ebene, der die Verantwortung für einen bestimmten Bereich zugewiesen ist, die in Widerstreit stehende Sachentscheidung autonom treffen kann. Ob die dann getroffene Entscheidung richtig oder falsch ist, „entscheidet" dann nicht mehr die mitverflochtene Ebene – indem sie die Entscheidung der anderen und eigentlich zuständigen Ebene durch Ausnutzung aller Verflechtungsschrauben im Ergebnis verhindern kann –, sondern die Mehrheit des Volkes im demokratischen Prozess der Wahlen.[350] Diese sind das richtige und einzig legitime Korrektiv auch und gerade im demokratischen Bundesstaat.

Dies vorausgeschickt hat sich nach den Prüfungserkenntnissen des Bundesrechnungshofes die Schwachstelle „Kerntechnisches Regelwerk" verflechtungsbedingt wie folgt entwickelt:

(2) Auf Initiative des Bundesministeriums sollte der KTA ab dem Jahre 1998 unter Berücksichtigung der damals bekannten sicherheitsrelevanten Defizite beim kerntechnischen Regelwerk einen neuen, umfassenden und später durch den Bund allgemeinverbindlich umzusetzenden Vorschriftenkatalog zu den nach § 7 Abs. 2 Nr. 3 AtG einzuhaltenen Sicherheitsstandards entwickeln (sogenannter „KTA-2000").

Das Bundesministerium kam aufgrund der Stellungnahme der RSK vom 13. März 2003 jedoch zu der Auffassung, der inzwischen erstellte Entwurf des KTA-2000 bilde nicht den aktuellen Stand von Wissenschaft und Technik ab, da er sehr viele Ausnahmen und Kompromisse enthalte. Das Projekt KTA-2000 sah das Bundesministerium deshalb als endgültig gescheitert an. Daraufhin beschloss das Präsidium des KTA, das Projekt mit Wirkung vom November 2003 ruhen zu lassen.

Das Bundesministerium beauftragte daraufhin die Gesellschaft für Anlagen- und Reaktorsicherheit (GRS)[351] mit der Erarbeitung eines neuen kerntechnischen Regel-

---

348 Vgl. Tz. 3.4.

349 Vgl. Tz. 3.3.

350 Vgl. hierzu im Einzelnen Tz. 3.3.

351 Die GRS ist eine technisch-wissenschaftliche Forschungs- und Sachverständigenorganisation mit dem Schwerpunkt Nuklearsicherheit. Sie wurde im Jahre 1976 als Zusammenschluss des Laboratoriums für Reaktorregelung und Anlagensicherung (LRA) und des Instituts für

werks, u. a. auf der Basis der vorhandenen Arbeitsergebnisse des KTA, der wissenschaftlichen Erkenntnisse sowie der internationalen Regeln und Vereinbarungen (insbesondere der IAEO). Der von der GRS erarbeitete Entwurf eines neuen kerntechnischen Regelwerks (GRS-Entwurf) sah unter dem Titel „Grundlagen für die Sicherheit von Kernkraftwerken – Sicherheitsanforderungen nach dem Stand von Wissenschaft und Technik (Sicherheitsanforderungen für Kernkraftwerke)" insgesamt elf Module zu allen wesentlichen Sicherheitsfragen und -standards vor.

Da das Bundesministerium aus Sicht der Länder damit den bislang auf Konsens ausgerichteten Prozess zur Erstellung des kerntechnischen Regelwerks durch den KTA beendet hatte und die GRS ein übergeordnetes kerntechnisches Regelwerk in seinem alleinigen Auftrag entwerfen ließ (Entwurf-GRS), konnte der Bund in der Folge weder mit den Ländern noch mit den Betreibern und den übrigen Gutachtern – alle Mitglieder des KTA – Einigung über die Beratung und Verabschiedung eines neuen kerntechnischen Regelwerkes erzielen. Die hierfür wesentlichen Gründe waren:

(3) Die Betreiber und die Länder befürchteten, dass das Bundesministerium durch die einseitige Erarbeitung des kerntechnischen Regelwerkes über die GRS Sicherheitsanforderungen festlegen würde, die von den derzeit in Betrieb befindlichen Kernkraftwerken nicht zu erfüllen wären. Das mit dem GRS-Entwurf neu in Angriff genommene Regelwerk diente aus ihrer Sicht dazu, bei der Genehmigung von wesentlichen Änderungen an der Anlage diese unter Hinweis auf das kerntechnische Regelwerk zu versagen oder die Anforderungen so anzusetzen, dass eine genehmigungsfähige Änderung für die Betreiber wirtschaftlich nicht mehr vertretbar wäre.

Derzeit ist es so, dass die Länder entsprechend der gesetzlichen Vorgabe in § 7 Abs. 2 Nr. 3 AtG im Genehmigungs- und Aufsichtsverfahren zwar den Stand von Wissenschaft und Technik berücksichtigen. Dabei haben sie jedoch den Grundsatz der Verhältnismäßigkeit zu beachten, soweit die Betreiber der Atomkraftwerke bereits über bestandskräftige Genehmigungen verfügen. Aus diesem Grund ist bei einer Änderung der Anlage oftmals nicht allein auf den Stand abzustellen, der bei einem derzeit neu zu genehmigenden Kernkraftwerk heranzuziehen wäre.[352] Hierfür bot der GRS-Entwurf aus Sicht einiger Länder keine Hilfe sondern bildete ein fiktives Kernkraftwerk nach heutigen Maßstäben ab. Mit dem GRS-Entwurf blieb es aus ihrer Sicht dabei, dass Abweichungen im Einzelfall durch die Länder und den Bund auf der Grundlage von Gutachten geprüft werden müssen. Auch befürchteten sie, dass die Betreiber neue Sicherheitstechnik in Einzelfällen nicht mehr freiwillig einbauten, wenn dafür eine Genehmigung erforderlich sei. Soweit die Kraftwerksbetreiber rechtlich zu einer

---

Reaktorsicherheit der Technischen Überwachungsvereine (IRS) gegründet. Gesellschafter sind der Bund (46 %), die Technischen Überwachungsvereine und German Lloyd (zusammen 46 %) sowie die beiden Sitzländer Bayern und Nordrhein-Westfalen (je 4 %).

352 So sind beispielsweise bei den nach dem neuesten Stand von Wissenschaft und Technik zugrunde zu legenden Anforderungen an die Steuerungstechnik (digital) bei älteren Kraftwerken mit Bestandsschutz Abweichungen möglich, soweit die Sicherheit der Anlagen dadurch nicht beeinträchtigt wird.

Erneuerung nicht verpflichtet seien, dies aber aus Sicherheitsgründen sinnvoll sei – wie z. B. bei der Umrüstung auf digitale Steuerung –, bestehe die Gefahr, dass die Betreiber auf eine Modernisierung verzichteten, da bei einem Genehmigungsverfahren auf der Basis des GRS-Regelwerks die möglichen Auflagen zusätzliche kostenintensive Maßnahmen erfordern könnten.

Die Länder wandten sich insbesondere dagegen, dass der Bund das aus ihrer Sicht gute System des KTA-2000 „*kaputt gemacht*" habe. Das System mit der Anpassung an den Stand von Wissenschaft und Technik sowie das Regelwerk KTA-2000 hätten den Vorteil, dass auch der Sachverstand der Länder, der Betreiber und der Sachverständigen vor Ort eingeflossen sei. Sowohl der Bund als auch die GRS seien zu weit weg von den tatsächlichen Problemen „*vor Ort*".

Das Bundesministerium war dagegen der Auffassung, dass das kerntechnische Regelwerk den gegenwärtigen Stand von Wissenschaft und Technik abbilden müsse. Die Länder könnten zwar im Rahmen ihrer Genehmigungs- und Aufsichtspraxis prüfen, ob eine beantragte Änderung der Anlage, die den heutigen Ansprüchen nicht genüge, im Hinblick auf die bestehende Betriebsgenehmigung aus Gründen der Verhältnismäßigkeit zulässig sei. Das Bundesministerium habe jedoch im Rahmen seiner Aufsichtstätigkeit die Möglichkeit, die Entscheidung des Landes zu überprüfen. Soweit es aufgrund dieser Prüfung zu einer anderen Auffassung gelange, könne es dem jeweiligen Land unter Hinweis auf das kerntechnische Regelwerk die Weisung erteilen, die Genehmigung zu versagen.

(4) Das Bundesministerium sieht zwei Möglichkeiten, das von der GRS entwickelte kerntechnische Regelwerk einzuführen:

Der Hauptausschuss des Länderausschusses für Atomenergie, in dem neben den Ländern auch der Bund vertreten ist,[353] hat in seiner Sitzung am 19. Januar 2006 beschlossen, das Regelwerk zu verabschieden und seine grundlegenden Elemente dann als Rechtsverordnung oder allgemeine Verwaltungsvorschrift des Bundes auf den Weg zu bringen. Aufgrund des Zustimmungserfordernisses des Bundesrates bei beiden Instrumenten[354] wird dieser Weg allerdings nur dann erfolgreich sein, wenn die Länder letztendlich mit Mehrheit im Bundesrat zustimmen werden. Aufgrund dessen ist davon auszugehen, dass die Länder ihre Zustimmung von einer Überarbeitung des GRS-Entwurfs in ihrem Sinne abhängig machen werden. Das Bundesministerium selbst geht davon aus, dass im Verlauf des Jahres 2007 Klarheit darüber bestehen wird, ob eine Einigung mit den Ländern möglich ist. Da die Konsensfindung jedoch bereits bei der Entwicklung des Regelwerks KTA-2000 gescheitert ist, wird eine Einigung aus der Sicht einzelner Länder – wenn überhaupt – erst in ein paar Jahren zum Erlass einer Rechtsverordnung oder einer allgemeinen Verwaltungsvorschrift führen.

Sollte mit den Ländern keine Einigung erzielt werden, beabsichtigt das Bundesministerium, den Ländern, den Betreibern und den Gutachtern mitzuteilen, dass „Maß-

[353] Der Ausschuss ist ein konsensuelles Bund-Länder-Gremium ohne Rechtsverbindlichkeit.

[354] Vgl. oben Tz. 4.4.4.2.

stab der bundesaufsichtlichen Prüfung“ künftig das von der GRS erarbeitete kerntechnische Regelwerk sein wird. Falls sich die Länder nicht daran hielten, werde das Bundesministerium im Rahmen der Bundesaufsicht das Land bei den einzelnen Genehmigungen zur Einhaltung des kerntechnischen Regelwerkes – ggf. durch eine Weisung – anhalten. Das Bundesministerium vertritt die Auffassung, dass diese Art der Einführung mit den verfassungsrechtlichen Vorgaben (Art. 80 Abs. 2, Art. 85 GG) vereinbar sei. Gleichwohl rechnet es in diesem Fall damit, dass einzelne Länder eine Klage beim Bundesverfassungsgericht einreichen werden.

4.4.4.6 Entflechtungsoptionen

Da sich Bund und Länder bis heute nicht auf ein gemeinsames kerntechnisches Regelwerk einigen konnten und seit Jahren der Erlass von Rechtsverordnungen und allgemeinen Verwaltungsvorschriften mit einer verbindlichen und aktuellen Interpretation des Stands von Wissenschaft und Technik in einem sicherheitsrelevanten Bereich nicht möglich war, sollten die Verwaltungsbeziehungen von Bund und Ländern beim Vollzug des Atomgesetzes transparenter gestaltet und insbesondere die Verantwortlichkeiten klarer zugeordnet werden. Dies schließt eine Stärkung der Eigenverantwortlichkeit und autonomen Entscheidungs- und Handlungsfähigkeit der jeweiligen Ebene mit ein. Das von den grundlegenden Prinzipien des Grundgesetzes (Subsidiarität, Demokratie, Transparenz) getragene Gebot der Entflechtung[355] legt dies nahe.

Für die erforderliche Entflechtung der Verwaltungsstrukturen in der Atomaufsicht sind aus Sicht des Bundesbeauftragten drei Wege denkbar:

(1) *„Kleine Entflechtung“*

Die Verantwortung für den Erlass von Durchführungsrecht für die Atomverwaltung wird entflochten. Dieser Bereich hat sich nach den Prüfungserkenntnissen des Bundesrechnungshofes in der Praxis der Verwaltungsbeziehungen von Bund und Ländern als wesentliche Schwachstelle erwiesen, wie das Beispiel „Kerntechnisches Regelwerk“ zeigt.

Der Bund, dem bereits die ausschließliche gesetzliche Regelungskompetenz für den gesamten Atombereich zusteht[356], wird ermächtigt, das für den Vollzug des Atomgesetzes notwendige Durchführungsrecht verbindlich und einheitlich festzulegen, ohne dass es einer zustimmungsbedürftigen Mitwirkung der Länder über den Bundesrat bedarf.

Soll das Durchführungsrecht als allgemeinverbindliches Außenrecht durch das Instrument der Rechtsverordnung[357] gesetzt werden, könnte diese Möglichkeit für den Bund über eine entsprechende Ermächtigung in einem Bundesgesetz (z. B. im Atom-

[355] Vgl. Tz. 3.3 und 3.4 (Leitlinie).
[356] Vgl. Tz. 4.4.4.1.
[357] Zur Instrumentenwahl vgl. Tz. 4.4.4.2.

gesetz) eröffnet werden.[358] Soweit das Durchführungsrecht hingegen als behördenbindendes Innenrecht durch das Instrument der allgemeinen Verwaltungsvorschrift gesetzt werden soll, wäre eine Änderung des Grundgesetzes erforderlich.[359] Für die Wahl der Rechtsverordnung als Instrument, verbindliches und einheitliches Durchführungsrecht zu setzen, könnte insoweit sprechen, dass die Zustimmungsfreiheit zum einen einfachgesetzlich umzusetzen wäre, zum anderen die Normkonkretisierung durch Rechtsverordnung rechtssystematisch der Legislative zuzurechnen ist und der Bund für das Atomrecht ohnehin die Gesetzgebungskompetenz inne hat.

Mit dieser „kleinen Entflechtung" wäre die Aufgabe, für ein ausreichendes und angemessenes Vollzugsrecht zu sorgen und hierzu insbesondere angemessene Sicherheitsstandards zu setzen, dem Transparenzgebot entsprechend[360] klar und ungeteilt dem Bund zugewiesen.[361] Ebenso wäre die Verantwortung, von diesem Kompetenz- und Gestaltungsrecht in geeigneter Weise Gebrauch zu machen, klar und auch aus Sicht der Rechtsunterworfenen[362] eindeutig nachvollziehbar und rückverfolgbar dem Bund als exekutivem Regelungsgeber auferlegt; die Verantwortlichkeit für den potenziellen Output oder Nicht-Output für vollzugsrelevante Sicherheitsstandards läge damit unwiderlegbar beim Bund. Eine wesentliche Anforderung des Demokratieprinzips, Verantwortung klar zuzuordnen und eigenständige Autonomieräume der jeweiligen Demokratieebene (hier des Bundes) zu gewährleisten[363], wäre damit besser erfüllt als bislang. Im Übrigen sprechen auch die Grundgedanken der Subsidiarität für eine Entflechtung zugunsten des Bundes in dieser Form. Wenn nämlich das Ziel ist, die friedliche Nutzung der Kernenergie einheitlich für das gesamte Bundesgebiet durch Bundesgesetz zu regeln,[364] und wenn deshalb in gleicher Weise ein für den Vollzug einheitli-

---

358 Art. 80 Abs. 2 GG lässt dies zu. Das Zustimmungserfordernis („Der Zustimmung des Bundesrates bedürfen…") steht unter dem Vorbehalt „anderweitiger bundesgesetzlicher Regelung".

359 Anders als Art. 80 Abs. 2 GG für die Rechtsverordnungen enthält Art. 85 Abs. 2 GG für den Erlass von allgemeinen Verwaltungsvorschriften des Bundes keine Vorbehaltsklausel; die Beteiligung der Länder an deren Erlass über das Zustimmungserfordernis des Bundesrates ist bei der Auftragsverwaltung nach geltendem Verfassungsrecht zwingend und nicht durch einfaches Gesetz abdingbar.

360 Vgl. Tz. 3.3.3.

361 Zwar ist dies formal-juristisch schon bislang der Fall, da der Bundesrat als Verfassungsorgan des Bundes [BVerfGE 1, 299 (311); 8, 104 (120) sowie *Reuter,* Praxishandbuch Bundesrat, S. 89] diesem zuzurechnen und sich die über ihn vermittelte Mitwirkung der Länder damit ebenenrechtlich betrachtet „aus einer Hand", nämlich der des Bundes vollzieht. In der Staatspraxis stellt sich die Lage jedoch, wie das oben angeführte Beispiel der Schwachstelle „Kerntechnisches Regelwerk" zeigt, anders dar, da die Länder zwar über den Bundesrat als Bundesorgan in die Willensbildung und Entscheidungsfindung des Bundes eingebunden sind, aber – wie von der Verfassung beabsichtigt – dort ihre eigenen (Länder)Interessen einbringen.

362 Rechtsunterworfene sind die Betreiber der Atomanlagen als Wirtschaftsteilnehmer wie auch die Bürgerinnen und Bürger als Inhaber der durch das Atomgesetz geschützten Rechtsgüter Leben, Gesundheit und Sachgüter (vgl. § 1 Nr. 2 AtG).

363 Vgl. Tz. 3.3.2.

364 Vgl. als Begründung Tz. 4.4.4.1.

ches Durchführungsrecht und für alle Vollzugsorgane der Länder verbindliche Sicherheitsstandards gewünscht sind, kann dieses Ziel nicht ausreichend durch Maßnahmen der unteren Ebene (Länder) erreicht werden,[365] sondern diese Ziele sind dann besser durch Maßnahmen der oberen Ebene (Bund) zu verwirklichen.[366]

Da bei dieser kleinen Lösung die Verwaltungszuständigkeit bei den Ländern verbliebe, könnte der Bund den bei den Ländern akkumulierten operativen Sachverstand aus der Vollzugspraxis bei der Erarbeitung seiner von ihm – nunmehr in alleiniger Verantwortung – zu setzenden Durchführungsregeln weiterhin über beratende Gremien einbeziehen und einbinden. Die Letztverantwortung über das Ob und Wie seines Handelns verbliebe aber klar und eindeutig beim Bund.

(2) *„Große Entflechtung" zum Bund*

Die bislang in der Vollzugspraxis aufgetretenen Schwierigkeiten, bundesweit einheitliches und verbindliches Durchführungsrecht zu setzen (Schwachstelle „Kerntechnisches Regelwerk") sowie den Vollzug der Atomaufsicht durch die Länder über die Rechts- und Fachaufsicht des Bundes und seiner ihm zustehenden Aufsichtsrechte sinnvoll und zielführend zu steuern und zu überwachen,[367] könnten auch dadurch überwunden werden, dass dem Bund neben der Regelungskompetenz – die er bereits innehat – auch der Vollzug des Atomgesetzes übertragen wird.

Die Kompetenz und Verantwortung für die gesamte Rechtssetzung (Gesetz und Durchführungsrecht) wie auch für den Vollzug läge dann in der Hand ein und derselben staatlichen Ebene (Bund). Verflechtungsstrukturen zwischen Bund und Ländern würden in der Atomverwaltung damit komplett entfallen, Interessenkollisionen von vorneherein vermieden. Unwirtschaftliche Abstimmungsprozesse, langwierige Verfahren, Unsicherheiten bei den Betreibern über die Gangart der staatlichen Aufsicht (Länder) sowie der Aufsicht über die Aufsicht (Bund) wären obsolet. Dem Gebot der Entflechtung wäre damit – insbesondere unter den beiden Gesichtspunkten der Transparenz und Demokratie – in hervorragender Weise entsprochen.

Doch auch Gründe der zielgerechten Aufgabenerfüllung ließen sich für eine Entflechtung zum Bund anführen und könnten – durchaus im Einklang mit den Grundsätzen der Subsidiarität – für eine Übertragung der Verwaltungskompetenz von den Ländern auf den Bund herangezogen werden. So sprechen die einheitliche Verhandlung und Erfüllung von internationalen Standards durch und in der gesamten Bundes-

[365] So könnte z. B. der Erlass von Durchführungsrecht durch das Land A immer nur die Vollzugsbehörden in diesem Land binden, nicht jedoch diejenigen in den Ländern B, C und D. Eine Koordinierung der Vorgaben über die sog. „Dritte Ebene", also der Länder untereinander, wäre zwar auch denkbar, um Einheitlichkeit herbeizuführen. Sie würde aber einen Konsens aller beteiligten Länder voraussetzen und den Bund außen vor lassen. Die Verantwortung bliebe geteilt, sowohl horizontal als auch vertikal.

[366] Vgl. zur Subsidiaritätsregel Tz. 3.3.1.

[367] Vgl. Tz. 4.4.4.3 und die dort beispielhaft zitierten Fundstellen aus Rechtsprechung und Literatur.

republik Deutschland sowie die Risiken der Atomkraft, deren Bedrohungspotenzial naturgemäß nicht an Ländergrenzen haltmacht, sondern zu länderübergreifenden Schadensereignissen führen kann, dafür, die Atomverwaltung in die Hände des Bundes ohne eine Beteiligung der Länder zu legen (Bundeseigenverwaltung). Eine Bundesverwaltung, die für alle Atomkraftwerke die Atomaufsicht übernimmt, wäre zudem besser in der Lage, den Sachverstand problemorientiert zu bündeln.

Gegen eine Bundeseigenverwaltung spräche allerdings, dass die Atomaufsicht in einem sicherheitssensiblen Bereich für die Zeit bis zum Atomausstieg im Jahre 2021 beim Bund neu aufgebaut werden müsste. Insoweit kann nicht ausgeschlossen werden, dass ein Teil des bisher bei den Ländern für die Atomaufsicht zuständigen Personals nicht zum Bund überführt werden kann und daher ein Teil des erforderlichen Sachverstands zumindest vorübergehend verloren gehen könnte.[368]

(3) *„Große Entflechtung" zu den Ländern*

Eine weitergehende Entflechtung könnte auch dadurch erreicht werden, dass die atomrechtliche Aufsicht vollständig auf die Länder übertragen und von diesen ohne Fachaufsicht des Bundes und ohne seine Aufsichtsrechte aus der Auftragsverwaltung als eigene Angelegenheit vollzogen wird. Damit würde eine wesentliche Schnittstelle für die Störanfälligkeit der Verwaltungsbeziehungen von Bund und Ländern im Atombereich entfallen.

Die Ländereigenverwaltung böte zudem den praktischen Vorteil, dass die Länder auch jetzt schon überwiegend für die Atomaufsicht zuständig sind und über den dafür erforderlichen Sachverstand und im Gegensatz zum Bund über eingerichtete, dezentrale Verwaltungsstrukturen in diesem Bereich verfügen. Der Aufbau einer neuen, bundeseigenen Verwaltung wäre entbehrlich, zumal die Aufgaben der Atomaufsicht aufgrund des beschlossenen Atomausstiegs endlich sind[369].

Allerdings müsste auch bei dieser Lösung – will man am Ziel eines einheitlichen und verbindlichen Durchführungsrechts festhalten – zusätzlich die Möglichkeit geschaffen werden, dass der Bund dieses Durchführungsrecht – wie in der kleinen Entflechtungsoption dargestellt – verflechtungsfrei erlassen kann. Würde es nämlich umgekehrt den Ländern überlassen, das Durchführungsrecht jeweils autonom für ihren jeweiligen Wirkungsbereich zu setzen, so wären einheitliche Standards nur noch im Wege der freiwilligen Länderkoordinierung möglich, ohne dass der Bund als ausschließlicher Gesetzgeber im Atombereich hierauf Einfluss nehmen könnte. Hierdurch

---

[368] Zu weiteren Aspekten eines möglichen Übergangs der Verwaltungsverantwortung im Atombereich von den Ländern auf den Bund vgl. *Kienbaum*-Gutachten zur Zukunftsfähigkeit der Bundesauftragsverwaltung im Bereich des Atomrechts vom 22.09.2004, Tz. 7 und Tz. 8 (www.bmu.de/atomenergie).

[369] Zu berücksichtigen ist allerdings, dass der Rückbau und die Sicherung der dann stillgelegten Atomanlagen über den Stichtag des Atomkonsenses hinaus Aufgaben für die staatliche Aufsicht mit sich bringen werden.

entstünde bereits im Bereich der Normsetzung (Gesetz und Durchführungsrecht) eine in sich inkonsistente Teilung der Verantwortlichkeiten.

(4) Aufgrund der voranstehend skizzierten, insbesondere praktischen Probleme und Nachteile, die beide großen Entflechtungsoptionen mit sich bringen, spricht sich der Bundesbeauftragte aus heutiger Sicht für die Umsetzung der kleinen Lösung aus.

4.5 Gesellschaft

4.5.1 Kultur und Sport

Kernaussage

Der Bund fördert Kunst, Kultur und Sport in einem Umfang, der sich nicht mit seiner verfassungsrechtlichen Zuständigkeit deckt. Er okkupiert damit zum Teil originäre Aufgabenfelder der Länder. Der Bundesbeauftragte hält es für geboten, dass sich der Bund auf seine verfassungsrechtlichen Kompetenzen zurückzieht. Soll der Bund mit der Förderung von Kunst, Kultur und Sport ausnahmsweise weitere gesamtstaatliche Aufgaben außerhalb der Hauptstadt wahrnehmen, so sollte dies im Grundgesetz – ggf. ergänzt durch ein Ausführungsgesetz oder eine verbindliche Bund-Länder-Vereinbarung – klargestellt werden. Ziel sollte dabei sein, jegliche Form der Mischfinanzierung zu vermeiden, indem alle Aufgabenbereiche eindeutig einer Ebene zugeordnet werden. Für die Ebene des Bundes sollten hierfür die engen Vorgaben des Bundesverfassungsgerichts zu ungeschriebenen Zuständigkeiten eine kompetenzrechtliche Leitlinie bilden.

4.5.1.1 Rechtsgrundlagen

Die Ausübung der staatlichen Befugnisse und die Erfüllung der staatlichen Aufgaben sind Sache der Länder, soweit das Grundgesetz keine andere Regelung trifft oder zulässt (Art. 30 GG). Danach obliegt die Pflege und Förderung von Kultur und Sport grundsätzlich den Ländern. Dies gilt für die Gesetzgebung ebenso wie für die Verwaltung und Finanzierung (Art. 104a Abs. 1 GG). Das Bundesverfassungsgericht hat die Kulturhoheit der Länder bereits früh als das „Kernstück der Eigenstaatlichkeit der Länder“ bezeichnet.[370]

Von der Grundregel des Art. 30 GG abweichende Aufgabenzuweisungen können sich aus dem geschriebenen Verfassungsrecht ergeben, insbesondere aus Art. 73 f. und 87 f. GG. Im Wege der Verfassungsinterpretation hat das Bundesverfassungsgericht Bundeszuständigkeiten erkannt

- aus der Natur der Sache oder
- kraft Sachzusammenhangs mit einer durch das Grundgesetz ausdrücklich zugewiesenen Aufgabe.

[370] BVerfGE 6, 309 (354).

(1) Zuständigkeit des Bundes aufgrund geschriebenen Verfassungsrechts

Das Grundgesetz enthält keine ausdrückliche Regelung, die eine Zuständigkeit des Bundes für die Förderung von Kultur und Sport begründet. Einzige Ausnahme bildet die Repräsentation des Gesamtstaates in der Hauptstadt Berlin: Dies ist eine Aufgabe des Bundes (Art. 22 Abs. 1 S. 2 GG). Die gesamtstaatliche Repräsentation kann sich auch auf kulturelle Angelegenheiten erstrecken.

(2) Ungeschriebene Zuständigkeit kraft Sachzusammenhangs

Die Gesetzgebungskompetenz des Bundes bildet die äußerste Grenze für seine Verwaltungstätigkeit.[371] Nur soweit seine Gesetzgebungsbefugnis reicht, sind (ungeschriebene) Verwaltungsaufgaben des Bundes zur Pflege von Kunst, Kultur und Sport überhaupt denkbar. Die Zuständigkeit für diese Aufgaben ist zugleich Voraussetzung für eine Finanzierungskompetenz des Bundes (Art. 104a Abs. 1 GG).

Gesetzgeberische Befugnisse des Bundes, an welche ungeschriebene Kompetenzen auf den Gebieten Kunst, Kultur[372] und Sport anknüpfen könnten, gab es bereits vor der ersten Stufe der Föderalismusreform nur in Teilbereichen. Es handelte sich dabei um die Rahmengesetzgebung

- über die allgemeinen Grundsätze des Hochschulwesens (Art. 75 Abs. 1 Nr. 1a GG a. F. i. V. m. Art. 72 GG a. F.) sowie
- über den Schutz deutschen Kulturgutes gegen Abwanderung ins Ausland (Art. 75 Abs. 1 Nr. 6 GG a. F. i. V. m. Art. 72 GG a. F.).

Daneben durfte der Bund unter bestimmten Voraussetzungen bei der Erfüllung von Aufgaben der Länder mitwirken und sich am Ausbau und Neubau von Hochschulen einschließlich der Hochschulkliniken beteiligen (Art. 91a Abs. 1 Nr. 1 GG a. F.).

Das Recht der Rahmengesetzgebung ist mit der ersten Stufe der Föderalismusreform entfallen. Dasselbe gilt für die Gemeinschaftsaufgabe Ausbau und Neubau von Hochschulen einschließlich der Hochschulkliniken.

Der Bund hat aufgrund des Gesetzes zur Änderung des Grundgesetzes vom 28. August 2006 (BGBl. I S. 2034) eine konkurrierende Zuständigkeit für die Gesetzgebung auf dem Gebiet der Hochschulzulassung und der Hochschulabschlüsse, wobei die Länder durch Gesetz abweichende Regelungen treffen können (Art. 72 Abs. 3 Nr. 6 i. V. m. Art. 74 Abs. 1 Nr. 33 GG). Für den Schutz deutschen Kulturgutes vor der Abwanderung in das Ausland steht dem Bund nach der Föderalismusreform die ausschließliche Gesetzgebung zu (Art. 73 Abs. 1 Nr. 5a GG). Beim Hochschulbau können Bund und Länder aufgrund von Vereinbarungen in Fällen überregionaler Bedeutung

---

[371] *Maunz*, in: Maunz/Dürig, Grundgesetz, Bd. VI, Art. 104a Rn. 18 a. E.; *Henneke/Ruge*, in: Schmidt-Bleibtreu/Klein, Grundgesetz, Vorb. v. Art. 83 Rn. 10; *Henneke*, in: Heuer, Haushaltsrecht, Art. 104a Rn. 6.

[372] Im Folgenden wird ein weiter Begriff der Kulturpflege zugrunde gelegt, vgl. hierzu *Steiner*, in: Isensee/Kirchhof, HStR IV, 3. Aufl. 2006, § 86 Rn. 1.

zusammenwirken, wenn es um die Förderung von Forschungsbauten einschließlich Großgeräten geht (Art. 91b Abs. 1 S. 1 Nr. 3 GG).

Weiterhin hat der Bund die ausschließliche Gesetzgebung über die auswärtigen Angelegenheiten. Diese Kompetenz umfasst auch die Pflege des deutschen Kulturgutes im Ausland (Art. 73 Abs. 1 Nr. 1 GG). Allerdings ist die Wahrnehmung der Rechte der Bundesrepublik Deutschland als Mitgliedstaat der Europäischen Union dem Bund entzogen, wenn im Schwerpunkt ausschließliche Gesetzgebungsbefugnisse der Länder auf den Gebieten der schulischen Bildung, der Kultur oder des Rundfunks betroffen sind; die Rechte nimmt dann ein vom Bundesrat benannter Vertreter der Länder unter Beteiligung und in Abstimmung mit der Bundesregierung wahr (Art. 23 Abs. 6 GG).

(3) Grundlage im geschriebenen Recht

Ungeschriebene Aufgabenzuweisungen müssen stets auf einer Grundlage im geschriebenen Recht fußen, denn bei den Regeln über die Zuständigkeit kraft Sachzusammenhangs und aus der Natur der Sache handelt es sich um Auslegungsregeln für das geschriebene Recht.[373] Das Bundesverfassungsgericht hat klargestellt, dass eine mangelnde finanzielle Leistungsfähigkeit der Länder keine ungeschriebene Finanzierungskompetenz des Bundes begründet. Für stillschweigende Verwaltungs- und Finanzierungskompetenzen des Bundes hat es restriktive Voraussetzungen entwickelt[374], die gemeinsam erfüllt sein müssen:[375]

- Die Ausführung von Bundesgesetzen durch die Länderverwaltung muss unmöglich sein, z. B. bei Gesetzen, deren Zweck durch das Verwaltungshandeln eines Landes überhaupt nicht erreichbar ist. Zweckmäßigkeitsgesichtspunkte dürfen bei der Beurteilung dieser Frage keine Rolle spielen.
- Der Wirkungsbereich der Aufgabe muss sich auf das gesamte Bundesgebiet erstrecken.
- Der Grundsatz des bundesfreundlichen Verhaltens ist zu beachten.

4.5.1.2 Extensive Kulturförderung durch den Bund

Der Bund orientiert seine Förderpraxis bei der Pflege von Kunst, Kultur und Sport an dem – nicht zustande gekommenen – Flurbereinigungsabkommen aus dem Jahre 1971. Bund und Länder hatten darin eine klarstellende Beschreibung ihrer verfassungsrechtlichen Kompetenzen angestrebt. In ihm war vorgesehen, dem Bund im Wege einer zwischen Bund und Ländern abgestimmten Verfassungsinterpretation ein größerer Handlungsspielraum bei der Kulturförderung einzuräumen. Eine Förderung durch den Bund sollte danach für zulässig erachtet werden, wenn sie der „gesamtstaat-

---

373 *Prokisch*, in: Dolzer/Vogel/Graßhof, BK, Art. 104a Rn. 132.

374 BVerfGE 12, 205 (Erstes Rundfunkurteil); 22, 180 (Jugendhilfe).

375 Vgl. auch *Prokisch*, in: Dolzer/Vogel/Graßhof, BK, Art. 104a Rn. 134; ähnlich *Maunz*, in: Maunz/Dürig, Grundgesetz, Bd. VI, Art. 104a Rn. 18 a. E.

lichen Repräsentation" dient. Allerdings konnte kein Einvernehmen über eine Definition dieses Begriffs erzielt werden, da die Länder eine Ausdehnung der Aktivitäten des Bundes auf nahezu alle bedeutsamen wissenschaftlichen und künstlerischen Einrichtungen befürchteten.

Tatsächlich hat der Bund, auch nachdem das Flurbereinigungsabkommen nicht zustande kam, seine Förderung in den Bereichen Kunst und Kultur vielfältig ausgebaut. Dies unterstreicht das seit dem Jahre 1998 eingerichtete Amt des Beauftragten der Bundesregierung für Kultur und Medien (BKM) und dessen Ausstattung mit Haushaltsmitteln (Kapitel 0405, 0406 und 0407). Nach Angaben des BKM erstrecken sich seine Aktivitäten auf 65 institutionelle Zuwendungsempfänger sowie mehr als 500 (zum Teil mittelbare) Projektförderungen und Zuschüsse.

Der Bundesrechnungshof hat aus diesem Bereich unter anderem

- die kulturelle Förderung von Minderheiten,
- die Förderung von Gedenkstätten,
- die Förderung der Kultur der Vertriebenen und Flüchtlinge und
- die Pflege der Friedhofskultur

geprüft. Er hat dort beanstandet, dass der Bund die ihm nach dem Abkommensentwurf obliegende „gesamtstaatliche Repräsentation" extensiv interpretierte und damit die engen Vorgaben des Bundesverfassungsgerichts verletzte. Dies geschah z. B., indem die Förderung einzelner Einrichtungen mit deren gesamtstaatlicher Bedeutung gerechtfertigt wurde. Faktisch führt die Förderung jedoch in erster Linie zu einer dauerhaften finanziellen Entlastung bestimmter Länder, in denen z. B bestimmte Einrichtungen oder Minderheiten ansässig sind.

Hinzu kommt, dass die Förderung des Bundes im Kulturbereich in der Regel nicht mit einer ausschließlichen Bundeszuständigkeit gerechtfertigt werden kann. Sie trifft vielmehr mit den weiter bestehenden Länderzuständigkeiten für die Aufgabe selbst zusammen. Häufig führt dies zur gemeinsamen Finanzierung durch Bund und Länder. Hierdurch entstehen neue Formen der Mischfinanzierung. Die Staatspraxis entfernt sich damit von den in Art. 91a und 104a Abs. 4 GG getroffenen Regelungen.[376]

Mischfinanzierungen bringen zudem weitere Verflechtungen mit sich, da sich die beteiligten staatlichen Ebenen abstimmen müssen, was zu zusätzlichem Verwaltungsaufwand führt. Wie bei anderen Verflechtungsbereichen ergeben sich auch bei der Kulturförderung Anreize, Lasten auf andere staatliche Ebenen zu verschieben, statt wirtschaftlich zu handeln. So hat der Bundesrechnungshof z. B. festgestellt, dass Kommunen öffentliche Einrichtungen an Minderheiten mit der Folge abgeben, dass der Bund sich fortan an der Finanzierung von Theatern und Schulen beteiligt.

In den geprüften Fällen haben die Kompetenzüberschreitungen des Bundes in der Regel keine harten Abwehrreaktionen der Länder ausgelöst. In der Praxis überlagern das finanzielle Engagement des Bundes und der „schöne Zweck" der Kultur vielmehr die staatsrechtlichen Zuständigkeitslinien.[377]

---

[376] *Maunz*, in: Maunz/Dürig, Grundgesetz, Bd. VI, Art. 104a Rn. 18.
[377] *Steiner*, in: Isensee/Kirchhof, HStR IV, 3. Aufl. 2006, § 86 Rn. 15.

Im Ergebnis bedarf die Kulturförderung damit einer umfassenden Entflechtung. Richtschnur für die zukünftige Förderung durch den Bund müssen dabei die engen Kriterien sein, die nach der Rechtsprechung des Bundesverfassungsgerichts ausnahmsweise eine ungeschriebene Bundeszuständigkeit begründen können.[378] Sind diese Kriterien nicht erfüllt, sollte sich der Bund aus den entsprechenden Feldern der Kulturförderung zurückziehen. In den wenigen Bereichen, in denen ausnahmsweise eine ungeschriebene Bundeszuständigkeit zu bejahen ist, sollte der Bund die Förderung vollständig übernehmen, um Mischfinanzierungen zu vermeiden.

Die klare Zuordnung der Förderungsfelder zur Ebene des Bundes oder der Länder kann durch Änderung des Grundgesetzes geschehen. Z. B. könnte die Förderung von Gedenkstätten durch den Bund außerhalb Berlins auf Einzelfälle beschränkt werden, die im Grundgesetz konkret und abschließend festzulegen wären. Denkbar wäre auch, entsprechende Festlegungen in einem Ausführungsgesetz zum Grundgesetz zu treffen. Weitere Alternative wäre eine Vereinbarung im Rahmen der Föderalismusreform II, die der Bundesbeauftragte auch bereits für andere Bereiche der „ungeschriebenen Finanzierungszuständigkeiten" als „Entflechtungsinstrument" empfohlen hat.[379] In einer solchen Vereinbarung könnten auch für den Kulturbereich die Grenzen der Finanzierungskompetenz von Bund und Ländern klar definiert werden, indem die einzelnen Förderungsfelder unter Beachtung der Rechtsprechung des Bundesverfassungsgerichts eindeutig einer staatlichen Ebene zugewiesen werden.

4.5.1.3 Extensive Sportförderung durch den Bund

Der Bund fördert den Sport trotz unklarer und fehlender Aufgaben- und Finanzierungszuständigkeit seit Jahrzehnten. Aus dem Haushalt des federführenden Bundesministeriums des Innern werden jährlich über 100 Mio. Euro für Sportförderung aufgewendet.[380]

Der Bund nimmt für folgende Fallgruppen Finanzierungsbefugnisse in Anspruch[381]:

- gesamtstaatliche Repräsentation (z. B. olympische Spiele, Paralympics, Welt- und Europameisterschaften),
- Auslandsbeziehungen (einschließlich sportlicher Entwicklungshilfe),
- Förderung von Maßnahmen nichtstaatlicher zentraler, für das Bundesgebiet als Ganzes bedeutsamer und durch ein Land nicht wirksam zu unterstützender Organisationen (z. B. Deutscher Olympischer Sportbund, Bundessportfachverbände),
- ressortzugehörige Aufgaben (z. B. Forschungsvorhaben).

Obwohl die Bundesregierung ihre Förderzuständigkeit nur als Ausnahme betrachtet und unter dem Gesichtspunkt der nationalen Repräsentation im Wesentlichen auf den

---

378 Vgl. Tz. 4.5.1.1. (3).

379 Zu einer solchen Vereinbarung vgl. auch bereits Tz. 4.4.1.5.

380 Die Übersicht über alle Sportförderungsmittel der Bundesregierung weist für 2005 Ausgaben bei acht Ressorts in einer Gesamthöhe von rd. 216 Mio. Euro aus. Vgl. 11. Sportbericht der Bundesregierung (BT-Drs. 16/3750), S. 18.

381 Sportbericht der Bundesregierung (vgl. voranstehende Fn.), S. 14.

Spitzensport bezieht[382], fördert sie auch den Leistungssport[383] und Breitensport[384]. Nach Auffassung der Bundesregierung fällt der nicht als Spitzensport ausgeübte Leistungssport als qualifizierter Breitensport grundsätzlich in die Verantwortung der Länder einschließlich der Kommunen.[385]

Der Bundesrechnungshof hat im Rahmen eines Anhörungsverfahrens zu den Sport-Förderrichtlinien des Bundesministeriums des Innern im Jahre 2006 dessen Engagement über den Spitzensport hinaus problematisiert.[386]

Der Bundesbeauftragte hält es für geboten, dass sich der Bund in diesem Zusammenhang auf die Spitzensportförderung beschränkt. Dies sollte im Grundgesetz, in einem Ausführungsgesetz oder in einer Vereinbarung im Rahmen der Föderalismuskommission II klargestellt werden.[387]

4.5.2 Familie, Senioren, Frauen und Jugend

Kernaussage

Der Bund engagiert sich in der Kinder- und Jugendhilfe wie auch bei der Förderung von Familien, Senioren und Frauen und überschreitet dabei seine verfassungsrechtlichen Zuständigkeiten. Diese Aufgaben können im Regelfall besser auf der lokalen Ebene wahrgenommen werden. Der Bundesbeauftragte spricht sich daher für eine Stärkung der Aufgaben- und Finanzverantwortung der Länder aus.

4.5.2.1 Rechtsgrundlagen

Eine ausdrückliche Zuweisung der Zuständigkeit für Angelegenheiten der Familien, Senioren, Frauen und Jugend enthält das Grundgesetz nicht. Nach der verfassungsrechtlichen Funktionsregel handelt es sich daher um Aufgabenbereiche der Länder (Art. 30 GG). Wie bereits dargestellt, kommt in Aufgabenbereichen der Länder nur eine ungeschriebene Bundeszuständigkeit für Teilaufgaben in Frage, wenn die damit angestrebten Ziele von den Ländern nicht erreicht werden können und der Wirkungsbereich der Aufgabe sich auf das gesamte Bundesgebiet erstreckt.[388] Das Bundesverfassungsgericht hat solche ungeschriebenen Bundeskompetenzen auf dem Gebiet der Förderung der Jugendhilfe bejaht, soweit die Bundesregierung Bestrebungen fördert,

---

382 Sportbericht der Bundesregierung, Vorwort, S. 9, Tz. 1.3, S. 12, Teil B, S. 24 ff.

383 Sportbericht der Bundesregierung, Tz. 4, 7.

384 Sportbericht der Bundesregierung, Teil C.

385 Sportbericht der Bundesregierung, Teil C, Tz. 1, S. 74.

386 Entsprechende Beanstandungen lagen den Bemerkungen des Bundesrechnungshofes 2005 (BT-Drs. 16/160, Nr. 5: Sportwissenschaftliche Forschungsvorhaben ohne Zuständigkeit gefördert), 2002 (BT-Drs. 15/60, Nr. 11: Förderung hauptamtlicher Führungskräfte der Bundessportfachverbände) und 2001 (BT-Drs. 14/7018, Nr. 7: Förderung der Sportakademien des Deutschen Sportbundes) zugrunde.

387 Zur Möglichkeit eines Ausführungsgesetzes bzw. einer Vereinbarung vgl. auch bereits Tz. 4.5.1.2.

388 Vgl. Tz. 4.5.1. (3).

die eindeutig überregionalen Charakter haben.[389] Entsprechend der dargestellten Grundsätze muss sich dabei aber um Teilaufgaben handeln, die ihrer Art nach nicht durch ein Land allein wirksam gefördert werden können. Die Überforderung der regionalen Finanzkraft reicht nicht aus, um die Annahme zu rechtfertigen, wegen der Natur der Sache sei der Bund zuständig.[390]

Der Gesetzgeber hat Teilaspekte der Aussagen des Bundesverfassungsgerichts in das Kinder- und Jugendhilfegesetz aufgenommen (§ 83 Abs. 1 SGB VIII). Dort heißt es: „Die fachlich zuständige oberste Bundesbehörde soll die Tätigkeit der Jugendhilfe anregen und fördern, soweit sie von überregionaler Bedeutung ist und ihrer Art nach nicht durch ein Land allein wirksam gefördert werden kann." Für die Bereiche Familien, Senioren und Frauen gibt es keine gesetzlichen Regelungen.

4.5.2.2 Extensive Förderung durch den Bund

Das Bundesministerium für Familie, Senioren, Frauen und Jugend (Bundesministerium) macht von der im Kinder- und Jugendhilfegesetz eingeräumten Fördermöglichkeit ausgiebig Gebrauch. Von den in Kapitel 1702 des Haushaltsplans ausgewiesenen Allgemeinen Bewilligungen entfallen allein knapp 30 % auf Förderungen nach dem Kinder- und Jugendplan (im Jahr 2007 rund 107 Mio. Euro). Damit werden knapp 300 Vereine, Verbände und weitere Einrichtungen unterstützt, die ihre Zuwendungen wiederum auf viele Programme und Maßnahmen des Kinder- und Jugendplans verteilen. Die einzelnen Zuwendungen betragen oft weniger als 10 000 Euro.

Der Bundesrechnungshof hat in den Jahren 2001 bis 2003 verschiedene Maßnahmen der kulturellen Jugendbildung geprüft:

- musikalische Jugendbegegnung (z. B. weihnachtliches Chorsingen, Kammermusikkurs, Dirigierkurs, Familienmusikwoche, musikalische Früherziehung),
- Fortbildung für Multiplikatoren,
- Trägerarbeit (z. B. Sitzungskosten) und
- internationaler Jugendaustausch auf musikalischem Gebiet.
- Die geförderten Einrichtungen erhielten weitere Zuwendungen von Ländern und Kommunen. Dies führte zu parallelen Förder- und Verwaltungsstrukturen.

Das Bundesministerium hielt sich unter dem Gesichtspunkt der Überregionalität für zuständig, wenn die geförderten Maßnahmen von Teilnehmerinnen und Teilnehmern aus mehreren Ländern in Anspruch genommen wurden. Es prüfte nicht, ob die Länder imstande wären, die Maßnahmen selbst wirksam zu fördern.

Die örtlichen Träger schufen überregionale Strukturen, z. B. einen Bundesverband, um sich die Erfüllung ihrer örtlichen Aufgaben durch Serviceleistungen, etwa durch fachliche Beratung und Fortbildung, oder durch gebündelte Wahrnehmung der gemeinsamen Interessen zu erleichtern. Das Bundesministerium sah in den bundesweiten

---

[389] BVerfGE 22, 180 (217).

[390] Vgl. *Lerche*, in: Maunz/Dürig, Grundgesetz, Bd. V, Art. 83 Rn. 47.

Strukturen einen weiteren Beleg für die überregionale Bedeutung der Maßnahmen. Es leitete daraus die Zuständigkeit des Bundes her.

Das Bundesministerium fördert Maßnahmen für Familien, Senioren und Frauen nach denselben Grundsätzen wie die Aufgaben der Kinder- und Jugendhilfe. Allerdings ist der Förderumfang für Familien, Senioren und Frauen deutlich geringer als für Kinder und Jugendliche. Insbesondere gibt es sehr viel weniger Zuwendungsempfänger.

4.5.2.3 Überschreitung der verfassungsrechtlichen Kompetenzen

Der Bundesrechnungshof hat auf der Grundlage der vom Bundesverfassungsgericht aufgestellten Kriterien die Ansicht vertreten, dass die untersuchten Förderungen oft nicht die Voraussetzungen für eine Bundeszuständigkeit erfüllen. Dass die Teilnehmerinnen und Teilnehmer in der Regel aus mehreren oder sogar aus allen Bundesländern kommen, belegt danach für sich allein nicht die überregionale Bedeutung der Maßnahmen. Die Frage der Überregionalität bezieht sich auf den Inhalt einer Maßnahme, nicht auf die Herkunft der Teilnehmer.

Der Bundesrechnungshof hat weiter das Bundesministerium aufgefordert zu prüfen, ob die Länder imstande wären, die Maßnahmen selbst wirksam zu fördern. Er hat die vom Bundesministerium geförderten Maßnahmen für Einzelmaßnahmen der musikalischen Breitenarbeit und Begabtenförderung ohne überregionale Bedeutung gehalten. Solche Maßnahmen könnten nach seiner Überzeugung in die Obhut der Länder gegeben werden. Dies gilt auch für die Förderung der Trägerarbeit durch Finanzierung der Personal- und Sitzungskosten.

Die Bezeichnung eines überregionalen Zusammenschlusses von Trägern der Kinder- und Jugendhilfe als Bundesverband kann nach Auffassung des Bundesrechnungshofes keine Zuständigkeit des Bundes begründen. Formale Kriterien reichen zur Klärung der Finanzierungszuständigkeit nicht aus. Vielmehr ist nach den Inhalten der geförderten Maßnahmen zu fragen.

Das Bundesministerium ist den Ausführungen des Bundesrechnungshofes nicht gefolgt. Es hat seine abweichende Haltung auf die oben zitierte Entscheidung des Bundesverfassungsgerichts gestützt, wonach die Förderung von Bestrebungen auf dem Gebiet der Jugendhilfe durch den Bund zulässig sei bei zentralen Einrichtungen, deren Wirkungsbereich sich auf das Bundesgebiet als Ganzes erstreckt, sowie bei internationalen Aufgaben.

Nach Auffassung des Bundesministeriums kann die Unterstützung von zentralen Einrichtungen nur einheitlich vom Bund und nicht von einem Land allein getragen werden. Folge man der Auffassung des Bundesrechnungshofes, so bleibe für das vom Bundesverfassungsgericht aufgestellte Kriterium der zentralen Einrichtung kaum ein Anwendungsbereich übrig, da zentrale Einrichtungen in den meisten Fällen auch im Länderinteresse lägen.

Der zentrale und überregionale Charakter der Maßnahmeträger ergibt sich nach Auffassung des Bundesministeriums aus

- der Mitgliederstruktur der geförderten Bundes- oder Fachverbände,
- der übergreifenden Aufgabe, Erfahrungen zu bündeln, neue Leitlinien zu entwikkeln und diese durch Austausch zu vermitteln, oder
- dem überregionalen – zum Teil auch internationalen – Wirkungskreis der Maßnahmeträger.

Eine Annäherung der Standpunkte konnte auch nach intensiver Erörterung mit dem Bundesministerium nicht erreicht werden.

4.5.2.4 Fazit

(1) Die Verwaltungspraxis hat den von der grundgesetzlichen Kompetenzordnung bereiteten Boden für die Wahrnehmung überregionaler Verantwortung durch den Bund verlassen, indem sie die vom Bundesverfassungsgericht herausgearbeiteten einschränkenden Kriterien nicht genügend beachtet.

Entgegen der Verwaltungspraxis reicht es nicht aus, dass Maßnahmen in mehreren Ländern stattfinden oder der Teilnehmerkreis sich auf mehrere Länder erstreckt, um begriffsnotwendig und unter Ausschluss anderer Lösungen zwingend die Zuständigkeit des Bundes zu begründen.

Das Bundesministerium verkennt insoweit die Möglichkeit zur Selbstkoordination der Länder als Alternative zu einer einheitlichen Regelung durch den Bund.[391]

Der überregionale Charakter der Maßnahmen folgt nicht bereits daraus, dass die Länder ihre Erfahrungen bündeln, untereinander austauschen und gemeinsame Leitlinien entwickeln. Der Bundesrechnungshof hält es für ein grundlegendes Missverständnis anzunehmen, es obliege dem Bund, in Sachbereichen, für die die Länder zuständig sind, den Erfahrungsaustausch zwischen den Ländern zu organisieren.

(2) Eine wesentliche Ursache für die zu extensive Interpretation der Verwaltungs- und Finanzierungskompetenzen des Bundes durch das Bundesministerium ist in der Regelung des § 83 Abs. 1 SGB VIII zu sehen. Der Gesetzeswortlaut gibt die engen Vorgaben, die das Bundesverfassungsgericht für eine ungeschriebene Zuständigkeit des Bundes aufgestellt hat, nur ansatzweise wieder. Insbesondere ist der Begriff der „überregionalen Bedeutung“ als offene Norm nicht hinreichend bestimmt, um eine enge, verfassungskonforme Auslegung von vorneherein sicherzustellen. Die Regelung ermöglicht daher eine weite, über die engen Vorgaben des Bundesverfassungsgerichts hinausgehende Interpretation und Praxis durch den Bund.

Die Kinder- und Jugendhilfe wie auch Fördermaßnahmen in den Bereichen Familie, Senioren und Frauen können jedoch aufgrund ihres ganz vorrangig lokalen Bezuges am besten von den Ländern – sei es alleine, sei es in Kooperation miteinander – wahrgenommen werden. Die Bundeskompetenzen sollten daher – entsprechend den Grundgedanken des Bundesverfassungsgerichts – auf die wenigen Fälle zurückgeführt werden, in denen eine bundesweite Lösung unter Ausschluss anderer Möglichkeiten zwin-

[391] BVerfGE 11, 89 (98 f.); 12, 205 (235); 26, 246 (257).

gend erforderlich ist. Hierzu sollte eine verbindliche Klarstellung – sei es durch Gesetz oder durch Vereinbarung – herbeigeführt werden, die sich strikt an den engen verfassungsrechtlichen Vorgaben orientiert.

4.6 Haushalt, Gebühren, Haftung

4.6.1 Modernisierung des staatlichen Haushalts- und Rechnungswesens

Haushaltstransparenz verbessern - Verantwortung stärken

Das Prinzip der Eigenverantwortung und Autonomie der staatlichen Ebenen bedingt, dass die jeweils handelnde Körperschaft die Höhe der eingesetzten Mittel und ihre wirtschaftliche Verwendung gegenüber dem Souverän zu rechtfertigen hat. Die derzeit überwiegend noch kameral geführten Haushalte von Bund und Ländern lassen die tatsächlichen Kosten und finanziellen Folgewirkungen politischer Entscheidungen häufig nicht erkennen. Die Verflechtung staatlicher Ebenen und Zuständigkeiten erschwert darüber hinaus eine klare Zuordnung politischer Verantwortung. Eine wirksame demokratische Kontrolle ist damit in Frage gestellt.

Deshalb sollten die Reformbestrebungen zur Modernisierung des Haushalts- und Rechnungswesens unterstützt werden. Sie tragen dazu bei, die Transparenz der Haushalte zu verbessern und stärken damit das Demokratieprinzip. Die unterschiedliche Vorgehensweise der Länder sowie des Bundes löst einen Bedarf nach Harmonisierung aus. Um die Vergleichbarkeit der Haushalte und eine ebenenübergreifende Transparenz sicherzustellen, ist daher ein grundlegender Konsens über Mindeststandards erforderlich.

4.6.1.1 Schwachstellen des „kameralen“ Rechnungswesens beseitigen

Um die Transparenz staatlichen Handelns zu verbessern, muss das bestehende „kamerale“ Haushalts- und Rechnungswesen modernisiert werden.[392] In den letzten Jahren sind auf Länderebene – und insbesondere in den Kommunen – vielfältige Reformen initiiert und bereits umgesetzt worden. Im internationalen Bereich sind vergleichbare Entwicklungen zu beobachten. Auch der Bund strebt eine umfassende Modernisierung an.

Den Reformansätzen gemein ist eine Abkehr vom rein zahlungsorientierten „kameralen“ Haushalts- und Rechnungswesen. An Stelle der herkömmlichen „inputorientierten“ Betrachtung tritt eine aufgabenbezogene und ergebnisorientierte Steuerung der öffentlichen Körperschaften. Durch eine periodengerechte Erfassung von Aufwands- und Ertragsgrößen sollen der Ressourcenverzehr transparent abgebildet und die Verschiebung von Lasten in die Zukunft erschwert werden. Dem dient auch der vollständige

---

392 Bericht nach § 99 Bundeshaushaltsordnung über die Modernisierung des staatlichen Haushalts- und Rechnungswesens vom 17.08.2006 (BT-Drs. 16/2400).

Nachweis über Bestand und Veränderungen des Vermögens und der Schulden einschließlich finanzieller Lasten für die Zukunft.

Die Ergebnisse des Verwaltungshandelns rücken damit in den Mittelpunkt der Betrachtung. Produkt- und leistungsbezogene Ziele sollen die tradierte inputorientierte Steuerung des Haushalts ersetzen. Bisher ist eine Vielzahl der im Haushalt ausgebrachten Titel nur von geringer finanzieller Bedeutung und hat keine, oder nur geringe politische Steuerungsrelevanz. Von den rund 5 400 im Jahre 2006 im Bundeshaushalt ausgewiesenen Ausgabetiteln decken die 4 000 Ausgabetitel mit den kleinsten positiven Ansätzen gerade einmal 3,65 % des Gesamthaushaltsvolumens ab. Dem gegenüber konzentrieren sich in den 20 Ausgabetiteln mit den höchsten Ansätzen rund 66 % der Gesamtausgaben des Bundes. Künftig soll der Haushaltsgesetzgeber nicht länger mit Hilfe eines viele tausend Titel umfassenden Schemas vorgeben, für welche kleinteiligen Einzelpositionen er Haushaltsmittel zur Verfügung stellt.

Ein outputorientierter Haushaltsplan stellt stattdessen Ressourcen für bestimmte Produkte oder Aufgaben bereit, die durch Leistungs- und Qualitätsziele definiert werden. Er eignet sich damit als Informations- und Entscheidungsinstrument, das eine an strategischen Zielen ausgerichtete Planung, Steuerung und Kontrolle des Haushalts unterstützt. Zugleich kann er als Grundlage für ein Controlling von Ressourcen und Leistungen dienen. Produktorientierte Haushalte erfordern und erlauben, Produkte und Zielbeschreibungen sowie Verantwortlichkeiten präzise zu fassen. In einem solchen System liegt die Verantwortung für den Ressourceneinsatz sowie für das damit erreichte Ergebnis dezentral bei der handelnden Verwaltung; es genügt damit im besonderen Maße dem Subsidiaritätsprinzip. Die Verhaltenssteuerung geschieht auf der Basis von Zielvorgaben, die sich auf Leistungen, Wirkungen und Finanzmittel beziehen. Die Exekutive erhält größere Spielräume für ein wirtschaftliches Verwaltungshandeln. Für den Gesetzgeber bieten sich neue Ansatzpunkte, um die Haushaltsplanung der Regierung sowie einzelne Ansätze und Leistungen kritisch zu prüfen.

4.6.1.2 Ansätze für eine Modernisierung des staatlichen Rechnungswesen

Bund und Länder sind sich weitgehend einig, dass eine derartige Modernisierung des Haushalts- und Rechnungswesens notwendig ist, um den veränderten Anforderungen zu genügen. Bei der Umsetzung beschreiten sie allerdings unterschiedliche Wege.

(1) Einzelne Länder haben sich für die Einführung der „doppelten Buchführung“ (Doppik) entschieden. Damit ist ein grundsätzlicher Systemwechsel verbunden. Ein in der Privatwirtschaft bewährtes, integriertes Rechnungssystem wird für die öffentliche Verwaltung übernommen. Die einzelnen Konzepte unterscheiden sich und orientieren sich mehr oder weniger stark an der herkömmlichen kaufmännischen Buchführung. Trotz unterschiedlicher Ausgestaltung im Detail lassen sich folgende Kernelemente einer an die Bedürfnisse der öffentlichen Verwaltung angepassten Doppik benennen: Die Ergebnisrechnung (Gewinn- und Verlustrechnung) informiert als zentrales Instrument über Erträge und Aufwendungen einer Periode - weist also den periodengerechten Ressourcenverzehr aus. Eine Vermögensrechnung (Bilanz) stellt die tatsächliche Vermögens- und

Schuldenlage dar. Eine Finanzrechnung, die mit der bisherigen Einnahme-/Ausgabenrechnung der Kameralistik vergleichbar ist, weist weiterhin den Geldverbrauch aus. Die Kosten- und Leistungsrechnung wird typischerweise in ein solches System integriert und liefert entscheidungsrelevante produktbezogene Daten. Das doppische Rechnungsmodell ist ein logisch geschlossenes System, das alle erforderlichen Daten integriert; es ist wenig fehleranfällig. Die grundlegende Neuorientierung erfordert jedoch einen hohen Einführungs- und Umstellungsaufwand. Sie kann daher auch Akzeptanzprobleme hervorrufen.

In Deutschland verfolgen diesen Ansatz insbesondere die Länder Hessen, Nordrhein-Westfalen, Bremen und Hamburg. Auf internationaler Ebene ist die Doppik das vorherrschende Reforminstrument. Unter anderem verfolgen die Schweiz, Österreich, Frankreich, Großbritannien sowie Australien diesen Ansatz. Auch supranationale Organisationen wie NATO, Vereinte Nationen und die Europäische Kommission orientieren sich in diese Richtung.

(2) Der Bund sowie einzelne Länder (z. B. Baden-Württemberg, Berlin, Rheinland-Pfalz) wollen ihr Haushalts- und Rechnungswesen durch eine „erweiterte Kameralistik" modernisieren. Die erweiterte Kameralistik ergänzt das herkömmliche kamerale System um wesentliche betriebswirtschaftliche Elemente. Neben der Bereitstellung von Produktinformationen kommt der Kosten- und Leistungsrechnung in diesen Modellen besondere Bedeutung für den Nachweis des periodengerechten Ressourcenverzehrs und der Vermögensentwicklung zu. Ohne grundlegenden Systemwechsel und mit geringeren Änderungswiderständen bei den betroffenen Anwendern können hierbei wesentliche betriebswirtschaftliche Anforderungen abgedeckt werden. Allerdings ist das Nebeneinander von gesonderten Rechenwerken erfahrungsgemäß fehleranfällig. Zudem bedarf es besonderer Anstrengungen, um die Kompatibilität der Daten sicherzustellen. Da die so gewonnenen betriebswirtschaftlichen Informationen lediglich das bestehende System ergänzen, besteht die Gefahr, dass das Finanzmanagement weiterhin von der „alten" Denkweise geprägt bleibt.

4.6.1.3 Anforderungen an ein transparentes staatliches Haushalts- und Rechnungswesen

Um die Haushaltstransparenz zu erhöhen, die Wirtschaftlichkeit staatlichen Handelns zu verbessern und die Verantwortung der Handelnden der jeweiligen Ebene zu stärken, sollte ein modernisiertes staatliches Haushalts- und Rechnungswesen bestimmte Anforderungen erfüllen. Hierfür sind die folgenden Kernthesen maßgebend:

- Die zahlungsorientierte, kleinteilige Haushaltsplanung ist für den Gesetzgeber kein geeignetes Steuerungsinstrument. Da er von der Arbeitsebene der handelnden Verwaltung zu weit entfernt ist, kann er im bisherigen Detaillierungsgrad keine sinnvolle Verbindung zwischen den festzulegenden Ausgaben und der Aufgabenerfüllung herstellen.
- Die enge inputorientierte und titelgebundene Zuweisung von Finanzmitteln hindert den Gesetzgeber an einer zielgerichteten Steuerung, da er auf die wahrzu-

nehmenden Aufgaben nur wenig Einfluss nehmen kann. Inhaltliche Ziele kann er für die Exekutive mit Hilfe des herkömmlichen Haushaltsinstrumentariums kaum verbindlich machen.

- Für die Exekutive bedeutet die gesetzliche Ausgabenfestlegung durch eine Vielzahl von spezialisierten Einzel-Titeln eine recht bequeme Vermeidung von Verantwortung. Demgegenüber entspricht eine dezentrale und aufgabennahe Verantwortung, die über Zielvorgaben angesprochen wird, eher den Erwartungen an eine moderne Steuerung.
- Staatliches Handeln braucht wirksame Regelkreise, die den Bedarf an Aufsicht und externer Kontrolle minimieren und die Entscheidungsträger unmittelbar in die Lage versetzen, ihre Verantwortung wahrzunehmen.
- Hierzu bedarf es einer klaren Zuordnung von Aufgaben und Verantwortung, die den tatsächlichen Handlungs- und Erkenntnismöglichkeiten von Legislative und Exekutive Rechnung trägt. Die Neuen Steuerungsinstrumente bringen hierfür ein großes Potenzial mit.
- Die Kongruenz von Fach- und Finanzverantwortung bildet die notwendige Bedingung für Selbsterkenntnis und Selbststeuerung, für Aufgabenkritik und wirtschaftliches Handeln. Daher sollten diese Verantwortungssphären – wo immer möglich – zusammengelegt werden, d. h. Aufgaben und Ausgaben des Staates sollten auf den jeweiligen Ebenen zusammengeführt werden. Erforderliche Ressourcen werden nach dem Verursacherprinzip in den Haushaltsplänen der Auftraggeber veranschlagt, um deren Kostenverantwortung zu stärken. Das trägt dazu bei, die Transparenz der Haushalte zu verbessern und stärkt damit das Demokratieprinzip.

Nach Auffassung des Bundesbeauftragten muss ein modernisiertes Haushalts- und Rechnungswesen dabei einheitliche Grundlagen aufweisen, um die öffentlichen Haushalte ebenenübergreifend transparent und vergleichbar zu halten. Die hierfür eingerichteten Bund-Länder-Gremien sollten daher ihre Bemühungen intensiv fortsetzen, einheitliche Mindeststandards zu vereinbaren. Dies entspricht dem verfassungsrechtlichen Gebot gemeinsamer Grundsätze im Interesse der Vergleichbarkeit der Haushalte (Art. 109 Abs. 3 GG). Ziel sollte deshalb sein, trotz unterschiedlicher Modernisierungsansätze der Gebietskörperschaften eine ebenenübergreifende Transparenz sicherzustellen und national und international vergleichbare Datengrundlagen zur Ableitung von Haushaltskennzahlen zu erhalten. Aus gesamtstaatlicher Sicht wäre dabei wünschenswert, dass Bund und Länder sich entweder auf ein System der erweiterten Kameralistik oder auf ein doppisches System des Haushalts- und Rechnungswesens verständigen.

4.6.2 Gebühren

Kernaussage

Das Gebührenrecht ist zwischen Bund und Ländern stark verflochten. Dies führt zu mangelnder Transparenz und unklarer Verantwortung. Gegenseitige Gebührenbefreiungen unterlaufen das Prinzip getrennter Haushalte und werden der Verantwortung für den Ressourcenverbrauch nicht gerecht.

Unter den Leitprinzipien eines klar durchschaubaren demokratischen Verantwortungszusammenhangs und der Subsidiarität ist es geboten, die Zuständigkeit für das Gebührenrecht jeweils der Körperschaft zuzuordnen, die die Verwaltungsleistungen erbringt. Dies stärkt die Motivation der Handelnden, verbessert die Transparenz des Ressourcenverzehrs und veranlasst Bund und Länder zu einer kostengerechten Gebührenkalkulation. Daraus können auch Effizienzanreize entstehen.

4.6.2.1 Rechtsgrundlagen

Der Bund regelt die Gebühren in Angelegenheiten, auf die sich seine Gesetzgebungshoheit erstreckt.[393] Dies gilt uneingeschränkt im Bereich der bundeseigenen Verwaltung und der Bundesauftragsverwaltung. Im Bereich der Bundesauftragsverwaltung legt der Bund Gebühren für Leistungen fest, die die Behörden der Länder erbringen. So regelt der Bund Gebühren für Verwaltungsverfahren der Länder z. B. in der Kostenverordnung zum Atomgesetz[394] und in der Kostenverordnung der Luftverkehrsverwaltung[395].

Führen die Länder die Bundesgesetze dagegen als eigene Angelegenheit aus, so steht ihnen auch die Regelungskompetenz hinsichtlich des Verwaltungsverfahrens und damit des Gebührenrechts zu (Art. 84 Abs. 1 S. 1 GG). Bis 31. August 2006 fand diese Länderkompetenz ihre Grenze, wenn der Bund hierzu eigene Gesetze erließ. Dies hatte zur Folge, dass der Bund in der Regel auch über Gebühren für Leistungen der Landesbehörden bestimmte. Ein Beispiel bildet die Eichkostenverordnung.[396]

Die erste Stufe der Föderalismusreform hat den Ländern die Möglichkeit eröffnet, von solchen Bundesgesetzen in Verfahrens- und Gebührenfragen ihrerseits abzuweichen (Art. 84 Abs. 1 S. 2 GG). Mit der Abweichungsgesetzgebung hat die Föderalismusreform den Gedanken der Zuständigkeitslockerung zwischen Bund und Ländern gefördert. Zur sachgerechten Wahrnehmung ihrer Angelegenheiten erhalten die Gebietskörperschaften mehr Verantwortung und Autonomie.

4.6.2.2 Problemfelder

(1) Landesspezifische und aufwandsgerechte Gebührenbemessung

Erbringen Behörden des Bundes oder der Länder Leistungen, die den Empfängern einen individuellen Sondervorteil einräumen, so ist zu prüfen, ob Rechtsgrundlagen für

---

393 Das Verwaltungsgebührenrecht ist Bestandteil des Verwaltungsverfahrensrechts. Die Rechtsetzungskompetenz für das Verwaltungsverfahrensrecht und damit zugleich für das Verwaltungsgebührenrecht wird gemeinhin als Annexkompetenz der verfassungsrechtlichen Gesetzgebungszuständigkeit entnommen.

394 Kostenverordnung zum Atomgesetz vom 17.12.1981 (BGBl. I S. 1457), zuletzt geändert durch die Verordnung vom 15.12.2004 (BGBl. I S. 3463).

395 Kostenverordnung der Luftverkehrsverwaltung vom 14.02.1984 (BGBl. I S. 346), zuletzt geändert durch Art. 3 der Verordnung vom 13.06.2007 (BGBl. I S. 1048).

396 Eichkostenverordnung vom 21.04.1982 (BGBl. I S. 428), zuletzt geändert durch Art. 2 der Verordnung vom 11.07.2001 (BGBl. I S. 1608).

die Erhebung von Gebühren bestehen oder zu schaffen sind. Um Leistungen zu identifizieren, für die Gebühren zu erheben sind, sind die Verwaltungen gehalten, ihr Leistungsangebot einer vollständigen Überprüfung zu unterziehen. Lückenlos und zuverlässig können dies nur diejenigen Bundes- oder Landesbehörden erledigen, welche die Leistungen erbringen.

Leistungen der Länderbehörden zu identifizieren, für die Gebühren erhoben werden können, sollte den Ländern überlassen bleiben. Festlegungen des Bundes widersprächen den Prinzipien der getrennten Haushalte (Art. 109 Abs. 1 GG) und des demokratischen Verantwortungszusammenhangs: Danach liegt es in der haushaltsrechtlichen und haushaltswirtschaftlichen Kompetenz der Länder, die Leistungen ihrer Behörden daraufhin zu untersuchen, ob Gebühren erhoben werden können, und die Entscheidung hierüber gegenüber Leistungsempfängern und Wählern zu verantworten.

Ein wichtiges Kriterium für die Gebührenkalkulation ist das Kostendeckungsprinzip. Der tatsächliche Aufwand für gleichartige Dienstleistungen der Landesverwaltungen ist – u. a. abhängig vom Personaleinsatz, von den Gehaltsregelungen und mehr oder weniger effizienten Organisationsstrukturen – von Land zu Land unterschiedlich.

Gebührenregelungen des Bundes sehen für Amtshandlungen der Landesverwaltungen, soweit sie Bundesgesetze ausführen, Gebührensätze vor, die sich vielfach an Durchschnittswerten orientieren. Bundeseinheitliche Gebührenvorschriften können dem von Land zu Land unterschiedlichen Ressourceneinsatz für diese Leistungen kaum gerecht werden. So führt der Rechnungshof der Freien und Hansestadt Hamburg in seinem Jahresbericht 2007 an, dass für die Amtshandlungen des Seemannsamtes Gebühren nach der vom Bund erlassenen Kostenverordnung erhoben würden.[397] Da deren Gebührensätze nicht auskömmlich seien, betrage der Kostendeckungsgrad der Gebühren des Seemannsamtes im Jahre 2005 lediglich 50 %.

Die Festlegung von Gebühren durch den Bund trägt zu einer unnötigen Bürokratie bei, indem sie aufwendige Abstimmungen mit den Ländern erfordert. Sie steht einer eindeutigen Zuordnung der Verantwortung für die Gebühren entgegen.

Der Bundesrechnungshof hat sich dafür ausgesprochen, gebührenrechtliche Regelungen für Verwaltungsleistungen der Länderbehörden den Ländern zu überlassen. Nach seiner Überzeugung wird eine Gebührenverordnung des Bundes stets nur eine grobe Annäherung an die aufwandsgerechte Gebührenbemessung leisten können, da der tatsächliche Verwaltungsaufwand in den Ländern unterschiedlich ist. Umfangreiche Erhebungen der Landesverwaltungen können auf Bundesebene lediglich zur Ermittlung von Durchschnittswerten herangezogen werden, die im Hinblick auf den tatsächlichen Aufwand des einzelnen Landes nur eingeschränkt aussagefähig sind.

Länderbezogene Gebührenverzeichnisse stärken die Verantwortung der Länder gegenüber den Empfängern der Leistungen. Der Bundesrechnungshof hat ferner darauf hingewiesen, dass ländereigene Regelungen insgesamt eine sachgerechte und weniger bürokratische Lösung darstellen, weil aufwendige Abstimmungen mit dem Bund entbehrlich würden. Er hat daher empfohlen, Gebührenregelungen zu regionalisieren.

---

397 Jahresbericht des Rechnungshofs der Freien und Hansestadt Hamburg 2007, S. 127.

(2) Gegenseitige Gebührenbefreiung der Gebietskörperschaften

Im geltenden Recht ist eine grundsätzliche Gebührenbefreiung der Bundes-, Landes- und Kommunalbehörden verankert (§ 8 Verwaltungskostengesetz). Dies hat zur Folge, dass die konkreten Kosten der Inanspruchnahme von Leistungen durch die Gebietskörperschaften nicht sichtbar werden. Einige Länder, z. B. Bayern und Hessen, haben die Novellierung ihrer Verwaltungskostengesetze bereits zum Anlass genommen, die Befreiung des Bundes und der anderen Länder von der Gebührenerhebung zu streichen.

Das Bundesministerium des Innern beabsichtigt, im Zuge einer Novellierung des Verwaltungskostenrechts auch die gegenseitige Gebührenbefreiung der Gebietskörperschaften neu zu regeln. Der Entwurf eines Verwaltungsgebührengesetzes (VwGebG-E)[398] enthält dazu folgende Bestimmung: Vor ihrer Entscheidung über die Erhebung von Gebühren bei einer öffentlich-rechtlichen Körperschaft, die nicht aus dem Bundeshaushalt finanziert wird, hat die zuständige Stelle des Bundes zunächst zu ermitteln, ob für entsprechende Leistungen dieser Körperschaft auch der Bund zur Zahlung von Gebühren verpflichtet wäre (§ 8 Abs. 2 a. E. VwGebG-E). Weiter ist festzustellen, ob die betreffende Körperschaft dem Bund für die Inanspruchnahme einer gleichartigen Verwaltungsleistung persönliche Gebührenfreiheit einräumt.

Der Bundesrechnungshof hat die beabsichtigte Neuregelung der Gebührenbefreiung für wenig praktikabel gehalten. Für besonders problematisch hat er die Regelung zur gegenseitigen Gebührenbefreiung vor dem Hintergrund der in § 8 Abs. 4 VwGebG-E aufgeführten zwölf Ausnahmetatbestände, z. B. für das Bundesamt für Verbraucherschutz und Lebensmittelsicherheit, erachtet.

4.6.2.3 Empfehlungen

Das stark verflochtene Gebührenrecht zwischen Bund und Ländern sollte weitgehend getrennt und damit einhergehend sollten klare Zuständigkeiten und Verantwortlichkeiten geschaffen werden.

Zuständig für allgemeine gebührenrechtliche Regelungen sollte grundsätzlich diejenige Gebietskörperschaft sein, die die zugrunde liegenden Leistungen erbringt; ihr sollten auch die Einnahmen zustehen. Das Gebührenrecht als Teil des Verwaltungsverfahrens sollte Bund und Ländern je für die Leistungen ihrer eigenen Verwaltungsbehörden zugeordnet werden. Einer Vorstrukturierung des Bundes mit Abweichungsmöglichkeiten der Länder und Rückholrecht des Bundes (Art. 84 GG) bedarf es bei der Ausführung von Bundesgesetzen durch die Länder als eigene Angelegenheit nicht. Auch bei der Ausführung von Bundesgesetzen im Auftrag des Bundes sollten die Län-

[398] Stand: 12. Dezember 2005.

der gebührenrechtlich autonom sein: Sie sollten die Gebühren für Amtshandlungen ihrer Behörden selbst regeln. Hierfür wäre Art. 85 GG zu ergänzen.

Auf gegenseitige Gebührenbefreiungen der Behörden von Bund, Ländern und Gemeinden sollte im Interesse der Transparenz des Ressourcenverzehrs verzichtet werden. Die Sensibilität für die Kosten der Inanspruchnahme öffentlicher Leistungen wird gefördert, indem die Empfänger der Leistungen damit belastet werden.

4.6.3 Haftung zwischen Bund und Ländern

Kernaussage

Das Haftungsrecht und das Haftungsverfahren im Bund-Länder-Verhältnis sind systembedingt wenig wirksam und kaum praxistauglich. Das als sensibel angesehene Bund-Länder-Verhältnis erlaubt nur begrenzt eine offene Konfrontation in Haftungsfragen. Dem Bund fehlt im Übrigen ein geeignetes Instrumentarium, um potenzielle Haftungsfälle gezielt aufzudecken. Die bestehenden Mittel der Fach- und Rechtsaufsicht haben sich hierzu als ungeeignet erwiesen.

Die Länder erfüllen viele Verwaltungsaufgaben für den Bund. Dabei bewirtschaften sie in erheblichem Maße Bundesmittel oder nehmen auf andere Weise Haushaltsinteressen des Bundes wahr, so zum Beispiel bei der Festsetzung und Erhebung der Steuern.[399] Bund und Länder haften im Verhältnis zueinander für eine ordnungsmäßige Verwaltung.

In den Beziehungen zwischen Bund und Ländern sollten in erster Linie klare Zuständigkeiten und Verantwortlichkeiten angestrebt werden. Dies stärkt die Eigenverantwortung der staatlichen Körperschaften und mindert das Konfliktpotenzial. Eine vollständige und abschließende Alleinverantwortung der Länder für die ihnen eindeutig und unterscheidbar zugewiesenen Angelegenheiten fördert die Transparenz und stellt sich unter den Gesichtspunkten der Subsidiarität und demokratischen Verantwortung als beste Lösung dar.

4.6.3.1 Rechtsgrundlagen

Das Haftungsrecht zwischen Bund und Ländern ist in der Finanzverfassung des Grundgesetzes verankert. Art. 104a Abs. 5 GG lautet:

„Der Bund und die Länder tragen die bei ihren Behörden entstehenden Verwaltungsausgaben und haften im Verhältnis zueinander für eine ordnungsgemäße Verwaltung. Das Nähere bestimmt ein Bundesgesetz, das der Zustimmung des Bundesrates bedarf."

Mit der ersten Stufe der Föderalismusreform wurde Art. 104a Abs. 6 GG[400] neu in das GG eingefügt. Ausführungsbestimmungen hierzu enthält das Lastentragungsge-

---

[399] Vgl. für den Bereich der Einnahmen Tz. 4.1; beispielhaft für den Ausgabenbereich Tz. 4.2, 4.3 und 4.5.

[400] Eingefügt mit Wirkung vom 01.09.2006 durch das Gesetz zur Änderung des Grundgesetzes

setz[401]. Es regelt die Haftung zwischen Bund und Ländern bei der Verletzung von europäischem Recht und insbesondere die Lastentragung bei Finanzkorrekturen der Europäischen Union (Anlastungen). Für Art. 104a Abs. 5 S. 1 Hs. 2 GG verbleibt daher als Anwendungsbereich nur die Verwaltung von Mitteln nach innerstaatlichem Recht.

Den Auftrag in Art. 104a Abs. 5 S. 2 GG, „das Nähere" zur Haftung durch ein Bundesgesetz zu bestimmen, hat der Gesetzgeber bisher nicht umgesetzt. Im Jahre 1973 gab es einen Versuch des Bundesministeriums der Finanzen, eine Regelung durch den Gesetzgeber herbeizuführen. Der Entwurf eines Haftungsgesetzes vom 05.06.1973[402] ist über das Stadium eines Referentenentwurfes nicht hinausgekommen. Grund war der einstimmige Widerstand der Länder.

Art. 104a Abs. 5 GG wird angewendet, wenn Aufgaben- und Finanzverantwortung im Bund-Länder-Verhältnis auseinanderfallen und ein Fehlverhalten auf der einen Ebene zu finanziellen Folgen auf der anderen Ebene führen kann[403]. Die Reichweite der Norm ist wegen ihres knappen Wortlauts und des bisher fehlenden Ausführungsgesetzes seit langem streitig.

Nach mittlerweile gefestigter Rechtsprechung[404] stellt Art. 104a Abs. 5 S. 1 Hs. 2 GG eine unmittelbar geltende Anspruchsgrundlage dar.

(1) Haftungsmaßstab

Um nicht die Rolle des Gesetzgebers bei der Gestaltung eines Ausführungsgesetzes zu übernehmen, hat die Rechtsprechung die unmittelbare Anwendung des Art. 104a Abs. 5 S. 1 Hs. 2 GG auf einen „Haftungskern" begrenzt, wobei die Einzelheiten allerdings noch nicht geklärt sind.

Der 11. Senat des Bundesverwaltungsgerichts beschränkte mit Urteil vom 18. Mai 1994[405] die Haftung auf schwerwiegende Pflichtverletzungen sowie auf Vorsatz und grobe Fahrlässigkeit.

Der 2. Senat[406] und der 7. Senat[407] des Bundesverwaltungsgerichts bestätigten mit ihren Urteilen den vom 11. Senat festgelegten Kernbereich.

---

401 Art. 15 des Föderalismusreform-Begleitgesetzes vom 05.09.2006 (BGBl. I S. 2098, 2105).

402 Unveröffentlichter Referentenentwurf des BMF (I B 1/ FV 1160 – 20/73), abgedruckt als Anhang in *Seelmaecker*, Die Verwaltungshaftung nach Art. 104a Abs. 5 GG, S. 165 ff.

403 *Hellermann*, in: v. Mangoldt/Klein/Starck, GG III, 5. Aufl., Art. 104a Rn. 192; *Birk*, in: Wassermann, AK-GG, Art. 104a Rn. 29; *Siekmann*, in: Sachs, Grundgesetz, Art. 104a Rn. 45.

404 BVerwGE 96, 45 (50 ff.); BVerwG NVwZ 1995, 991 (992); BVerwGE 100, 56 (60); 104, 29 (32); 116, 234 (241 f.); BVerwG DÖV 2007, 517; Urteil des BVerfG vom 17.10.2006 (Az.: 2 BvG 1/04, 2 BvG 2/04). Die Länder hatten stets bestritten, dass es sich bei Art. 104a Abs. 5 S. 1 Hs. 2 GG um eine unmittelbare Anspruchsgrundlage handelt.

405 BVerwGE 96, 45 (BAföG): Eine Amtsleiterin eines Landratsamtes veruntreute BAföG-Mittel von 310 212 DM.

406 Urteil des BVerwG vom 02.02.1995 (NVwZ 1995, 991 – Zivilschutz): Ein Gemeindebeamter veruntreute Gelder für Zivilschutzübungen von 122 000 DM.

407 Urteil des BVerwG vom 30.11.1995 (BVerwGE 100, 56 – Kindergeld): Eine Gemeinde

Dagegen wich der 4. Senat des Bundesverwaltungsgerichts in seiner Entscheidung vom 16. Januar 1997[408] von den obigen Urteilen insofern ab, als er die Konturen des Haftungskerns enger fasste. Nach seiner „Fortentwicklung" der Vorgängerentscheidungen kommt eine Haftung nur für vorsätzliches Verhalten in Betracht. Einer Anrufung des Großen Senats des Bundesverwaltungsgerichts gemäß § 11 Abs. 2 VwGO wegen abweichender Rechtsprechung bedurfte es nur deshalb nicht, weil bei den vorangegangenen Entscheidungen die Frage der Haftung für grobe Fahrlässigkeit nicht entscheidungsrelevant war.

(2) Verfahrensfragen

Ungeklärt sind bis heute Verfahrensfragen, z. B. die Verjährung eines Haftungsanspruchs. Zwar hat sich das Bundesverwaltungsgericht[409] kürzlich zur Verjährungsproblematik geäußert, dabei aber keine klärende Grundsatzentscheidung getroffen.

(3) Haftungsumfang

Art. 104a Abs. 5 GG lässt offen, nach welchem System und in welchem Umfang gehaftet werden muss[410]. Nach überwiegender Lehrmeinung, der sich die Rechtsprechung angeschlossen hat, wird ein Geldausgleich für Vermögensschäden und damit Schadenersatz entsprechend §§ 249 ff. BGB geschuldet[411].

4.6.3.2 Feststellungen

(1) Haftungspotenzial

Die Länder vollziehen die Bundesgesetze als eigene Angelegenheiten oder im Auftrag des Bundes und bewirtschaften hierbei regelmäßig Bundesmittel. Soweit der Bund seine Gesetze in eigener Verwaltung ausführt, nimmt er nur selten Finanzinteressen

---

zahlte an ihre Bediensteten zu Unrecht überhöhtes Kindergeld von 5.079 DM aus, da eine Vorschrift aus dem Kindergeldrecht nicht korrekt angewandt wurde.

408 BVerwGE 104, 29 (Bundesstraße): Bei einer Enteignungsmaßnahme zum Ausbau einer Bundesstraße erhielt ein Grundstückseigentümer zu Unrecht einen beim Amtsgericht hinterlegten Betrag von 134.046, 65 DM infolge Fehlverhaltens von Mitarbeitern des zuständigen Straßenbauamtes.

409 BVerwG, DÖV 2007, 517 (520 ff.): Ein Landesbeamter wirkte mit einem Landwirt in betrügerischer Weise kollusiv zusammen und veruntreute Mittel aus dem Bereich der Verteidigungslasten von rd. 500 000 Euro.

410 *Kirchhof*, NVwZ 1994, 105 (106).

411 BVerwG DÖV 2007, 517 (520 ff.); *Seelmaecker*, Die Verwaltungshaftung nach Art. 104a Abs. 5 GG, S. 110 f.; *Hellermann*, in: v. Mangoldt/Klein/Starck, GG III, 5. Aufl., Art. 104a Rn. 210; *Prokisch*, in: Dolzer/Vogel/Graßhof, BK, Art. 104a Rn. 344; die Länder hatten stets den Standpunkt vertreten, dass nur das im Innenregress gegen ihren Bediensteten Erlangte herausgegeben werden müsse.

der Länder wahr. So erhebt der Bund die Biersteuer[412], die nach Art. 106 Abs. 2 Nr. 5 GG ausschließlich den Ländern zukommt, und die Einfuhrumsatzsteuer[413], die Bund und Ländern gemäß Art. 106 Abs. 3 GG gemeinschaftlich zusteht. Im Jahre 2006 betrug das Biersteueraufkommen 800 Mio. Euro[414] und das Aufkommen der Einfuhrumsatzsteuer 35,5 Mrd. Euro[415].

Die Länder leisten demgegenüber weitaus mehr Verwaltungsarbeit für den Bund. Ihr finanzielles Haftungsrisiko ist deutlich höher als das des Bundes. Lohn- und Umsatzsteuer werden im Auftrag des Bundes von den Landesfinanzbehörden verwaltet und stehen Bund und Ländern gemeinsam zu. Die Lohnsteuer belief sich im Jahr 2006 auf 158 Mrd. Euro brutto[416], die Umsatzsteuer (ohne Einfuhrumsatzsteuer) auf 111 Mrd. Euro[417]. Die Länder verwalten darüber hinaus die Einkommen- und Körperschaftsteuer[418] sowie die Mittel für Bau, Betrieb und Unterhaltung der Bundesfernstraßen[419]. Schließlich vollziehen die Länder Leistungsgesetze des Bundes (z. B. Kindergeld, BAföG, Wohngeld, Wohnungsbauprämie, Unterhaltsvorschuss, Opferentschädigung)[420]. Landesbehörden treffen dabei in großer Zahl Entscheidungen, die sich auf Vermögensinteressen des Bundes auswirken. So bearbeiten die Finanzämter in Deutschland jährlich 30 Mio. Einkommensteuerfälle.[421]

(2) Haftungsfälle

Die örtlichen Erhebungen im Bundesministerium der Finanzen ergaben, dass das für Haftungsfragen zuständige Grundsatzreferat von Ende der 1980er Jahre bis Juli 2007 rund 35 Haftungsfälle ohne EU-Bezug zu betreuen hatte. Dies entspricht knapp zwei Neuzugängen pro Jahr.

---

412 Art. 86, 108 Abs. 1 GG (Biersteuer ist eine Verbrauchsteuer).

413 Art. 86, 108 Abs. 1 GG.

414 Quelle: www.zoll.de (Register: Verbrauchsteuern, Stand: 02.05.2007).

415 Quelle: www.zoll.de (Register: Einfuhrumsatzsteuer, Stand: 18.04.2007).

416 Quelle: Monatsbericht des BMF Juli 2007, S. 54.

417 Quellen: Monatsbericht des BMF Juli 2007, S. 58 und www.zoll.de.

418 Aufkommen: rd. 43,3 Mrd. Euro veranlagte Einkommensteuer (brutto); rd. 23,6 Mrd. Euro Körperschaftsteuer (brutto), Quelle: Monatsbericht des BMF Juli 2007, S. 55, 56.

419 Rund 5,5 Mrd. Euro jährlich; vgl. Schriftenreihe des Bundesbeauftragten für Wirtschaftlichkeit in der Verwaltung, Bd. 11: Bundesfernstraßen – Planen, Bauen und Betreiben, S. 1 (www.bundesrechnungshof.de).

420 Die vom Bund hier jährlich zu tragenden Volumina, verteilt auf die einzelnen Geldleistungsgesetze, stellen sich für die Jahre 2006 bzw. 2007 wie folgt dar (alle Angaben gerundet in Euro): Kindergeld 35 Mrd.; Wohngeld: 1 Mrd.; Wohnungsbauprämie: 0,5 Mrd.; Ausbildungsförderung: 1,6 Mrd.; Unterhaltsvorschuss: 0,28 Mrd.; Erziehungsgeld 2 Mrd. (Elterngeld ab 2008 rd. 4 Mrd.). Quellen *Siekmann*; in: Sachs, Grundgesetz, Art. 104a Rn. 25 ff.; zum Kindergeld (Bundeshaushalt 2007): Epl. 60, Kapitel 6001, Titel: 011 01-910; Epl. 17, Kapitel 1710, Tgr. 01.

421 Vgl. Schriftenreihe des Bundesbeauftragten für Wirtschaftlichkeit in der Verwaltung, Bd. 13: Probleme beim Vollzug der Steuergesetze, S. 92, Fn. 135 (www.bundesrechnungshof.de).

Bei den Verfahren trat fast ausnahmslos der Bund als Anspruchsteller auf. Die Schadenshöhen reichten von 1 350 Euro bis zu rund 7,8 Mio. Euro, wobei sich die Forderungen überwiegend zwischen 50 000 Euro und 250 000 Euro bewegten. Nur vereinzelt konnte der Bund Forderungen gegen die Länder realisieren. Umgekehrt leistete er an diese keine Zahlungen aus einer Inanspruchnahme nach Art. 104a Abs. 5 GG.

Die meisten Haftungsvorgänge ergaben sich aus der Auftragsverwaltung[422], wobei Fälle aus der Steuerverwaltung zahlenmäßig überwogen. Daneben gab es Vorgänge aus dem Vollzug von Bundesgesetzen in landeseigener Verwaltung, z. B. der Ausführung des Bundesversorgungsgesetzes (Kriegsopferfürsorge).

Einige Haftungsfälle deckten der Bundesrechnungshof und seine Prüfungsämter, die Landesrechnungshöfe, kommunale Prüfungseinrichtungen sowie steuerliche Außenprüfungen auf. Wesentliche haftungsrelevante Sachverhalte wurden im Zuge staatsanwaltschaftlicher Ermittlungen oder durch Mitteilungen der Landesbehörden bekannt.

In seltenen Fällen machten Berichterstattungen in der Presse den Bund auf Unregelmäßigkeiten aufmerksam.

Aufsichtliche Maßnahmen des Bundes führten in keinem der vorgefundenen Fälle zur Aufdeckung von Haftungsvorgängen.

Die Zusammenarbeit zwischen Bund und Ländern war zum Teil sehr beschwerlich. In Einzelfällen verzögerten oder verweigerten die Länder notwendige Ermittlungen.

(3) Belastung des Bund-Länder-Verhältnisses

Auseinandersetzungen der Gebietskörperschaften über haftungsrechtliche Sachverhalte sahen die Beteiligten als brisant an, da sie ihrer Auffassung nach geeignet erschienen, das Bund-Länder-Verhältnis zu belasten. Wegen der Bedeutung der Angelegenheit waren in einigen Haftungsfällen die Leitungen der Ministerien in die Fälle eingeschaltet.

---

422 Haftungsfälle aus der Auftragsverwaltung: Verwaltung der Gemeinschaftsteuern (Art. 108 Abs. 2, Abs. 3 S.1, Art. 106 Abs. 3 GG), Bundesfernstraßenverwaltung (Art. 90 Abs. 2 GG), Ausbildungsförderung, Zivilschutz (§§ 2, 23 ZSG), Verwaltung von Kindergeld nach BKGG a. F. (bis 1995), Verteidigungslastenverwaltung (bis 2002), Regelung offener Vermögensfragen (§ 22 VermögensG).

(4) Verfahrensdauern und weit zurückliegende Sachverhalte

Die Bearbeitung der Haftungsfälle gestaltete sich aufwendig und zeitintensiv. Beim jüngsten Verfahren vor dem Bundesverwaltungsgericht[423] wegen Schadenersatz nach Art. 104a Abs. 5 GG, das durch Urteil vom 24. Januar 2007 seinen Abschluss fand, lag das zu beurteilende Tatgeschehen mehr als 15 Jahre zurück.

(5) Feststellung der ordnungswidrigen Verwaltung

Bei strafbarem Verhalten von Bediensteten bereitete die Feststellung des nicht ordnungsmäßigen Verwaltungshandelns keine Probleme.
Ansonsten war in vielen Fällen zwischen Bund und Land streitig, ob die zu beurteilende Verwaltungsmaßnahme nach dem maßgebenden materiellen Recht ordnungsgemäß war oder nicht.
Zu Meinungsverschiedenheiten in der Beurteilung ordnungswidrigen Verhaltens kam es immer wieder bei Verwaltungsentscheidungen im Steuerrecht.

(6) Festlegung des Verschuldensgrades

Mit Ausnahme der strafbewehrten Vorgänge gingen die Bewertungen zum Verschulden zwischen Bund und Ländern stets auseinander. Nach dem Bekanntwerden des Urteils des 4. Senats des Bundesverwaltungsgerichts[424] beriefen sich die Länder wiederholt darauf, es liege kein vorsätzliches Verhalten ihrer Bediensteten vor, sodass eine Haftung ihrerseits nicht in Betracht käme. In Fällen vermeintlich grob fahrlässigen Verhaltens[425] sah der Bund zwar eine Länderhaftung unter Berufung auf die Rechtsprechung der anderen Senate des Bundesverwaltungsgerichts nicht von vornherein als ausgeschlossen an. Allerdings bereitete die Feststellung grober Fahrlässigkeit erhebliche Schwierigkeiten.
Wegen der rechtlichen und tatsächlichen Unsicherheiten beim Haftungsmaßstab scheute der Bund oftmals eine gerichtliche Auseinandersetzung mit dem Hinweis auf das bestehende Prozessrisiko und die mangelnde Geeignetheit des Falles für ein Musterverfahren vor dem Bundesverwaltungsgericht.

(7) Verfahren

In vielen Haftungsfällen stellten sich wegen der langen Bearbeitungsdauer und der weit zurückliegenden Sachverhalte Fragen zur Verwirkung und Verjährung von Ansprüchen. Wegen der ungeklärten Rechtslage nahm der Bund deshalb in einigen Fällen von einer Klage Abstand.

---

423 DÖV 2007, 517 ff.
424 BVerwGE 104, 29.
425 Vgl. *Heinrichs* in: Palandt, BGB, § 276 Rn. 14, § 277 Rn. 5.

Soweit der Bund Verzugsschäden geltend machte, lehnte das Bundesverwaltungsgericht Ansprüche stets wegen fehlender Anspruchsgrundlage ab[426].

4.6.3.3 Perspektiven für ein zukünftiges Ausführungsgesetz

(1) Notwendige Zustimmung der Länder

Ein haftungsrechtliches Ausführungsgesetz bedarf der Zustimmung des Bundesrates (Art. 104a Abs. 5 S. 2 GG). Die Länder lehnten den Gesetzentwurf aus dem Jahre 1973 übereinstimmend ab, wobei sich der Widerstand insbesondere gegen eine unmittelbare Haftung der Gemeinden und Gemeindeverbände (§ 1 des Entwurfs) sowie gegen eine verschuldensunabhängige Haftung bei groben Pflichtverletzungen (§ 2 des Entwurfs) richtete. Die Länder sahen sich unangemessen belastet, da sie in weit höherem Umfang für den Bund tätig würden als umgekehrt der Bund für die Länder. Der Bund würde sich ihrer Meinung nach besser stellen, wenn er Gesetze durch die Länder ausführen lasse anstatt sie selbst zu vollziehen, da er bei eigener Verwaltung gegen seine Bediensteten nur unter den Voraussetzungen der Verschuldenshaftung Regress nehmen könne. Die Länder schlugen vor, dass der Bund nur insoweit Schadenersatz verlangen könne, als die Länder ihrerseits im Regressweg von ihren Bediensteten Ersatz erlangten[427].

(2) Initiative des BMF

Das BMF will derzeit keinen neuen Anlauf unternehmen, um ein Ausführungsgesetz auf den Weg zu bringen. Stattdessen will es – wegen der unterschiedlichen Auffassungen der Senate des BVerwG – in einem Musterverfahren eine Entscheidung des Großen Senats des BVerwG zur Frage des Haftungsmaßstabs anstreben.

4.6.3.4 Fazit

Vor dem Hintergrund des vorhandenen erheblichen Haftungspotenzials und der Vielzahl von Einzelentscheidungen über Bundesmittel durch Landesbehörden bilden die seit Ende der 1980er Jahre tatsächlich betriebenen rund 35 Haftungsfälle eine äußerst geringe Quote. Auch die Schadenssummen sind im Verhältnis zu den bewirtschafteten Mitteln sehr niedrig.

Nach Meinung des Bundesrechnungshofes belegen die wenigen Verfahren, die geringen Haftungssummen sowie die nur vereinzelt vom Bund realisierten Haftungsansprüche, dass das Haftungsrecht und das Haftungsverfahren im Bund-Länder-

---

426 BVerwGE 96, 45 (59); BVerwG DÖV 2007, 517 (522).

427 Das Bundesverwaltungsgericht hat diese Argumentation der Länder verworfen (BVerwGE 96, 45).

Verhältnis systembedingt wenig wirksam und kaum praxistauglich ist. Dies beruht nach seiner Einschätzung im Wesentlichen auf folgenden Ursachen:

(1) Fehlender systematischer Zugang des Bundes

Dem Bund fehlt ein geeignetes Instrumentarium, um potenzielle Haftungsfälle gezielt aufzudecken. Die gegenwärtigen Möglichkeiten sind hierfür nahezu untauglich:
Die Aufsichtsmittel des Bundes sind nicht dazu geeignet, Haftungsfälle systematisch aufzudecken. Zwar stehen dem Bund Auskunfts- und Informationsrechte zu. Diese können aber erst bei positivem Wissen von einem Haftungsfall oder einem „Anfangsverdacht" zum Zuge kommen. Andererseits ist eine flächendeckende, systematische Aufsicht des Bundes über die Länder kaum vorstellbar oder erstrebenswert. Sie wäre mit einem enormen bürokratischen Aufwand verbunden und belastete gleichzeitig das partnerschaftliche Verhältnis von Bund und Ländern.

Prüfungen des Bundesrechnungshofes und der Landesrechnungshöfe haben grundsätzlich nicht die primäre Zielsetzung, systematisch Haftungsfällen im Bund-Länder-Verhältnis nachzugehen. Feststellungen zum Haftungsrecht sind eher ein Nebenprodukt der Prüfungen.

(2) Fehlende Mitteilungspflicht der Länder

Zwar bestehen verschiedenartige aufsichtliche Melde- und Berichtspflichten der Länder gegenüber dem Bund. Diese betreffen aber oftmals statistische Angaben zu Programmen, Mittelverwendung und Mittelabfluss. Bezogen auf potenzielle Haftungsfälle ist eine gesonderte Mitteilungspflicht der Länder an den Bund nicht bekannt. Allenfalls könnte aus dem Grundsatz des bundesfreundlichen Verhaltens, das aus dem Bundesstaatsprinzip (Art. 20 GG) abgeleitet wird[428], eine entsprechende Verpflichtung erwachsen. Aber selbst wenn es eine solche Mitteilungsverpflichtung der Länder gäbe, wäre es für den Bund kaum oder gar nicht möglich, das Einhalten einer solchen Pflicht effektiv zu überprüfen.

(3) Gemäßigte Kooperationsbereitschaft der Länder

Die eher gemäßigte Bereitschaft der Länder, Sachverhalte mitzuteilen und an der Aufklärung intensiv mitzuwirken, ist erklärlich, da das Schwergewicht der Auswirkungen der Haftung nach Art. 104a Abs. 5 GG bei den Ländern liegt und damit das Haftungspotenzial der Länder das des Bundes um ein Vielfaches übersteigt[429].

---

428 *Sachs*; in: ders., Grundgesetz, Art. 20 Rn. 68 ff.

429 In der Literatur (*Prokisch*, in: Dolzer/Vogel/Graßhof, BK, Art. 104a Rn. 305 u. 335 ff.; *Siekmann*, in: Sachs, Grundgesetz, Art. 104a Rn. 45) wird eine umfassende Haftung der Länder weit überwiegend gerechtfertigt, da sie die Kehrseite der zugewiesenen Gestaltungsfreiheit nach Art. 83 ff. GG darstelle. Wer nach der verfassungsrechtlich vorgegebenen Kompetenzaufteilung die Fehlerquelle beherrsche, habe im Grundsatz auch für die nicht

Zur Aufarbeitung des tatsächlichen Geschehensablaufs ist es jedoch unabdingbar, dass die Länder umfassend mitwirken. Da sie sich hierdurch in die Gefahr begeben, sich „selbst belasten zu müssen", dürfte eine Verbesserung der Kooperationsbereitschaft der Länder kaum zu erwarten sein.

(4) Neigung des Bundes, Haftungsfälle „kollegial" zu lösen

Aufgrund des als sensibel bezeichneten Bund-Länder-Verhältnisses agiert der Bund in Haftungsfällen tendenziell vorsichtig und nimmt dabei in Kauf, Ansprüche nicht durchzusetzen. Konfrontationen werden möglichst vermieden, da kein „Schaden" angerichtet werden soll. Teilweise wird ein störungsfreies Verhältnis zu den Ländern stärker gewichtet als die Verwirklichung von Schadenersatzansprüchen. Auch aufgrund der eher zurückhaltenden Haltung des Bundes konnten nur wenige Verfahren außergerichtlich zu Gunsten des Bundes erledigt werden.

(5) Verfahrensdauer, Abstimmungsaufwand, zurückliegende Sachverhalte

Die lange Bearbeitungsdauer eines Haftungsfalls und der hohe Abstimmungsaufwand können des Weiteren dazu beitragen, dass Bearbeiter die Motivation verlieren, den Streit in einem Klageverfahren fortzusetzen. Wegen des häufig weit zurückliegenden Geschehens sind verlässliche Zeugenaussagen praktisch nicht mehr zu erhalten. Gerade zur Beurteilung des subjektiven Tatbestandes der Haftung kann aber auf Zeugenaussagen nur selten verzichtet werden.

(6) Unsichere Rechtslage, komplizierte Rechtsmaterie

Die zum Teil noch bestehenden ungeklärten Rechtsprobleme, wie der anzulegende Haftungsmaßstab oder die Verjährung von Ansprüchen sowie die mitunter schwierige Beurteilung einer „ordnungsgemäßen Verwaltung" erschweren eine schnelle und eindeutige Beurteilung des Sachverhalts und eine Beschleunigung des Verfahrens. Dies gilt im besonderen Maße für das Steuerrecht.

(7) Warten auf ein Urteil des Großen Senats des Bundesverwaltungsgerichts

Entgegen der Auffassung des Bundesministeriums der Finanzen hat es der Bundesrechnungshof nicht für Erfolg versprechend gehalten, auf ein geeignetes (Muster-) Verfahren zu warten. Es ist nicht absehbar, dass der Große Senat des Bundesverwal-

---

vermiedenen Fehler einzustehen. Die Länder seien allein in der Lage, durch Aufsicht, Kontrolle, Schulungen der Mitarbeiter etc. konkret Einfluss auf die Qualität der Verwaltung zu nehmen und den Eintritt eines Schadens zu verhindern. Zudem könne nur der jeweilige Behördenträger bei fehlerhaftem Verhalten seine Bediensteten zur Verantwortung ziehen und für Schäden haftbar machen.

tungsgerichts sich alsbald in einem solchen Verfahren zum Haftungsmaßstab im Sinne des Bundes äußert. Seit dem Urteil des 4. Senats sind mehr als zehn Jahre vergangen. Selbst wenn das Bundesverwaltungsgericht in absehbarer Zeit zum Haftungsmaßstab im Sinne des Bundes entschiede, wäre zwar für diesen Teilbereich eine Klarstellung erreicht. Aber auch dann blieben noch viele Fragen (z. B. Verjährung, Verzug, Regress der Länder gegen Kommunen) ungelöst und Verfahrenshemmnisse erhalten. Insbesondere wäre weiterhin für den Bund kein systematischer eigener Zugang zu möglichen Haftungsfällen vorhanden.

4.6.3.5 Empfehlungen

Auf der Grundlage der Erkenntnisse des Bundesrechnungshofes hält der Bundesbeauftragte grundlegende Evaluierung des Haftungsverfahrens für unerlässlich.

(1) Entflechtung

Das Ziel, gemäß dem Verfassungsauftrag aus Art. 104a Abs. 5 S. 2 GG Haftungsregeln zwischen dem Bund und den Ländern aufzustellen, ist wegen der divergierenden Interessen der Beteiligten sowie der aufgezeigten Vollzugsschwächen im bestehenden System nicht einfach zu erreichen.

Daher spricht sich der Bundesbeauftragte für eine konsequente Entflechtung der Aufgaben- und Finanzverteilung zwischen Bund und Ländern aus, wie sie vom Bundesrechnungshof seit längerem angeregt wird[430]. Damit wäre sichergestellt, dass Bund und Länder überwiegend nur noch ihre eigenen Vermögensinteressen wahrzunehmen hätten, sodass sich Haftungsfragen zwischen den staatlichen Ebenen weitgehend erübrigen würden.

(2) Vollziehbares Ausführungsgesetz

Soweit eine vollständige Entflechtung nicht möglich erscheint, sollte ergänzend für diese Bereiche im Rahmen eines Gesamtpaketes angestrebt werden, ein Ausführungsgesetz auf den Weg zu bringen, das die Haftungsmodalitäten im Einzelnen festlegt.

Ein Ausführungsgesetz könnte auf dem Entwurf aus dem Jahre 1973 aufbauen. Da sich die Rahmenbedingungen seit dem Jahre 1973 durch die Entwicklung der Rechtsprechung geändert und tendenziell zu Gunsten des Bundes verbessert haben, erscheint eine Zustimmung der Länder nicht von vornherein ausgeschlossen.

(3) Flankierende Maßnahmen

Der Bundesbeauftragte hält es für erforderlich, die öffentlichen Körperschaften in die Lage zu versetzen, möglichen Haftungsfällen systematisch und zuverlässig vorzu-

---

[430] Vgl. Bemerkungen des Bundesrechnungshofes 2005, BT-Drs. 16/160, Nr. 3.

beugen. Von bereits eingetretenen Schäden sollten die Körperschaften systematisch und möglichst repräsentativ Kenntnis erlangen. Hierbei gilt es jedoch, eine ausufernde Kontrollbürokratie des Bundes zur Überwachung der Länder, die letztlich der Aufteilung der Verwaltungskompetenzen nach Art. 83 ff. GG zuwiderlaufen könnte[431], zu vermeiden.

Aus Sicht des Bundesbeauftragten wäre es daher zweckmäßig, dass Bund und Länder vereinbaren, bei den nicht trennbaren Aufgabenbereichen geeignete Risikomanagementsysteme einzusetzen, um den ordnungsgemäßen Verwaltungsvollzug mit modernen Steuerungs- und Kontrollinstrumenten (Interne Revisionen, Qualitätsmanagement, Controlling) wirksam zu steuern und zu kontrollieren. Ziel wäre dabei, Haftungsfälle zwischen Bund und Ländern von vornherein zu vermeiden.

---

431 *Hellermann*, in: v. Mangoldt/Klein/Starck, GG III, 5. Aufl., Art. 104a Rn. 206; *Schulze*, DÖV 1972, 409 (414); *Stelkens*, Verwaltungshaftungsrecht, S. 304 ff.

5 Schlussbemerkung

Die vielfältigen Schnittstellen zwischen Bund und Ländern in der Verwaltung mit ihren zahlreichen Einfallstoren intransparenter Verflechtung haben in der föderativen Staatspraxis zu exekutiven Schwachstellen in sehr vielen Bereichen staatlicher Aufgabenerfüllung geführt. Die im voranstehenden vierten Teil des Gutachtens dargestellten Beispiele aus der Prüfungspraxis der externen Finanzkontrolle des Bundes haben dies gezeigt.

Der Bundesbeauftragte ist deshalb der Auffassung, dass die administrativen Verflechtungsstrukturen zwischen Bund und Ländern aufgebrochen werden sollten. Sie führen nicht nur zu unwirtschaftlichem Handeln aller beteiligten Ebenen und Akteure, sondern sie beeinträchtigen auch die eigenverantwortliche Entscheidungs- und Handlungsfähigkeit der jeweiligen Staatsebene. Sie setzen damit die falschen Steuerungsanreize, verschleiern Verantwortung, verzögern notwendige Entscheidungen oder verhindern diese gar.

Das übergreifende und erklärte Ziel aller Reformbemühungen, die bundesstaatliche Ordnung zu modernisieren und an die veränderten Rahmenbedingungen anzupassen, erfordert eine möglichst weitgehende Entflechtung der Verwaltungsbeziehungen von Bund und Ländern. Diese kann – je nach Sachmaterie und den vom Verfassungs- und einfachen Gesetzgeber definierten Zielen – eine Bündelung der Zuständigkeiten und Verantwortlichkeiten bei den Ländern oder beim Bund geboten erscheinen lassen. Eine Musterlösung oder föderative Blaupause gibt es insoweit nicht. Wo aus praktischen oder politischen Gründen eine konsistente Entflechtung und Aufgabenbündelung (derzeit) nicht möglich ist, sollte zumindest eine Klärung der Verantwortlichkeiten im bestehenden System herbeigeführt werden.

Der Bundesbeauftragte verkennt bei seinen Empfehlungen und Entflechtungsoptionen nicht, dass die notwendige Anpassung der föderativen Verwaltungssysteme an die veränderten Bedingungen staatlichen Handelns und Wirtschaftens für die Kommission, den Verfassungsgesetzgeber und alle Verantwortlichen in Bund und Ländern eine Herausforderung darstellt, die nur durch den gemeinsamen Willen und die gemeinsame Anstrengung aller Beteiligten zu meistern ist; und er ist sich dabei bewusst, dass seine spezifisch aus der Sicht der externen Finanzkontrolle formulierten Erwägungen im Reformprozess mit einer Vielzahl anderer Sichtweisen und Problemraster zusammentreffen, die die Kommission bei ihren Beratungen zu berücksichtigen hat. Gleichwohl hofft er, mit seinem an grundlegenden Prinzipien des Grundgesetzes ausgerichteten Leitbild der Entflechtung seinen Einzelempfehlungen ein Ordnungsprinzip zugrunde gelegt zu haben, das auch der Kommission Hilfe bei ihrer Aufgabe sein kann, die Beziehungen von Bund und Ländern neu zu gestalten.

Anhang I
Verwaltungstypen des Grundgesetzes

1 Ausgangspunkt: Trennungsgrundsatz

Entscheidendes Merkmal des in Art. 20 Abs. 1 GG niedergelegten Bundesstaatsprinzips ist die Aufteilung der staatlichen Kompetenzen zwischen dem Bund und den Gliedstaaten. Im Grundgesetz ist diese Kompetenzverteilung grundlegend in Art. 30 geregelt, der ein Regel-Ausnahme-Verhältnis festlegt. Demgemäß ist grundsätzlich von der Kompetenz der Länder auszugehen, der Bund besitzt nur die ihm besonders zugewiesenen Kompetenzen. In ihrem jeweiligen Aufgabenbereich handeln Bund und Länder grundsätzlich eigenständig und unabhängig voneinander. Der allgemeine, für alle staatlichen Aufgaben und Befugnisse geltende Grundsatz des Art. 30 GG wird durch Art. 70 GG für die Gesetzgebung und durch Art. 83 GG für die verwaltende Staatstätigkeit ergänzt.

2 Landesverwaltung von Bundesgesetzen als eigene Angelegenheit

Gemäß dem in Art. 83 GG niedergelegten Grundsatz ist die Ausführung der Bundesgesetze in der Verwaltungsform der Landeseigenverwaltung, die in Art. 84 GG näher geregelt wird, der Normalfall. Die Länder regeln dabei grundsätzlich die Einrichtung der Behörden und das Verwaltungsverfahren (Art. 84 Abs. 1 S. 1 GG). Da es um die Ausführung von Bundesgesetzen geht, stehen dem Bund dabei allerdings verschieden Einflussmöglichkeiten zu. So kann er nach Art. 84 Abs. 1 S. 2 GG selbst die Einrichtung der Behörden und das Verwaltungsverfahren durch Gesetz regeln. Seit der im Jahre 2006 beschlossenen „ersten Stufe" der Föderalismusreform[432] bedürfen solche Bundesgesetze zwar nicht mehr der Zustimmung des Bundesrates. Es besteht jedoch neuerdings nach Art. 84 Abs. 1 S. 2 2. Hs. GG grundsätzlich eine Abweichungskompetenz der Länder.

Neben dieser Möglichkeit der organisatorischen Einflussnahme durch Bundesgesetz bestehen für den Bund weitere Befugnisse, die landeseigene Ausführung seiner Gesetze durch präventive (Erlass von Verwaltungsvorschriften oder Erteilung von Einzelweisungen in besonderen Fällen, Art. 84 Abs. 2, 5 GG) oder repressive Maßnahmen (Rechtsaufsicht, Art. 84 Abs. 3, 4 GG) zu beeinflussen. Ein Aufsichtsrecht des Bundes hinsichtlich der Zweckmäßigkeit der Gesetzesausführung (Fachaufsicht) besteht im Regelfall der Landeseigenverwaltung nicht.

Hinsichtlich der Finanzierung des landeseigenen Vollzugs von Bundesgesetzen gilt das in Art. 104a Abs. 1 GG verankerte Konnexitätsprinzip, wonach Bund und Länder

---

[432] Gesetz zur Änderung des Grundgesetzes (Artikel 22, 23, 33, 52, 72, 73, 74, 74a, 75, 84, 85, 87c, 91a, 91b, 93, 98, 104a, 104b, 105, 107, 109, 125a, 125b, 125c, 143c) vom 28.08.2006 (BGBl. I S. 2034).

gesondert die Ausgaben tragen, die sich aus der Wahrnehmung ihrer Aufgaben ergeben. Die Finanzierungszuständigkeit richtet sich dabei nach der jeweiligen Verwaltungsverantwortung, nicht danach, wer durch die Gesetzgebung die Aufgaben und Ausgaben veranlasst hat.[433] Da die Länder also im Regelfall für die Ausführung der Bundesgesetze als eigene Angelegenheiten zuständig sind, tragen sie nach Art. 104a Abs. 1 GG die durch die Erfüllung der Verwaltungsaufgaben entstehenden Zweckausgaben. Außerdem tragen sie nach Art. 104a Abs. 5 S. 1 GG auch die Verwaltungsausgaben, d. h. die Kosten für den persönlichen und sachlichen Verwaltungsaufwand.

3 Landesverwaltung von Bundesgesetzen im Auftrag des Bundes

3.1 Grundsätze und Gegenstände der Auftragsverwaltung

Gegenüber dem landeseigenen Vollzug von Bundesgesetzen ist die Eigenständigkeit der Länder bei dem in Art. 85 GG geregelten Verwaltungstyp der Bundesauftragsverwaltung deutlich begrenzt. Die Bundesauftragsverwaltung ist gleichwohl eine weitere Form der Landesverwaltung; die Länder üben hierbei Landesstaatsgewalt aus, ihre Behörden handeln als Landesorgane, nicht als Bundesorgane.[434] Der Bund hat die Möglichkeit, mit Hilfe der ihm durch Art. 85 GG eingeräumten Ingerenzrechte auf die Ausführung seiner Gesetze durch die Länder im Innenverhältnis Einfluss zu nehmen, wobei diese Einwirkungsmöglichkeiten weitergehen als in der Landeseigenverwaltung nach Art. 84 GG. Die Bundesauftragsverwaltung bietet so ein Instrument gesamtstaatlicher Steuerung.[435]

Im Bereich der Bundesauftragsverwaltung steht dem Land unentziehbar die Wahrnehmungskompetenz, d. h. das Handeln und die Verantwortlichkeit nach außen, im Verhältnis zu Dritten zu. Die Sachkompetenz, d. h. die Sachbeurteilung und Sachentscheidung, steht dem Land zwar grundsätzlich auch zu, sonst würde es sich nicht um eine Form der Landesverwaltung im materiellen Sinne handeln[436], wobei die Ausführungskompetenz der Länder zur Folge hat, dass ihnen zunächst der Vortritt bei der Sachentscheidung zukommt.[437] Allerdings kann der Bund diese Sachkompetenz nach eigener Entscheidung jederzeit an sich ziehen, sodass es zu einem Auseinanderfallen von Wahrnehmungs- und Sachkompetenz kommen kann[438]. Folge dieses Auseinanderfallens ist eine wesentliche Einschränkung der Eigenstaatlichkeit und Autonomie der Länder. Dadurch kommt es vielfach zu dem im dritten und vierten Teil des Gutachtens geschilderten Verlust an Transparenz und daraus entstehenden Folgeproblemen sowie zu einer Beschränkung der parlamentarischen Verantwortlichkeit der Landesexekutive auf den Bereich der Wahrnehmungskompetenz.

---

433 BVerfGE 26, 338 (390).
434 BVerfGE 81, 310 (331).
435 *Sommermann*, DVBl. 2001, 1549 (1552 f.).
436 *Sommermann*, DVBl. 2001, 1549 (1550).
437 BVerfGE 104, 249 (265); *Ossenbühl*, in: Brenner u. a., FS für Badura, S. 975 (981, 988).
438 BVerfGE 81, 310 (332).

Die Gegenstände der Bundesauftragsverwaltung sind zwingend oder fakultativ in anderen Normen des Grundgesetzes (z. B. Art. 87c, Art. 87d Abs. 2, Art. 90 Abs. 2, Art. 104a Abs. 3, Art. 108 Abs. 3) festgelegt, wobei diese Festlegung abschließend ist. Im Bereich der Steuerverwaltung[439] wird Art. 85 GG durch Art. 108 GG in besonderer Weise modifiziert.[440]

Auf der Ausgabenseite kommt es bei der Bundesauftragsverwaltung im Übrigen zu einer Ausnahme von der allgemeinen Lastentragungsregel des Art. 104a Abs. 1 GG und zu einer Aufteilung der Ausgaben. Nach Art. 104a Abs. 2 GG trägt hier der Bund die Zweckausgaben, was seinen weitgehenden Einflussmöglichkeiten Rechnung trägt. Für die Verwaltungsausgaben müssen jedoch auch bei diesem Verwaltungstyp gemäß Art. 104a Abs. 5 S. 1 GG die Länder aufkommen.

3.2 Entstehungsgeschichte des Art. 85 GG

Angesichts der besonders bei der Bundesauftragsverwaltung zu Tage tretenden Verflechtung der Verwaltungsebenen und der daraus resultierenden Defizite liegt es nahe, nach den Gründen dieser Entwicklung zu fragen und ihre Ursprünge zu beleuchten. Wie im zweiten Teil des Gutachtens geschildert hat die bundesstaatliche Ordnung des Grundgesetzes insgesamt ihren Ursprung in historischen Vorbildern, denen ein föderatives Prinzip zugrunde lag (Tz. 2.2). Diese Feststellung lässt sich auch speziell für den Verwaltungstyp der Bundesauftragsverwaltung treffen, wobei verschiedene historische Ursprünge in Betracht kommen.

3.2.1 Vorläufer der Bundesauftragsverwaltung

So finden sich Hinweise, dass der Begriff der Auftragsverwaltung, der dann in Art. 85 GG seine verfassungsrechtliche Ausprägung erhalten hat, vom Parlamentarischen Rat seinerzeit aus dem Kommunalrecht übernommen wurde.[441]

Daneben lassen sich auch anderweitige Entwicklungen in der Gesetzgebungs- und Verwaltungspraxis hin zu einer auftragsweisen Verwaltungsführung nachweisen. So führte die vorherrschende Stellung Preußens im Norddeutschen Bund dazu, dass es mit seinen bestehenden Behörden bestimmte Angelegenheiten, wie z. B. die auswärtige Verwaltung, für den Bundesstaat wahrnahm, dem dadurch der Aufbau einer eigenen Verwaltung erspart blieb.[442]

Des Weiteren finden sich im Deutschen Reich von 1871 bestimmte Verwaltungsbereiche, in denen die Länder, die die Reichsgesetze grundsätzlich als eigene Angelegenheiten ausführten, unter einer besonderen Einflussnahme des Reichs standen. Solche auftragsverwaltungsähnlichen Verhältnisse gab es etwa bei der finanziellen Mili-

---

439 Vgl. dazu die Ausführungen im vierten Teil des Gutachtens (Tz. 4.1).
440 BVerfGE 32, 145 (151 f., 154), die sich allerdings auf Art. 108 GG a. F. bezieht.
441 Vgl. *v. Doemming/Füsslein/Matz*, in: Leibholz/v. Mangoldt, JöR Bd. 1 (1951), S. 636.
442 *Wolst*, Die Bundesauftragsverwaltung als Verwaltungsform, S. 34 f.

tärverwaltung[443] sowie der Verwaltung der Zölle und Verbrauchsteuern und der Eisenbahnverwaltung, wo für das Reich bestimmte Überwachungsbefugnisse bestanden[444]. Für den Fall, dass bei der Umsetzung der Reichsgesetze Mängel oder Verstöße festgestellt wurden, unterwarf Art. 4 der Reichsverfassung die Länder der Beaufsichtigung durch das Reich. Diese Reichsaufsicht sah zunächst kaiserliche Ermahnungen und Mängelrügen vor und eröffnete im äußersten Fall dem Kaiser im Zusammenwirken mit dem Bundesrat die Möglichkeit, Zwangsmittel gegen die Länder einzusetzen.[445] Durch gesetzliche Ermächtigungen kam es in bestimmten Fällen darüber hinaus auch zu direkten Verbindungen zwischen dem Reich und den nachgeordneten Landesbehörden unter Umgehung der Landesregierungen, was die Einflussnahmemöglichkeiten des Reichs über reine Aufsichtsbefugnisse hinaus erweiterte.[446]

Bei diesen Vorläufern einer bundesstaatlichen Auftragsverwaltung war noch nicht von einer „Reichsauftragsverwaltung" die Rede; dieser Begriff entstand erst in der Weimarer Republik.[447] Als bedeutsames Beispiel für die Verwirklichung der Reichsauftragsverwaltung gilt die Reichswasserstraßenverwaltung, bei der die Landesbehörden unmittelbar der Leitung des Reichsverkehrsministeriums unterstellt wurden, was ein unbeschränktes Weisungsrecht gegenüber den Landesmittel- und -unterbehörden umfasste.[448] Eine eigenständige Willensbildung zentraler Landesbehörden wurde dadurch verhindert und der Einheitsstaat gestärkt.

3.2.2 Ausgestaltung des Art. 85 GG durch den Parlamentarischen Rat

Von dieser Konstruktion der Reichsauftragsverwaltung als einem Instrument der Unitarisierung unterscheidet sich die Bundesauftragsverwaltung nach Art. 85 GG wesentlich. Die negativen Erfahrungen mit dem nationalsozialistischen Einheitsstaat, der Einfluss der westlichen Besatzungsmächte und die starke Position, die die Länder aufgrund ihrer bereits bestehenden Staatlichkeit hatten, führten zu einem betont föderalistischen Staatsaufbau.[449] Dies schlug sich auch in der Regelung der Bundesauftragsverwaltung nieder.

Der Entwurf des Herrenchiemseer Konvents sah folgende Regelung der Auftragsverwaltung in Art. 113 vor: *„Soweit die Ausführung der Bundesgesetze durch die Län-*

---

443 *Wolst*, Die Bundesauftragsverwaltung als Verwaltungsform, S. 33 f.

444 *Mußgnug*, in: Jeserich/Pohl/von Unruh, Deutsche Verwaltungsgeschichte, Bd. 3, S. 186 (194 ff.).

445 *Mußgnug*, in: Jeserich/Pohl/von Unruh, Deutsche Verwaltungsgeschichte, Bd. 3, S. 186 (199 ff.).

446 *Mußgnug*, in: Jeserich/Pohl/von Unruh, Deutsche Verwaltungsgeschichte, Bd. 3, S. 186 (202 f.); *Wolst*, Die Bundesauftragsverwaltung als Verwaltungsform, S. 33.

447 *Mußgnug*, in: Jeserich/Pohl/von Unruh, Deutsche Verwaltungsgeschichte, Bd. 3, S. 186 (189).

448 *Wolst*, Die Bundesauftragsverwaltung als Verwaltungsform, S. 18, 36 f.; *Heitsch*, Die Ausführung der Bundesgesetze durch die Länder, S. 257 f.

449 *Wolst*, Die Bundesauftragsverwaltung als Verwaltungsform, S. 18 (38 f.).

der nach Weisung des Bundes erfolgt, bedürfen die Durchführungsverordnungen der Bundesregierung der Zustimmung des Bundesrats (Senats). Die Organisation der Behörden bleibt im Rahmen der einschlägigen Bundesgesetze Sache der Länder. Die Landesbehörden unterstehen den Anweisungen der zuständigen obersten Bundesbehörden." Dabei sollte diese „Landesverwaltung nach Weisung" angesichts der durch sie bewirkten Verwischung der Zuständigkeitsgrenzen und Herabminderung der staatlichen Selbstständigkeit der Länder auf wenige Fälle beschränkt bleiben.[450] Daher unterstellte der Herrenchiemseer Entwurf nur die Verwaltung der Bundeswasserstraßen den Grundsätzen der Auftragsverwaltung, sah daneben aber auch die Möglichkeit vor, diesen Verwaltungstyp mit Zustimmung des Bundesrates auf andere Gebiete zu erweitern.[451]

Der Parlamentarische Rat hat demgegenüber die Bundesauftragsverwaltung insofern noch länderfreundlicher ausgestaltet, als nun durch Art. 85 Abs. 3 GG die Bundesbehörden grundsätzlich auf ein Weisungsrecht nur gegenüber den obersten Landesbehörden beschränkt sind. Das Grundgesetz in seiner ursprünglichen Fassung sah nur für die Verwaltung der Bundeswasserstraßen (Art. 89 Abs. 2 S. 3 GG) und der Bundesfernstraßen (Art. 90 Abs. 2 GG) sowie nach Intervention von Seiten der Besatzungsmächte auch für einzelne Bereiche der Finanzverwaltung (Art. 108 GG) die Bundesauftragsverwaltung vor. Nach Inkrafttreten des GG wurden folgende weiteren Anwendungsbereiche zwingend oder fakultativ den Grundsätzen der Bundesauftragsverwaltung unterstellt: Verteidigungsgesetze (Art. 87b Abs. 2 S. 1 GG), Kernenergierecht (Art. 87c GG), bestimmte Aufgaben der Luftverkehrsverwaltung (Art. 87d Abs. 2 GG), Geldleistungsgesetze, bei denen der Bund mindestens die Hälfte der Ausgaben trägt (Art. 104a Abs. 3 S. 2 GG), und Lastenausgleichsgesetze auf dem Gebiet der Ausgleichsleistungen (Art. 120a Abs. 1 S. 1 GG).

Festzuhalten bleibt, dass die Bundesauftragsverwaltung sich als eine Besonderheit des bundesdeutschen Föderalismus[452] darstellt, die nicht Gegenstand einer planvollen Schöpfung war, sondern sich erst in einem längeren Prozess durch voneinander unabhängige Faktoren entwickelt hat.[453]

3.3 Einwirkungsrechte des Bundes in der Auftragsverwaltung

Wie bereits erwähnt kann der Bund im Bereich der Bundesauftragsverwaltung die Sachkompetenz, d. h. die Befugnis zur Sachbeurteilung und Sachentscheidung, nach eigener Entscheidung jederzeit auf sich überleiten. Eine Inanspruchnahme der Sachkompetenz durch den Bund kann im Wege der Gesetzgebung (Art. 85 Abs. 1 GG) und im Wege der Verwaltung (Art. 85 Abs. 2-4 GG) erfolgen.

---

450 *v. Doemming/Füsslein/Matz*, in: Leibholz/v. Mangoldt, JöR Bd. 1 (1951), S. 622 (636).
451 *v. Doemming/Füsslein/Matz*, in: Leibholz/v. Mangoldt, JöR Bd. 1 (1951), S. 623 (636).
452 *Sommermann*, Grundfragen der Bundesauftragsverwaltung, DVBl. 2001, 1549.
453 *Wolst*, Die Bundesauftragsverwaltung als Verwaltungsform, S. 32.

3.3.1 Einflussnahme durch Rechtsetzung und Mitentscheidung bei der Personalbestellung

Auch in der Bundesauftragsverwaltung ist die Einrichtung der Behörden und das Verwaltungsverfahren grundsätzlich Sache der Länder (Art. 85 Abs. 1 S. 1 1. Hs. GG). Der Bund kann jedoch nach Art. 85 Abs. 1 S. 1 2. Hs. GG selbst die Einrichtung der Behörden und das Verwaltungsverfahren durch Bundesgesetz mit Zustimmung des Bundesrates regeln. (Dass die Regelung des Verwaltungsverfahrens dort nicht ausdrücklich genannt ist, wird als Redaktionsversehen gewertet, da nicht ersichtlich ist, warum die gesetzgeberische Organisationsgewalt des Bundes hinsichtlich der Regelung des Verwaltungsverfahrens bei der ihm näherstehenden Auftragsverwaltung weniger weit gehen sollte als bei der Ausführung von Bundesgesetzen in landeseigener Verwaltung.[454]) Der im Jahr 2006 durch die „erste Stufe" der Föderalismusreform[455] eingefügte Art. 85 Abs. 1 S. 2 GG verbietet die bundesgesetzliche Aufgabenübertragung auf Gemeinden und Gemeindeverbänden (wie auch Art. 84 Abs. 1 S. 7 GG); eine solche Aufgabenzuweisung kann nur noch durch Landesrecht erfolgen.

Wie auch in der Landeseigenverwaltung kann die Bundesregierung nach Art. 85 Abs. 2 S. 1 GG mit Zustimmung des Bundesrates allgemeine Verwaltungsvorschriften erlassen. Dabei können solche allgemeinen Verwaltungsvorschriften nach neuerer Rechtsprechung des Bundesverfassungsgerichts zum effektiven Schutz der Länderhoheit im Bereich ihrer Verwaltung nur von der Bundesregierung als Kollegium mit Zustimmung des Bundesrates erlassen werden, da nur so die Länder die Möglichkeit haben auf die nähere Ausgestaltung ihrer Wahrnehmungskompetenz über den Bundesrat Einfluss zu nehmen.[456] Eine Ermächtigung einzelner Bundesminister mit Zustimmung des Bundesrates wie auch die Beschränkung der Zustimmung des Bundesrates auf das ermächtigende Gesetz selbst sind demnach unzulässig. Etwas anderes gilt auch nicht im Bereich der Finanzverwaltung, wo Art. 108 Abs. 7 GG der Bundesregierung – und nicht wie bei Art. 108 Abs. 3 S. 2 GG dem Bundesminister der Finanzen – die Befugnis zum Erlass von allgemeinen Verwaltungsvorschriften einräumt.[457]

Außerdem kann der Bund nach Art. 85 Abs. 2 S. 2, 3 GG begrenzt Einfluss auf das Personal der Länder nehmen. Nach Satz 2 kann die Bundesregierung die einheitliche Ausbildung der Beamten und Angestellten regeln, wobei dies je nach Außenwirkung durch Verwaltungsvorschrift oder Rechtsverordnung erfolgen kann[458]. Außerdem sind nach Satz 3 die Leiter der Mittelbehörden mit Einvernehmen der Bundesregierung zu bestellen. Allerdings soll dies nach überwiegender Ansicht nur gelten, sofern es sich

[454] BVerfGE 26, 338 (385).

[455] Gesetz zur Änderung des Grundgesetzes (Artikel 22, 23, 33, 52, 72, 73, 74, 74a, 75, 84, 85, 87c, 91a, 91b, 93, 98, 104a, 104b, 105, 107, 109, 125a, 125b, 125c, 143c) vom 28.08.2006 (BGBl. I S. 2034).

[456] BVerfGE 100, 249 (261), wodurch von BVerfGE 26, 338 (399) abgewichen wurde.

[457] *Siekmann*, in: Sachs, Grundgesetz, Art. 108 Rn. 35 ff.; *Heintzen*, in: von Münch/Kunig, Grundgesetz, Art. 108 Rn. 48.

[458] *Pieroth*, in: Jarass/Pieroth, Grundgesetz, Art. 85 Rn. 4.

um Sonderbehörden, die nur mit Aufgaben der Auftragsverwaltung betraut sind, handelt, d. h. nicht für Behörden der allgemeinen Verwaltung.[459]

3.3.2 Weisungs- und Aufsichtsrecht

Wie bereits erwähnt verschafft Art. 85 Abs. 3 GG den zuständigen obersten Bundesbehörden, d. h. all den Bundesbehörden, die keiner anderen Behörde unterstehen, ein Weisungsrecht, welches grundsätzlich nur gegenüber den obersten Landesbehörden besteht. Ausnahmsweise kann die Weisung auch unmittelbar an nachgeordnete Landesbehörden gerichtet werden, wenn die Bundesregierung es für dringlich erachtet (Art. 85 Abs. 3 S. 2 2. Hs. GG). Im Bereich der Finanzverwaltung der Länder tritt nach Art. 108 Abs. 3 S. 2 GG in dieser Hinsicht der Bundesminister der Finanzen an die Stelle der Bundesregierung. Die Weisungskompetenz umfasst die gesamte Vollzugstätigkeit des Landes[460], sie besteht sowohl hinsichtlich der Rechtmäßigkeit der Gesetzesausführung als auch hinsichtlich der Ermessensausübung.

Die Frage, ob im Rahmen der Bundesauftragsverwaltung nur Einzelweisungen oder auch solche genereller Art zulässig sind, ist umstritten.[461] Unter Hinweis auf den unterschiedlichen Wortlaut von Art. 84 Abs. 5 S. 1 GG, der zur Erteilung von „Einzelweisungen“ für „besondere Fälle“ ermächtigt, und Art. 85 Abs. 3 S. 1 GG, der nur den Begriff „Weisungen“ verwendet, wird einerseits vertreten, dass bei der Auftragsverwaltung im Gegensatz zur landeseigenen Verwaltung auch allgemeine Weisungen möglich sein sollen. Andererseits wird angeführt, dass allgemeine Weisungen kaum von allgemeinen Verwaltungsvorschriften abzugrenzen sind, sodass eine Zulassung allgemeiner Weisungen eine Umgehung des Zustimmungsrechts des Bundesrates zu allgemeinen Verwaltungsvorschriften nach Art. 85 Abs. 2 GG bedeuten würde. Eine höchstrichterliche Entscheidung zur verfassungsrechtlichen Zulässigkeit der allgemeinen Weisung in der Auftragsverwaltung ist soweit ersichtlich bislang nicht ergangen. Ungeachtet dieser Problematik besteht in der Praxis darüber hinaus die Möglichkeit, eine Verständigung der jeweils zuständigen Bundes- und Landesbehörden über den Vollzug bestimmter Bundesgesetze herbeizuführen, dem Verwaltungshandeln also „konsentierte“ Maßstäbe zugrunde zu legen.[462]

Begrenzt wird die Weisungskompetenz des Bundes zum einen durch den ungeschriebenen Verfassungsgrundsatz von der wechselseitigen Pflicht zu bundesfreundlichem Verhalten. Daraus folgt, dass der Bund dem Land grundsätzlich vor Weisungser-

---

[459] *Pieroth*, in: Jarass/Pieroth, Grundgesetz, Art. 85 Rn. 5; *Heitsch*, Die Ausführung der Bundesgesetze durch die Länder, S. 327.

[460] BVerfGE 81, 310 (335); 84, 25 (31).

[461] Vgl. *Heitsch*, Die Ausführung der Bundesgesetze durch die Länder, S. 279 f.; *Sommermann*, Grundfragen der Bundesauftragsverwaltung, DVBl. 2001, 1549 (1554).

[462] Vgl. BVerfGE 100, 249 (254); *Sommermann*, Grundfragen der Bundesauftragsverwaltung, DVBl. 2001, 1549 (1554).

lass Gelegenheit zur Stellungnahme geben, dessen Standpunkt erwägen und ihm zu erkennen geben muss, dass der Erlass einer Weisung in Betracht gezogen werde.[463]

Zum anderen steht das Weisungsrecht des Bundes unter dem Gebot der Weisungsklarheit, d. h. die angewiesene Landesbehörde muss unter Zuhilfenahme der ihr zu Gebote stehenden Erkenntnismöglichkeiten den objektiven Sinn der Weisung ermitteln können.

Ansonsten kommt eine Rechtsverletzung eines Landes durch eine Weisung des Bundes nach Art. 85 Abs. 3 GG nur dann in Betracht, wenn die Inanspruchnahme der Weisungsbefugnis gegen die Verfassung verstößt, wobei ein Land kraft seiner Kompetenz vom Bund nur die Achtung solcher Verfassungsnormen verlangen kann, die die Bundesgewalt in ihrer Auswirkung auf das Verfassungsleben der Länder beherrschen und damit eine rechtliche Beziehung zwischen Bundesgewalt und Landesgewalten herstellen, was insbesondere bei Grundrechtsbestimmungen nicht der Fall ist. Eine Grenze ergibt sich nach der Rechtsprechung des Bundesverfassungsgerichts nur in dem äußersten Fall, dass eine zuständige oberste Bundesbehörde unter grober Missachtung der ihr obliegenden Obhutspflicht zu einem Tun oder Unterlassen anweist, welches im Hinblick auf die damit einhergehende allgemeine Gefährdung oder Verletzung bedeutender Rechtsgüter schlechterdings nicht verantwortet werden kann. Insofern existiert eine vom Land vermöge seines Rechts auf Eigenstaatlichkeit einforderbare Pflicht des Bundes, von dem Land nicht zu fordern, was schlechthin außerhalb des von einem Staat Verantwortbaren gelegen ist.[464]

Insgesamt gilt für das Weisungsrecht des Bundes, dass es ihm Korrekturmöglichkeiten bei unrechtmäßigem oder unzweckmäßigem Gesetzesvollzug durch die Länder oder bei diesbezüglichen Meinungsverschiedenheiten bietet. Eine Ermächtigung zur dauerhaften Übernahme der Gesetzesausführung steht dem Bund auch über seine Weisungskompetenz nicht zu[465].

Die Bundesregierung führt schließlich nach Art. 85 Abs. 4 S. 1 GG die Aufsicht darüber, dass die Länder die Aufgaben rechtmäßig und auch zweckmäßig ausführen. Art. 85 Abs. 4 S. 2 GG gibt ihr zu diesem Zweck die Möglichkeit, Berichterstattung und Aktenvorlage zu verlangen sowie Beauftragte zu allen Landesbehörden zu entsenden. Allerdings ist festzustellen, dass die Bundesaufsicht heute vielfach durch andere Steuerungsmechanismen, insbesondere eine weitreichende Rechtmäßigkeitskontrolle durch die Verwaltungsgerichtsbarkeit, verdrängt wird, und ihr daher nur noch eine Reservefunktion zugeschrieben wird.[466]

4 Verwaltung von Bundesgesetzen durch den Bund

Im Gegensatz zu den beiden dargestellten Formen der Landesverwaltung sieht das Grundgesetz in Art. 86 die Möglichkeit der Ausführung der Bundesgesetze durch bun-

---

463 BVerfGE 81, 310 (337 f.).
464 BVerfGE 81, 310 (333 f.).
465 *Ossenbühl*, in: Brenner u. a., FS für Badura, S. 975 (988 f.).
466 *Heitsch*, Die Ausführung der Bundesgesetze durch die Länder, S. 173 f.

deseigene Verwaltung und damit neben der Bundesauftragsverwaltung eine weitere Ausnahme vom Grundsatz des Art. 83 GG vor. Bei diesem Verwaltungstyp steht sowohl die Wahrnehmungs- als auch die Sachkompetenz dem Bund zu; die Länder sind vom Gesetzesvollzug grundsätzlich ausgeschlossen.

Bundeseigene Verwaltung ist zum einen die unmittelbare Bundesverwaltung durch eigene, rechtlich unselbstständige Behörden des Bundes, zum anderen die mittelbare Bundesverwaltung durch rechtlich selbstständige, vom Bund als Rechtsperson getrennte Einrichtungen wie bundesunmittelbare Körperschaften oder Anstalten des öffentlichen Rechts (vgl. Art. 87 Abs. 2 S. 1 GG).

Grundsätzlich gilt, dass die Gesetzgebungskompetenz des Bundes die äußerste Grenze für seine Verwaltungskompetenz darstellt.[467] Die Sachbereiche bundeseigener Verwaltung sind im Einzelnen in den Art. 87-90 GG aufgeführt; eine Ausweitung dieses Verwaltungstyps setzt eine Verfassungsänderung voraus. Sofern eine im Grundgesetz begründete Verwaltungskompetenz des Bundes gegeben ist, gilt Art. 86 GG sowohl für die gesetzesakzessorische als auch für die nicht gesetzesausführende Verwaltung des Bundes.

Diese ausdrücklichen Verwaltungszuständigkeiten werden durch ungeschriebene Verwaltungskompetenzen des Bundes ergänzt, die in der Staatspraxis eine nicht unbeträchtliche Rolle spielen. Solche stillschweigenden Bundeskompetenzen können sich aus der Natur der Sache oder kraft Sachzusammenhangs ergeben. Eine Kompetenz aus der Natur der Sache kommt in Betracht in Sachbereichen, die begriffsnotwendig dem Bund zugewiesen sind, in denen eine Regelung durch die Länder also ausgeschlossen ist, weil die Regelung nur einheitlich für das Bundesgebiet möglich ist.[468] Eine Kompetenz kraft Sachzusammenhangs liegt vor, wenn eine dem Bund zugewiesene Materie verständigerweise nicht geregelt werden kann, ohne dass zugleich eine andere – dem Bund nicht zugewiesene Materie – mitgeregelt wird.[469] Daneben gibt es Annexkompetenzen, die zu einer Erweiterung geschriebener Kompetenzen über deren eigentlichen Gegenstandsbereich hinaus führen und die verfahrensrechtliche Abwicklung der jeweiligen Sachmaterie betreffen.

5 Grundsatz des Verbots der Mischverwaltung

Auch die ungeschriebenen Bundeskompetenzen ändern nichts daran, dass das Schwergewicht der Verwaltung nach der grundgesetzlichen Kompetenzordnung bei den Ländern liegt. Insgesamt ist festzuhalten, dass das Grundgesetz in Art. 83 ff. eine strikte Trennung der Kompetenzbereiche von Bund und Ländern vorsieht, also eine sog. Mischverwaltung, soweit sie nicht ausdrücklich wie bei den Gemeinschaftsaufgaben nach Art. 91a und Art. 91b GG zugelassen ist, ausschließt.[470] Eine "Doppelzustän-

---

467 BVerfGE 12, 205 (229); 102, 167 (174).
468 BVerfGE 11, 89 (98 f.); 12, 205 (251 f.).
469 BVerfGE 3, 407 (421); 106, 62 (115).
470 BVerfGE 32, 145 (156); 39, 96 (120).

digkeit" von Bund und Land oder eine "Schattenverwaltung" des Bundes neben der der Länder sind verfassungsrechtlich unzulässig und auch im Bereich der Bundesauftragsverwaltung von vornherein zu vermeiden.[471] Dies dient dem Schutz der Länder und ihrer Verwaltungen vor einer Einflussnahme des Bundes auf ihre Entscheidungen und ist auch Voraussetzung für eine klare Zurechnung von Verantwortung. Im Übrigen können weder der Bund noch die Länder über ihre im Grundgesetz festgelegten Kompetenzen verfügen, Kompetenzverschiebungen zwischen ihnen sind auch nicht mit Zustimmung der Beteiligten zulässig[472].

6 Schaubild

Das folgende Schaubild soll abschließend in Grundzügen die verschiedenen Verwaltungsformen beim Vollzug der Bundesgesetze veranschaulichen:

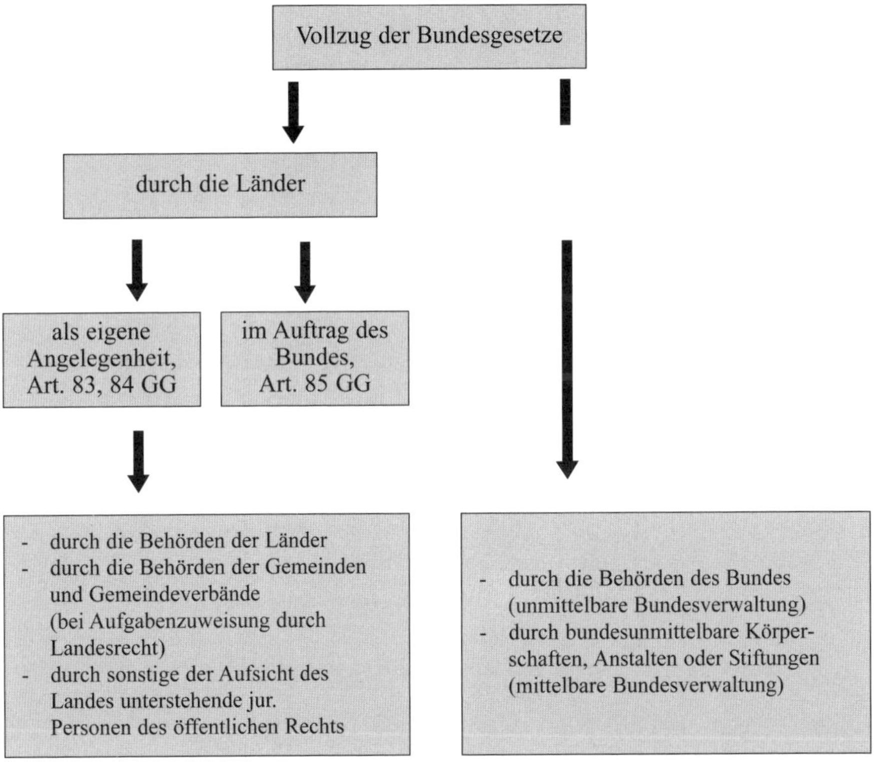

[471] BVerfGE 104, 249 (266 f.).

[472] BVerfGE 4, 115 (139); 63, 1 (39).

Anhang II

Übersicht ausgewählter Einzelprüfungserkenntnisse (Bemerkungen 2000 - 2006)

Ausgewählte Einzelprüfungsergebnisse aus den Bemerkungen des Bundesrechnungshofes 2000 - 2006 (Die Volltexte der Bemerkungen sind unter www.bundesrechnungshof.de veröffentlicht.)		
lfd. Nr.	**Fundstelle**	**Kurzfassung**
1	**Bemerkungen 2000, Nr. 5 (BT-Drs. 14/4226)**	**Gemeinsame Kulturförderung durch Bund und Länder** Der Bundesrechnungshof stellte bei der gemeinsamen Kulturförderung durch Bund und Länder erhebliche Mängel fest. Bei Zuwendungen haben sich der Bund und die beteiligten Länder in grundsätzlichen Fragen des Vergabeverfahrens nicht abgestimmt. Unterschiedliche Finanzierungsarten und verschiedene Praktiken bei der Weiterleitung der Zuwendungen führten zu erheblichem Verwaltungsaufwand. Der Bund gewährt Zuschüsse an die Kulturstiftung der Länder, der nach einem Abkommen aus dem Jahre 1987 die Förderung von Kunst- und Kulturvorhaben mit nationaler Bedeutung als eigene Aufgabe obliegt. Obwohl sich der Bund durch das Abkommen auf die Beteiligung über den Stiftungsrat festgelegt hat, greift er in die inhaltliche Prüfung der Förderung ein. Diese Verfahrensweise ist verwaltungsaufwendig, unwirtschaftlich und führt zu Doppelarbeiten.
2	**Bemerkungen 2000, Nr. 26 (BT-Drs. 14/4226)**	**ERP-Darlehen zur Förderung von betrieblichen Ausbildungsplätzen** Aus dem ERP-Sondervermögen sollen nach der Konzeption des Bundesministeriums Investitionen zur Schaffung zusätzlicher betrieblicher Ausbildungsplätze gefördert werden. Schwachstellen in der Gestaltung und der Durchführung dieses Programms (z. B. fehlende Abstimmung mit den Förderprogrammen der Länder) führten dazu, dass die ausgereichten Fördermittel in großem Umfang nicht bestimmungsgemäß verwendet wurden.
3	**Bemerkungen 2000, Nr. 31 (BT-Drs. 14/4226)**	**Hilfe zur stationären Pflege in der Kriegsopferfürsorge** Kriegsopfer, die in Alten- oder Pflegeheimen stationär untergebracht sind und Leistungen der Kriegsopferfürsorge nach dem Bundesversorgungsgesetz erhalten, müssen mit ihrem Alterseinkommen zur Deckung der Pflege- und Unterbringungskosten beitragen. Die Träger der Kriegsopferfürsorge haben die daraus erzielten Einnahmen zu 80 % an den Bund abzuführen, der auch 80 % der Kosten der Kriegsopferfürsorge trägt.Ein örtlicher Träger der Kriegsopferfürsorge in Hessen nahm jahrelang die Alterseinkommen von Hilfeempfängern zugunsten des städtischen Sozialhilfehaushaltes ein, ohne den Anteil des Bundes abzuführen. Dadurch entstanden dem Bund Ausfälle in Millionenhöhe.

Ausgewählte Einzelprüfungsergebnisse aus den Bemerkungen des Bundesrechnungshofes 2000 - 2006

(Die Volltexte der Bemerkungen sind unter www.bundesrechnungshof.de veröffentlicht.)

lfd. Nr.	Fundstelle	Kurzfassung
4	**Bemerkungen 2000, Nr. 32 (BT-Drs. 14/4226)**	**Personalbedarfsermittlung bei den Rentenversicherungsträgern** Bei zahlreichen Landesversicherungsanstalten in den alten Bundesländern liegen nur für einen geringen Teil der insgesamt etwa 11 000 in die Prüfung einbezogenen Planstellen und Stellen aktuelle Personalbedarfsermittlungen vor. Eine sachgerechte Personalausstattung und zeitnahe Anpassung des Personalbedarfs an die Entwicklung der Arbeitsmengen ist nicht gewährleistet.
5	**Bemerkungen 2000, Nr. 47 (BT-Drs. 14/4226)**	**Landschaftsbau an Bundesfernstraßen** Die Straßenbauverwaltungen sahen bei der Ausführung von Landschaftsbaumaßnahmen an Bundesfernstraßen häufig zu geringe Pflanzabstände und zu alte und große Gehölze vor, die nicht den Vorgaben des Bundesministeriums entsprachen. Allein in den Jahren 1992 bis 1998 wurden auf diese Weise mindestens 21 Mio. DM zu viel ausgegeben. Die Straßenbauverwaltungen verzichteten größtenteils auf die Pflege der Pflanzflächen, da nach ihren Angaben für diese Arbeiten keine Haushaltsmittel zur Verfügung standen. Dadurch war die ökologische Funktion dieser Landschaftsbaumaßnahmen gefährdet. Auf Grund mangelhafter Bauüberwachungen überzahlten die Straßenbauverwaltungen die Auftragnehmer in Millionenhöhe.
6	**Bemerkungen 2000, Nr. 48 (BT-Drs. 14/4226)**	**Abstufung von Ortsdurchfahrten im Zuge von Bundesstraßen nach Fertigstellung von Ortsumgehungen** Nach den gesetzlichen Bestimmungen sind Ortsdurchfahrten im Zuge von Bundesstraßen in eine neue Straßenklasse abzustufen, sobald sie durch die Verkehrsfreigabe einer Ortsumgehung für den weiträumigen Verkehr entbehrlich geworden sind. Mit der Abstufung entfällt die Straßenbaulast des Bundes. Die Straßenbauverwaltungen der Länder beließen in den Jahren 1994 bis 1998 jedoch 120 von 200 Ortsdurchfahrten auch noch nach dem Bau von Umgehungen in der Baulast des Bundes. Die betriebliche Unterhaltung der Ortsdurchfahrten verursachte für den Bund vermeidbare Kosten in Höhe von über 3 Mio. DM jährlich.
7	**Bemerkungen 2000, Nr. 49 (BT-Drs. 14/4226)**	**Neubau der Bundesstraße 502 zwischen Kiel und Brodersdorf** Die im Auftrag des Bundes handelnde Straßenbauverwaltung sieht mit Zustimmung des Bundesministeriums beim Neubau der Bundesstraße 502 zwischen Kiel und Brodersdorf einen teilweise vierstreifigen Straßenquerschnitt und ausschließlich höhenungleiche Knotenpunkte vor. Nach Auffassung des Bundesrechnungshofes hätte bei einer weniger aufwendigen Planung ein erheblicher Teil der Baukosten von rund 70 Mio. DM eingespart werden können. Im Übrigen hat der Bundesrechnungshof erhebliche Zweifel, ob es gesetzliche Aufgabe des Bundes ist, eine nur 19 km lange Straße vorzuhalten, die überwiegend dem Vorortverkehr dient.

Ausgewählte Einzelprüfungsergebnisse aus den Bemerkungen des Bundesrechnungshofes 2000 - 2006

(Die Volltexte der Bemerkungen sind unter www.bundesrechnungshof.de veröffentlicht.)

lfd. Nr.	Fundstelle	Kurzfassung
8	**Bemerkungen 2000, Nr. 50 (BT-Drs. 14/4226)**	**Abrechnung von Baumaßnahmen des Bundes** Mängel bei der Abrechnung von Baumaßnahmen des Bundes durch die Bauverwaltungen der Länder führten zu Rückzahlungen in Höhe von über 20 Mio. DM. Das Bundesministerium begann erst verspätet, Maßnahmen zu ergreifen, um die Mängel künftig zu vermeiden.
9	**Bemerkungen 2000, Nr. 51 (BT-Drs. 14/4226)**	**Wohngeldzahlungen des Bundes an die Länder** Mehrere Länder ermitteln den vom Bund zu tragenden Wohngeldanteil vielfach ohne ausreichend begründende Unterlagen. Auch machen sie Forderungen für Fälle geltend, in denen Wohngeld nicht oder nicht mehr gezahlt wird. Die Folge sind finanzielle Nachteile für den Bundeshaushalt aus unrechtmäßigen Zahlungen und Zinsverlusten. Ausreichende Maßnahmen zum Ausgleich der entstandenen und zur Verhinderung weiterer Schäden hat das Bundesministerium bisher nicht getroffen.
10	**Bemerkungen 2000, Nr. 61 (BT-Drs. 14/4226)**	**Aufwendungen für die Erhaltung der Gräber der Opfer von Krieg und Gewaltherrschaft nach dem Gräbergesetz** Aufgrund unzutreffender Angaben der Länder über die Anzahl der Einzelgräber und die Quadratmeterflächen der Sammelgräber hat der Bund mehrere Millionen DM an die Länder zu viel gezahlt.Mehrere Länder haben über Jahre Bundesmittel, die ihnen nach dem Gräbergesetz für die Instandsetzung und Pflege pauschal zugewiesen wurden, nicht vollständig verausgabt und Ausgabereste in mehrfacher Millionenhöhe gebildet (in einem Land über 11 Mio. DM). Obwohl die Kriegsgräber überwiegend ordnungsgemäß gepflegt waren, wurden Rücklagen für große Instandsetzungsmaßnahmen gebildet, die nicht erforderlich waren. Zusätzlich haben Länder mit den Pauschbeträgen für die Instandsetzung und Pflege der Gräber in erheblichem Umfang andere Maßnahmen zweckwidrig finanziert.
11	**Bemerkungen 2000, Nr. 64 (BT-Drs. 14/4226)**	**Finanzierungszuständigkeit des Bundes bei Projektförderungen** Das Bundesministerium hat bei der Förderung von Vorhaben in den Bereichen der Bildung und wissenschaftlichen Forschung nicht immer die verfassungsrechtliche Zuständigkeitsverteilung zwischen Bund und Ländern beachtet. Dies führt neben dem Verstoß gegen den Grundsatz der Ordnungsmäßigkeit des Verwaltungshandelns zu vermeidbaren Ausgaben des Bundes.

Ausgewählte Einzelprüfungsergebnisse aus den Bemerkungen des Bundesrechnungshofes 2000 - 2006

(Die Volltexte der Bemerkungen sind unter www.bundesrechnungshof.de veröffentlicht.)

lfd. Nr.	Fundstelle	Kurzfassung
12	**Bemerkungen 2000, Nr. 65 (BT-Drs. 14/4226)**	**Die Steuerfahndung in den alten Bundesländern** Die Steuerfahndung kann dem wachsenden Steuerbetrug wegen unzureichender personeller und sachlicher Ausstattung sowie wegen organisatorischer Mängel nicht wirksam genug begegnen. Insbesondere leidet sie unter hohen Arbeitsrückständen. Dadurch wird auch das für Steuerstraftaten geltende Legalitätsprinzip verletzt. Eine Steueraufsicht zur Aufdeckung und Ermittlung unbekannter Steuerfälle – die zu den Aufgaben der Steuerfahndung gehört – findet nur noch ausnahmsweise statt, obwohl gerade der sprunghaft ansteigende elektronische Geschäftsverkehr überwacht werden müsste.
13	**Bemerkungen 2000, Nr. 66 (BT-Drs. 14/4226)**	**Entwicklung von steuerlichen DV-Programmen** Nach jahrelangen Bemühungen ist die Entwicklung zweier DV-Programme für die Steuerverwaltung gescheitert. Dies beruhte vor allem auf einer unzureichenden Personalunterstützung durch die Länder sowie einem unzulänglichen Projektmanagement.Ein weiteres, unverzichtbares Großprojekt, das bundeseinheitlich alle wichtigen Bereiche der Steuerverwaltung einschließlich des Steuerfestsetzungs- und Erhebungsverfahrens einschließen soll (FISCUS), erscheint in Anbetracht vergleichbarer Verhältnisse sehr gefährdet.
14	**Bemerkungen 2000, Nr. 68 (BT-Drs. 14/4226)**	**Innergemeinschaftlicher Umsatzsteuerbetrug** Durch Umsatzsteuerhinterziehungen, die in organisiert-kriminellen Strukturen begangen werden, entstehen jährlich Steuerausfälle in zweistelliger Milliardenhöhe. Die Täter nutzen dabei das betrugsanfällige System der Umsatzbesteuerung bei innergemeinschaftlichen Lieferungen so aus, dass sie mithilfe zwischengeschalteter Scheinfirmen Vorsteuererstattungen erhalten, die fälligen Umsatzsteuern jedoch nicht abführen. Dabei kam ihnen zugute, dass die Festsetzung der Steuern von den Ländern durchgeführt wird und eine zentrale, bundesweite Informationssammlung – etwa beim Bundesamt für Finanzen – fehlt.
15	**Bemerkungen 2000, Nr. 69 (BT-Drs. 14/4226)**	**Zusammenarbeit der Steuerverwaltungen der Bundesrepublik Deutschland und anderer Staaten der EU, insbesondere der Republik Österreich** Die zwischenstaatliche Amtshilfe in Steuersachen zu grenzüberschreitenden Tätigkeiten der Steuerpflichtigen ist verbesserungsbedürftig. Das Rechtshilfeabkommen mit der Republik Österreich aus dem Jahre 1954 bietet zwar einen angemessenen Rahmen für die Amtshilfe. Eine gemeinsame Prüfung des Bundesrechnungshofes und des Österreichischen Rechnungshofes zum Vollzug des Abkommens in der Verwaltungspraxis hat jedoch sowohl Mängel der Rechtsgrundlagen als auch bei der praktischen Anwendung des Abkommens durch die Finanzbehörden der Länder ergeben.

Ausgewählte Einzelprüfungsergebnisse aus den Bemerkungen des Bundesrechnungshofes 2000 - 2006

(Die Volltexte der Bemerkungen sind unter www.bundesrechnungshof.de veröffentlicht.)

lfd. Nr.	Fundstelle	Kurzfassung
16	**Bemerkungen 2000, Nr. 70 (BT-Drs. 14/4226)**	**Sonderausgabenabzug bei den Finanzämtern in den neuen Ländern** Die Finanzämter in den neuen Ländern prüfen nur unzureichend, ob die Voraussetzungen für den steuermindernden Vorwegabzug bei Versicherungsbeiträgen als Sonderausgaben vorliegen. Über 90 % der vom Bundesrechnungshof untersuchten Fälle waren zu beanstanden. Wegen der ungerechtfertigten Gewährung eines zu hohen Vorwegabzugs sind Steuerausfälle im dreistelligen Millionenbereich zu befürchten.
17	**Bemerkungen 2000, Nr. 71 (BT-Drs. 14/4226)**	**Steuervergünstigungen für Baudenkmale und Gebäude in Sanierungsgebieten und städtebaulichen Entwicklungsbereichen** Die für die Steuervergünstigungen für Baudenkmale und Gebäude in Sanierungsgebieten und städtebaulichen Entwicklungsbereichen erforderlichen Bescheinigungen werden von den zuständigen Fachbehörden der Länder unzulänglich erstellt. In mehr als 70 % der Fälle enthielten sie nicht die vom Gesetzgeber geforderten Angaben. Die Finanzämter beanstandeten unvollständige und fehlerhafte Bescheinigungen der Fachbehörde regelmäßig nicht. Selbst bei fehlender Bescheinigung ließen sie die von Steuerpflichtigen beantragte Vergünstigung zu. In 75 % der eingesehenen Fälle ergaben sich Hinweise auf unberechtigte Steuervergünstigungen. Steuerausfälle in Millionenhöhe sind die Folge.
18	**Bemerkungen 2000, Nr. 72 (BT-Drs. 14/4226)**	**Stand des Aufbaus und der Arbeitsweise der steuerlichen Betriebsprüfung in den neuen Ländern** Die neuen Länder setzen noch nicht genügend Betriebsprüfer ein. Der personelle Endausbau der Betriebsprüfungsstellen wird in vier der fünf neuen Länder frühestens im Jahre 2003 verwirklicht sein. Daneben verhindert eine unzureichende Verwaltungshilfe der alten Länder eine zeit- und bedarfsgerechte Durchführung von Betriebsprüfungen. Die zu geringe Zahl von Betriebsprüfungen hat in allen neuen Ländern zur Verjährung von Steueransprüchen auch bei Großbetrieben sowie zu prüfungsfreien Räumen geführt. Unterlassene Prüfungen und erheblich geringere durchschnittliche Prüfungsergebnisse als in den alten Ländern ergaben Steuerausfälle in Millionenhöhe.
19	**Bemerkungen 2000, Nr. 73 (BT-Drs. 14/4226)**	**Überprüfung und Überwachung des Vorsteuerabzuges durch Finanzämter der neuen Länder** Bei der Errichtung gemischt genutzter Gebäude ermittelten Steuerpflichtige die abziehbaren Vorsteuerbeträge häufig nach einer unzulässig vereinfachten Methode. Dadurch entstand ein zu hoher Vorsteuerabzug. Die Finanzämter beanstandeten dies nicht. In Einzelfällen ließen Finanzämter den Vorsteuerabzug auch für Gebäudeteile zu, für die er ausgeschlossen war.

Ausgewählte Einzelprüfungsergebnisse aus den Bemerkungen des Bundesrechnungshofes 2000 - 2006

(Die Volltexte der Bemerkungen sind unter www.bundesrechnungshof.de veröffentlicht.)

lfd. Nr.	Fundstelle	Kurzfassung
20	**Bemerkungen 2000, Nr. 79 (BT-Drs. 14/4226)**	**Förderung kultureller Maßnahmen nach dem Bundesvertriebenengesetz** Das Kulturgut der Vertreibungsgebiete haben der Bund und die Länder zu erhalten. Der Bundesrechnungshof stellte fest, dass insbesondere die Förderung der Erhaltung und Auswertung deutscher Kultur in Ostmittel-, Ost- und Südosteuropa mit 18 Einrichtungen stark zersplittert ist. Neun dieser Einrichtungen werden vom Bund ohne Beteiligung der Länder gefördert. Der Bundesrechnungshof hat u. a. gefordert, dass die Länder ihre Finanzierungsanteile erhöhen. Andernfalls sei zu prüfen, ob eine Förderung mit Bundesmitteln überhaupt noch gerechtfertigt ist.
21	**Bemerkungen 2000, Nr. 87 (BT-Drs. 14/4226)**	**Verwaltungskostenerstattung an Länder** Der Bund zahlt für die Durchführung seiner Bauaufgaben den Ländern sogenannte Entschädigungen. Ein Land berechnete dem Bund über mehrere Jahre für die mit Baumaßnahmen des Bundes befassten Bediensteten nicht nur – wie vereinbart – Personalkosten, sondern auch Sachkosten. Außerdem stellte das Land Versorgungsaufwendungen in Rechnung, die der Bund nicht zu erstatten hatte.
22	**Bemerkungen 2000, Nr. 91 (BT-Drs. 14/4226)**	**Neubau der Hauptverwaltung der Landesversicherungsanstalt Hamburg** Die Landesversicherungsanstalt Freie und Hansestadt Hamburg, die mit Bundesmitteln gefördert wird, plante für ihre Hauptverwaltung einen Neubau in Hamburg. Der Bundesrechnungshof wies frühzeitig auf einen hohen baulichen Standard und nicht notwendige oder nicht zweckmäßige Elemente des Bauvorhabens hin. Durch Einsparvorschläge konnten 7 Mio. DM eingespart werden.
23	**Bemerkungen 2000, Nr. 92 (BT-Drs. 14/4226)**	**Einführen eines optoelektronischen Vorgangbearbeitungssystems** Die Landesversicherungsanstalt Sachsen-Anhalt startete ein Pilotprojekt zur Einführung eines optoelektronischen Vorgangbearbeitungssystems. Eine Einführung für die gesamte Landesversicherungsanstalt hätte zusätzliche Kosten in Höhe mehrerer Millionen DM verursacht. Der Bundesrechnungshof hatte mehrmals erhebliche Bedenken gegen die Notwendigkeit und Zweckmäßigkeit des Projekts geäußert und daher gefordert, die Wirtschaftlichkeit des Gesamtprojekts zu untersuchen.
24	**Bemerkungen 2000, Nr. 94 (BT-Drs. 14/4226)**	**Kreuzungsmaßnahmen zwischen Schienenwegen des Bundes und Straßen** Der Bund beteiligt sich bei Baumaßnahmen an Kreuzungen zwischen Schienenwegen und Straßen. Der Bundesrechnungshof prüfte stichprobenweise bei sechs Straßenbauämtern in drei Ländern Maßnahmen an vorhandenen Kreuzungen aus den Jahren 1994 bis 1998. Dabei stellte er in über 50 Fällen Mängel fest, die zu Mehrausgaben von mehr als 14 Mio. DM für den Bund führten.

Ausgewählte Einzelprüfungsergebnisse aus den Bemerkungen des Bundesrechnungshofes 2000 - 2006

(Die Volltexte der Bemerkungen sind unter www.bundesrechnungshof.de veröffentlicht.)

lfd. Nr.	Fundstelle	Kurzfassung
25	**Bemerkungen 2001, Nr. 5 (BT-Drs. 14/7018)**	**Auflösung des Ausgleichsfonds** Der Lastenausgleich ist mehr als 50 Jahre nach Kriegsende weitestgehend abgeschlossen. Von geringfügigen Ausnahmen abgesehen, werden keine Ausgleichsabgaben mehr erhoben. Durch die Auflösung des Ausgleichsfonds und den Verzicht auf die Vertreter der Interessen des Ausgleichsfonds ließen sich bei Bund und Ländern Verwaltungsvereinfachungen und damit einhergehend Einsparungen in Millionenhöhe erzielen.
26	**Bemerkungen 2001, Nr. 7 (BT-Drs. 14/7018)**	**Förderung der Sportakademien des Deutschen Sportbundes** Der Bund fördert seit Jahrzehnten – im Wege der Projektförderung – die Aus-, Fort- und Weiterbildung von Trainern, Verwaltungs- und Führungskräften für den deutschen Sport an der Trainerakademie in Köln und an der Führungsakademie in Berlin. In den Ländern bestehen inzwischen insoweit alternative Ausbildungsmöglichkeiten. Nur 10 % der teilweise aus Bundesmitteln geförderten Trainer wurden an der Trainerakademie ausgebildet; Daten zur Nutzung der Führungsakademie durch teilweise aus Bundesmitteln geförderte Führungskräfte konnte das Bundesministerium nicht vorlegen. Erhebliche Mängel in der Haushalts- und Wirtschaftsführung der Trainerakademie führten über Jahre zur Überzahlung von Zuwendungen. Bei der Ermittlung und Durchsetzung der Ansprüche des Bundes hat das Bundesverwaltungsamt Sachverhalte nicht ausreichend aufgeklärt und Ansprüche nicht in voller Höhe geltend gemacht.
27	**Bemerkungen 2001, Nr. 8 (BT-Drs. 14/7018)**	**Schießanlagen des Bundesgrenzschutzes** Der Bundesgrenzschutz lastete einige seiner Schießanlagen über Jahre hinweg nur unzureichend aus. Seine Polizeivollzugsbeamten absolvierten die vorgeschriebenen Schießübungen nur teilweise. Das Bundesministerium passte die Ausbildungsvorschriften verspätet den geänderten Einsatzerfordernissen an. Mangels einheitlicher Planung fielen beim Bau neuer Raumschießanlagen vermeidbare Planungs- und Baukosten in erheblichem Umfang an. Es entstanden neue Raumschießanlagen in unterschiedlicher Bauweise und Größe mit voneinander abweichender schießtechnischer Ausstattung. Auch fehlt eine wirksame Zusammenarbeit mit den Landespolizeien, um Möglichkeiten der Mitbenutzung vorhandener Anlagen auszuschöpfen. Das Bundesministerium hat einige der aufgezeigten Mängel anerkannt und verschiedene Maßnahmen zur Abhilfe veranlasst.

Ausgewählte Einzelprüfungsergebnisse aus den Bemerkungen des Bundesrechnungshofes 2000 - 2006

(Die Volltexte der Bemerkungen sind unter www.bundesrechnungshof.de veröffentlicht.)

lfd. Nr.	Fundstelle	Kurzfassung
28	**Bemerkungen 2001, Nr. 18 (BT-Drs. 14/7018)**	**Auswertung steuererheblicher Informationen durch die Finanzämter** Der Bundesrechnungshof hatte im Jahre 1993 erhebliche Mängel bei der Auswertung von Mitteilungen und sonstigen steuererheblichen Informationen durch die Finanzämter aufgezeigt. Er stellte bei einer erneuten Untersuchung in einem Teilbereich des steuerlichen Mitteilungsverfahrens im Jahre 2000 fest, dass sich die Auswertungsqualität der Mitteilungen für die Einkommensbesteuerung der Gesellschafter von Personengesellschaften gegenüber seinen damaligen Beanstandungen nicht verbessert hat. Durch unterlassene, verspätete oder unzutreffende Auswertung von steuererheblichen Informationen sind dem Bund zustehende Einnahmen nicht rechtzeitig und nicht vollständig erhoben worden. Das Bundesministerium sollte deshalb bei den obersten Finanzbehörden der Länder im Rahmen seiner Dienst- und Fachaufsicht nachdrücklich auf eine bessere Mitteilung und Auswertung steuererheblicher Informationen dringen, um weitere Steuerausfälle zu vermeiden.
29	**Bemerkungen 2001, Nr. 33 (BT-Drs. 14/7018)**	**Bedarf und Ausbaustandard von Ortsumgehungen** Der Bedarfsplan für die Bundesfernstraßen aus dem Jahre 1992 sieht den Bau von Ortsumgehungen im Zuge von autobahnparallelen Bundesstraßen vor, die für den Fernverkehr nicht mehr bedeutsam sind. Diese Bundesstraßen sollen erst nach dem Bau der Ortsumgehungen in eine sich nach Landesrecht ergebende Straßenklasse abgestuft werden. Bei Verzicht auf einen Neu- oder Ausbau zulasten des Bundes und bei einer sofortigen Abstufung lassen sich Beträge in bis zu dreistelliger Millionenhöhe für andere Maßnahmen verwenden. Den Planungen von Ortsumgehungen wird häufig ein zu hoher Ausbaustandard, zum Beispiel bei der Querschnittswahl oder der Trassenführung, zugrunde gelegt.
30	**Bemerkungen 2001, Nr. 34 (BT-Drs. 14/7018)**	**Stationszeichen an Bundesfernstraßen** Das Bundesministerium hat in den vergangenen Jahren versäumt, bundesweit einheitliche Vorgaben für die wirtschaftliche Form und Aufstellung von Stationszeichen zu machen. Hierdurch konnten die Straßenbauverwaltungen der Länder sehr unterschiedliche und unnötig aufwendige Stationszeichen beschaffen und an den Bundesfernstraßen aufstellen. Vermeidbare Mehrausgaben für den Bund sind die Folge.

Ausgewählte Einzelprüfungsergebnisse aus den Bemerkungen des Bundesrechnungshofes 2000 - 2006
(Die Volltexte der Bemerkungen sind unter www.bundesrechnungshof.de veröffentlicht.)

lfd. Nr.	Fundstelle	Kurzfassung
31	**Bemerkungen 2001, Nr. 35 (BT-Drs. 14/7018)**	**Weiterbau der U-Bahn-Linie U 5 in Berlin zwischen Brandenburger Tor und Alexanderplatz** Im Jahre 1994 vereinbarten der Bund und das Land Berlin, die U-Bahn-Linie U 5 zwischen dem neuen Zentralbahnhof Lehrter Bahnhof und dem Alexanderplatz innerhalb von längstens acht Jahren zu bauen, um den Parlaments- und Regierungsbereich verkehrlich zu erschließen. Der Bund verpflichtete sich, über die gesetzliche Förderung hinaus eine finanzielle Zuwendung von 295 Mio. DM zu gewähren. Ein erster, etwa 2 km langer Teilabschnitt dieser U-Bahn ist mit Kosten von etwas über 300 Mio. DM im Rohbau fertig gestellt. Davon hat der Bund rund 250 Mio. DM getragen. Mit dem Bau des zweiten Teilabschnittes, ohne den die Neubaustrecke der U 5 ohne Anschluss an das vorhandene Netz bliebe, hat das Land Berlin bisher nicht begonnen.Vielmehr beschloss es im Juni 2001, das Projekt auf unbestimmte Zeit zu verschieben, sodass den bisher getätigten Investitionen auf unabsehbare Zeit kein Nutzen gegenüberstehen wird.
32	**Bemerkungen 2001, Nr. 36 (BT-Drs. 14/7018)**	**Bau der Umgehung Fuhlsbüttel in Hamburg und Auswirkungen auf andere Vorhaben** Das Bundesministerium übernahm die Straßenbaulast für die Umgehung Fuhlsbüttel in Hamburg und finanzierte deren Bau mit rund 450 Mio. DM. Hierzu war der Bund gesetzlich nicht verpflichtet. Im Land Hamburg standen deshalb keine Bundesmittel zum Ausbau überlasteter Autobahnabschnitte zur Verfügung. Auch in den kommenden Jahren werden unter anderem deswegen Finanzierungsengpässe beim Autobahnbau im Land Hamburg auftreten.
33	**Bemerkungen 2001, Nr. 37 (BT-Drs. 14/7018)**	**Kostenteilung bei Neubau oder Änderung von Straßenkreuzungen** Bei Maßnahmen an Kreuzungen zwischen Bundesfernstraßen und Straßen anderer Baulastträger belasteten oder wollten die für den Bund handelnden Straßenbauverwaltungen den Bund mit Kosten belasten, die er nach den geltenden Vorschriften nicht zu tragen hat. Nach Schätzungen des Bundesrechnungshofes beliefen sich die finanziellen Nachteile für den Bund auf einen zweistelligen Millionenbetrag.
34	**Bemerkungen 2001, Nr. 54 (BT-Drs. 14/7018)**	**Steuerliche Behandlung einer Gruppe verbundener Unternehmungen** Die mangelnde Zusammenarbeit der Finanzbehörden bei der Besteuerung einer Gruppe verbundener Unternehmungen verursachte bei den Finanzämtern nichtvertretbare Mehrarbeit sowie unterschiedliche und teils unzutreffende, teils unvollständige steuerliche Behandlung gleicher Sachverhalte. Dies führte zu erheblichen Steuerausfällen.

Ausgewählte Einzelprüfungsergebnisse aus den Bemerkungen des Bundesrechnungshofes 2000 - 2006
(Die Volltexte der Bemerkungen sind unter www.bundesrechnungshof.de veröffentlicht.)

lfd. Nr.	Fundstelle	Kurzfassung
35	**Bemerkungen 2001, Nr. 56 (BT-Drs. 14/7018)**	**Außenprüfung bei der Versicherungsteuer** Das Bundesministerium der Finanzen übt die Bundesaufsicht bei der von den Ländern erhobenen Versicherungsteuer nicht hinreichend aus und hat von seinen Mitwirkungsrechten keinen Gebrauch gemacht. Wegen unzulänglicher Versicherungsteuer-Außenprüfungen in den Ländern ist die Rechtzeitigkeit, Vollständigkeit, Gesetzmäßigkeit und Gleichmäßigkeit der Besteuerung nicht gewährleistet. Dem Bund entstehen erhebliche Einnahmenausfälle. Durch die ungleiche Behandlung der Marktteilnehmer ergeben sich zudem Wettbewerbsverzerrungen.
36	**Bemerkungen 2001, Nr. 57 (BT-Drs. 14/7018)**	**Besteuerung des Blutspendedienstes eines Wohlfahrtsverbandes** Die Blutspendedienste der Landesverbände eines Wohlfahrtsverbandes betreiben bei der Verarbeitung von Blut zu Arzneimitteln (sog. Blutplasmaderivate) und deren Verkauf grundsätzlich steuerpflichtige wirtschaftliche Geschäftsbetriebe. Der Bundesrechnungshof hatte im Jahre 1996 die steuerliche Behandlung der Blutspendedienste untersucht. Das Finanzministerium des Landes Nordrhein-Westfalen kam im Rahmen dieser Prüfung seinen Mitwirkungspflichten nicht nach und verweigerte nahezu fünf Jahre lang eine Stellungnahme zu den Feststellungen des Bundesrechnungshofes. Es setzte die für die Bearbeitung zuständigen Finanzbehörden vom Prüfungsergebnis des Bundesrechnungshofes bis April des Jahres 2001 nicht in Kenntnis, obwohl die Feststellungen von grundsätzlicher Bedeutung waren und der Rechnungsprüfungsausschuss sie sich zu Eigen gemacht hatte.
37	**Bemerkungen 2001, Nr. 77 (BT-Drs. 14/7018)**	**Vergabe von Bauleistungen an Generalunternehmer** Die Vergabebestimmung der Verdingungsordnung für Bauleistungen fordert eine Vergabe getrennt nach Fachlosen, um einen breiten Wettbewerb sicher zu stellen. Der Bundesrechnungshof stellte fest, dass die Bauverwaltung eines Landes Bauleistungen für 16 Bundesbauten an Generalunternehmer vergab. Gründe dafür waren nicht dokumentiert und die mündlich nachgereichten nicht stichhaltig. Dies führte zu Mehrkosten von mindestens 10 Mio. DM.
38	**Bemerkungen 2001, Nr. 78 (BT-Drs. 14/7018)**	**Überwachung von betriebstechnischen Anlagen in zivilen Liegenschaften des Bundes** Durch Unzulänglichkeiten in den Betriebsüberwachungen der Liegenschaften des Bundes durch die Bauverwaltungen der Länder bleiben mögliche Einsparungen von Betriebskosten und Energie von rund 120 Mio. DM jährlich ungenutzt.
39	**Bemerkungen 2001, Nr. 86 (BT-Drs. 14/7018)**	**Festsetzung von Zinsen gemäß § 233a AO in den neuen Ländern** Bei der Festsetzung von Zinsen nach § 233a AO stellte der Bundesrechnungshof fest, dass in den neuen Ländern eine vollständige und gleichmäßige Steuer- und Zinsfestsetzung aufgrund diverser Mängel bei der Bearbeitung nicht erreicht wird.

Ausgewählte Einzelprüfungsergebnisse aus den Bemerkungen des Bundesrechnungshofes 2000 - 2006

(Die Volltexte der Bemerkungen sind unter www.bundesrechnungshof.de veröffentlicht.)

lfd. Nr.	Fundstelle	Kurzfassung
40	**Bemerkungen 2002, Nr. 4 (BT-Drs. 15/60)**	**Durchführung des Programms „Kultur in den neuen Ländern“** Der Beauftragte der Bundesregierung für Angelegenheiten der Kultur und der Medien führt seit dem Jahre 1999 erneut ein Programm zur Förderung der kulturellen Infrastruktur in den neuen Ländern durch. Das Programm soll im Jahre 2010 enden. Dafür waren bis zum Jahre 2002 Bundesmittel von insgesamt 270 Mio. DM (rund 138 Mio. Euro) vorgesehen. Die Vorbereitung, Konzipierung und Durchführung des Förderprogramms wiesen erhebliche Mängel auf. So wurden u. a. Finanzierungsvereinbarungen von den Ländern nicht eingehalten.
41	**Bemerkungen 2002, Nr. 42 (BT-Drs. 15/60)**	**Bewirtschaftung von Grundstücken durch die Autobahndirektionen in Bayern** Der Flächenbedarf für den Bau von Bundesfernstraßen ist von den Straßenbauverwaltungen der Länder vorrangig aus dem Allgemeinen Grundvermögen des Bundes zu bedienen. Darüber hinaus benötigte Grundstücke erwirbt die Straßenbauverwaltung im Auftrag des Bundes von Dritten. Nicht mehr für den Bundesfernstraßenbau benötigte Grundstücke sind von der Straßenbauverwaltung entweder innerhalb eines begrenzten Zeitrahmens zu veräußern oder dem Allgemeinen Grundvermögen des Bundes zuzuführen. Die Straßenbauverwaltung des Freistaates Bayern gab derartige Grundstücke mit einer Gesamtfläche von ca. 1 300 ha und einem Wert von rund 25 Mio. Euro nicht an das Allgemeine Grundvermögen ab. Ist die Verwendung von Grundstücken noch ungeklärt, sind sie zeitlich begrenzt zu marktüblichen Bedingungen zu verpachten. Pachtverträge überprüfte die Straßenbauverwaltung nur selten darauf, ob höhere Einnahmen erzielt werden können.
42	**Bemerkungen 2002, Nr. 43 (BT-Drs. 15/60)**	**Bearbeiten von Nachträgen und Schlussrechnungen bei Baumaßnahmen an Bundesfernstraßen** Die Straßenbauverwaltungen der Länder vereinbarten Nachträge bei Bauverträgen überwiegend erst, nachdem die Leistungen bereits erbracht waren. Auftragserweiterungen oder Änderungen von Bauverträgen rechneten sie zum Teil ohne Nachtragsvereinbarungen ab. Sowohl die beauftragten Baufirmen als auch die Straßenbauverwaltungen verzögerten die Bearbeitung von Nachträgen und Schlussrechnungen. In der Folge leisteten die Straßenbauverwaltungen Schlusszahlungen oftmals erst viele Jahre nach Fertigstellung einer Baumaßnahme. Sie nahmen Nachträge und erhebliche Kostensteigerungen nicht zum Anlass, die Ursachen zu ergründen und diesen entgegenzuwirken.

Ausgewählte Einzelprüfungsergebnisse aus den Bemerkungen des Bundesrechnungshofes 2000 - 2006

(Die Volltexte der Bemerkungen sind unter www.bundesrechnungshof.de veröffentlicht.)

lfd. Nr.	Fundstelle	Kurzfassung
43	**Bemerkungen 2002, Nr. 44 (BT-Drs. 15/60)**	**Planung und Bau von Bundesfernstraßen im Raum Dessau-Halle-Leipzig** Das Land Sachsen-Anhalt meldete dem Bundesministerium zur Fortschreibung des Bedarfsplanes für die Bundesfernstraßen auch Vorhaben an, die entweder für den weiträumigen Verkehr nicht notwendig oder wirtschaftlich nicht zu vertreten sind. Diese Vorhaben sollte das Bundesministerium nicht zur Aufnahme in den neuen Bedarfsplan vorschlagen. Bei Verzicht auf den Neubau einer Bundesstraße und den Ausbau einer anderen Bundesstraße ließe sich der Finanzbedarf um rund 52 Mio. Euro verringern oder der Betrag für andere vordringliche Maßnahmen einplanen. Im Land Sachsen finanziert das Bundesministerium zudem bis zum Jahre 2017 den Neubau einer 10 km langen Straße mit rund 48 Mio. Euro, die die Voraussetzungen für die Einstufung als Bundesfernstraße nicht mehr erfüllt.
44	**Bemerkungen 2002, Nr. 45 (BT-Drs. 15/60)**	**Planung der Ortsumgehung Bad Bramstedt der Bundesstraße 206** Die im Auftrage des Bundes handelnde Straßenbauverwaltung des Landes Schleswig-Holstein plant den Bau einer Ortsumgehung Bad Bramstedt im Zuge der Bundesstraße B 206. Das Vorhaben mit Kosten von rund 29 Mio. Euro hat ein so geringes Nutzen-Kosten-Verhältnis, dass es gerade „als noch bauwürdig" einzustufen ist. Notwendigkeit und Priorität des Vorhabens sowie mögliche Auswirkungen durch den geplanten Neubau der Bundesautobahn A 20 sollte das Bundesministerium nochmals gründlich überprüfen lassen. Zumindest sollte es die Straßenbauverwaltung veranlassen, die Wirtschaftlichkeit der Maßnahme durch Einsparungen bei den Baukosten deutlich zu verbessern.
45	**Bemerkungen 2002, Nr. 64 (BT-Drs. 15/60)**	**Ausübung der Bundesaufsicht über die Landessammelstellen für radioaktive Abfälle und Erhebung von Endlagergebühren für den Bund** Die Länder erheben bei Ablieferung radioaktiver Abfälle für den Bund eine mengenbezogene Endlagerkostenpauschale. Im Juli 1997 kündigte der Bund eine Erhöhung dieser Pauschale zum 1. Februar 1998 an. Im Januar 1998 bestätigte ein Land einem Unternehmen die Ablieferung von 3 400 Fässern radioaktiven Abfalls und erließ hierfür einen Gebührenbescheid über die zu diesem Zeitpunkt noch geltende niedrigere Endlagerkostenpauschale. Tatsächlich verblieben die Abfälle jedoch auf dem Betriebsgelände des Unternehmens. Der Bundesrechnungshof hat die Angelegenheit im Jahre 2000 aufgegriffen. Erst im März 2002 hat das Bundesministerium erste Maßnahmen zur Sicherung des höheren Gebührenanspruches des Bundes gegenüber dem Land veranlasst.

Ausgewählte Einzelprüfungsergebnisse aus den Bemerkungen des Bundesrechnungshofes 2000 - 2006
(Die Volltexte der Bemerkungen sind unter www.bundesrechnungshof.de veröffentlicht.)

lfd. Nr.	Fundstelle	Kurzfassung
46	**Bemerkungen 2002, Nr. 67 (BT-Drs. 15/60)**	**Finanzhilfen des Bundes zur Studentenwohnraumförderung** Im Rahmen eines zeitlich begrenzten Sonderprogramms gewährte der Bund den neuen Ländern und dem ehemaligen Ost-Berlin Finanzhilfen zur Studentenwohnraumförderung in Höhe von 250 Mio. DM (128 Mio. Euro). Zwei Länder setzten Bundesmittel von insgesamt rund 7,3 Mio. DM (rund 3,7 Mio. Euro) für Vorhaben ein, die vereinbarungsgemäß nicht förderfähig waren. Zudem riefen die Länder Bundesmittel früher als benötigt ab. Dem Bund entstanden dadurch vermeidbare Zinsverluste von rund 1 Mio. DM (rund 0,5 Mio. Euro).
47	**Bemerkungen 2002, Nr. 69 (BT-Drs. 15/60)**	**Besteuerungsrechte an den Einkünften aus nichtselbstständiger Arbeit, insbesondere Besteuerung von Berufskraftfahrerinnen und –kraftfahrern mit luxemburgischen Arbeitgebern** Nach luxemburgischen Doppelbesteuerungsabkommen müssten – im Inland wohnende – Beschäftigte im Berufskraftverkehr, im Baugewerbe, im Montagedienst und im Außendienst sowie leitende Angestellte, die bei luxemburgischen Arbeitgebern beschäftigt sind, ihre Arbeitslöhne insoweit in Deutschland versteuern, als sie ihre Arbeit außerhalb Luxemburgs verrichten. Entsprechendes gilt im Verhältnis zu zahlreichen anderen Staaten, mit denen vergleichbare Doppelbesteuerungsabkommen bestehen. Die Finanzbehörden der Länder nahmen das ihnen zustehende Besteuerungsrecht nur unzureichend wahr. Hierdurch entstehen dem Bund und den Ländern jährliche Steuerausfälle in Höhe mehrerer Millionen Euro.
48	**Bemerkungen 2002, Nr. 76 (BT-Drs. 15/60)**	**Verbindliche Zusagen in einem bedeutenden Einzelfall** Vor der Vergabe eines Rüstungsvorhabens erteilten ein norddeutsches und ein süddeutsches Finanzamt zur umsatzsteuerlichen Behandlung desselben Sachverhalts unterschiedlich weit gehende verbindliche Zusagen an die konkurrierenden Firmen. Dies führte zu einer Verletzung der Gleichmäßigkeit der Besteuerung und zu Wettbewerbsverzerrungen. Obwohl die Zusagen darüber hinaus in beiden Fällen zugunsten der Firmen im eigenen Land rechtswidrig waren, sind sie verbindlich geworden. Dadurch wird ein unwiderruflicher Steuerausfall in Höhe von rund 47 Mio. Euro eintreten. Das Bundesministerium der Finanzen erhält von Vorgängen dieser Art keine Kenntnis.
49	**Bemerkungen 2002, Nr. 78 (BT-Drs. 15/60)**	**Rechtsbehelfsbearbeitung durch die Finanzämter der neuen Länder** Die Zahl förmlicher Rechtsbehelfe stieg bei den Finanzämtern in den neuen Ländern seit dem Jahre 1990 stetig an. Diese Rechtsbehelfe wurden nicht zügig und zeitnah bearbeitet, sodass sich die Zahl der unerledigten Fälle erheblich erhöht hat. Dies ist u. a. darauf zurückzuführen, dass die Möglichkeiten der Informationstechnik kaum genutzt werden und auch entscheidungsreife Rechtsbehelfe oft jahrelang unerledigt bleiben.

Ausgewählte Einzelprüfungsergebnisse aus den Bemerkungen des Bundesrechnungshofes 2000 - 2006

(Die Volltexte der Bemerkungen sind unter www.bundesrechnungshof.de veröffentlicht.)

lfd. Nr.	Fundstelle	Kurzfassung
50	**Bemerkungen 2002, Nr. 79 (BT-Drs. 15/60)**	**Neuregelung des Schuldzinsenabzugs gemäß § 4 Abs. 4 a Einkommensteuergesetz in den neuen Ländern** Die Neuregelung des Schuldzinsenabzugs wird in den neuen Ländern in der weit überwiegenden Zahl der Fälle weder von den Steuerpflichtigen noch von den Finanzämtern beachtet. Die fehlende oder nicht sachgerechte Prüfung dieser Steuerfälle dürfte zu jährlichen Steuerausfällen in mindestens dreistelliger Millionenhöhe führen.
51	**Bemerkungen 2002, Nr. 97 (BT-Drs. 15/60)**	**Erstattung von Verwaltungskosten** Die Länder erledigten Bauaufgaben der Bundesanstalt für Arbeit gegen Erstattung der Verwaltungskosten. Der Bundesrechnungshof hat in einem Land ungerechtfertigte Zahlungen von Bundesmitteln in Höhe von 6 Mio. Euro festgestellt. Die Bundesanstalt hat die Verträge mit den Ländern gekündigt, um diese Aufgaben in Zukunft selbst zu erledigen.
52	**Bemerkungen 2002, Nr. 99 (BT-Drs. 15/60)**	**Abruf und Verzinsung von Bundesmitteln bei der GA „Verbesserung der regionalen Wirtschaftsstruktur“** Die "Verbesserung der regionalen Wirtschaftsstruktur" ist eine Gemeinschaftsaufgabe des Bundes und der Länder, für die der Bund die Hälfte der Ausgaben trägt. Beim Abruf der Bundesmittel durch die Länder wird den Ländern eine unnötig lange Frist von zwei Monaten bis zur Auszahlung der Mittel eingeräumt, wodurch dem Bund allein in den fünf geprüften Ländern im Jahre 2000 erhöhte Zinszahlung von bis zu 1,5 Mio. Euro entstanden. Auch wird nicht kontrolliert, ob erhöhte Beträge abgerufen werden, was gelegentlich vorkam.
53	**Bemerkungen 2003, Nr. 14 (BT-Drs. 15/2020)**	**Vorzeitige Ablösung von Mitfinanzierungspflichten bei der langfristigen Sanierung von Altlasten unwirtschaftlich** Der Bund hatte sich verpflichtet, die zur Gefahrenabwehr erforderliche Sanierung mit Schadstoffen belasteter Flächen in den neuen Ländern anteilig zu finanzieren. Um die Mitfinanzierungspflicht abzulösen, vereinbarte die Bundesanstalt für vereinigungsbedingte Sonderaufgaben mit einigen neuen Ländern abgezinste Pauschalzahlungen von insgesamt rund 1,5 Mrd. Euro. Die Bundesanstalt für vereinigungsbedingte Sonderaufgaben überließ es dabei den Ländern, über Art und Umfang der Sanierung zu entscheiden. Auch an Zeitpläne sind die Länder nicht gebunden. Der Bundesrechnungshof hält die vorzeitigen Zahlungen, die nach seiner Auffassung nicht auf hinreichend belastbaren Grundlagen vereinbart wurden, für unzweckmäßig und unwirtschaftlich. Die Zahlungen verursachen hohe Finanzierungskosten, die letztlich vom Bund getragen werden müssen. Der Bundesrechnungshof empfiehlt der Bundesanstalt für vereinigungsbedingte Sonderaufgaben, weitere Vereinbarungen nur zu schließen, wenn deren Zweckmäßigkeit und Wirtschaftlichkeit umfassend belegt sind.

Ausgewählte Einzelprüfungsergebnisse aus den Bemerkungen des Bundesrechnungshofes 2000 - 2006

(Die Volltexte der Bemerkungen sind unter www.bundesrechnungshof.de veröffentlicht.)

lfd. Nr.	Fundstelle	Kurzfassung
54	**Bemerkungen 2003, Nr. 15 (BT-Drs. 15/2020)**	**Unzureichende Mitwirkung des Bundesanstalt für vereinigungsbedingte Sonderaufgaben bei Förderungen aus den Konsolidierungsfonds trotz hohen finanziellen Risikos** Die neuen Länder haben von der Treuhandanstalt Darlehen erhalten, um (re-) privatisierte Unternehmen mit akutem Finanzbedarf zu fördern. Die Bundesanstalt für vereinigungsbedingte Sonderaufgaben besitzt als Nachfolgerin der Treuhandanstalt nur in den Vergabegremien dreier Länder ein Vetorecht gegen Förderungen, obwohl sie 80 % aller ausfallenden Rückzahlungen tragen muss. Daneben war die Bundesanstalt nicht immer ausreichend informiert, um ihr Stimmrecht sachgerecht auszuüben und Schäden zu vermeiden.
55	**Bemerkungen 2003, Nr. 46 (BT-Drs. 15/2020)**	**Sozialwissenschaftliche Forschungsprojekte ohne Rechtsgrundlage gefördert** Das Bundesministerium für Bildung und Forschung verstößt bei der Förderung der sozialwissenschaftlichen Forschung gegen die Vereinbarung mit den Ländern über die gemeinsame Förderung von Forschungsvorhaben. Die finanzierten Vorhaben erfüllen sehr häufig nicht die danach einzuhaltenden Voraussetzungen für Forschungsvorhaben von überregionaler Bedeutung und gesamtstaatlichem wissenschaftspolitischen Interesse.
56	**Bemerkungen 2003, Nr. 47 (BT-Drs. 15/2020)**	**Finanzierung des Fachinformationszentrums Karlsruhe** Der Anteil des Bundes an der Finanzierung des Fachinformationszentrums Karlsruhe ist zu hoch. Er entspricht nicht den tatsächlichen Nutzungsverhältnissen. Ende der 80er-Jahre verhandelte das Bundesministerium für Bildung und Forschung mit den Ländern, um den Finanzierungsschlüssel anzupassen. Die Verhandlungen blieben ohne Erfolg. Das Bundesministerium für Bildung und Forschung sollte daher unverzüglich wirkungsvolle Maßnahmen ergreifen, um die Finanzierung angemessen aufzuteilen.
57	**Bemerkungen 2003, Nr. 49 (BT-Drs. 15/2020)**	**Abzugsbesteuerung bei Software-Überlassungen** Wer Software von ausländischen Unternehmen erwirbt, ist unter bestimmten Umständen verpflichtet, von der vereinbarten Vergütung Abzugssteuer einzubehalten und an die Finanzverwaltung abzuführen. Den Finanzämtern gelingt es nur unzureichend, die nach § 50 a des Einkommensteuergesetzes anfallenden Steuern zu vereinnahmen. Es bieten sich verschiedene Möglichkeiten, dem Mangel abzuhelfen.

Ausgewählte Einzelprüfungsergebnisse aus den Bemerkungen des Bundesrechnungshofes 2000 - 2006
(Die Volltexte der Bemerkungen sind unter www.bundesrechnungshof.de veröffentlicht.)

lfd. Nr.	Fundstelle	Kurzfassung
58	**Bemerkungen 2003, Nr. 50 (BT-Drs. 15/2020)**	**Unzureichende Besteuerung im Rotlichtmilieu** Die Umsätze und Einkünfte aus Prostitution, Zuhälterei sowie aus dem Betrieb von Bordellen und vergleichbaren Einrichtungen sind steuerpflichtig. Den Finanzbehörden gelingt es jedoch bis auf wenige Ausnahmen nicht, die in Deutschland tätigen Prostituierten und Zuhälter steuerlich zu erfassen und zu besteuern. Die Umsätze und Gewinne der Betreiberinnen und Betreiber von Bordellen und bordellartigen Betrieben werden nicht oder nur unvollständig besteuert. Der Bundesrechnungshof schätzt die dadurch bedingten Steuerausfälle auf mehr als 2 Mrd. Euro jährlich.
59	**Bemerkungen 2003, Nr. 51 (BT-Drs. 15/2020)**	**Vermeidbare Einnahmeausfälle bei der Versicherungsteuer** Das Bundesministerium der Finanzen übt seine Aufsicht bei der von den Ländern verwalteten Versicherungsteuer nicht hinreichend aus. Durch Mängel insbesondere bei der Steuerprüfung sowie fehlerhafte Erlasse der Länder ist die Rechtzeitigkeit, Vollständigkeit, Gesetzmäßigkeit und Gleichmäßigkeit der Besteuerung nicht gewährleistet. Dem Bund entstehen erhebliche Einnahmeausfälle. Die ungleiche Behandlung der Marktbeteiligten verzerrt zudem den Wettbewerb.
60	**Bemerkungen 2003, Nr. 53 (BT-Drs. 15/2020)**	**Zinsschaden in Millionenhöhe durch zu späte Steuerfestsetzungen und zu geringe Vorauszahlungen** Die Finanzämter sind dem Gebot, die jeweils finanziell bedeutendsten Steuerfälle rechtzeitig anzufordern und besonders zügig zu veranlagen, regelmäßig nicht nachgekommen. Ebenso haben sie Vorauszahlungen zur Einkommen- und Körperschaftsteuer nicht geprüft und angepasst, wenn diese zu gering waren. Allein bei den vom Bundesrechnungshof eingesehenen Fällen entstanden dadurch Zinsaufwendungen in zweistelliger Millionenhöhe.
61	**Bemerkungen 2003, Nr. 59 (BT-Drs. 15/2020)**	**Zuwendungen an Berufsbildungs- und Berufsförderungswerke ohne Förderbedarf** Die Landesarbeitsämter gewährten Zuwendungen für den Aufbau von Berufsbildungs- und Berufsförderungswerken ohne hinreichende Information, ob die Einrichtungen nach ihrer Vermögenslage der Förderung bedurften und ob sie die weiteren Fördervoraussetzungen erfüllten. Der Bundesrechnungshof hat gegenüber dem zuständigen Bundesministerium für Arbeit und Soziale Sicherung angeregt, die Förderung einzustellen, weil die Einrichtungen über genügend Mittel durch laufende Einnahmen verfügen. Außerdem ist das Ziel, Berufsbildungs- und Berufsförderungswerke flächendeckend vorzuhalten, inzwischen erreicht. Unabhängig davon hat er eine ordnungsgemäße Prüfung der Zuwendungsvoraussetzungen gefordert.
62	**Bemerkungen 2003, Nr. 64 (BT-Drs. 15/2020)**	**Zwei Länder zahlen überhöhte Kostenerstattungen zurück** Der Bundesrechnungshof stellte in zwei Ländern überhöhte Rechnungen für Verwaltungskosten fest. Dadurch konnten dem Bundeshaushalt wieder 4 Mio. Euro zugeführt werden.

Ausgewählte Einzelprüfungsergebnisse aus den Bemerkungen des Bundesrechnungshofes 2000 - 2006

(Die Volltexte der Bemerkungen sind unter www.bundesrechnungshof.de veröffentlicht.)

lfd. Nr.	Fundstelle	Kurzfassung
63	**Bemerkungen 2004, Nr. 7 (BT-Drs. 15/4200)**	**Novellierung des Verwaltungskostenrechts überfällig** Seit mehreren Jahren ist das Bundesministerium des Innern mit den Vorarbeiten zu einer Neuregelung des Verwaltungskostenrechts befasst. Bearbeitung und Abstimmung von Einzelaspekten des Vorhabens führten zu immer neuen Verzögerungen. Vor dem Hintergrund der Wirkungen des Verwaltungskostenrechts auf die Einnahmen des Bundes erscheint ein weiterer Zeitverlust nicht hinnehmbar.Eine zukunftsfähige Neuordnung des Verwaltungskostenrechts sollte klarstellen, dass die Gebühren auf der Grundlage von Kosten- und Leistungsrechnungen oder anderer geeigneter Verfahren zu ermitteln sind und regelmäßig überprüft sowie rechtzeitig angepasst werden. Der Bundesrechnungshof empfiehlt, eine zentrale Stelle innerhalb der Bundesregierung zu schaffen, um einen vollständigen Überblick über die Gebühren zu verfügen. Die Zuständigkeit für die Festlegung der Gebühren sollte bei den Ländern liegen.
64	**Bemerkungen 2004, Nr. 34 (BT-Drs. 15/4200)**	**Unterschiedliche Bearbeitung anonymer Kapitalübertragungen ins Ausland verursacht Steuerausfälle in Milliardenhöhe** Ausgedehnte Ermittlungen von Staatsanwaltschaften und Finanzbehörden deckten in den vergangenen Jahren auf, dass Steuerpflichtige bundesweit in hohem Umfang Einkünfte aus solchem Kapitalvermögen nicht versteuerten, das sie zuvor mithilfe inländischer Banken ins Ausland, vorwiegend nach Luxemburg und in die Schweiz, verbracht hatten.Der Bundesrechnungshof hat darauf hingewiesen, dass die Finanzbehörden der Länder diese sogenannten Bankenfälle unterschiedlich bearbeiteten. Die unzureichende Aufklärung anonymer Kapitalübertragungen ins Ausland verursachte endgültige Steuerausfälle in Milliardenhöhe. Der Bundesrechnungshof sieht die Verantwortung dafür auch beim Bundesministerium der Finanzen, weil es seine Rechts- und Fachaufsicht gegenüber den Finanzbehörden der Länder nicht wirkungsvoll genug ausübt.
65	**Bemerkungen 2004, Nr. 35 (BT-Drs. 15/4200)**	**Unzureichende Besteuerung ausländischer Teilnehmer an sportlichen Veranstaltungen im Inland** Finanzbehörden besteuern beschränkt steuerpflichtige Teilnehmer an bestimmten sportlichen Veranstaltungen im Inland nicht sachgerecht. Sie unterwerfen einen zu geringen Teil der Einkünfte der Besteuerung. Das verursacht Steuerausfälle von bis zu 7 Mio. Euro im Jahr.

Ausgewählte Einzelprüfungsergebnisse aus den Bemerkungen des Bundesrechnungshofes 2000 - 2006

(Die Volltexte der Bemerkungen sind unter www.bundesrechnungshof.de veröffentlicht.)

lfd. Nr.	Fundstelle	Kurzfassung
66	**Bemerkungen 2004, Nr. 37 (BT-Drs. 15/4200)**	**Risiken für das Umsatzsteueraufkommen bei Ausfuhren und Einfuhren** Bei Ausfuhren in Länder außerhalb der EU finden an den Grenzen faktisch keine Warenkontrollen für Umsatzsteuerzwecke statt. Damit lässt die Zollverwaltung nahezu ungeprüft, ob Waren im Gesamtwert von annähernd 300 Mrd. Euro jährlich tatsächlich das Gemeinschaftsgebiet verlassen haben. Es steht somit nicht fest, ob die Steuerverwaltung auf diese Lieferungen zu Recht keine Umsatzsteuer erhoben hat. Unkoordinierte Verfahren, unverständliche Bescheide und Stempelaufdrucke, fehlende Stichproben, bei den Finanzämtern nicht ankommendes Kontrollmaterial und eine unzureichende Zusammenarbeit der Zoll- und der Steuerverwaltung bergen weitere Risiken für das Umsatzsteueraufkommen bei der Ein- und der Ausfuhr. So können Betrug oder eine aus anderen Gründen zu Unrecht gewährte Steuerfreiheit allenfalls durch Zufall aufgedeckt werden.
67	**Bemerkungen 2004, Nr. 38 (BT-Drs. 15/4200)**	**Fehlerhafte Bearbeitung der Erstattung von Sonderausgaben führt zu Steuerausfällen** Das Bundesministerium der Finanzen hat aufgrund geänderter Rechtsprechung die steuerliche Behandlung der Erstattung von Sonderausgaben (z. B. Kirchensteuer, Sozialversicherungsbeiträge) im Jahre 2002 in einem Anwendungsschreiben neu geregelt. Danach sind Sonderausgaben für das Jahr, in dem sie steuerlich berücksichtigt wurden – in der Regel das Vorjahr – um nachträgliche Erstattungen zu mindern, wenn im Jahr der Erstattung ein Ausgleich mit entsprechenden Aufwendungen nicht oder nicht in voller Höhe möglich ist. Diese Regelung soll bei allen noch nicht verjährten Steuerfestsetzungen angewandt werden.Nach den Feststellungen des Bundesrechnungshofes haben Finanzämter verschiedener Länder die Regelung teilweise nicht beachtet oder uneinheitlich umgesetzt. Das Bundesministerium der Finanzen hat dies hingenommen. Es ist zu befürchten, dass dadurch Steuerausfälle von rund 100 Mio. Euro eingetreten sind.
68	**Bemerkungen 2004, Nr. 46 (BT-Drs. 15/4200)**	**Sachgerechte Ermittlung und Aufteilung der Sicherheitsgebühren an Flughäfen, an denen Bund und Länder sich das Gebührenaufkommen teilen** An 21 Flughäfen nimmt Personal der Länder die Luftsicherheitsaufgaben wahr. Der Bund trägt die Sachkosten. Die Länder erhalten die Luftsicherheitsgebühr, um ihre Personalkosten zu decken. Zur Deckung der Sachkosten des Bundes sind sie verpflichtet, 0,26 Euro pro abfliegendem Passagier als Bundesanteil abführen. Einige Länder kamen dieser Verpflichtung nicht oder erst mit erheblichen Verzögerungen nach.

Ausgewählte Einzelprüfungsergebnisse aus den Bemerkungen des Bundesrechnungshofes 2000 - 2006
(Die Volltexte der Bemerkungen sind unter www.bundesrechnungshof.de veröffentlicht.)

lfd. Nr.	Fundstelle	Kurzfassung
69	**Bemerkungen 2005, Nr. 6 (BT-Drs. 16/160)**	**Notwendigkeit und Angemessenheit von Bundesleistungen für Dienststelle des Landes Berlin überprüfen** Das Bundesministerium des Innern erstattet dem Land Berlin seit mehr als 50 Jahren die Aufwendungen für die „Deutsche Dienststelle für die Benachrichtigung der nächsten Angehörigen von Gefallenen der ehemaligen Deutschen Wehrmacht“ in Höhe von etwa 19 Mio. Euro jährlich. Die Rechtsgrundlagen für ihre Tätigkeit sind teilweise überholt, die Aufgaben sind nicht klar beschrieben. Das Bundesministerium des Innern sollte untersuchen, ob die Aufgaben nach Art und Umfang noch erforderlich und die Erstattungsleistungen des Bundes der Höhe nach notwendig und angemessen sind. Dies ist umso dringlicher, da der Bund eine Übernahme der Dienststelle beabsichtigt.
70	**Bemerkungen 2005, Nr. 15 (BT-Drs. 16/160)**	**Geplantes hochleistungsfähiges Bundesstraßennetz in Brandenburg überdimensioniert** Etwa ein Drittel der vorhandenen Bundesstraßen im Land Brandenburg soll zu einem hochleistungsfähigen Bundesstraßennetz ausgebaut werden, das überdimensioniert ist. Für dieses Netz mit einer Länge von 880 km soll der Bund über 1,6 Mrd. Euro aufwenden.Die Straßenbauverwaltung legte für die auszubauenden Strecken die höchsten Ausbaustandards für Bundesstraßen fest; erst danach ließ sie das Netzkonzept verkehrswirtschaftlich untersuchen. Dabei legte sie längst überholte Annahmen über die Wirtschafts- und Bevölkerungsentwicklung zugrunde. Die ökologischen Auswirkungen der Ausbaustandards – wie der enorme Flächenverbrauch und die Zerschneidung der Landschaft – ließ sie nicht untersuchen. Die überhöhten Ausbaustandards verursachen Kostensteigerungen, die um ein Vielfaches höher sind als die erzielbaren Nutzensteigerungen. 79 Neubaumaßnahmen mit einem Kostenvolumen von 374 Mio. Euro – wesentliche Teile des geplanten Netzes – sind nicht im Bedarfsplan enthalten und damit dem Entscheidungsrecht des Parlamentes entzogen.
71	**Bemerkungen 2005, Nr. 27 (BT-Drs. 16/160)**	**Tarifwidrige Bezahlung von Beschäftigten bei Trägern der gesetzlichen Rentenversicherung** Tarifkräfte bei einigen Landesversicherungsanstalten erhielten höhere Vergütungen als vergleichbare Beschäftigte des öffentlichen Dienstes. Gründe dafür waren ungerechtfertigte übertarifliche Bezahlungen oder die Anwendung interner Richtlinien für Arbeitsplatzbewertungen, die zu nicht tarifkonformen Einstufungen führten. Der Bundesrechnungshof hat das Bundesministerium für Gesundheit und Soziale Sicherung aufgefordert, über die Aufsichtsbehörden der Rentenversicherungsträger darauf hinzuwirken, dass die Landesversicherungsanstalten bei der Eingruppierung von Tarifkräften dem Tarifrecht in allen Punkten genügen.

Ausgewählte Einzelprüfungsergebnisse aus den Bemerkungen des Bundesrechnungshofes 2000 - 2006 (Die Volltexte der Bemerkungen sind unter www.bundesrechnungshof.de veröffentlicht.)		
lfd. Nr.	**Fundstelle**	**Kurzfassung**
72	**Bemerkungen 2005, Nr. 30 (BT-Drs. 16/160)**	**Unzureichende Besteuerung illegaler Umsätze und Einkünfte** Erhebliche Steuerausfälle ließen sich vermeiden, wenn Umsätze und Einkünfte aus illegaler Tätigkeit, z. B. aus Hehlerei, Bestechung, dem Handel mit Rauschgiften und anderen verbotenen Erzeugnissen, wirksamer besteuert würden. Hierzu ist eine verbesserte Zusammenarbeit der beteiligten Behörden erforderlich. Die Umsätze aus diesen Tätigkeiten werden auf mehrere Milliarden Euro jährlich geschätzt.
73	**Bemerkungen 2005, Nr. 32 (BT-Drs. 16/160)**	**Besteuerung von Sachzuwendungen an Geschäftsfreunde ist lückenhaft und verwaltungsaufwendig** Sachzuwendungen, die Unternehmen ihren Geschäftsfreunden gewähren, werden häufig nicht zutreffend versteuert. Die Innendienste der Finanzämter können eine unterlassene oder fehlerhafte Versteuerung nicht erkennen. Sie sind auf Feststellungen ihrer Außendienste angewiesen, die die zuwendenden Unternehmen prüfen. Die Außenprüfer decken solche Fälle jedoch nicht systematisch und zeitlich nur verzögert auf.
74	**Bemerkungen 2005, Nr. 35 (BT-Drs. 16/160)**	**Unzutreffende Verzinsung von Steuerforderungen nach § 233a Abs. 2 a AO** Erhebliche Einnahmeausfälle sind Bund und Ländern entstanden, weil die Finanzämter die Zinsen für Steuerforderungen bei Verlustrückträgen und rückwirkenden Ereignissen meistens fehlerhaft festgesetzt haben. Der Bundesrechnungshof führt dies auf eine unzureichende IT-Unterstützung zurück.
75	**Bemerkungen 2005, Nr. 38 (BT-Drs. 16/160)**	**Erhebliche Einnahmeausfälle bei Bund und Ländern durch Mängel bei der Besteuerung der vorweggenommenen Erbfolge gegen Versorgungsleistungen** Mängel bei der Besteuerung der vorweggenommenen Erbfolge gegen Versorgungsleistungen verursachten erhebliche Einnahmeausfälle bei Bund und Ländern. Die Finanzämter bearbeiteten rund 90 % der vom Bundesrechnungshof untersuchten Fälle der Übertragung von Privatvermögen gegen Versorgungsleistungen fehlerhaft. Die Rechtslage ist selbst für Steuerrechtskundige kaum zu verstehen. Bei grenzüberschreitender Vermögensübergabe besteht zudem eine Besteuerungslücke.
76	**Bemerkungen 2005, Nr. 63 (BT-Drs. 16/160)**	**Über 4 Mio. Euro Einsparungen bei Querungshilfen für Wildtiere** Der Bund spart 4,2 Mio. Euro durch kleinere Querungshilfen für Wildtiere beim Bau der Bundesstraße B 178 n durch die Straßenbauverwaltung des Landes.

Ausgewählte Einzelprüfungsergebnisse aus den Bemerkungen des Bundesrechnungshofes 2000 - 2006

(Die Volltexte der Bemerkungen sind unter www.bundesrechnungshof.de veröffentlicht.)

lfd. Nr.	Fundstelle	Kurzfassung
77	**Bemerkungen 2005, Nr. 65 (BT-Drs. 16/160)**	**Rückforderungen in Millionenhöhe aufgrund fehlerhafter Lohngleitklauseln** Fehler durch die Straßenbauverwaltungen der Länder bei der Anwendung der Lohngleitklausel bei Straßenbauverträgen des Bundes haben zu ungerechtfertigten Zahlungen geführt. In den geprüften Fällen sind mehr als 11 Mio. Euro zurückzufordern.
78	**Bemerkungen 2005, Nr. 66 (BT-Drs. 16/160)**	**Vorschlag zur Neuordnung der Verwaltung der Bundesfernstraßen** Der Präsident des Bundesrechnungshofes als Bundesbeauftragter für Wirtschaftlichkeit in der Verwaltung empfiehlt in einem Gutachten, im Rahmen einer Reform des Föderalismus auch die Verwaltung der Bundesfernstraßen neu zu ordnen. Der Bund sollte sich auf den Bau und Betrieb der Bundesautobahnen beschränken. Die Länder sollten die bisherigen Bundesstraßen übernehmen und dafür einen angemessenen Finanzausgleich erhalten.
79	**Bemerkungen 2005, Nr. 67 (BT-Drs. 16/160)**	**Empfehlungen für das wirtschaftliche Planen, Bauen und Betreiben von Bundesfernstraßen** Der Präsident des Bundesrechnungshofes als Bundesbeauftragter für Wirtschaftlichkeit in der Verwaltung hat Empfehlungen für Planung, Bau und Betrieb von Bundesfernstraßen herausgegeben. Sie basieren auf Prüfungserkenntnissen des Bundesrechnungshofes.
80	**Bemerkungen 2005, Nr. 68 (BT-Drs. 16/160)**	**Verzicht auf nicht erforderliche Autobahnbrücken spart Millionen** Nach Hinweisen des Bundesrechnungshofes hat eine Straßenbauverwaltung zugesagt, neun geplante Autobahnbrücken nicht oder nur in geringeren Abmessungen zu bauen. Dadurch können Investitionskosten von 4,2 Mio. Euro und Unterhaltungskosten von 2,5 Mio. Euro eingespart werden. Die Verwaltung wird künftig vor Planungsbeginn prüfen, ob Brücken oder Unterführungen erforderlich sind.
81	**Bemerkungen 2005, Nr. 82 (BT-Drs. 16/160)**	**Erhebliche Mängel beim Förderprogramm „Juniorprofessur“ werden behoben** Das Bundesministerium für Bildung und Forschung hat die vom Bundesrechnungshof festgestellten Mängel u. a. bei der Verwendung von Zuwendungen durch die Hochschulen der Länder zum Anlass genommen, seine Förderpraxis beim Programm „Juniorprofessur“ zu verbessern. Es prüft nunmehr bei den Hochschulen, ob diese seine Zuwendungen zweckentsprechend verwendet haben. Es wird für das geplante Nachfolgeprogramm die zuwendungsfähigen Ausgaben eindeutig festlegen, um einem zweckwidrigen Einsatz von Fördermitteln vorzubeugen.

Ausgewählte Einzelprüfungsergebnisse aus den Bemerkungen des Bundesrechnungshofes 2000 - 2006

(Die Volltexte der Bemerkungen sind unter www.bundesrechnungshof.de veröffentlicht.)

lfd. Nr.	Fundstelle	Kurzfassung
82	**Bemerkungen 2006, Nr. 16 (BT-Drs. 16/3200)**	**Erfolgskontrolle bei der GA „Verbesserung der regionalen Wirtschaftsstruktur“ unzureichend** Das Bundesministerium für Wirtschaft und Technologie hat den Erfolg der für die Gemeinschaftsaufgabe „Verbesserung der regionalen Wirtschaftsstruktur“ eingesetzten Bundesmittel unzureichend kontrolliert und das Parlament nur unvollständig über die Wirkung der Förderung unterrichtet. Angaben der Länder über die Anzahl neu geschaffener Dauerarbeitsplätze, die für eine effektive Erfolgskontrolle notwendig gewesen wären, lagen nicht vor. Gescheiterte Vorhaben und Angaben zu Mehrfachförderungen oder zur Wirkung der Infrastrukturförderung flossen nicht in die Unterrichtung des Parlaments ein. Ohne diese Informationen fehlen dem Parlament Grundlagen, die zur Ausübung seines Budgetrechts wesentlich sind. Der Bund trägt die Hälfte der Ausgaben der Länder nach einem gemeinsamen Rahmenplan. Er stellte hierfür in den letzten fünf Jahren allein im Epl. 09 Mittel in Höhe von rund 4,4 Mrd. Euro bereit.
83	**Bemerkungen 2006, Nr. 17 (BT-Drs. 16/3200)**	**Prüfungsrecht bei Zuschüssen des Bundes zu Rentenversicherungsbeiträgen neu regeln** Die Länder haben Bundeszuschüsse zu den Rentenversicherungsbeiträgen für Beschäftigte in Werkstätten für behinderte Menschen gezahlt, ohne die Abrechnungen der Werkstätten hinreichend geprüft zu haben. Eine ordnungsgemäße Prüfung der Abrechnungen ist wegen der zur Verfügung stehenden kurzen Bearbeitungszeit im Abrechnungsverfahren kaum möglich. Der Bundesrechnungshof geht von ungerechtfertigten Zahlungen zulasten des Bundes in Millionenhöhe aus. Deshalb sollte der Bund das Prüfungsrecht umgehend so regeln, dass den Ländern eine Prüfung auch nach bestandskräftiger Festsetzung der Zuschüsse möglich ist.
84	**Bemerkungen 2006, Nr. 24 (BT-Drs. 16/3200)**	**Länder und Gemeinden verlagern Kosten beim Bau von Geh- und Radwegen unzulässig auf den Bund** Die Straßenbauverwaltungen der Länder bauten mit Bundesmitteln an innerörtlichen Bundesstraßen überwiegend gemeinsame Geh- und Radwege, obwohl dies wegen der gegenseitigen Behinderung und Gefährdung der unterschiedlichen Verkehrsteilnehmer die Ausnahme sein soll. Das ist für die betroffenen Gemeinden von Vorteil, weil sie keine eigenen Gehwege finanzieren müssen. Zudem nehmen die Straßenbauverwaltungen der Länder die Weigerung vieler Gemeinden hin, die auf sie entfallenden Unterhaltungskosten zu tragen. Allein in den geprüften Fällen trägt der Bund zu Unrecht Unterhaltungskosten von rund 1, 9 Mio. Euro, bezogen auf die geschätzte Nutzungsdauer der Wege. Das Bundesministerium für Verkehr, Bau und Stadtentwicklung kontrolliert in diesem Bereich die Arbeit der Straßenbauverwaltungen nicht ausreichend.

Ausgewählte Einzelprüfungsergebnisse aus den Bemerkungen des Bundesrechnungshofes 2000 - 2006

(Die Volltexte der Bemerkungen sind unter www.bundesrechnungshof.de veröffentlicht.)

lfd. Nr.	Fundstelle	Kurzfassung
85	**Bemerkungen 2006, Nr. 25 (BT-Drs. 16/3200)**	**Unzureichende Vorbereitung von Straßenbaumaßnahmen verursacht Mehrausgaben beim Bund in zweistelliger Millionenhöhe** Straßenbauverwaltungen der Länder bereiteten Baumaßnahmen des Bundes nicht mit der gebotenen Sorgfalt vor. Insbesondere nahmen sie vor Baubeginn den Bestand nicht umfassend auf oder erkundeten den Boden nicht ausreichend; sie planten die Maßnahmen nicht sorgfältig genug und vergaben deshalb die Leistungen nur lückenhaft oder zu aufwendig, oder sie legten eine überholte Verkehrsprognose zugrunde. Infolgedessen wurden Umplanungen und zusätzliche Leistungen erforderlich; es kam zu Störungen der vertraglich vereinbarten Bauabläufe. Dies führte bei den geprüften Großprojekten zu erheblichen Ausgabensteigerungen, unwirtschaftlichen Nachtragsvereinbarungen sowie Vergütungen für Leistungen, die bei einwandfreier Bauvorbereitung nicht erforderlich gewesen wären. Insgesamt summierten sich die vermeidbaren Mehrausgaben zu einem hohen zweistelligen Millionenbetrag. Begünstigt wurde die mangelhafte Leistung der Straßenbauverwaltungen dadurch, dass sie im Wege der Auftragsverwaltung für den Bund tätig sind und daher andere Interessen verfolgen als der Bund. Hinzu kam, dass das Bundesministerium fürVerkehr, Bau und Stadtentwicklung die fachliche Qualität der Bauvorbereitungen unzureichend beaufsichtigte.
86	**Bemerkungen 2006, Nr. 26 (BT-Drs. 16/3200)**	**Bund übernimmt finanzielles Risiko der Sanierung pechhaltiger Baustoffe aus Landesstraßen** Die Straßenbauverwaltungen der Länder haben in den Jahren 1997 bis 2002 insgesamt mehr pechhaltige Straßenbaustoffe in Bundesfernstraßen eingebaut, als sie aus diesen ausbauten. Der Mehreinbau stammte aus Landesstraßen. Die beim künftigen Wiederausbau dieser umweltschädlichen Stoffe entstehenden Sanierungskosten von mehreren Millionen Euro jährlich muss der Bund als Eigentümer der Bundesfernstraßen tragen. Er übernimmt damit ein erhebliches finanzielles Risiko. Der Bund sollte mit den Ländern vereinbaren, dass sie entweder nicht mehr belastete Stoffe in Bundesfernstraßen einbauen als sie aus diesen ausbauen oder dass sie sich angemessen an den Sanierungskosten beteiligen.
87	**Bemerkungen 2006, Nr. 47 (BT-Drs. 16/3200)**	**Behinderungsbedingte Aufwendungen teilweise doppelt berücksichtigt** Die Finanzämter haben behinderungsbedingte Krankheitskosten als außergewöhnliche Belastungen teilweise doppelt berücksichtigt. Sie konnten wegen Abgrenzungsschwierigkeiten nicht prüfen, ob durch den Pauschbetrag abgegoltene Kosten noch einmal in den sonstigen Krankheitskosten enthalten waren. Sie übernahmen die Angaben der Steuerpflichtigen für die Besteuerung ohne Beanstandungen oder Rückfragen und gewährten den Pauschbetrag neben allen geltend gemachten Krankheitskosten.

Ausgewählte Einzelprüfungsergebnisse aus den Bemerkungen des Bundesrechnungshofes 2000 - 2006

(Die Volltexte der Bemerkungen sind unter www.bundesrechnungshof.de veröffentlicht.)

lfd. Nr.	Fundstelle	Kurzfassung
88	**Bemerkungen 2006, Nr. 49 (BT-Drs. 16/3200)**	**Zu geringe Prüfungsquote der Umsatzsteuer-Sonderprüfungen** Die Finanzverwaltung hat durchschnittlich 2 % der Unternehmen in einem Jahr einer Umsatzsteuer-Sonderprüfung unterzogen. Diese Prüfungsquote ist zu gering, um einen den Erfordernissen der Betrugsbekämpfung genügenden Gesetzesvollzug zu gewährleisten. Rechnerisch unterliegt danach ein Unternehmen alle 50 Jahre einer Umsatzsteuer-Sonderprüfung. Auch in verschiedenen Ländern bestehen beachtliche Unterschiede; in einem Land unterliegen Unternehmen rechnerisch alle 35 Jahre, in einem anderen nur alle 77 Jahre einer Prüfung. Die Prüfungsquoten der Länder sollten einander auf gleichmäßig hohem Niveau angeglichen werden. Hierzu sind einheitliche Maßstäbe festzulegen und es ist auf eine risikoorientierte Fallauswahl zu achten.
89	**Bemerkungen 2006, Nr. 69 (BT-Drs. 16/3200)**	**Kleinere Tunneldurchmesser verringern die Baukosten um 50 Mio. Euro** Das Bundesministerium für Verkehr, Bau und Stadtentwicklung und die Straßenbauverwaltung Baden-Württemberg haben bei der Planung des Neubaus „Albaufstieg“ der Bundesautobahn A 8 zwischen Stuttgart und Ulm auf Standstreifen in den Tunneln verzichtet und stattdessen Pannenbuchten vorgesehen. Sie sind damit der Empfehlung des Bundesrechnungshofes gefolgt. Dadurch verringern sich die Baukosten um 50 Mio. Euro.

Anhang III
Bundesstaatliche Strukturen im Ausland

1 Ausgangspunkt

Das Problem der Verflechtung verschiedener staatlicher Ebenen stellt sich nicht nur in der deutschen Staatspraxis sondern in allen föderal verfassten Staaten, so u. a. in der Schweiz, in Österreich, in den USA, in Kanada und Australien.

Vergleiche der dort angewendeten Lösungen und Reformen zur Entflechtung müssen allerdings berücksichtigen, dass die historischen Ausgangsbedingungen und die Verfassungslage sehr unterschiedlich sind. Auch Größe und Struktur der Staaten differieren stark.

Eine „föderative Blaupause" für die optimale Grundstruktur eines Bundesstaates lässt sich damit im internationalen Bereich nicht finden. Wegen der unterschiedlichen Verwaltungsstrukturen und -traditionen werden sich die Lösungen anderer Staaten auch nicht direkt auf die deutsche Situation übertragen lassen. Zudem gehen Reformbemühungen anderer Staaten zum Teil in sehr unterschiedliche Richtungen.

Zentraler Ausgangspunkt der Überlegungen zur Föderalismusreform kann deshalb nur die Analyse der Schwachstellen sein, die sich in der deutschen Praxis gezeigt haben. Darüber hinaus gibt es in der föderativen Staatspraxis anderer Länder jedoch einzelne Parallelen und Aspekte, die auch für die deutschen Arbeiten zur Modernisierung des bundesstaatlichen Systems von Interesse sein können. Es trägt deshalb zur Abrundung des Bildes bei, auch Erfahrungen aus dem internationalen Bereich in den Blick zu nehmen.

Als Einzelsektoren sind insbesondere die Verwaltung der Steuern und der Fernstraßen relevant, da es hier interessante Modernisierungsbemühungen in anderen Staaten gibt. Einige Beispiele der internationalen Entwicklungen im Bereich Finanz- und Fernstraßenverwaltungen werden deshalb speziell betrachtet (Tz. 2.1. - Tz. 2.2). Im Jahre 2006 wurde die Zuständigkeit für das französische Netz der Nationalstraßen teilweise dezentralisiert. Frankreich wird deshalb im Bereich Fernstraßen einbezogen, obwohl es sich nicht um einen Bundesstaat handelt (Tz. 2.2.2).

Im Gutachten wird dargestellt, dass es Wechselwirkungen zwischen einer Reform des Haushalts- und Rechnungswesens und einer gesteigerten Autonomie der einzelnen staatlichen Ebenen in Deutschland gibt.[473] Es wird dort ausgeführt, dass Modernisierungsbemühungen anderer Staaten und supranationaler Organisationen teilweise Vorbildcharakter haben können.[474] Ergänzend dazu werden für die Bundesstaaten Schweiz, Österreich, USA und Australien die Entwicklungen des Haushalts- und Rechnungswesens im Überblick dargestellt (Tz. 3.1 - 3.4).

[473] Vgl. Gutachten Tz. 4.6.1.
[474] Vgl. Gutachten Tz. 4.6.1.2.

2 Reformbeispiele bei der Verwaltung von Steuern und Fernstraßen

2.1 Finanzverwaltung

2.1.1 Österreich

Die österreichische Finanzverwaltung befand sich wegen langer Abstimmungswege, einem zu hohen Grad an Arbeitsteilung, uneinheitlichen Leistungen und Doppelgleisigkeiten in der Kritik. Nachdem diese Schwachstellen im Jahre 2001 durch die Studie einer Unternehmensberatung bestätigt wurden, kam es im Jahre 2003 zu einer umfassenden Reform, die 7.000 Beschäftigte betraf.[475]

Jedes Finanzamt richtete eine zentrale Auskunfts- und Veranlagungsleitstelle ein. Darüber hinaus führte man bisher getrennt bearbeitete Bereiche zusammen: Arbeitnehmerveranlagung, Familienbeihilfe, Einheitsbewertung und Einkommensteuer von Privatpersonen sind nun im Bereich „Allgemeinveranlagung“ ebenso zusammengefasst wie die Finanzkasse und die Vollstreckung im Bereich „Abgabensicherung“. In die Betriebsveranlagung und -prüfung integrierte man den Innen- und Außendienst, wodurch die Verwaltung Synergien zwischen diesen Bereichen nutzen kann. Zusätzlich erlaubt die neue Struktur eine Verstärkung der Betriebsprüfungen, da Innendienst-Kapazitäten, die unter anderem durch die Einführung von „FinanzOnline“ frei werden, in den Außendienst verlagert werden können.

Während dem Personal in den Infocentern nun ein stärkeres „Generalistentum“ abgefordert wird, haben sich die Beschäftigten in den Fachbereichen zu spezialisieren. Die Finanzverwaltung unterstützt dies, indem sie die internen Hierarchien abflachte und Verantwortung auf eigene Fachvorstände übertrug. Die Finanzämter sind mit (Teil-) Autonomien ausgestattet: Der Finanzamtsvorstand erfährt eine Stärkung seiner Managementfunktion. Die Vorstände sind verantwortlich für Leistungen, Personal, Organisation, Finanzen und sonstige Ressourcen ihres jeweiligen Finanzamtes.

Im Jahr 2004 wurden die bis dahin 80 Finanzämter zu 41 Finanzämtern zusammengefasst, wobei die bestehenden Standorte erhalten blieben. Einige Finanzämter übernahmen im Rahmen von Pilotprojekten die Fortentwicklung unterschiedlicher Organisationsmodelle und evaluierten deren Ergebnisse. Die Erkenntnisse und Erfahrungen aus den einjährigen Versuchsprojekten flossen in die Umsetzung des Projekts „Finanzamt neu“ ein.[476]

Seit 2003 prüft nur noch eine Bundesbehörde die lohnabhängigen Abgaben, wie etwa Lohnsteuer, Krankenversicherung, Pensionsversicherung oder Kommunalsteuer.

[475] Bundeskanzleramt Österreich, Das Verwaltungsinnovationsprogramm der Bundesregierung, Ziele–Maßnahmen–Ergebnisse, Bilanz 2006, S. 15. Eine detaillierte Darstellung findet sich in: Bundesministerium für Finanzen, Bewerbungsunterlagen für den 7. Internationalen Speyerer Qualitätswettbewerb – Kategorie – Partnerschaftliche Wahrnehmung öffentlicher Aufgaben, Wien 2005.

[476] Bundeskanzleramt Österreich, Das Verwaltungsinnovationsprogramm der Bundesregierung, Ziele–Maßnahmen–Ergebnisse, Bilanz 2006, S. 13.

Traditionell prüften bis dahin Akteure aus drei Verwaltungsbereichen (Finanzverwaltung, Städte und Gemeinden sowie Krankenversicherungen) eigenständig und damit auch zu unterschiedlichen Zeitpunkten die Abführung dieser Abgaben. Nunmehr teilen sich die Beschäftigten der Finanzverwaltung oder der Sozialversicherung die Prüfungen auf. Feststellungen werden den anderen Institutionen gemeldet. Um diese Kommunikation zu gewährleisten, wurden die EDV-Systeme kompatibel gemacht.

Die österreichische Bundesregierung sieht in den Reformen im Prüfungsbereich einen wichtigen Schritt der Verwaltungsvereinfachung. Die Zusammenarbeit entlaste alle Beteiligten, da Unterlagen nur noch einmal zur Verfügung gestellt werden müssten. Sie verbessere zudem den Kontakt zu den Unternehmen, da die Prüforgane während ihrer Prüfungen nun auch beratende Funktionen in Melde-, Versicherungs- und Beitragsangelegenheiten übernehmen würden. Obwohl die Anzahl der Prüfungen insgesamt zugenommen habe, senke die Zusammenführung die Verwaltungskosten. Sowohl die Frequenz als auch die Gleichmäßigkeit der Prüfungen sei verbessert, da z. B. die Gemeinden die Kommunalsteuer zuvor unregelmäßig und ineffizient kontrolliert hätten.

2.1.2 Australien

Die wichtigsten Steuern erhebt in Australien der Bund. Dazu gehören die Einkommensteuer für Private, die Körperschaftsteuer für Unternehmen, die Steuer auf Lohnnebenleistungen des Arbeitgebers sowie die Waren- und Dienstleistungssteuer (vergleichbar der Mehrwertsteuer). Die sechs Bundesstaaten erheben u. a. die Stempelsteuer,[477] die Lohnsummensteuer[478] und die Grundsteuer. Maßgeblich für das Einkommensteuerrecht sind neben den gesetzlichen Bestimmungen die Steuerrichtlinien des Bundesamtes für Steuern, das die oberste Finanzbehörde Australiens ist und rund 92% der gesamten Besteuerung verwaltet und überwacht. Dazu gehören auch Betriebs- und Steuerprüfungen.

Die australische Mehrwertsteuer ist zu zahlen, wenn der Steuerpflichtige entsprechend registriert ist oder registriert sein müsste. Jeder, der zu einer Registrierung verpflichtet ist, muss sich auch mit einer Australian Business Number (ABN) registrieren lassen. Die ABN ist eine Identifikationsnummer für alle Angelegenheiten eines Unternehmens mit dem Bundesamt für Steuern und anderen Behörden.[479]

[477] Die Stempelsteuer ist eine Steuer der Bundesstaaten und Territorien auf bestimmte Dokumente. Der Steuersatz variiert von Bundesstaat zu Bundesstaat.

[478] Die Lohnsummensteuer ist eine Steuer der Bundesstaaten und Territorien. Sie erfasst immer nur den Teil der jährlichen Löhne und Gehälter von Arbeitern und Angestellten, der einen vorgeschriebenen Grenzwert überschreitet. Im bevölkerungsreichsten Bundesstaat New South Wales betrug der Grenzwert im Finanzjahr 2004/2005, ab dem eine Lohnsummensteuer zu entrichten ist, 600.000 AUD. Die Steuerrate lag bei 6,0 % auf jeden zusätzlichen AUD.

[479] Bundesagentur für Außenwirtschaft, Das australische Steuerrecht, Stand: Juli 2007.

In den Jahren 1998/99 gab es eine umfassende Steuerreform.[480] So wurden u. a. die genannte ABN und das Australian Business Register (ABR) eingeführt.[481] Ziel war, die Anzahl unterschiedlicher Registrierungen auf Bundes- und Landesebene zu minimieren. Über einen „single entry point" sollen die Unternehmen mit allen Behörden trotz unterschiedlicher Sachverhalte über eine Registrierungsnummer korrespondieren können.[482] Bis heute sind über 7 Mio. ABN vergeben worden. Des Weiteren sollten Regeln und Verfahren widerspruchsfrei gestaltet werden.[483] Ein Problem der Einführung des ABR war die anfänglich begrenzte Akzeptanz durch Behörden des Bund und der Einzelstaaten. Es besteht keine Pflicht, sich am ABR zu beteiligen. Grundlage ist ein Memorandum of Understanding zwischen dem Bundesamt für Steuern und den einzelnen Behörden; erst durch Zeichnung des MOU erhalten die Behörden Zugang zu den zentral verwalteten Steuerdaten.[484]

Die Einführung der Mehrwertsteuer führte zu einem Wegfall von insgesamt 10 Steuerarten, und 60 Steuergesetze konnten gestrichen werden.[485]

2.1.3 USA

In den USA übernehmen die Steuerpflichtigen die Veranlagung zur Einkommenssteuer selbst. 98 % der Einnahmen der Bundessteuerverwaltung stammen aus der Selbstveranlagung, ohne weitere Maßnahmen seitens der Bundessteuerbehörde.[486] Auch die Unternehmen ermitteln den zu zahlenden Betrag an Körperschaftssteuer selbst.[487] Die Abgabefrist für die Steuererklärung fällt mit der Zahlungsfrist zusammen.

Die Kontrolle der Unternehmensbesteuerung wurde 2001 reformiert. Kapitalgesellschaften reichen ihre Steuerklärung seitdem nicht mehr in regionalen „IRS Processing Center" ein, sondern bundesweit bei einer von zwei Behörden, die auf die Bearbeitung

480 Vgl. Treasurer of the Commonwealth of Australia, Tax reform: not a new tax, a new tax system, 1998, S. 131 – 152.

481 Die Einführung ging auf eine Forderung des sogenannten „Bell-Report" zurück: Commonwealth of Australia, Time for Business, Report of the Small Business Deregulation Task Force, 1996.

482 Bell-Report (vgl. voranstehende Fn.), S. 100 f.

483 Vgl. Treasurer of the Commonwealth of Australia, Tax reform: not a new tax, a new tax system, 1998, S. 132.

484 Vgl. Australian National Audit Office, Administration of Australian Business Number Registrations, Audit Report No. 59 2002-03, 2003, S. 95 ff.

485 Dies geschah durch den „Tax Laws Amendment (Repeal of Inoperative Provisions) Act 2006".

486 United States Government Accountability Office, Assessment of Fiscal Year 2005 Budget Request and 2004 Filing Season Performance, GAO-04-560T, 2004, S. 1.

487 Die Unternehmen erstellen keine Steuerbilanz; die Bemessungsgrundlage ergibt sich aus der Gewinn- und Verlustrechnung. Die Handelsbilanz ist nicht maßgeblich für die Steuerbilanz. Der Grund liegt vor allem darin, dass die Bundesstaaten über die Gesetzgebungskompetenz für das Handelsrecht verfügen und der Bund die Kompetenz für das umfassende Einkommensteuergesetz inne hat (ein separates Körperschaftsteuergesetz für Unternehmen gibt es nicht).

dieser Steuerverfahren spezialisiert sind.[488] Zunehmend prüfen gesonderte Einheiten in bestimmten Industriezweigen, um Branchenkenntnisse zu erwerben. Die Bundessteuerverwaltung geht davon aus, dass die Kontrolle umso wirksamer ist, je enger die Steuerbehörde schon vor Abgabe der Steuererklärung mit dem Unternehmen zusammenarbeitet. Dementsprechend erhöhte die Steuerverwaltung den Ressourceneinsatz für die Qualitätsverbesserung des Serviceangebots und reduzierte ihn bei den Kontrollen. Nachdem daraufhin im Zeitraum von 1996 bis 2002 die Zahl der Außenprüfungen fast auf die Hälfte zurückgegangen war, misst man der Kontrolle nun wieder stärkere Bedeutung zu. Man befürchtete, dass die Steuerehrlichkeit abnehmen könnte, wenn bekannt würde, dass die Kontrollen stark abgenommen haben. Dies griff auch der amerikanische (Bundes-) Rechnungshof auf und thematisierte den Rückgang der Prüfquote.[489]

2.2 Fernstraßenverwaltung

2.2.1 Österreich

Im Jahre 2002 trat in Österreich der Bund sein Eigentum an etwa 10.000 der rund 12.000 km Bundesstraßen unentgeltlich an die Bundesländer ab; Bundesstraßen wurden so zu Landesstraßen.[490] Bis dahin hatte der Bund die Bundesstraßen verwaltet; nunmehr liegt diese Aufgabe in Länderverwaltung.[491] Für Planungs-, Bau- und Erhaltungsarbeiten stellt der Bund den Ländern dafür jene finanziellen Mittel zur Verfügung, die zuletzt die Bundesstraßenverwaltung für ihre Aufgaben aufgewendet hatte.[492] Damit gelang es, Ausgaben- und Finanzierungsverantwortung für das regionale Straßennetz auf der Ebene der Länder zusammenzuführen.

Die privatwirtschaftlich betriebene Bundesgesellschaft „ASFINAG“ [493] verwaltet und bewirtschaftet die verbliebenen rund 2.000 km des Autobahn- und Schnellstraßennetzes.[494]

Der Bau, die Erhaltung und die Finanzierung von sogenannten „hochrangigen Straßen“ unterlagen in Österreich vielen Veränderungen.[495] Mitte der 50er Jahre finanzier-

---

488 *Haisken-DeNew u. a.*, Einführung einer Selbstveranlagung bei der Körperschaftsteuer, S. 65.

489 United States Government Accountability Office, Assessment of Fiscal Year 2005 Budget Request and 2004 Filing Season Performance, 2004, S. 1.

490 Bundesstraßen-Übertragungsgesetz von 2002 (BGBl. 1 Nr. 50 der Bundesrepublik Österreich).

491 Vgl. das Gutachten des Bundesbeauftragten für Wirtschaftlichkeit in der Verwaltung zur Neuordnung der Verwaltung im Bundesfernstraßenbau vom 11.10.2004, S. 40 (www.bundesrechnungshof.de).

492 „Zweckzuschussgesetz“, die Verteilungsschlüssel handelte der Bund mit den Bundesländern aus. Das Gesetz ist (vorläufig) bis zum Jahr 2008 begrenzt.

493 ASFINAG ist das Unternehmenskürzel für die Autobahnen- und Schnellstraßen- Finanzierungs-Aktiengesellschaft – eine Gesellschaft in den Händen des Bundes (Österreich).

494 Bundeskanzleramt Österreich, Das Verwaltungsinnovationsprogramm der Bundesregierung, Ziele–Maßnahmen–Ergebnisse, Bilanz 2006, S. 25.

495 Vgl. *Mayerl/Ramaseder*, Straße und Autobahn 2006, 449 sowie *Beckers u. a.*, Internationa-

te das Bundesbudget die Autobahnen bei gleichzeitiger Zweckbindung der Mineralölsteuer hierfür. Mitte der 60er Jahre kam die Finanzierung durch Kreditaufnahme und mittels Straßenbenützungsgebühren hinzu. Ende der 60er Jahre gründete der Bund bereits eine Sonderfinanzierungsgesellschaft (Tauernautobahn AG). 1982 schuf er die heutige ASFINAG, um den Autobahnbau zu beschleunigen. Die Aktiengesellschaft – damals als reine Finanzierungsgesellschaft konzipiert – übernahm die Finanzierung vorrangiger Bauabschnitte bei Autobahnen und Schnellstraßen und die Finanzierungstätigkeit aller bis dahin gegründeten Sondergesellschaften. Der Bund trat als Bürge auf. 1987 hob das Bundesparlament die Zweckbindung der Mineralölsteuer auf; die gesamte Finanzierung lag nun allein bei der ASFINAG. Gleichzeitig fuhr der Bund seine Ausgaben für die Infrastruktur hochrangiger Straßen zurück, erhöhte allerdings im Gegenzug seinen Haftungsrahmen gegenüber der ASFINAG.

Durch das Bundesstraßenfinanzierungsgesetz ergab sich schließlich die Möglichkeit, Mautgebühren unabhängig von der Fahrleistung zu erheben. Gleichzeitig waren dadurch die Mauteinnahmen für den hochrangigen Straßenbau zweckgebunden. Um eine selbstständige Aufgabenwahrnehmung zu gewährleisten, übertrug der Bund im Jahre 1997 auf die ASFINAG

- das „Fruchtgenussrecht“ an den im Bundeseigentum befindlichen Grundstücken und Anlagen des Bundesfernstraßennetzes,
- 5,6 Mrd. Euro vormalige Schulden des Bundes und
- die Pflicht, den Ausbau, die Erhaltung und den Betrieb des Fernstraßennetzes mittels Vignetten- und Mauteinnahmen sowie durch Kreditaufnahme zu finanzieren.

Die ASFINAG ihrerseits nutzte zunächst die Straßenverwaltungen der Länder, um diese Aufgaben zu erledigen. Bis Mai 2006 führten in Österreich deshalb die Länder den Betrieb und die Erhaltung der Autobahnen und der Schnellstraßen im Namen der ASFINAG auf der Grundlage von Werkverträgen durch. Ab diesem Zeitpunkt übernahm die ASFINAG diese Aufgaben in ihre eigene Organisation und Verantwortung. Während der Autobahnbetrieb zuvor in den Händen von 11 Landes- und Bundesorganisationen lag, sind nun alle Aufgaben in der ASFINAG-Konzernstruktur (Tochtergesellschaften) gebündelt. Die ASFINAG hat dabei u. a. das Personal des ehemaligen österreichischen LKW-Mautbetreibers sowie 1.500 Landesbedienstete der Länderverwaltungen übernommen.[496]

2.2.2 Frankreich

Frankreich hat per 1. Januar 2006 seine Zuständigkeiten für das französische Autobahn- und Nationalstraßennetz neu geordnet. Dies soll u. a. die politischen Verant-

---

les Verkehrswesen 2006, 12.

496 ASFINAG-Geschäftsbericht 2006, S. 15. Das Unternehmen spricht in Bezug auf die 1.500 Landesbediensteten von „Überlassung“ bzw. „teilweiser Eingliederung“.

wortlichkeiten auf regionaler Ebene (Departements[497]) stärken und die staatlichen Verwaltungsebenen reorganisieren.

Von 38.000 km Autobahnen und Nationalstraßen, für die die französische Regierung unmittelbar oder über Konzessionen zuständig ist, hat sie 18.000 km auf die Departements übertragen. Diese erhalten dadurch die Entscheidungskompetenz für regional/lokal bedeutsame Straßennetze.[498] Die Direktionseinheiten der Departements, die für den Betrieb und den Erhalt zuständig sind, behalten jedoch ihre Funktion als (zentral-) staatliche operative Einheit des Verkehrsministeriums. Die Departements können sich im Rahmen der ihnen nun zugewiesenen Aufgaben dieser Direktionseinheiten bedienen.[499]

11 neu eingerichtete (zentralstaatliche) Straßenverkehrsdirektionen verwalten künftig jenen Teil des Nationalstraßennetzes, der beim Zentralstaat verbleibt. Sie sind auf überregionaler Ebene zuständig für die Verkehrsbeziehungen zwischen den Departements. Die übertragenen Straßen belasten die Departements finanziell nicht. Die Lasten gleicht eine Quersubventionierung zwischen Zentralstaat und Departements aus.[500]

3 Reformen im Haushalts- und Rechnungswesen

3.1 Schweiz

Die Bundesebene führt derzeit das „Neue Rechnungsmodell“ (NRM) ein und möchte sich damit dem „harmonisierten Rechnungsmodell“ der Kantone und Gemeinden annähern. Es wird erstmals bei der Budgetierung des Voranschlags 2007 eingesetzt. Das NRM soll der finanzpolitischen Gesamtsteuerung dienen (Orientierungspunkt ist u. a. die verfassungsrechtlich vorgegebene Schuldenbremse) und eine betriebswirtschaftliche Führung ermöglichen. Für die finanzpolitische Gesamtsteuerung stellt der Bund zunächst die Erfolgs- und Vermögensrechnung auf und leitet daraus die Finanzierungs- und Mittelflussrechnung ab. Die Aufmerksamkeit liegt also einerseits bei der Frage, wie die Finanzierung sichergestellt wird. Anderseits verdeutlicht das NRM, welchen (wirtschaftlichen) Erfolg der Bund mit seinem Handeln erzielt, d. h. ob er das Staatsvermögen mehrt oder verzehrt.

Um den Erfolg messbar zu machen, sind für das Haushalts- und Rechnungswesen des Bundes (Budgetierung, Buchführung und Rechnungslegung) die kaufmännischen Grundsätze anzuwenden. Die dazu erforderlichen Daten liefert eine Verbundrechnung mit flächendeckender Kosten- und Leistungsrechnung (KLR). Das Verfahren mündet schließlich in Abschluss- und Eröffnungsbilanzen, die auch von Verwaltungseinheiten

---

[497] Frankreich ist in 26 Regionen aufgeteilt, welche sich ihrerseits in 100 Departements untergliedern.

[498] *Zimmermann-Steinhart*, in: Jahrbuch des Föderalismus 2006, S. 337 f.

[499] Direction Departementale de l'Equipment – DDE.

[500] Wissenschaftlicher Beirat beim BMVBS, Neuorganisation der Zuständigkeiten im Bereich der Bundesfernstraßen, Zeitschrift für Verkehrswissenschaft 2006, 81 (97 ff.).

zu erstellen sind. Es gilt das Regelwerk der International Public Sector Accounting Standards (IPSAS). Der Bund schichtet Verantwortlichkeiten dezentral auf Verwaltungseinheiten ab, um dort mit steigender Verantwortung auch das Kostenbewusstsein zu erhöhen. Dazu breitet der Bund auch das Modell „Führen mit Leistungsauftrag und Globalbudget“ (FLAG) in seiner Verwaltung aus. Der Bundesrat (Bundesregierung) vergibt dabei mehrjährige Leistungsaufträge an die Verwaltungen, die er in fortzuschreibenden Leistungsvereinbarungen konkretisiert. Die Verwaltungen erhalten hierfür ein Globalbudget.

Das Schweizer Reformmodell zielt somit innerhalb der Bundesebene auf eine Dezentralisierung von oben nach unten ab. Gleichzeitig strebt es eine Angleichung an das System der Kantone an. Abstrakt bedeutet das eine Entflechtung auf der eigenen staatlichen Ebene mit der Möglichkeit, sich mit den übrigen Ebenen stärker verflechten zu können. Bei einem dezentralen Bundesstaat wie der Schweiz kommt dabei der Reformdruck erwartungsgemäß von den Ländern und wirkt auf den Bund.

3.2 Österreich

Österreich plant, ab dem Jahr 2011 ein doppisches[501] Haushalts- und Rechnungswesen einzuführen. Schon zuvor soll ein 4-jähriger, rollierender Finanzrahmen gelten, der neben politischen Prioritäten auch Obergrenzen für Ausgaben setzt (Bundesfinanzrahmengesetz). Seit dem Jahre 2001 führt die Bundesregierung schrittweise eine KLR ein. Bis die Doppik eingerichtet ist, steuert die Bundesregierung den Haushalt weiterhin über kamerale Daten, d. h. ausgaben-, nicht kostenorientiert.

Weitere geplante Änderungen betreffen die Neufassung der verfassungsrechtlichen Ziele zum gesamtwirtschaftlichen Gleichgewicht und neue Grundsätze der Haushaltsführung (u. a. Wirkungsorientierung, Effizienzsteigerung). Die Bundesebene arbeitet mit sogenannten Globalbudgets, innerhalb derer die Ministerien über Gestaltungsspielräume verfügen. Ab dem Jahre 2011 sollen – mit Hilfe der KLR und der Doppik – die Globalbudgets leistungs- und wirkungsorientiert aufgestellt werden. Das bedeutet, mit der Ressourcenverantwortung geht die Ergebnisverantwortung einher. Vorab definierte Wirkungsziele und der später dazugehörige Zielerreichungsgrad werden in Planergebnis- und Finanzierungsrechnungen abzubilden sein. Die Leistungssteuerung wird bei den Ministerien liegen.

3.3 USA

In den USA folgt die Haushaltsaufstellung der Kameralistik. Der Bund strebt jedoch eine stärker leistungsorientierte Aufstellung an. Die kamerale Haushaltsaufstellung mündet in Haushaltsermächtigungen („budget authority“), die dauerhaft oder zeitlich begrenzt sein können. Es gibt deshalb in den USA nach Abschluss des Haushaltsaufstellungsverfahrens keinen offiziellen Haushaltsplan.

---

[501] DOPPIK: **DOPP**elte Buchführung **i**n **K**onten (Soll und Haben).

Im Gegensatz zur kameralen Haushaltsaufstellung findet die Rechnungslegung seit dem Jahr 1990 zunehmend doppisch statt. Bundesbehörden legen zu diesem Zweck testierte (Einzel-) Abschlüsse vor. Der „Konzernabschluss" der Bundesregierung fasst dann die Einzelabschlüsse zusammen. Er bildet die Kosten der gesamten Regierungstätigkeit ab (untergliedert nach Ministerial- und Behördenebene). Er stellt die Kosten den Erlösen gegenüber (hier finden sich auch Einnahmen und Ausgaben) und bildet den Saldo ab. Darüber hinaus erläutert der Konzernabschluss die Bilanz und die Finanzierung des Haushaltsdefizits oder die Verwendung des Haushaltsüberschusses.

3.4 Australien

Seit Ende der 90er Jahre folgt die Budgetierung, Rechnungslegung und Berichterstattung auf Bundesebene kaufmännischen Grundsätzen. Sie bilden den Ressourcenverbrauch und damit auch die jeweilige Veränderung des Bundesvermögens ab. Ziele der australischen Haushaltsreform waren, die Verantwortung der Ministerien für deren Handeln zu erhöhen und einen „Langzeit-Budgetplanungsprozess" (3-jährig) einzurichten. Der Bund verwendet dazu die Maßstäbe, die im Haushaltskreislauf mit Zahlen zu unterlegen sind:

- Die beabsichtigte Wirkung („OUTCOME"),
- die Festlegung, wie die Wirkung erzielt werden soll (Produkte, Leistungen, Aktivitäten - „OUTPUT") und
- die Messung der (Wirkungs-) Zielerreichung.

Dieses System informiert das Parlament und die Regierung nicht nur darüber, wie viele Mittel geflossen sind (Ausgaben), sondern auch, welchen Werteverzehr ihr Handeln verursacht hat (Kosten) und welcher Erfolg dem gegenübersteht (Wirkung). Über diese Parameter steuern Parlament und Regierung den Bundeshaushalt und damit das Verwaltungshandeln.

Ein weiteres wesentliches Merkmal ist der sogenannte „Purchase/Provider-Ansatz". Danach kauft die Regierung zur staatlichen Aufgabenerledigung Verwaltungsleistungen bei Behörden ggf. Agenturen ein. Sie schließt dazu Kaufvereinbarungen ab, in denen die Leistungskonditionen festgelegt sind. Dies betrifft u. a. die Kostenerstattung an den Leistungserbringer und messbare Leistungspakete (Outputs). So können Parlament und Regierung im Rahmen der Erfolgskontrolle messen, ob und inwieweit die gesetzten Ziele/Wirkungen (Outcomes) erreicht wurden. Dieser Logik folgt die Gliederungssystematik des Haushaltes; er ist nach Outputs und Outcomes gegliedert.

Anhang IV
Auftragsverhältnisse aus Sicht der Agenturtheorie

1 Ausgangspunkt

Den im Gutachten (Tz. 4) beschriebenen dysfunktionalen Verwerfungen bei der Ausführung von Bundesgesetzen durch die Länder - sei es in der Landeseigenverwaltung oder in der Bundesauftragsverwaltung - liegen nach den Prüfungsfeststellungen des Bundesrechnungshofes in den weitaus meisten Fällen ähnlich gelagerte Ursachenmuster zugrunde. Bund und Länder verfolgen jeweils eigene Interessen, wobei die Informations- und Kontrollsysteme des Bundes oftmals nicht ausreichen oder nicht greifen mit der Folge, dass die Eigeninteressen der Länder zu einer Verfehlung der Bundesziele führen. Die Hauptursachen sind also divergierende Interessen, die die eine Seite aufgrund ihres Informationsvorsprungs auf Kosten der anderen durchzusetzen versucht (Informationsasymmetrie).

Dieses Phänomen versucht die Organisationslehre mit der so genannten Agenturtheorie[502] zu erklären. An vielfältigen Beispielen zeigt die Agenturtheorie auf, dass ein Kooperationsverhältnis, bei dem ein Kooperationspartner für einen anderen eine Leistung erbringt, eigene Interessen verfolgt. Die Agenturtheorie geht hierbei davon aus, dass geeignete Informations- und Kontrollinstrumente vorhanden sein müssen, damit der Auftragnehmer seine eigenen Interessen nicht zulasten des Auftragnehmers verfolgt.

Die Agenturtheorie ist vor diesem Hintergrund in besonderer Weise geeignet, um die in der Prüfungspraxis vorgefundenen Schwachstellen bei der Ausführung von Bundesgesetzen durch die Länder als einem bipolaren Kooperationssytem aufzuzeigen und zu erklären.

2 Anwendungsbereiche

Ursprünglich ist die Agenturtheorie als Erklärungsansatz vertraglich geregelter Austauschbeziehungen entstanden. Sie beschäftigt sich mit dem Verhalten von Vertragsparteien (Auftraggeber und Auftragnehmer)[503], indem es dieses typisiert und das jeweils zugrunde liegende Verhaltens- und Motivationsmuster zu ergründen versucht.

Die Agenturtheorie geht dabei von der Annahme aus, dass beide Vertragsparteien nicht umfassend über sämtliche Umstände des Vertragsgegenstandes und die Absichten des anderen Vertragspartners informiert sind, zugleich aber ihren jeweiligen Nut-

---

502 Auch als Prinzipal-Agent-Theorie bezeichnet.

503 Die Begriffe sind hier untechnisch zu verstehen, da die Agenturtheorie bei ihren Betrachtungen grundsätzlich alle Arten von Verträgen erfasst, bei denen eine Vertragspartei zur Umsetzung ihrer Interessen bestimmte Aufgaben- und Entscheidungskompetenzen auf der Basis einer Vereinbarung an die andere Vertragspartei überträgt, neben dem Auftragsverhältnis im engeren Sinne also z. B. auch Arbeits- und Dienstleistungsverträge. Zum Teil wird auch von Prinzipal (=Auftraggeber) und Agent (=Auftragnehmer) gesprochen.

zen (Gewinn, bestmögliche Aufgabenerfüllung etc.) durch die Erfüllung des Vertrages steigern wollen.

Dabei verfolgen Auftraggeber und Auftragnehmer widerstreitende Ziele. Der Auftraggeber schließt die Vereinbarung, da er sich von dem Einsatz der spezialisierten Arbeitskraft – Know-how – und den Informationsvorsprung – z. B. Qualitätsstandards oder Marktüberblick – des Auftragnehmers für die Erfüllung seiner Ziele einen Vorteil verspricht. Der Auftragnehmer versucht dagegen eigene Interessen – z. B. hohe Vergütung, Abhängigkeit des Auftraggebers – bei der Erfüllung der Vereinbarung zu erreichen. Für den Auftraggeber besteht daher das Risiko, dass der Auftragnehmer sich nicht vertragsgemäß verhält, sondern eigene Interessen zum Nachteil des Auftraggebers verfolgt. Um dies zu vermeiden, muss er sicherstellen, dass der Auftragnehmer die Vereinbarung möglichst gut erfüllt. Dazu werden in der Vereinbarung in der Regel Anreiz-, Kontroll- und Informationsmechanismen festgelegt, die aber zu erheblichen Kosten führen (Agenturkosten).[504]

Die Agenturtheorie ist jedoch nicht nur auf Vertragsbeziehungen anwendbar, sondern sie wird heute auch im Hinblick auf das Akteursverhalten in institutionellen Verwaltungsbeziehungen herangezogen, seien sie privatrechtlich (Unternehmen) oder öffentlich-rechtlich (Bund, Land, Kommunen) organisiert. Immer dann, wenn zwei „Partner" kooperieren und dabei unterschiedlich informiert sind, kommt die Agenturtheorie als Erklärungsmodell zum Ansatz.[505] Dementsprechend findet die Agenturtheorie auch bei nichtvertraglichen Beziehungen[506] oder der „Beauftragung Dritter zur Erbringung öffentlicher Leistungen"[507] Anwendung.

Die Erkenntnisse der Agenturtheorie lassen sich daher auch bei gesetzlich vorgegebenen Auftragnehmer/Auftraggeber-Verhältnissen anwenden,[508] also beispielsweise im Verhältnis zwischen Europäischer Union und Bund oder zwischen Bund und Ländern. Damit können auch die Verwaltungsbeziehungen von Bund und Ländern, wenn die Länder Bundesgesetze in eigener Angelegenheit oder im Auftrag des Bundes vollziehen, unter dem Blickwinkel der Agenturtheorie betrachtet werden.

3 Informationsdefizite des Auftraggebers

3.1 Unterschiedliche Interessen in der Agenturbeziehung

Nach der Grundthese der Agenturtheorie verfolgen Auftraggeber und Auftragnehmer grundsätzlich unterschiedliche Ziele bei der Zusammenarbeit, wollen primär den eigenen Nutzen steigern und verfügen regelmäßig nicht über den gleichen Informationsstand. Dies führt in einer Agenturbeziehung typischerweise zu Schwierigkeiten. Beispielsweise lassen sich bei der Gestaltung von Vereinbarungen über die Zusammenarbeit und der

---

504 *Ebers/Gotsch*, in: Kieser/Ebers, Organisationstheorien, S. 247 (262, 265).
505 *Spremann*, ZfB 1990, 561 (562).
506 *Elschen*, DBW 1988, 248 (250).
507 *Picot/Wolff*, in: Naschold/Pröhl, Produktivität öffentlicher Dienstleistungen, S. 51 (71 ff.)
508 *Bandelow*, Das EU-Mehrebenensystem und die Regulation der Gentechnologie, S. 4, 16.

Festlegung von Zielen nicht alle Modalitäten der Auftragsbearbeitung präzise und umfassend festlegen. Die Spielräume können daher genutzt werden, die eigenen Ziele zum Nachteil des Kooperationspartners zu verfolgen, was zu Meinungsverschiedenheiten führen kann. Insbesondere der Auftraggeber, der dem Auftragnehmer zur Umsetzung seiner Interessen bestimmte Aufgaben und Entscheidungskompetenzen überträgt, hat das Risiko, dass der Auftragnehmer nicht auftragsgemäß handelt, sondern eigene Interessen zum Nachteil des Auftraggebers verfolgt.[509]

Kernpunkt ist dabei die ungleiche Informationsverteilung zwischen Auftragnehmer und Auftraggeber. Diese Informationsasymmetrien werden in der Regel in drei Grundtypen unterschieden:[510]

- Unbekannte Leistungsqualität (hidden characteristics),
- unbekanntes Leistungsverhalten (hidden action) und
- unbekannte Absichten (hidden intention).

Die Agenturtheorie geht davon aus, dass Auftraggeber und Auftragnehmer eigennützige Handlungsweisen – z. B. eine „eigeninteressierte Vertragsauslegung"[511] – anwenden, um aus diesen Informationsasymmetrien ihren jeweils eigenen Nutzen zu steigern.

Dabei hat der Auftragnehmer gegenüber dem Auftraggeber einen Informationsvorsprung bezüglich der Facharbeit. Zusätzlich besteht ein Informationsdefizit des Auftraggebers bezüglich des eigeninteressierten Verhaltens des Auftragnehmers. Insbesondere bei komplexen Aufgaben ist deshalb eine Effizienzkontrolle der Dienste des Auftragnehmers deutlich erschwert.

Die Agenturtheorie geht weiterhin von der These aus, dass Auftragnehmer Personal und Finanzmittel zweckentfremden, wenn die Aufgaben nicht unmittelbar ihren eigenen Interessen entsprechen.[512]

3.2 Unbekannte Leistungsqualität

Im Falle der unbekannten Leistungsqualität besteht der Informationsvorteil des Auftragnehmers darin, dass der Auftraggeber nicht genau einschätzen kann, ob der Auftragnehmer die vereinbarte Leistung in der gewünschten Qualität erbringen kann. Er kann nicht abschätzen, ob die fachlichen und personellen Voraussetzungen für die Erfüllung der vereinbarten Leistung geeignet sind. Der Auftragnehmer kann sogar ungeeignet zur Erfüllung der Leistung des Auftraggebers sein. Über die Zeit kann sich auch die Qualifikation oder das Leistungsvermögen des Auftragnehmers, z. B. fehlende Fortbildung, Reduzierung des Fachpersonals, ändern. Teilweise ändert sich auch das Umfeld bzw. das Aufgabenprofil (neue Aufgaben, gestiegene Anforderungen, verän-

---

509 *Ebers/Gotsch*, in: Kieser/Ebers, Organisationstheorien, S. 247 (258 f., 261 f.).

510 *Picot/Wolff*, in: Naschold/Pröhl, Produktivität öffentlicher Dienstleistungen, S. 51 (72); siehe auch *Spremann*, ZfB 1990, 561 (Grundtypen der Informationsasymmetrie: Qualitätsunsicherheit, Holdup, Moral Hazard).

511 *Ebers/Gotsch*, in: Kieser/Ebers, Organisationstheorien, S. 247 (261).

512 *Ebers/Gotsch*, in: Kieser/Ebers, Organisationstheorien, S. 247 (261, 264).

derte Qualitätsstandards), ohne dass sich der Auftragnehmer anpasst. Vor allem bei sehr langfristig angelegten Kooperationsverhältnissen besteht die Gefahr, dass der Auftraggeber seine Ziele nicht so erreicht, wie er es anstrebt.[513]

3.3 Unbekanntes Leistungsverhalten

Im Falle des unbekannten Leistungsverhaltens kann der Auftraggeber die Handlungen des Auftragnehmers nur unzureichend beobachten oder beurteilen. Dies trifft insbesondere dann zu, wenn der Auftragnehmer die zur Verfügung gestellten Ressourcen (Personal und Finanzmittel) anders verwenden kann und die Überwachung durch den Auftraggeber unzureichend ist. Es besteht die Gefahr, dass der Auftragnehmer moralisch verwerflich handelt (moral hazard) und die zur Verfügung gestellten Ressourcen für eigene Ziele verwendet, die nicht im Interesse des Auftraggebers liegen.

Durch die verdeckten Absichten des Auftragnehmers verfehlt der Auftraggeber seine Ziele oder muss für deren Erreichung mehr Geld einsetzen als bei einem vereinbarungsgemäßem Verhalten erforderlich wäre. Gerade bei einer langfristigen und unkündbaren Kooperation, wie sie z. B. bei der Bundesauftragsverwaltung vorliegt, ist ein solches Verhalten schwer sanktionierbar. Dieses Problem verschärft sich, wenn der Auftraggeber einen mangelnden fachlichen Einblick in die Arbeit des Auftragnehmers hat, da es sich z. B. um eine hoch spezialisierte Facharbeit handelt.[514]

3.4 Unbekannte Absichten

Im Falle der unbekannten Absichten weiß der Auftraggeber nicht, wie sich der Auftragnehmer im Verlauf der Kooperationsbeziehung verhalten wird. Der Auftragnehmer legt seine Absichten nicht offen. Da viele Bereiche der Agenturbeziehung nicht abschließend geregelt werden können, verbleibt dem Auftragnehmer ein weiter Handlungsspielraum, den er zum eigenen Vorteil nutzen kann.

Der Auftraggeber kann zwar die Arbeit oder die Arbeitsergebnisse des Auftragnehmers beobachten, ihn jedoch nicht immer zu einer Leistungserbringung in seinem Sinne bewegen. Insbesondere wenn der Auftraggeber von der Leistung abhängig ist (z. B. keine anderer qualifizierter Anbieter für diese Aufgabe), die Leistungserbringung einmalig ist oder die Leistungserbringung nicht mehr entzogen werden kann (z. B. durch vertragliche oder gesetzliche Vorgabe), hat der Auftraggeber kaum geeignete Handlungsmöglichkeiten, den Auftragnehmer zu einem Handeln im seinem Interesse zu bewegen. Der Auftraggeber hat dann keine Möglichkeit sich aus der Abhängigkeit des Auftragnehmers zu befreien.[515]

---

513 *Picot/Wolff*, in: Naschold/Pröhl, Produktivität öffentlicher Dienstleistungen, S. 51 (72).
514 *Ebers/Gotsch*, in: Kieser/Ebers, Organisationstheorien, S. 247 (263 f.).
515 *Picot/Wolff*, in: Naschold/Pröhl, Produktivität öffentlicher Dienstleistungen, S. 51 (74).

Der Auftraggeber kann dem Problem der fehlenden Informationen über den Auftragnehmer durch geeignete Anreiz-, Kontroll- und Informationssysteme begegnen. Derartige, das Informationsdefizit ausgleichende Systeme setzen jedoch den Einsatz von Personal und Sachmitteln (Computerprogramme) voraus, was zu zusätzlichen Kosten (Agenturkosten) für den Auftraggeber führt. Die Agenturtheorie zeigt dafür drei grundlegende Möglichkeiten auf:

- Der Auftraggeber hat die Möglichkeit, Anreize – z. B. eine Ergebnisbeteiligung, Verbesserung des Ansehens – für den Auftragnehmer zu setzen, sodass die Erfüllung seiner Ziele auch denen des Auftraggebers dient. Die Anreize zielen darauf ab, die Interessen von Auftraggeber und -nehmer anzugleichen. Je mehr sich die Vereinbarung zwischen Auftraggeber und Auftragnehmer auf Leistungsergebnisse richten, desto stärker ist der Anreiz für den Auftragnehmer gegeben, die Interessen des Auftraggebers zu berücksichtigen.[516]
- Eine weitere Alternative ist die direktive Verhaltenssteuerung. Der Auftraggeber kann das Verhalten des Auftragnehmers vertraglich vereinbaren, die Einhaltung der Verträge kontrollieren und eine Vertragsverletzung sanktionieren. Diese Form der Verhaltenssteuerung ist nach der Agenturtheorie nur begrenzt realisierbar. Die Formulierung der entsprechenden Regelungen – z. B. Art und Weise, Umfang und Zeitplan der Auftragserfüllung – setzt ein hohes Maß an Information des Auftraggebers voraus und ist bei komplexen und unstrukturierten Aufgaben kaum möglich. Die direktive Verhaltenssteuerung hat den Nachteil, dass sie keinen positiven Leistungsanreiz setzt. Der Auftragnehmer hat kein eigenes Interesse an der Erfüllung der Ziele des Auftraggebers. Der Auftraggeber muss daher ein entsprechendes Kontrollsystem vorhalten und Sanktionen – ggf. auf dem Rechtsweg – durchsetzen können, was mit hohen Kosten verbunden ist.[517]
- Der Auftraggeber kann seine Informationsdefizite auch dadurch vermindern, dass er sein Informationssystem verbessert und dadurch sein Wissen über das Leistungsverhalten, die Arbeit und die Arbeitsbedingungen des Auftragnehmers steigert. Je mehr Informationen der Auftraggeber über den Auftragnehmer hat, desto stärker wird der Auftragnehmer die Interessen des Auftraggebers bei seinem Handeln berücksichtigen. Die Möglichkeit sein eigeninteressiertes Handeln durch die Informationsdefizite des Auftraggebers zu verschleiern verringern sich dadurch. Informationssysteme, die das Handeln des Auftragnehmers transparenter machen – z. B. Rechenschaftspflichten, Berichtspflichten, Leistungsvergleiche oder Kostenrechnungssysteme –, reduzieren die Möglichkeiten zur Täuschung oder zur egoistischen Ausnutzung der Situation. Der Auftragnehmer hat jedoch kein eigenes Interesse daran, für mehr Transparenz durch verbesserte Informationen zu sorgen, weshalb das Informationssystem mit Anreiz- und Kontrollmecha-

516 *Ebers/Gotsch*, in: Kieser/Ebers, Organisationstheorien, S. 247 (265).
517 *Ebers/Gotsch*, in: Kieser/Ebers, Organisationstheorien, S. 247 (266).

nismen verknüpft werden muss. Die zusätzlichen Informationssysteme und Kontrollen führen allerdings zu zusätzlichen Kosten.[518]

5 Fazit

Der Idealzustand in der Auftragsbeziehung setzt vollkommene Informationen bei beiden Kooperationspartnern und keine Kosten bei dem Abschluss von Vereinbarungen voraus. Dieser optimale Zustand dient jedoch nur als theoretische Ausgangsbasis. Anreiz-, Kontroll- und Informationssysteme sollen in der Agenturbeziehung die Defizite gegenüber dem theoretisch möglichen Sollzustand weitgehend ausgleichen. Sie verursachen allerdings Kosten bei der Gestaltung, bei dem Abschluss sowie bei der Erfüllung und Überwachung der Vereinbarung. Durch eine wirtschaftliche Gestaltung dieser Instrumente in der Agenturbeziehung soll ein festgelegter Nutzen für den Auftraggeber mit möglichst geringen Kosten erzielt werden.[519]

Die Erkenntnisse der Agenturtheorie können auch dazu genutzt werden, darüber zu entscheiden, ob eine Aufgabe selbst oder im Rahmen einer Agenturbeziehung fremd erstellt (make or buy) wird. Bei Aufgaben, die durch einen Auftragnehmer aufgrund des Fachwissens oder der Spezialisierung besser erstellt werden können und bei dem Kontroll- und Informationssysteme zu angemessenen Kosten zu realisieren sind, wird in der Regel eine Fremderstellung vorteilhaft sein. Wenn die Gefahr besteht, dass die Ziele des Auftraggebers in der gewünschten Qualität, zu einem bestimmten Zeitpunkt oder in einer vorgegebenen Art und Weise nicht erfüllt werden, sollte die Leistung selbst erstellt werden (für den Staat z. B. Sicherheitsaufgaben).

Auch wenn die Ressourcen für andere Zwecke eingesetzt werden können und Anreiz-, Kontroll- und Informationssysteme nicht zu einer zufriedenstellenden Zielerreichung führen, sollte die Aufgabe selbst ausgeführt werden.[520]

518 *Ebers/Gotsch*, in: Kieser/Ebers, Organisationstheorien, S. 247 (266).
519 *Fischer*, WiSt 1995, 320 (321).
520 *Picot/Wolff*, in: Naschold/Pröhl, Produktivität öffentlicher Dienstleistungen, S. 51 (76 f.).

Anhang V
Leistungsgesetze im Bereich der Sozialen Entschädigung

1 Tatbestände im Einzelnen

1.1 Kriegsfolgelasten nach Art. 120 Abs. 1 GG

Das Bundesversorgungsgesetz regelt Versorgungsansprüche der Kriegsversehrten und ihrer Hinterbliebenen. Im Januar 2007 gab es 469 636 Rentenberechtigte, davon 221 506 Kriegsopfer und 248 130 Hinterbliebene.

Nach dem Häftlingshilfegesetz erhalten deutsche Staatsangehörige und Volkszugehörige Leistungen in entsprechender Anwendung des Bundesversorgungsgesetzes, wenn sie in kriegsbedingt besetzten Gebieten in Gewahrsam genommen wurden und dabei eine gesundheitliche Schädigung erlitten haben. Hinterbliebene eines Geschädigten erhalten ebenfalls Versorgung.[521] Im Januar 2007 gab es 2 085 rentenberechtigte Personen.

Der Bund trägt 80 % der Leistungen der Kriegsopferfürsorge und alle übrigen Leistungen zu 100 %.[522].

Nach Art. 104a Abs. 3 S. 2 GG führen die Länder Bundesgesetze im Auftrag des Bundes aus, wenn der Bund mindestens die Hälfte der Leistungsausgaben nach diesen Gesetzen trägt. Diese Regelung findet jedoch auf die Kriegsfolgengesetze nach Art. 120 GG keine Anwendung, da Art. 104a Abs. 3 S. 2 GG durch Art. 120 Abs. 1 GG verdrängt wird.[523] Die Länder führen die Gesetze daher als eigene Angelegenheit aus (Art. 83, 84 GG).

1.2 Opferentschädigungsgesetz

Wer durch einen vorsätzlichen, rechtswidrigen tätlichen Angriff an der Gesundheit geschädigt worden ist, erhält Versorgung in entsprechender Anwendung der Vorschriften des Bundesversorgungsgesetzes. Hinterbliebene eines Geschädigten erhalten ebenfalls Versorgung.[524] Im Januar 2007 waren 15 522 Personen nach dem Opferentschädigungsgesetz rentenberechtigt.

Der Bund trägt 40 % der Ausgaben, die den Ländern durch Geldleistungen nach diesem Gesetz entstehen[525]. Da somit die Voraussetzungen des Art. 104a Abs. 3 S. 2 GG für eine Durchführung des Gesetzes im Auftrage des Bundes nicht vorliegen, führen die Länder das Gesetz als eigene Angelegenheit aus (Art. 83 GG).

---

521 §§ 1, 4 Abs. 1, § 5 Häftlingshilfegesetz.

522 § 1 Abs. 1 Nr. 8 Erstes Gesetz zur Überleitung von Lasten und Deckungsmitteln auf den Bund, zuletzt geändert durch Art. 2 Nr. 13 des Gesetzes vom 20.12.1991 (BGBl. I S. 2317); § 13 Häftlingshilfegesetz.

523 *Siekmann*, in: Sachs, Grundgesetz, Art. 120 Rn. 5 29.

524 § 1 Opferentschädigungsgesetz.

525 § 4 Abs. 2 S. 1 Opferentschädigungsgesetz.

1.3 Strafrechtliches Rehabilitierungsgesetz Verwaltungsrechtliches Rehabilitierungsgesetz

Die strafrechtliche Entscheidung eines staatlichen deutschen Gerichts in dem in Art. 3 des Einigungsvertrages genannten Gebiet (Beitrittsgebiet) aus der Zeit vom 8. Mai 1945 bis zum 2. Oktober 1990 ist auf Antrag für rechtsstaatswidrig zu erklären und aufzuheben (Rehabilitierung), soweit sie mit wesentlichen Grundsätzen einer freiheitlichen rechtsstaatlichen Ordnung unvereinbar ist. Hat der Betroffene durch die Freiheitsentziehung eine gesundheitliche Schädigung erlitten, so hat er Anspruch auf Versorgung in entsprechender Anwendung des Bundesversorgungsgesetzes. Hinterbliebene eines Geschädigten erhalten ebenfalls Versorgung[526]. Vergleichbares gilt für Verwaltungsentscheidungen[527]. Im Januar 2007 gab es 714 rentenberechtigte Personen nach dem Strafrechtlichen und 89 rentenberechtigte Personen nach dem Verwaltungsrechtlichen Rehabilitierungsgesetz.

Der Bund trägt 65 % bzw. 60 % der Ausgaben, die den Ländern durch Leistungen nach diesen Gesetzen entstehen[528]. Die Länder führen die Gesetze daher im Auftrag des Bundes durch (Art. 104a Abs. 3 S. 2 GG).

1.4 Soldatenversorgungsgesetz / Zivildienstgesetz

Das Soldatenversorgungsgesetz regelt die in entsprechender Anwendung des Bundesversorgungsgesetzes durchzuführende Versorgung der aus dem Dienstverhältnis ausgeschiedenen Soldaten der Bundeswehr, die eine Wehrdienstbeschädigung erlitten haben, und ihrer Hinterbliebenen[529]. Im Januar 2007 gab es 15 982 rentenberechtigte Personen.

Das Zivildienstgesetz enthält entsprechende Regelungen für die Versorgung der aus dem Dienstverhältnis ausgeschiedenen Zivildienstleistenden, die eine Zivildienstbeschädigung erlitten haben, sowie ihrer Hinterbliebenen. [530] Im Januar 2007 gab es 255 rentenberechtigte Personen.

Die Leistungsausgaben für Leistungen nach diesen Gesetzen trägt der Bund zu 100 %[531], sodass Auftragsverwaltung vorliegt (Art. 104a Abs. 3 S. 2 GG).

---

526 § 1 Abs. 1, §§ 21, 22, 24 Strafrechtliches Rehabilitierungsgesetz.

527 § 1 Abs. 1, § 3 Abs. 1, § 4 S. 1 Verwaltungsrechtliches Rehabilitierungsgesetz.

528 § 20 Strafrechtliches Rehabilitierungsgesetz bzw. §17 Verwaltungsrechtliches Rehabilitierungsgesetz.

529 §§ 80 bis 84 Soldatenversorgungsgesetz.

530 § 47 Abs. 1 Zivildienstgesetz.

531 § 88 Abs. 8 Soldatenversorgungsgesetz; § 51 Abs. 4 Zivildienstgesetz i. V. m. § 88 Abs. 8 Soldatenversorgungsgesetz.

2 Finanzierungsanteile (Zweckausgaben) Bund/Länder

Soziales Entschädigungsrecht	Aufwendungen für Kriegsopferfürsorge (in %)		Aufwendungen für Rente/Heil- und Krankenbehandlung (in %)		Rechtsgrundlagen
	Bund	Land	Bund	Land	
Bundesversorgungsgesetz (BVG) Inland	80	20	100		§ 1 Abs. 1 Ziffer 8 Erstes Gesetz zur Überleitung von Lasten und Deckungsmitteln auf den Bund
Bundesversorgungsgesetz (BVG) Ausland	100		100		
Opferentschädigungsgesetz (OEG) Inland					§ 4 Abs. 2 S. 1 OEG
• Geldleistungen	40	60	40	60	
• Sachleistungen		100		100	
Opferentschädigungsgesetz (OEG) Ausland	100		100		§ 4 Abs. 2 S. 3 OEG
Soldatenversorgungsgesetz (SVG)	100		100		§ 88 Abs. 8 SVG
Zivildienstgesetz (ZDG)	100		100		§ 51 Abs. 4 ZDG
Häftlingshilfegesetz (HHG) Inland	80	20	100		§ 13 HHG
Häftlingshilfegesetz (HHG) Ausland	100		100		
Strafrechtliches Rehabilitierungsgesetz (StrRehaG)	65	35	65	35	Art. 1 § 20 StrRehaG
Verwaltungsrechtliches Rehabilitierungsgesetz (VwRehaG)					Art.1 § 20 VwRehaG
• Geldleistungen	60	40	60	40	
• Sachleistungen		100		100	

Anhang VI

Auswirkungen des Strukturwandels auf die landwirtschaftliche Sozialversicherung

In den Jahren 2001 bis 2006 sank die Zahl der aktiv Versicherten in der Alterssicherung der Landwirte weiter von 360 000 auf rund 291 000 Personen,[532] das entspricht einem Rückgang von 19 %. Damit unterschreiten die Versichertenzahlen sogar die sogenannte „untere Variante“ der Prognose der Bundesregierung:[533]

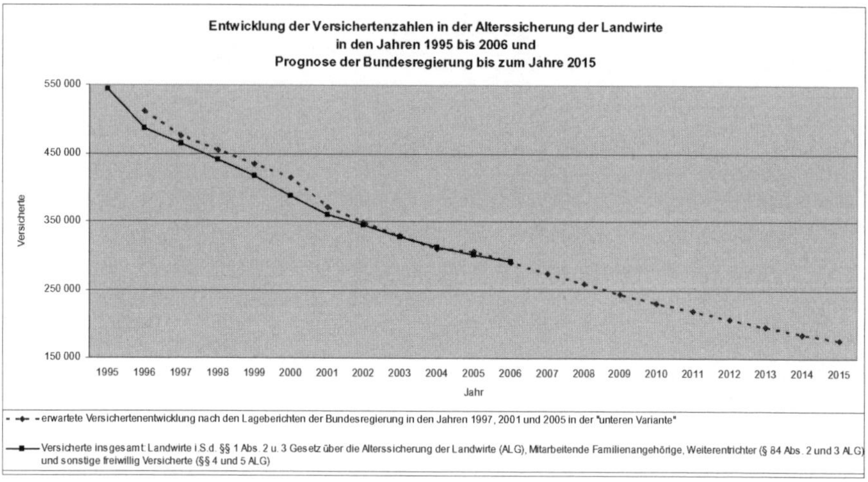

Nach dieser Prognose wird sich der Strukturwandel auch in den kommenden Jahren fortsetzen. In der Alterssicherung ist im Jahre 2015 nur noch ein Bestand von 176 000 Versicherten zu erwarten. Das entspräche einem weiteren Rückgang von rund 40 % gegenüber dem Jahre 2006. Den aktiven Beitragszahlern in der Alterssicherung der Landwirte stehen derzeit zusammen etwa eine Million Rentenempfänger, von der Versicherungspflicht befreite Personen, Empfänger von Beitragszuschüssen sowie ehemalige Versicherte gegenüber.

Ähnlich stellt sich die Entwicklung in der landwirtschaftlichen Krankenversicherung dar. Gegenüber dem Jahre 2001 mit einer Million Versicherten sank die Zahl bis zum Jahre 2006 um mehr als 10 % auf rund 907 000.[534]

---

532 Statistik des Gesamtverbandes der landwirtschaftlichen Alterskassen.

533 Lagebericht der Bundesregierung über die Alterssicherung der Landwirte 2005 (BT-Drs. 16/907), Tabelle B2. Die Bundesregierung erwartete für das Jahr 2005 noch 307 000 Versicherte.

534 Statistik des Bundesverbandes der landwirtschaftlichen Krankenkassen, Versicherte insgesamt, Stichtag 1. Oktober des jeweiligen Berichtsjahres.

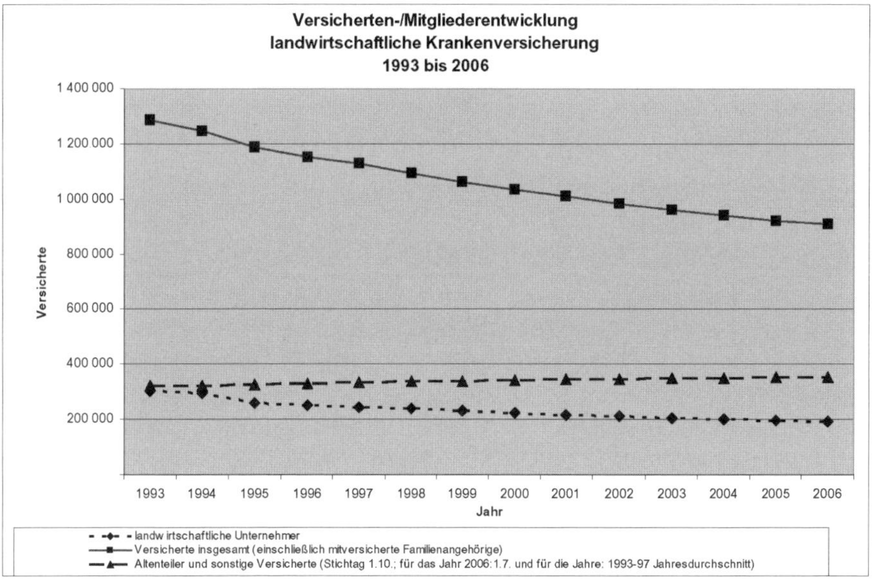

In der landwirtschaftlichen Unfallversicherung ist die Zahl der Mitgliedsunternehmen ebenfalls leicht rückläufig. Sie verringerte sich von rund 1,674 Mio. im Jahre 2001 auf 1,670 Mio. im Jahre 2005.[535]

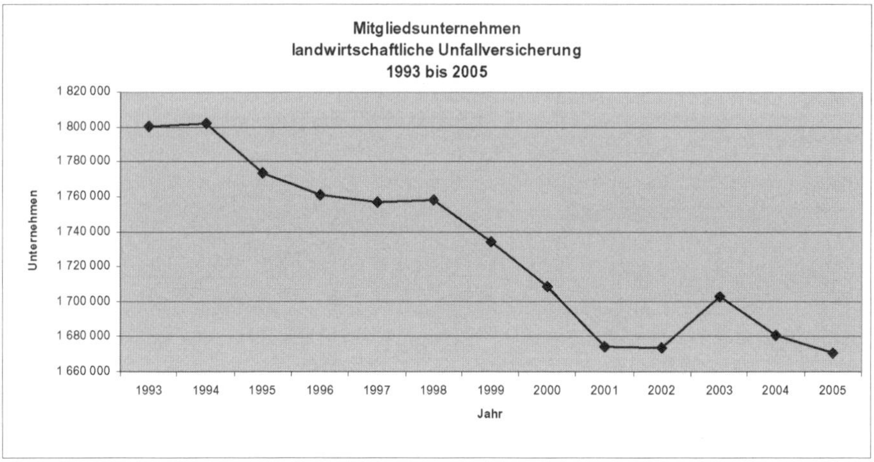

[535] Statistik des Bundesverbandes der landwirtschaftlichen Berufsgenossenschaften, (beitragspflichtige) Mitgliedsunternehmen. Zahlen für das Jahr 2006 liegen noch nicht vor.

Anhang VII

Modell für eine Neuorganisation der landwirtschaftlichen Sozialversicherung

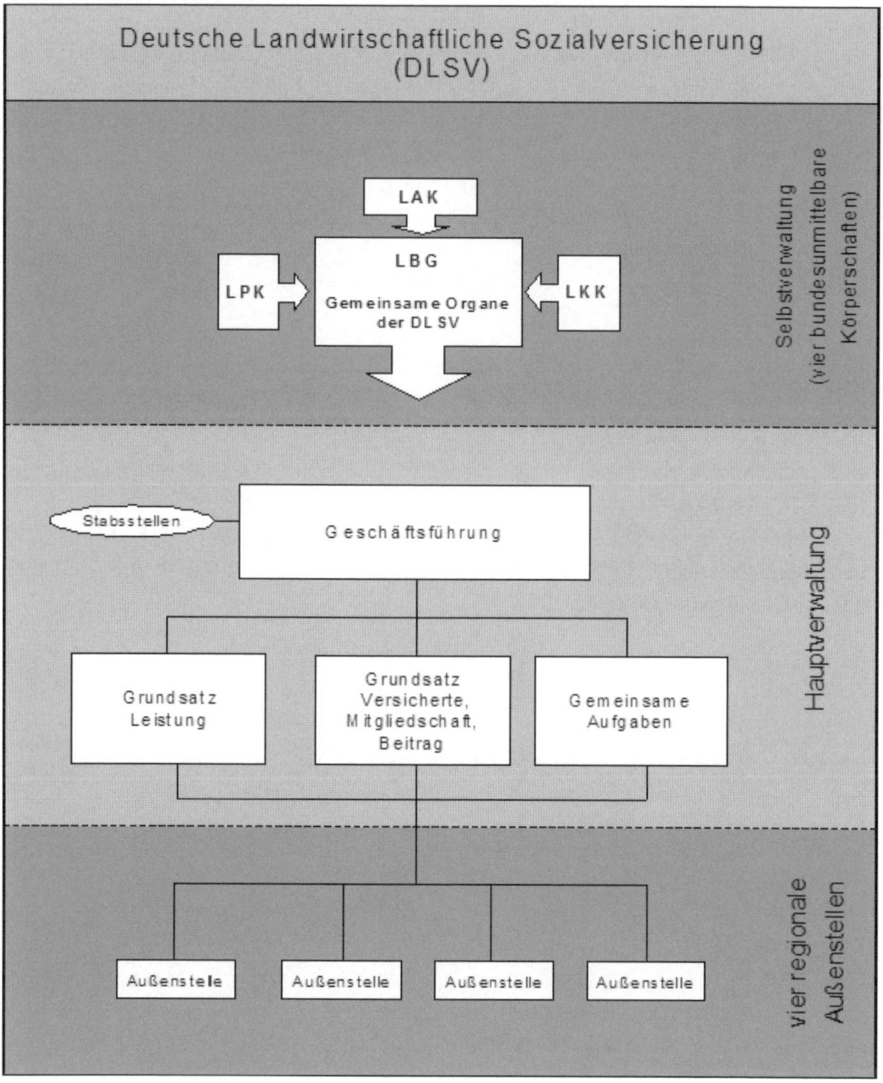

Literaturverzeichnis

Bandelow, Nils C., Das EU-Mehrebenensystem und die Regulation der Gentechnologie: Nutzen und Kosten unterschiedlicher institutioneller Arrangements, Beitrag für die Veranstaltung „Politische Ökonomie regulativer Politik – Zwischen nationalstaatlicher Demokratie und globalisierten Märkten?“ der Sektion „Politik und Ökonomie“ der DVPW im Rahmen des 20. DVPW-Kongresses vom 13.-17. Oktober 1997 in Bamberg, http://www.nilsbandelow.de/

Becker, Bernd, Zentralstellen gemäß Art. 87 Abs. 1 GG, DÖV 1978, 551 ff.

Beckers, Thorsten/Brenck, Andreas/von Hirschhausen, Christian/Klatt, Jan Peter, Die ASFINAG und das österreichische Modell der Fernstraßenfinanzierung, Internationales Verkehrswesen 2006, 12 ff.

v. Doemming, Klaus-Berto/Füsslein, Rudolf Werner/Matz, Werner, Entstehungsgeschichte der Artikel des Grundgesetzes, in: Leibholz, Gerhard/v. Mangoldt, Hermann (Hrsg.), Jahrbuch des öffentlichen Rechts der Gegenwart, Neue Folge/Bd. 1, Tübingen 1951 (zitiert: Leibholz/v. Mangoldt, JöR Bd. 1 (1951))

Dolzer, Rudolf/Vogel, Klaus/Graßhof, Karin (Hrsg.), Bonner Kommentar zum Grundgesetz, Loseblattsammlung, Heidelberg, Stand: August 2007 (zitiert: Dolzer/Vogel/Graßhof, BK)

Ebers, Mark/Gotsch, Wilfried, Institutionenökonomische Theorien der Organisation, in: Kieser, Alfred/Ebers, Mark (Hrsg.), Organisationstheorien, 6. Auflage, Stuttgart 2006, S. 247 ff.

Elschen, Rainer, Agency-Theorie, DBW-Stichwort, DBW 1988, S. 248 ff.

Fischer, Marc, Agency-Theorie, WiSt 1995, 320 ff.

Friauf, Karl Heinrich/Höfling, Wolfram (Hrsg.): Berliner Kommentar zum Grundgesetz, Loseblattsammlung, Berlin, Stand: April 2007

Friesecke, Albrecht, Bundeswasserstraßengesetz, Kommentar, 5. Auflage, Köln u. a. 2004

Garlichs, Dietrich, Grenzen staatlicher Infrastrukturpolitik – Bund/Länder-Kooperation in der Fernstraßenplanung, Königstein/Ts. 1980

Haisken-DeNew, John P./Kambeck, Rainer/Rappen, Hermann/Schmidt, Christoph M./Siemers, Lars, Machbarkeitsstudie und Planspiel zur Einführung einer Selbstveranlagung bei der Körperschaftsteuer, Forschungsprojekt des Bundesministeriums der Finanzen, Endbericht, Essen 2005

Heitsch, Christian, Die Ausführung der Bundesgesetze durch die Länder, Tübingen 2001

Helmke, Hans Joachim, Der Unterhaltsbedarf minderjähriger Kinder, die Zahlungsmoral unterhaltspflichtiger Eltern und der Rückgriff des Staates bei nicht zahlungsbereiten Eltern, FPR 2005, S. 483 ff.

Helms, Ludger, Föderalismus und Bundesstaatlichkeit in Deutschland: Eine Analyse aus der Perspektive der vergleichenden Politikwissenschaft, in: Europäisches Zentrum für Föderalismus-Forschung (Hrsg.), Jahrbuch des Föderalismus 2006 – Föderalismus, Subsidiariät und Regionen in Europa, Baden-Baden 2006, S. 115 ff.

Herber, Franz-Rudolf, Ein- und Umstufung, in: Kodal, Kurt (Begr.)/Krämer, Helmut, Straßenrecht – Systematische Darstellung des Rechts der öffentlichen Straßen, Wege und Plätze in der Bundesrepublik Deutschland, 6. Auflage, München 1999, S. 247 ff. (Kapitel 9)

Heuer, Ernst (Begr.), Kommentar zum Haushaltsrecht, Loseblattsammlung, Neuwied, Stand: April 2007

Hidien, Jürgen W., Der spezielle Finanzierungsausgleich gem. Art. 106a GG, DVBl. 1997, 595 ff.

Huber, Peter M., Klarere Verantwortungsteilung von Bund, Ländern und Kommunen?, in: Verhandlungen des 65. Deutschen Juristentages Bonn 2004, Bd. 1: Gutachten D, München 2004

Isensee, Josef, Idee und Gestalt des Föderalismus im Grundgesetz, in: Isensee, Josef/Kirchhof, Paul (Hrsg.), Handbuch des Staatsrechts der Bundesrepublik Deutschland, Bd. IV: Finanzverfassung – Bundesstaatliche Ordnung, Heidelberg 1990, S. 517 ff. (zitiert: Isensee/Kirchhof, HStR IV, 1. Aufl.)

Jarass, Hans D./Pieroth, Bodo, Grundgesetz für die Bundesrepublik Deutschland, Kommentar, 9. Auflage, München 2007

Kirchhof, Ferdinand, Die Verwaltungshaftung zwischen Bund und Ländern, NVwZ 1994, 105 ff.

Kodal, Kurt, Die Kategorisierung der Straßen, in: Bartlsperger, Richard/Blümel, Willi/Schroeter, Hans-Wolfgang, Ein Vierteljahrhundert Straßengesetzgebung, Hamburg 1980, S. 507 ff.

Kramer, Larry/Weiler, Joseph, Theorie und Praxis des amerikanischen Föderalismus – Vorbild oder Kontrastmodell für Europa?, in: Schneider, Heinrich/Wessels, Wolfgang (Hrsg.), Föderale Union – Europas Zukunft?, München 1994, S. 145 ff.

v. Mangoldt, Hermann/Klein, Friedrich/Starck Christian (Hrsg.): Das Bonner Grundgesetz, Kommentar, Bd. 3: Art. 79–146, 4. Auflage, München 2001 (zitiert: v. Mangoldt/Klein/Starck, GG III, 4. Aufl.)

Dies. (Hrsg.): Kommentar zum Grundgesetz, Bd. 2: Art. 20–82, 5. Auflage, München 2005 (zitiert: v. Mangoldt/Klein/Starck, GG II)

Dies. (Hrsg.): Kommentar zum Grundgesetz, Bd. 3: Art. 83–146, 5. Auflage, München 2005 (zitiert: v. Mangoldt/Klein/Starck, GG III, 5. Aufl.)

Maunz, Theodor/Dürig, Günter (Begr.): Grundgesetz, Kommentar, Loseblattsammlung, München, Stand: März 2007

Maurer, Hartmut, Allgemeines Verwaltungsrecht, 16. Auflage, München 2006

Mayerl, Johannes/Ramaseder, Stefan, Öffentliche Autobahnfinanzierung in Österreich – Vergangenheit und Zukunft, Straße und Autobahn 2006, 449 ff.

von Münch, Ingo/Kunig, Philip (Hrsg.), Grundgesetz-Kommentar, Bd. 3: Art. 70-146, 5. Auflage, München 2003

Mußgnug, Reinhard, Die Ausführung der Reichsgesetze durch die Länder und die Reichsaufsicht, in: Jeserich, Kurt G.A./Pohl, Hans/von Unruh, Georg-Christoph (Hrsg.), Deutsche Verwaltungsgeschichte, Bd. 3: Das Deutsche Reich bis zum Ende der Monarchie, Stuttgart 1984, S. 186 ff.

Ossenbühl, Fritz, Verwaltungsvorschriften und Grundgesetz, Bad Homburg v.d.H. u. a. 1968

Ders., Die Bundesauftragsverwaltung – gelöste und ungelöste Probleme, in: Brenner, Michael/Huber, Peter M./Möstl, Markus (Hrsg.), Der Staat des Grundgesetzes – Kontinuität und Wandel. Festschrift für Peter Badura zum siebzigsten Geburtstag, Tübingen 2004, S. 975 ff.

Palandt, Otto (Begr.), Bürgerliches Gesetzbuch, Kommentar, 66. Auflage, München 2007

Papier, Hans-Jürgen, Aktuelle Fragen der bundesstaatlichen Ordnung, NJW 2007, 2145 ff.

Picot, Arnold/Wolff, Birgitta, Zur ökonomischen Organisation öffentlicher Leistungen: „Lean Management" im öffentlichen Sektor?, in: Naschold, Frieder/Pröhl, Marga (Hrsg.), Produktivität öffentlicher Dienstleistungen, Gütersloh 1994, S. 51 ff.

Reuter, Konrad, Praxishandbuch Bundesrat – Verfassungsrechtliche Grundlagen, Kommentar zur Geschäftsordnung, Praxis des Bundesrates, Heidelberg 1991

Rinke, Siegfried, Die Bundesauftragsverwaltung der Bundesfernstraßen aus der Sicht des Bundes, in: Bundesanstalt für Straßenwesen (Hrsg.), Rechtsfragen der Bundesauftragsverwaltung bei Bundesfernstraßen, Bergisch-Gladbach 2002, S. 18 ff.

Sachs, Michael (Hrsg.), Grundgesetz, Kommentar, 4. Auflage, München 2007

Schmidt-Bleibtreu, Bruno/Klein, Franz (Begr.), Kommentar zum Grundgesetz, 10. Auflage, München 2004

Schulze, Wolfgang, Haftung für eine ordnungsgemäße Verwaltung und Ersatzleistungspflichten im Verhältnis zwischen Bund und Ländern, DÖV 1972, 409 ff.

Seebohm, Hans-Christoph, Die Verwaltung der Bundesstraßen, Straße und Autobahn 1953, 334 ff.

Seelmaecker, Hans-Joachim, Die Verwaltungshaftung nach Art. 104a Abs. 5 GG und ihre Anwendbarkeit auf die Gemeinschaftsaufgaben von Bund und Ländern im Sinne des Art. 91 a GG, Sinzheim 1998

Sendler, Horst, Anwendungsfeindliche Gesetzesanwendung – Ausstiegsorientierter Gesetzesvollzug im Atomrecht, DÖV 1992, 181 ff.

Sommermann, Karl-Peter, Grundfragen der Bundesauftragsverwaltung, DVBl. 2001, 1549 ff.

Spremann, Klaus, Asymmetrische Information, ZfB 1990, 561 ff.

Starck, Christian (Hrsg.), Föderalismusreform, München 2007

Steiner, Udo, Kultur, in: Isensee, Josef/Kirchhof, Paul (Hrsg.), Handbuch des Staatsrechts der Bundesrepublik Deutschland, Bd. IV: Aufgaben des Staates, 3. Auflage, Heidelberg 2006, S. 701 ff. (zitiert: Isensee/Kirchhof, HStR IV, 3. Aufl.)

Stelkens, Ulrich, Verwaltungshaftungsrecht – Schadensersatzhaftung zwischen Bund, Ländern, Gemeinden, Sozialversicherungsträgern und sonstigen juristischen Personen des öffentlichen Rechts, Berlin 1998

Wassermann, Rudolf (Hrsg.), Reihe Alternativkommentare, Kommentar zum Grundgesetz für die Bundesrepublik Deutschland, Bd. 2: Art. 38–146, 2. Auflage, Neuwied 1989 (zitiert: Wassermann, AK-GG)

Wolst, Dieter, Die Bundesauftragsverwaltung als Verwaltungsform – Untersuchungen zur auftragsweisen Fernstraßenverwaltung, Forschungsgesellschaft für das Straßenwesen e. V., Bonn-Bad Godesberg 1974

Zimmermann-Steinhart, Petra, Dezentralisierung in Frankreich, Acte II: Mehr Aufgaben, weniger Handlungsspielraum für die Gebietskörperschaften?, in: Europäisches Zentrum für Föderalismus-Forschung (Hrsg.), Jahrbuch des Föderalismus 2006 – Föderalismus, Subsidiarität und Regionen in Europa, Baden-Baden 2006, S. 336 ff.